宗教学新论

宗教社会论

卓新平 著

中国社会科学出版社

图书在版编目(CIP)数据

宗教社会论 / 卓新平著 . —北京：中国社会科学出版社，2020.9
(2021.4 重印)
（宗教学新论）
ISBN 978-7-5203-4381-7

Ⅰ.①宗… Ⅱ.①卓… Ⅲ.①宗教社会学—文集
Ⅳ.①B920-53

中国版本图书馆 CIP 数据核字（2020）第 033273 号

出 版 人	赵剑英
责任编辑	陈　彪
特约编辑	刘殿利
责任校对	杨　林
责任印制	张雪娇

出　　版	中国社会科学出版社
社　　址	北京鼓楼西大街甲 158 号
邮　　编	100720
网　　址	http://www.csspw.cn
发 行 部	010-84083685
门 市 部	010-84029450
经　　销	新华书店及其他书店

印刷装订	北京市十月印刷有限公司
版　　次	2020 年 9 月第 1 版
印　　次	2021 年 4 月第 2 次印刷

开　　本	710×1000　1/16
印　　张	25
插　　页	2
字　　数	360 千字
定　　价	149.00 元

凡购买中国社会科学出版社图书，如有质量问题请与本社营销中心联系调换
电话：010-84083683
版权所有　侵权必究

"宗教学新论"总序

宗教是人类社会及思想史上最为复杂和神秘的现象之一。人类自具有自我意识以来，就一直在体验着宗教、观察着宗教、思考着宗教。宗教乃人类多元现象的呈现，表现在社会、政治、经济、信仰、思想、文化、艺术、科学、语言、民族、习俗、传媒等方面，形成了相关人群的社会传统及精神传承，构成了人类文明和民族文化的重要部分，铸就了人之群体的独特结构和人之个体的心理气质。在人类可以追溯的漫长历程中，不难察觉人与宗教共存、与信仰共舞的史实，从而使宗教有着"人类学常数"之说。因此，对宗教的审视和研究就代表着对人之社会认识、对人之自我体悟的重要内容。从人本及其社会出发，对宗教奥秘的探究则扩展到对无限微观世界和无垠宏观宇宙的认知及思索。

于是，人类学术史上就出现了专门研究这一人之社会及灵性现象的学科，此即我们在本研究系列所关注的宗教学。对宗教的各种观察研究古已有之，留下了大量历史记载和珍贵的参考文献，但以一种专业学科的方式来对宗教展开系统的学理探究，迄今则只有不足150年的历史。1873年，西方学者麦克斯·缪勒（F. Max Müller）出版《宗教学导论》一书，"宗教学"遂成为一门新兴人文学科的名称。不过，关于宗教学的内涵与外延，学术界一直存有争议，目前对这一学科的标准表达也仍然没有达成共识。在宗教学的发展过程中，涌现出一大批著名学者，也形成了各种学术流派，并且由最初的个人研究发展成为体系复杂的学科建制，出现了众多研究机构和高校院系，使宗教学在现代社会科学及人文学科领域中脱颖而出，成绩斐然。20世纪初，宗教学在中国悄然诞生，一些文史哲专家率先将其研究视域扩大到宗教范围，以客观、中立、悬置信仰的立场和方法来重点对中国宗教历史问题进行探究，从而形成中国宗教学的基本理念及原则。随着中国现代学术的发展，宗教学不断壮大，已呈现出蔚为壮观之局面。

宗教学作为跨学科研究，其显著特点就是其研究视野开阔，方法多样，突出其跨宗教、跨文化、跨时代等跨学科比较的意趣。其在普遍关联的基础上深入探索，贯通时空，展示出其内向与外向发展的两大方向。这种"内向"趋势使宗教学成为"谋心"之学，关注人的内蕴世界及其精神特质，侧重点在于"以人为本"、直指人心，以人的"灵魂"理解达至"神明"关联，讨论"神圣""神秘"等精神信仰问题，有其内在的深蕴。而其"外向"关注则让宗教学有着"谋事"之学的亮相，与人的存在社会、自然环境、宇宙万象联系起来，成为染指政治、经济、法律、制度、社会、群体、国际关系等问题的现实学问，有其外在的广阔。而研究者自身的立足定位也会影响到其探索宗教的视角、立场和态度，这就势必涉及其国家、民族、地区、时代等处境关联。所以说，宗教学既体现出其超越性、跨越性、抽象性、客观性，也不可避免其主体存在和主观意识的复杂影响。在这种意义上，宗教学既是跨越国界的学问，也是具有国家、民族等担当的学科，有其各不相同的鲜明特色。除了政治立场、学术方法、时代背景的不同之外，甚至不同学派、不同学者所选用的研究材料、关注的研究对象也互不相同，差异颇大。由此而论，宗教学当然有着其继承与创新的使命，而我们中国学者发展出体现中国特色的宗教学自然也在情理之中。

基于上述考虑，笔者在此想以"宗教学新论"为题对之展开探讨，计划将这一项目作为对自己近四十年研究宗教学科之学术积累的整理、补充和提炼，其中会搜集自己已发表或尚未发表的学术论文，以及已收入相关论文集的论文和相关专著中的文论，加以较为周全的整合，形成相关研究著作出版，包括《经典与实践：论马克思主义宗教学》《唯真与求实：马克思主义宗教观中国化之探》《宗教学史论：宗教学的历史与体系》《宗教社会论》《宗教文明论》《宗教思想论》《世界宗教论》《中国宗教论》《基督教思想》《基督教文化》《中国基督教》《反思与会通》等；在马克思主义宗教观的指导下，梳理探究宗教学的历史和宗教学的体系，进而展开对世界宗教的全方位研究。其"新"之论，一在视野之新，以一种整体论的视域来纵观古今宗教研究的历史，横贯中外宗教学的范围；二在理论之新，即用中国特色社会主义理论的创新之举来重温马克思主义经典作家关于宗教之论，探究马克思主义宗教观在当代中国的新发展、新思路；三为方法之新，不仅批判性地沿用宗教学历史传统中比较科学、合理、行之有效的方法，而且对之加以新的考量，结合当代学术最新发展的成果来重新整合；四在反思之新，这就是重新审视自己以往的旧作，总结自己四十年之久宗教研究在理论与实践上的体悟、收获，以及经验和教训，在新的思考、新的形势下积极调适，增添新思和新言。当然，这一项目立足于思考、探索乃实情，而建构、创新则仅为尝试，且只代表自己一家之言，故此所谈"新论"乃是相对的、开放的、发展的，必须持有锲而不舍、止于至善的精神和毅力来继续往前开拓。由于这一研究项目涉及面广，研究难度较大，论述的内容也较多，需要充分的时间保证，也需要各方面的大力支持，故其进程本身就是不断得到合作、得到鼓励和支持的过程。

在此，作者还要衷心感谢文化名家暨"四个一批"人才工程领导小组将本课题列为"文化名家暨'四个一批'人才项目"计划！也特别感谢中国社会科学出版社在编辑出版本项目课题著作上的全力支持！

卓新平

2019 年 5 月

目 录

"宗教学新论"总序 …………………………………………（1）
前言 …………………………………………………………（1）

第一编　宗教及其社会理解

第一章　"全球化"时代的中国政教关系 ………………（3）
第二章　中国当代社会的宗教问题 ………………………（20）
第三章　中国社会应当如何看待宗教 ……………………（45）
第四章　关于当代中国社会民间信仰的调研思考 ………（61）
第五章　当代中国社会心态与宗教信仰处境 ……………（69）
第六章　不给宗教极端思想任何市场 ……………………（78）

第二编　宗教与社会和谐

第七章　从宗教和谐角度推动社会发展 …………………（83）
第八章　宗教与公共社会的和谐 …………………………（91）
第九章　宗教媒体与社会和谐 ……………………………（94）
第十章　从文化战略角度看待我国社会的宗教存在 ……（97）
第十一章　中国宗教学者的社会担当及使命 ……………（101）
第十二章　引导宗教社会存在的求同化异 ………………（107）
第十三章　基层社区精神文明建设与宗教问题 …………（115）

第十四章　中国特色的宗教社会学应注意研究方法和中国语境……（118）
第十五章　关于保障社会平安的文化思考……………………（122）
第十六章　在中国社会的宗教经济研究…………………………（135）

第三编　宗教与社会治理

第十七章　在社会转型期中国宗教政策的调整与发展…………（145）
第十八章　中国宗教团体及其社会管理…………………………（154）
第十九章　必须正确处理好国法与教规的关系…………………（163）
第二十章　关于中国社会宗教治理的思考………………………（168）
第二十一章　中国社会宗教认知的困境及其破解………………（173）
第二十二章　化解冲突
　　　　　　——宗教领袖对人类和平的新贡献………………（180）

第四编　基督教与中国社会

第二十三章　基督教在中国近代和当代社会的传播……………（187）
第二十四章　对基督教在当代世界中突破困境的断想…………（199）
第二十五章　中国基督教与中国现代社会………………………（204）
第二十六章　中国教会对中国社会的适应………………………（215）
第二十七章　基督教与当代中国社会的关联……………………（223）
第二十八章　基督教在当代中国社会转型中的作用及意义……（234）
第二十九章　中国当代社会与宗教转型之际的基督教…………（251）
第三十章　适应与奉献
　　　　　——中国社会处境中的基督教………………………（261）
第三十一章　对当前中国基督教社会治理的观察与思考………（273）
第三十二章　积极引导基督教参与和谐社会建设………………（287）
第三十三章　关于基督教在当代中国社会发展前景的分析……（292）
第三十四章　当代社会变迁之中的基督教………………………（301）

第三十五章　中国天主教会及其社会管理 ………………………（316）

第五编　宗教积极社会作用的发挥

第三十六章　宗教在当代中国社会的定位与发展 ………………（325）
第三十七章　论宗教在中国社会的积极作用
　　　　　　——以中国基督教为例 ………………………………（335）
第三十八章　中国当代社会仍然需要信仰 ………………………（342）
第三十九章　关于宗教与慈善的思考 ……………………………（350）
第四十章　　以宗教慈善扩大社会关爱 …………………………（354）
第四十一章　宗教慈善是社会慈善的有机组成部分 ……………（358）
第四十二章　基督教对公益慈善事业的贡献 ……………………（366）
第四十三章　宗教心理学的社会实践意义 ………………………（375）
第四十四章　形成民族团结、宗教和顺的社会发展 ……………（378）
第四十五章　宗教革新与社会发展 ………………………………（383）

前　　言

　　宗教与社会的关联，是人们对于宗教的关注最直接，也是最重要的方面。宗教学从一开始就注重研究宗教的社会层面，使之成为其学科研究最基本，也是其历史最悠久的分支之一。探究宗教社会问题、形成宗教社会理论，其热点和焦点就是厘清宗教与社会的关系问题，分析宗教在具体社会中的生存与发展、受其社会的决定和制约，以及对其社会的影响和反作用，其存在是在具体社会中的存在，反映出其社会的真实面目，与相关社会的发展及延续甚至休戚相关，因此对于宗教的社会关联不可小觑，必须高度重视。社会生存的底线是稳定，社会共在的条件是和谐，社会发展的理想是繁荣，所以，正确处理好宗教与社会的关系至关重要。如果说哲学有"纯粹的哲学""抽象的思辨"，那么对宗教的社会研究则没有，也不可能或应该有这种"纯粹"或"抽象"性。对宗教的社会研究应该是非常具体的学问，而且研究者本身亦有其社会定位，故而很难做到这种"纯粹"或"抽象"性。不过，对宗教社会研究的严谨性、科学性，在这里则仍然是同等重要的。

　　对待宗教与社会的关系问题，应该是理想与现实的有机结合，需要联系实际、客观分析、冷静对应、审时度势、辩证把握、实事求是。宗教的社会关联涉及广大群众、无数家庭，有着复杂的国际背景、世界影响，故而不能掉以轻心、随意对待；如果简单粗暴、随心所欲，则会留下社会隐患，有可能酿成大祸。从总体情况来看，宗教问题处理得当，会有利于社会的稳定、和谐及平安发展，使宗教成为社会的有机构成和其可持续发展的正能量、积极功能；但如果宗教问题处理不当，则可能使宗教因素变为社会的负能量，对社会产生消极作用。而这种宗教社会问题的爆发有时是突发事件、迅疾蔓延，直接引起社会的动荡不安，影响社会的稳定发展；但有时则会潜移默化，量的积累产生质变，而宗教在社会中的边缘化、他化和异化，就会逐渐出现这一结果。宗教的社会存在几乎与人类社会同时，其历史的悠久性甚至超越国度、民族和许多社会组织及政党的存在时限，与宗教共同存在乃是常识，因此应该以一种平常心来看待宗教的正常存在，不要将之视为社会的另类，故没有必要对于宗教过度敏感。"海纳百川，有容乃大"是中华民族五千年绵延、持久发展的奥秘所在，也是中华文明智慧的精髓要义，今天仍需持守和弘扬。这种包容、宽容、通融也是对待社会中宗教的正确态度。

在中国社会，对于宗教的社会存在及其评价一直有着分歧，且争议尖锐、激烈，在近百年中国现当代历史中尤为典型。这种现象并不奇怪，但需正确对待，同样也应以"百花齐放，百家争鸣"的"双百"方针来看待这些分歧和争鸣，体现一种学术包容和社会宽容精神，不应该也没有必要对之加以超越学术的上纲上线或任意打压。其实真理越辩越明，公道自在人心，以理服人才是正道，社会及学界都需要这种公道、开明的生存空间。所以，对待宗教社会性质及其社会问题的讨论也应放下身段、平等共商。实际上，宗教社会关联是非常重要的议题，我们理应严肃、认真、客观、理性地对待，运用科学方法、比较各种选项，找出解决好宗教社会问题的理想、正确之途。

为此，本书专门研讨宗教社会理论与实践问题，将之视为宗教学社会应用的一个重要领域。鉴于讨论宗教社会问题应该深入接触社会实际，而笔者思考宗教社会论的存在氛围乃中国当代社会，故此集中探讨中国社会的宗教问题，且集中在当代中国社会，以便有的放矢、接好地气。这里将分为五个部分来展开讨论，对之加以相对集中的探索。

第一部分探究宗教的社会理解，虽是讨论中国社会的宗教问题，却以全球化的时代为背景。这种社会理解包罗万象，其中最为关键的是如何看待政教关系，以及社会对宗教的看法。其实这里有着辩证的双向互动，如何有着融洽的政教关系、和谐的社教关系，那么宗教的社会存在也不会出现大的问题，而会呈现和谐相处的局面。所以，宗教的社会处境会影响到宗教的社会存在关系以及宗教的社会发展走向，这种大众社会心态与宗教信仰者的回应是有机互动的。这里，宗教的社会性质及其对社会的依附关系提醒我们既不要将宗教与社会政治完全等同而形成政教合一的实际存在方式，也不要把宗教与社会及其政治完全排拒而导致宗教极端主义及其异化势力的畸形社会发展。

第二部分探究宗教与社会和谐的必要及可能，社会各个领域、各个层面的和谐乃最佳选项，是我们必须努力争取的。其中，宗教的社会和谐至关重要，会影响到宗教的方方面面。这种社会和谐包括宗教与社会结构、社区组织、人际关系、经济发展、精神沟通等层面的和谐，它并非自然存在，而需要各个方面的努力协调来争取达成。为此，社会各方面要包容宗教的"求同存异"、允许社会多样性的共在；而宗教为积极适应社会也理应主动接近、靠拢社会主流，逐渐"求同化异"，达到与社会的最终共融。为此，则要意识到其结局的漫长性，注重其争取过程中的积极性。

第三部分探究宗教与社会治理的关系问题，因为宗教作为社会组织及社会活动则需遵守必要的社会规范，服从合法的社会管理，"不依规矩，不成方圆"。宗教的社会治理和依法管理涉及依法治国、国法与教规的关系等问题，且需要根据具体时空的变化实际来客观辩证、灵活机动地把握，适时有效地调整相关宗教政策和治理举措，不能搞超越时空具体状况的"一刀切""一条龙"运动。这里，宗教治理既是一门理论有据的科学，也是一种调适有序的智慧。

第四部分专门探究基督教与中国社会的关联问题，此乃中国宗教治理中的重中之重，若处理得当则一顺百顺，若处理不当则麻烦不断，甚至会造成国际上的负面影响，故需谨慎对待。究其原因就在于基督教迄今仍为世界第一大宗教，有着广远深刻的历史传承及国际影响。从历史发展来看，无论是在古代还是现代、境外还是国内，以往对基督教的打压不仅没有削弱基督教的影响，有时反而助长了基督教的发展，而且这种发展往往是地下的、与主流社会相对抗甚至背道而驰的。例如,古罗马帝国对基督教的打压、迫害达三百多年之久,不仅没有消灭起初为犹太教弱小异端的地下教会,反而使其成为罗马帝国后期的国教!中国清代康熙之前没有禁教的天主教发展缓慢,主要以上层知识分子和皇室贵族人士为主,而"礼仪之争"后的禁教使之转入地下,最后使其扩散性大发展。事实上,任何对宗教的打压最后都会导致宗教的反弹,形成难以消除、不易收拾的被动局面,这对于基督教的存在与发展尤其如此。历史的经验值得注意,历史的教训洞若观火,值得我们今天在治理基督教时三思、反省。

第五部分则探索积极引导宗教与我们社会适应之途,使宗教的积极社会作用得到顺利发挥。这是我们研究宗教社会问题的正确道路,也是需要积极思考和努力争取的。其实,宗教与社会的关系恶化,往往就是一步不当而贻成大患,对此一定要高度注意,小心防患于未然,因为这种恶化所造成的负面影响很难收回,即使可以对其加以弥补也颇费时日,故而乃得不偿失。而要使宗教与社会和谐融洽则应有积极的态度,在现实社会中达成并保持宗教与社会的良性互动这样一种好的态势则实属不易,需要我们小心谨慎、长期努力、积极调整、持之以恒。至于宗教在社会形成恶性发展还是良性发展,其对社会的利弊则是清楚可辨的。因此,宗教与社会的和谐关系需要我们大家来共建,宗教积极社会作用的发挥需要社会引领层面的积极引导和社会主流的支持呵护。在此对宗教的正确理解和客观评价非常重要,宗教与社会的和谐共存值得我们长期努力,坚持不懈,而不可因为社会治理的一步不慎而使这种和谐关系毁于一旦、铸成大错。这里,我们有必要突出、鼓励宗教在社会发挥积极作用,展示其正能量,其中宗教的社会慈善工作就很有意义和价值,而基督教的社会慈善事业更是历史悠久、经验颇丰。在积极引导宗教与社会适应的同时,对于任何破坏宗教与社会和谐关系的言行,我们都一定要警惕、警醒。

总之,宗教社会问题极为复杂,也非常关键,值得我们深入、系统地研究。处理好宗教社会问题,所涉及的理论政策都非常重要,而且还必须做到其分寸火候的恰当把握。本书所论是笔者的一家之言,有自己的相关观察、审视和思考,自然也会有其不足或疏漏之处,故而仅供大家分析、参考。我们研究宗教社会论是为了当代中国社会的和谐、团结、平安、繁荣。为此,处理好宗教的社会关系问题,"关键在导",而且必须是积极引导。

第一编 宗教及其社会理解

第一章

"全球化"时代的中国政教关系

讨论宗教社会问题,最为关键的乃是当下直接的政教关系和社教关系问题,由此凸显出宗教对于政治、社会的意义。可以说,政教关系问题是宗教社会问题之纲,纲举则目张。对于中国社会有无宗教曾出现不同看法,实际上,宗教在古代中国就已存在本乃不争的事实,宗教与政治自古就是中国社会的大事,所谓"祀与戎"就关涉宗教与政治,与国家兴亡休戚相关。因此,中国社会的政教关系问题也是回避不了的。自中国改革开放以来,宗教在中国大陆出现了"复兴",而且形成了前所未有的迅猛发展。这种现象使社会有些人士感到不解或担心,故而产生对之各异的分析与评价。其实,这种宗教"复兴"与"发展"一方面与"全球化"的世界社会文化背景有关,受到国际上各种宗教思潮运动的影响,故此而有"第二轴心时代"或其"预备期"等说法;另一方面则反映了中国宗教"问题"的长期积淀,从而一旦时机成熟就导致其猛然爆发的态势。对于这种宗教迅速且持续"升温",迎接其扑面而来的"滚滚热浪",当代中国社会政界、理论界、学术界和宗教界则有各种看法和评价,众说纷纭、褒贬不一。由于认知上的不统一,对待和处理宗教问题上则会有不同的态度及举措,从而使人颇有紊乱、失衡之感,处于一种茫然之中。而有些构思或办法往往只是主观意识上的一厢情愿,并没能达成其预期效果,不可能持续发展,故亦让人失语、失望,且不知所措。所以说,宗教与当代中国究竟是一种什么样的关系，尚未得以清晰梳理，既未把握其"确是"，亦不清楚其"应是"。面对现实中的各种问题或突发事件，我们明显感到宗教"理论认知"上仍然滞后，赶不上当前形势的发展，有些实践已很难用现有理论来透彻说明。其实，宗教问题究竟应该"怎么办"，关键在于对宗教问题究竟应该"怎么看"。只有认识清楚和正确，其抉择和举措才可能适当和明智。今天中国的宗教问题，已与"全球化"时代的宗教发展有着密不可分的联系。这种"全球化"的宗教需要我们对其价值、意义、社会作用和文化影响加以整体审视，普遍关联，体现出"世界眼光"。但因观点各异而带来的分歧、纷争，会如重重雾霾那样让人看不清、拿不准，导致人们复杂、纠结的心态。当然，认识宗教本质意义，掌握宗教发展规律，需要一个摸索、探究的过程。不可否认，当代中国社会对宗教的认知首先在于对其与政治关系的考量。从这一角度出发，宗教问题显然"无小事"，且必须"讲政治"。但在当代中国宗教与政治究竟应是一种什么样的关系，大家的认识都并不十分清晰，而且未达统一。其实，"政教关系"有着不同层面，这种"政"涵括"政治""政党""政权""政府"等内容。它们与宗教的关系会有不同侧重，表现出明显的差异，因而处理好它们之间的关系，并不能采取"一刀切"的简单办法。在此，我们可以从学术探讨的角度来对相关问题加以梳理，提出一些可供大家参考、反思的见解。

一 宗教与政治

从"政治"层面来看，"宗教与政治"主要涉及与宗教在精神、思想、观念这种"意识形态"层面上的关系，有着理论方面的要求。必须承认，宗教与政治的价值追求是不可能完全一样的，各自之"异"的共在可能会形成张力。不过，"宗教信仰"与"政治信仰"属于不同的范畴，二者之间有可能发生冲突，但并不必然总是冲突。在有些情况下，这两种信仰是可以统一的，如在一些"政教合一"国家的指导精神和思想观念中，在由相同宗教孕育和构建的文化体系和文明形态中，以及在以某一宗教为其共同的社会价值和文化共识中，其统一乃不言而喻。在这种"共识""共构"上，宗教的"参政""议政"对其政治显然会有"引导"和"支持"作用。同理，这两种信仰亦存在根本"对立"的现象，由此导致彼此冲突和相互打击，"宗教"在此已基本脱离"信仰"层面而进入"政治"处境，但"信仰"往往会作为其"象征""标志"或"旗帜"而得以保留。不可否认，宗教中有政治，而政治则势必关涉宗教。在这种情况下，宗教的"干政""涉政"则会对相关政治构成威胁和危险，二者之间呈现出你死我活、势不两立的对抗状态。不过，二者的对立并非必然，宗教在观政时也有起到"辅政""护政"作用的众多事例。所以，这种政教关系必须具体问题具体分析。

除了这两种极端情况之外，"政教关系"仍然还有第三种或更多的相互"关系"，其中之一就是"政治信仰"与"宗教信仰"的层面分离，各有所属，即所谓"凯撒的归凯撒，上帝的归上帝"。① 其"信仰"属于各自不同的领域、范畴，因而有"政教合作""政教协调"的可能，二者并不根本冲突或必然相悖。也正是在这一意义上，我国当代宗教理论政策上才可能有"政治上团结合作""信仰上相互尊重"的说法。而宗教界人士在保持其"信仰"独立、自主的前提下，仍可以在"政治"上表态，展示其政治立场和选择。但这种"政治"卷入亦只能以"政治"之维来看待，因而也不可能回避政治之"双刃剑"的作用，在同一宗教中或许有人因"积极适应"政治而获得奖赏，亦有人因"坚决对抗"政治而遭到惩罚。这种奖惩并不是"政治"对"宗教"的态度，而只是"政治"对宗教信仰"者"政治参与之态度的"回应"，因而实际上跟"宗教抉择"或"宗教迫害"根本无关。

在现实生活中，宗教信仰者"适应"或"挑战"政治的两种情况都存在，其"参与"或"实施"者自然会遇到或必然要承受不同的政治处境与命运。同样，人类社会中也有着"宗教政治"或"政治宗教化"的现象，这种混淆可能会对中国当代的"政教关系"产生复杂影

---

① 《圣经·新约·马太福音》第22章第21节。

响。我们在正确看待宗教界人士的"参政""议政"时，主要是其"政治"之维，不能以其"宗教背景"或"宗教势力"为资本，不能把他们看作某种宗教社团或力量的代表。其实西方国家中宗教人士的"参政"一般亦只能以"平信徒"的身份参加，而不能作为其宗教社团领袖及其利益的代表。进入"政界"的宗教人士也往往需要退出其原来的"神职"领域。至于宗教界人士对其教义、信仰中"积极因素"的发掘和应用，也主要立足于其信仰社会作用、着眼于宗教社会功能及影响，并不能由此推论出"宗教与政治"在"本质"上的根本吻合或完全一致。"宗教"与"政治"作为两种维度有部分叠合之处，但不是整体重合或相互融合，这在现代社会中尤其如此。同理，政治在复杂的社会发展中也是原则性、灵活性兼有，其对待和处理宗教问题既有理论之体系，也有实践之策略，而且在很多情况下，政治都不是僵死的书本教条，而乃灵活的实践智慧。

二 宗教与政党

从"政党"层面来看，"政党"即从事政治活动的党派，以"政治"为其根本任务。应该说，"政党"是代表一定阶级、阶层或集团利益，以执掌或参与国家政权为目的，从而实现其政纲的政治组织。"政党"的这种政治性使其有明确的政治纲领、具体的政治举措、系统的政策方针、整全的组织系统，以及约束、监督其党员的党纪党规，这些都是政党从事其社会政治活动的基本前提与保障。在当前社会现状中，政治基本上为一种政党政治。在宗教与政党关系中的一种极端现象，就是"宗教政党"的存在。这种宗教政党产生于20世纪第二次世界大战之后，在欧美社会尤为流行。宗教政党的出现反映出当代世界发展中宗教世俗化的客观现实，也说明了宗教对现实政治的参与或干预。

综合来看，西方宗教政党大致表现为两个方面：一为资产阶级政治活动家与宗教团体联合而组成资产阶级宗教政党，旨在利用宗教影响来扩大自身在政治参与及竞争中的实力;二为宗教领袖以"参政"或同政治活动家(政客)联合而组成宗教政党,由此希望在当代社会的政治实践中实现其宗教目的,于此,宗教与世俗之间的区别则逐渐模糊,二者并非有不可逾越的鸿沟。但前一种情况一般而言较为明显,因而主要是政治活动家利用宗教的社会力量来实现其政治目的;虽然其组成的宗教政党会有宗教信仰上的导向,但原则上并不会受到相关宗教组织或宗教领袖的控制,作为宗教平信徒的政治活动家乃发挥着关键或决定作用。此外,尽管宗教政党在西方一些国家中会作为执政党或在野党存在,其"宗教"色彩却越来越淡化。这种宗教政党的现象在阿拉伯世界、在东欧剧变后的东欧亦曾出现,并有着鲜明的政治立场和态度。

在许多国家中并没有直接掌控政治权力的宗教政党,宗教与政党的关系主要表现为宗教信徒以个人身份参加相关政党,使宗教平信徒在政党政治中发挥作用,而一些宗教组织在社会政治中也会有支持或反对相关政党的选择,由此乃使宗教与政党有着复杂交织。宗教作为社会团体而势必参与社会政治,从根本上而言不会退出其社会舞台,因此也基本不存在"宗教不党"的现象。在社会主义国家中,这种宗教与政党的关系则逐渐趋于复杂。按照马克思主义经典作家的观点,无产阶级政党并不认为宗教是"私人"的事情。列宁时代的无产阶级政党将宗教视为"不觉悟、无知和蒙昧的表现",因而主张要对宗教展开"思想斗争"。① 但是,列宁对宗教信仰者参加社会政治,甚至投身于无产阶级政党也是网开一面的,充分体现其理论原则性与实践灵活性的有机结合。所以,列宁对于无产阶级政党与宗教的关系问题早有智慧而辩证的说明,这对我们今天恰当处理好政党与宗教的关系问题有着重要启迪和指导意义。当前,国外宗教与政党的各种复杂关系已明显影响到当代中国。从国际社会来看,不仅宗教政党,而且一般资产阶级政党大多也由

---

① 列宁:《社会主义和宗教》(1905),《列宁全集》第 12 卷,人民出版社 1987 年版,第 132—134 页。

宗教信徒所组成。而当今一些社会主义国家如古巴、越南等共产党与宗教的关系亦有明显的调整或改变，这都值得我们深入研究，①当然这些变化也对我们如何处理好宗教与无产阶级政党的关系问题提出挑战，需要我们有相应的科学应对。对此，我们必须分析新情况，研究新问题。我们应该从列宁等马克思主义经典作家的相关论述中得到启迪，提出客观、辩证、实事求是的相关政策和举措。在大多数情况下，宗教信仰之维是来世的、彼岸的、超越的、终极的，而与共产主义信仰理想的今世性、此岸性、现实性和实践性并不在同一层面，不具有同一维度。这种不同追求层次、不同价值维度的信仰在实际存在中会相遇，可能既有冲突，亦会对话。对于信仰的多样性存在，应该争取和平共处、和而不同。对此，我们也必须认识客观真实，尊重现存事实，以发展的眼光重新体认马克思主义经典作家的相关论述，对中国当代政党与宗教的关系现状做认真的调研和客观、准确的评估，以达正确的政策调整。不可否认或忽视宗教与共产党之间在信念、理想、追求等方面的根本不同及思想分歧，但我们也必须意识到共产党是当代中国社会的执政党，有着统领全国、团结各方群众包括信教群众的使命及任务。共产党当然不能放弃对中国宗教界的领导和管理，而且这种关系的主动权乃在共产党手中。因此，如何在当今社会主义制度下有效实施对中国社会宗教群体的领导及管理，显然需要政治睿智，并将之转为政策、策略上的有效运用，这里不该放弃对宗教实施有效管理、内涵式管理的谋略，不能在宗教界留下空白和盲区，故而需要二者之间在社会关系上更为积极地调适、更加主动地作为。我们要避免各层党员干部在信仰审视上的错觉或失误，负起关键在"导"的宗教社会管理责任，防止其信教群众在信仰追求上的流失和在社会发展上的嬗变。

---

① 古巴共产党于 1991 年 10 月第四次代表大会上修改了党章；越南共产党亦对其政党与宗教的关系有相应调整；对此我们尚缺乏足够的研究和相关的应对。

三 宗教与政权

宗教与政权的关系涉及宗教是要维护、回避还是要推翻其政权的问题。因此,从"政权"层面来看,在权力主体方则势必会涉及宗教与国家的关系问题。这种"国""家"情怀在中国社会尤为典型。在此,双方都有着如何调整宗教与国家在权力及利益分配上的比重或能否达其均衡关系的考虑。但不同的"政教"模式,其审视和考虑亦会有其不同。

例如,在"政教合一"的政体中,其"政教"模式主要是宗教与政权的合作、伙伴关系,持守的主要是二者关系之均衡。这集中体现在"国教"与"国家"的关系问题上。所谓"国教"或是起着"执政"作用的官方宗教,宗教领袖与国家元首乃为一人,二者的功能在此达到共聚、整合;这里,宗教与政权基本上是一体的。或者,"国教"仅具象征意义而不直接干预政权事务,但这种"国教"乃为执政者所信奉、支持和宣扬,在其国度中起着"核心价值"和"精神支撑"作用,相关宗教乃其"民族之魂""信仰基准"。显然,此种关系中的宗教权力则已经有所削弱,或者说其权力的象征意义要大于其实际意义。这种"政教合一"的关系在西方、阿拉伯世界和东方的一些国度仍然存在。在大多情况下,国家政权会对其"国教"加以保护、提供优惠,但亦有一定程度的控制和监护,如欧洲近代历史上就曾出现过"教随国定"的局面,即"在谁的领地,信奉谁的宗教"(Cuius regio, eius religio)。但在这种"教随国定"中,世俗政权及其君王的权力则已经大过传统的宗教权力,在此已有明显的权力过渡。"教随国定"中虽然仍有宗教的传统影响,但其权力重心向世俗政权的转移则实质上标志着其社会中以往政教合一关系的结束。

在"政教协约"的政体中,"宗教"与"政权"之间有着一种协议、协商、协约的关系。这实际上反映了在"政教合一"政体之解构与"政教分离"政体之形成之间的过渡,其特点是宗教在丢失其"执政"权力或不再为"国教"的过程中所获得的一些"权力"弥补。所谓"政教协约"就是指宗教与政权双方通过"协商"这种博弈而重新分配、权衡彼此之间的权力及其相关比重。虽然"宗教"一方出于无奈和迫不得已会被动让步，但其力争和商议仍会为自身保留一些世俗权力和社会、政治空间，甚至有可能达成与政权之间的相互谅解和互利互惠，由此形成其政教关系中的某种默契。在这种关系中，什么是"政治"的权力，什么是"宗教"的权益或自由，就显得格外重要。例如，天主教在西方一些国家失去其"执政"或"国教"权力时，往往会以"宗教"的范围及其自由为自己争取或保留一部分权力或权利，只不过这种权力随着整体政治权力的"世俗化"而得以"宗教化"，成为宗教的独特权威和自由。而世俗政权在从宗教原有权力中得到大部的同时往往做出一些小的让步，留出一点权力成为"宗教权力"，在普遍性政治权力中为宗教保出一小块权力真实，使之成为宗教的"自由"或"飞地"。这种"政教"模式在西方不少国度达到认可和共识，宗教在表面上强调其宗教持有的"宗教权力"，认为与政权达成了其权力分割的默契，但实际上却不得不承认其权力乃至其原有政权的丢失，只好"打掉牙连血一起吞下"。但其一旦脱离西方的社会处境和文化氛围，则会面临不同的问题，遇到新的麻烦。例如，天主教最高权威机构罗马教廷和教宗在任命天主教神职人员时有着较大的自由权和选择权，虽仍有与相关国家政权和地方教会的"协商"，但主要将这种任命视为宗教的权力和宗教的自由，世俗政权一般不加干涉，地方或基层教会机构亦无太大的发言权或主动权。但这种宗教任命在超出西方社会文化传统的国家和地区则势必面临严峻的挑战，尤其会遇到这种"权力"究竟应让位给相关国家的"主权"，还是要作为其"宗教自由""教会内部事务管理"来指导或力争等困难选择。其僵局的解决则只能依靠"政"与"教"之间的"协议"，指望能达成某种"协约"，为此而会经历复杂的博弈过程。

在"政教分离"的政体中，"宗教"与"政权"的分工和分属则逐渐明朗。"宗教"一般会退出"政治"的公共领域，与"政权"不再直接相关或有任何"权力"纠缠。而"宗教"的自由则会意味着多种宗教的平等共在，主要在个人的私密领域发挥作用，其在公共场合的意义也仅仅是作为"公共宗教""公民宗教"来亮相。在这种政体中，"宗教"似乎没有什么"权力"可言，其在表面上已经远离了权力核心，失去了对国家事务加以干涉乃至过问的权力。但是，西方"政教分离"的政体基于一种"契约"关系，故而表现出"让权"和"分权"的政治演进，传统宗教的思想、伦理、文化等影响仍在其社会有着强大的存在。在此，宗教仍保留着其监督的责任和道义上的权利，并通过其参与支持"竞选"活动，以宗教信仰和价值道德影响政治人物而达到对相关"政权"直接或间接的影响。如美国钞票上会印着"我们相信上帝"的宗教术语，美国总统、国会议员就职等也会按着《圣经》宣誓，在其国事活动中还往往不时会添入某种"早餐祈祷会"等宗教内容的仪式或活动。所以说，宗教与政权的"分离"也仅是相对而言。

在中国政教关系的发展中，历代政权的政治领袖一般会为某种宗教徒，有着宗教信仰或情怀，如历史上许多朝代的皇帝都会有着佛道信仰，国民党执政时期的蒋介石等人也都是基督徒，有其信仰选择和倾向。但是政权对宗教的掌控则明显大于宗教对政权的影响。这被人视为一种"政主教从"或"政主教辅"的中国传统，突出强调世俗政权对宗教的控制、管理等权力。因此，中国政教关系历史与他国不同，基本上一直都由世俗政权掌握着宗教的命运，行使着对宗教的治理和管束。

随着 1949 年中华人民共和国的诞生，这一历史告一段落。执政的中国共产党为无神论的政党，其领袖人物亦不再是宗教徒。这样，当代中国的政权关系虽可归入"政教分离"一类，却与西方同类体制有着巨大的不同。在当代中国政权体系中，"国家"利益是第一的，"祖国"意识是最高的。因此，在政教关系"爱国爱教"的表述中，宗教界首先是"爱国"，然后才是"爱教"；宗教徒首先是国家的"公民"，然后才是宗教的"信徒"。这对有着跨国信仰之宗教的信徒遂带来巨大挑战和相应的政治责任和压力。在宗教与政权的关系上，宗教乃从属于国家，必须服从政权的管理，且没有资格向政权"要求"任何行政权力。中国当代的政权形态，在潜在意义上亦有着对以往政权传统的继承和延续，其特点就是形成了"政主教从"的定制，政权的政治总是起着主导、主持作用，包括以往封建君王的"主宰"作用。而宗教则总是从属的，在政权管理、辖制之下的宗教在中国历史上没有西方宗教曾经主政、"君临天下"的经历和由此达到的权势与风光。在这种意义上，中国的宗教自古以来并无西方民主所理解的，西方传统所向往的那种超越政治、脱离于政权的绝对"自由"。这种政权对宗教的主、次关系迄今并无根本性改变，但对宗教信仰核心的否定、对宗教本身的蔑视，也很难使宗教信仰者真正从内心拥护和服从相关政权，成为其顺服之民，因此政教间的双向互动极为重要，政教关系的关键故而在于党和政府如何实施对宗教的"积极引导"。

四 宗教与政府

从"政府"层面来看，政府作为国家权力的实施机构主要与宗教作为社会团体而发生社会事务层面上的管理关系。从这一意义上，国家的"宗教事务局"或"宗教事务管理"机构乃代表着国家政权而对宗教及其事务实行管理。有人会强调，国家政权只能对"宗教事务"而不是"宗教信仰"本身加以管理和掌控，而"宗教信仰"则是"精神""心灵"的"自由"领地。然而在现实存在中，这种宗教或其"信仰"有时很难与宗教"事务"截然分开，"信"与"行"的一体则势必带来对其整体的管理，其细分和划界只能相对而言。

中国政府对宗教事务的管理与众不同，形成中国特色。实际上，中国当代颇具规模的宗教事务管理机构并非现代产物，而是有着悠久的历史。从中国古代"掌僧道"的"礼部"到今天的各级"宗教事务局"或"民族宗教事务委员会"，这种管理体制乃一脉相承，形成了一套行之有效的制度，凸显了政府的权威。例如，早在唐朝，其皇权政府机构中就有了为各国"蕃客"设立的"蕃坊"，实施对传入中国不久的伊斯兰教之信徒穆斯林的管理，其负责人"蕃长"就由唐朝政府批准和任命，由此亦奠立了中国政府可以挑选和任命宗教高层领导人的管理模式。在元朝，政府的宗教管理部门分工更细，并形成一定的行政级别，如专管佛教事务的"宣政院"秩从一品，专管道教事务的"集贤院"秩从二品，此外还有管理也里可温十字寺（基督宗教）的"崇福司"和管理伊斯兰教事务的"回回哈的司"等。明朝政府亦有管理宗教事务的众多机构，如掌管僧道的"礼部"，负责翻译边疆民族及邻国语言文字、兼及相关宗教事务的"四夷馆"，下设鞑靼（蒙古）、女直（女真）、西番（西藏）、西天（印度）、回回、百夷（傣族）、高昌（维吾尔）、缅甸、八百（掸族）和暹罗十馆，关注边疆民族宗教问题等边缘政策的"兵部"，主管各种礼仪祭典的"鸿胪寺"，以及设在边疆的基层管理机构"卫所"等，形成负责宗教事务管理的不同系统。清朝政府的"理藩院"，其职能乃"掌外藩蒙古及喇嘛、回部、金川事"，下设六个"清吏司"，分管事务即包括蒙古、西藏和新疆等少数民族及其宗教事务，如其"典属""桑远"和"理刑"三司乃负责藏传佛教事务，"徕远"负责回部即伊斯兰教事务等。这样，政府对宗教事务的管理有专职负责，且分工得以细化。而到了民国时期，国民政府的"蒙藏委员会"同样也负责关涉宗教的众多事务。

　　中国封建时期的统治者虽然本人可以信奉某种宗教或对相关宗教持有好感，却并不允许这些宗教僭越其"王权"政治，其政府对宗教的态度亦主要是"由我所控""为我所用"。6世纪南朝梁武帝虽然曾把佛教几乎提高到国教地位，自己甚至四次舍身寺院为奴，让群臣以巨资赎回，却仍对僧尼严加管理，有诸多约束，不少控制佛教的"清规戒律"就是由其所定。此后封建皇帝见佛教势力过大而多有"废佛""灭佛"之举，至唐朝开始达成国家政权对佛教控制的制度化。而佛教传入中国经数百年的磨合，到东晋释道安时总结出"不依国主，则法事难立"① 等适应中国王权政治的经验，从而以"政治适应""服从政

---

① 《高僧传·释道安传》。

府"而得以真正在华立足。释道安的这种认知后被视为佛教"中国化"之始。元朝统治者敬拜多种宗教是为了众神对之能共同"庇佑",故在持守其"长生天"传统信仰之际亦有对各种宗教的包容;在维护政府权威的前提下,元朝皇帝甚至为来华天主教传教士"钦赐薪俸""阿拉发",开了政府给来华传教的宗教人士发"俸金"的先例,并对他们实行免役免税的优厚政策。清朝时康熙皇帝本来对来华天主教传教士亦极有好感,并极为优待,曾为其教堂题有"敬天""万有真原"等匾额,宣称"朕书敬天即敬天主也",①而且还写诗文、对联来表达其对天主教信仰的理解,②但在"中国礼仪之争"升级到罗马教宗与康熙皇帝的权威之争时,康熙则毫不犹豫地下令"禁教",不许天主教"妄论中国之道"、干涉中国内政。由此可见,早在清朝鼎盛之际,中国政府就以其政治权力和影响来抵制外来宗教"渗透"和"干政"。这里,既没有"政教合一"的一体,也没有"政教分离"的各殊,而是有着国家政府对其所存宗教的实际社会掌控和相应社会管理。在这种有效管理下,宗教事务一般很难出现大的问题。历史上民族宗教事件的恶化,通常就是因为对之疏漏、失控,或是对处于地下活动的宗教状况没有了解、管理不到位,而最终出现不可收拾的局面。

佛教在历史上因认清了中国政治的上述特点而达成"依国主"的共识,从此完成了其在中国的转型和"中国化",取得了融入并重构中国文化的成功。但基督宗教自入华传教以来却没有根本认清这一特点,或干脆不考虑其所认识到的这一特点,因而从整体上仍处于与中国政府的对峙、较量之中,面对着二者"没有完成的相遇"。所以,在社会层

---

① 引自顾保鹄《中国天主教史大事年表》,台湾光启出版社1970年版,第31页。
② 如康熙所撰对联"无始无终,先作形声真主宰;宣仁宣义,聿昭拯济大权衡",及其所写天主堂诗文"森森万象眼轮中,须识由来是化工;体一何终而何始,位三非寂亦非空;地堂久为初人闭,天路新凭圣子通;除却异端无忌惮,真儒若个不钦崇"、咏基督受难诗文"功效十字血成溪,百丈恩流分自西。身列四衢半夜路,徒方三背两番鸡;五千鞭打寸肤裂,六尺悬垂二盗齐。惨动八埃惊九品,七言一毕万灵啼"等都充分说明康熙当时对天主教已有相当深入和准确的认知,并产生了同情或认同的倾向。

面宗教与世俗政权不可能彻底脱离，这种关系虽在中国社会也仍有一些博弈，形成艰难的磨合，但政强教弱的局面则没有出现根本性改观。其实，当代中国的宗教政策和举措，仍然延续着中国社会治理传统中这种政府管理、掌控宗教事务的模式。为此，我们看到改革开放以来的中国宗教发展与政府的政策及管理有着密切关联。一方面，其对"体制内"的建构宗教，即海外舆论所言的五大"官方宗教"在管理上既有控制，亦有扶持；在"控制"上，宗教领袖的选举和任命应得到政府的认可和赞成；这种"政主教从"的模式甚至可以由政府来"选派"或"指定"宗教领导人，在不少方面对"宗教领袖"的管理乃与对"党政干部"的管理相类似，由此决定了中国宗教领袖之选乃具有"人事权"和"国家主权"的中国特色和意义，这些人选首先就必须在政治上"靠得住"；这自然会使西方传统中的人士对中国的这一宗教政策感到一头雾水、难以理解；在"扶持"上，政府可以为这些被其认可的宗教提供精神及物质资源，如为其宗教人士包括圣职人员发"薪金"或"补贴"，将之视为其"编外干部"，少数宗教领袖甚至可以成为或享受"国家领导人"的待遇及殊荣；政府能为这些宗教建堂办校提供经济资源或直接拨款，帮助其解决各种实际困难和问题；政府为了管理方便，还帮助这五大宗教成立了全国性的机构，甚至在某种程度上使它们具有了"准政府"机构的职能和地位。这种对宗教的"扶持"，连许多实行"政教分离"的国家都望尘莫及，让其宗教组织羡慕不已。而中国执政者又不信仰任何宗教，这又与"政教合一"的国家及其政府行为本质有别。这些现实情况尚没有得到理论上的很好说明或实践上的恰当解释。政府对宗教的这种态度，当然是希望其在关键时刻能够"起作用"而有利于或协助政府的社会管理。但另一方面，其对"体制外"的其他"宗教"发展，即所谓"非法"或"地下"宗教的发展，则持严厉限制和坚决打击的态度。西方关注并指责的所谓中国的"宗教自由"和"人权"问题，一般都是发生在这一"非法"领域。西方舆论按其自身文化传统而只看到了与之相关的"宗教"自由问题，却忽视或根本无视这种宗教发展在中国政体及政治中"非法"和"违法"的现实。

如果强调法治，这种指责却势必会理屈词穷。不过，对所谓"地下"宗教活动的治理，也没有根本找到彻底治理的有效举措，地下宗教出现的"游击"方式和"捉迷藏"办法使政府在公开社会治理中行之有效的举措基本上失效。这方面的探究、理论及实践都需跟进。

必须看到，在全球化时代社会文化的多层面交流中，上述政府管理宗教的策略或模式正面临着挑战、经受着考验。我们可以从如下几个方面举例说明：

其一，"大一统"的"集权"或全国宗教机构在政府的扶持下成为一种界乎"政府"与基层"信教群众"之间的新的行政权威，这一方面"弱化了"政府在管理宗教事务上的直接权威性，形成了某种程度上的上下隔断；另一方面则"强化了"宗教机构在现代社会本不应该再加保持的"政治"权威，使这些宗教组织在嬗变为"准政府"组织的过程中不断减少其"非政府组织"（NGO）的特色，不能很好地"在教言教"，而变为"在教言政"或事实上的"弃教从政"。其结果，这些宗教机构会逐渐失去其在政府与信教群众之间的"桥梁"和"纽带"作用，弱化了其对广大信教群众的灵性感召力和吸引力，反而与政府本来为之设定的目标渐行渐远或背道而驰。这样，有宗教需求而不是政治兴趣的群众则可能在这种"变质"的宗教机构之外另行寻求新的宗教组织及其崇拜形式，宗教地下活动的空间则随之扩大。当前"体制"之外各种宗教形式的涌现，比如其中的宗教"灰色"市场的不断扩大，以及所谓"地下教会""家庭教会"问题的冒头，都应引起我们的高度警惕和认真思考。由此而论，政府承认、支持的"合法"宗教机构必须真正成为"宗教"，让其拥有必要的活动空间及自由，使之得以正常发挥其宗教的社会功能和影响力。

其二，这种"大一统"的宗教体制或结构如果过分依赖政府则会为政府增加负担，同时扩大政府治理和管理宗教的成本与风险。"宗教"在当代中国社会并不是共产主义的主流意识和精神追求，它作为"另一种选择"虽然可能成为当前执政者的"同路人"或"同心人"，但也可能会恰恰相反。因此，在政府的呵护下羽翼已成的某些宗教体制或宗教人士因世界观的不同、信仰的分歧而并不一定会与政府"肝胆相照""同心同德",所以并不能让人完全放心、高枕无忧。这种问题的根本解决,要么是促进宗教意识与我们主流意识的一致或积极引导其不断接近,成为我们整体思想文化体制内的有机构成;我们一方面在做这种意向上的努力,但另一方面却也表现出对之有着巨大排拒,故其作用在相互抵消,进展缓慢,效果甚微;要么,则是在我们当代社会思想文化包括信仰领域有更大的空间和自由,淡化这种异在,鼓励多元一体及其和谐共构;但这也需要相应的风险评估和应急举措,做好充分准备。必须看到,在全球化的氛围中和信息化带来的快速世界联络上,可能会使外界同一宗教的影响远远大于国内政府对其的吸引和联系,形成"血浓于水"的另一种解读,直接妨碍宗教"中国化"的实施。在这一意义上,对"宗教人士"的管理与对"党政干部"的掌控显然又本质有别,不可同日而语。例如,中国改革开放以来对藏传佛教的支持,对其寺庙僧侣的供养已不再主要由藏民家庭所负担,而基本上靠政府财政力量来支持;但寺院僧侣人士无限制的增加、藏传佛教多派共存态势的减弱,以及一派独大后因宗教信仰自身的原因及其历史发展的惯性而出现向心力的偏差和离心力的增强,终究会出现与政府愿景事与愿违的事件,实际上导致了政府政治资源和经济资源的流失和浪费。在关键时刻"3·14"事件的发生,其境外势力的渗透和参与,已值得我们警醒和作必要的思路梳理、政策调整,从而正确、客观、符合宗教发展自身规律地调整政府在社会层面对宗教的政策及举措。

其三,仅限于承认"五大宗教""合法"地位的方式并不利于宗教生态的平衡,而且会破坏政府对宗教事务的实际管理和掌握。多种宗教的共生共存和多元发展在当代中国已是不争的事实,无视它或不承认其存在并不可能阻止其继续发展,而只会让政府越来越被动。因此对各种民间宗教、民族或世界性宗教,以及新兴宗教在当代中国的存在及发展应有客观调查和认真分析,使政府能够心中有数,制定相应、合理的宗教政策,没有必要通过政府之手而在某些地区使某一宗教出现其"一教独大"的社会发展。在这一层面,政府管理宗教事务不应只从"政治"意义及标准上来考虑，而应以一种平常心、自然态度来认识宗教主要乃是老百姓日常生活的重要构成，是其精神需要、灵性渴求的一种表现，不必压制和堵防，而应积极引导和疏导。这里，有必要恢复宗教存在的生态平衡，包括宗教的社会生态和精神生态，使宗教生活返璞归真，这样宗教的"问题"反而会减少，宗教的发展也势必会正常。

其四，应根据宗教的内在本质及其自身发展规律来制定政府的宗教政策，树立政府的政治权威。宗教界在社会上的"政治"行为和动向应是政府所关注的，而对其"宗教"灵性上的需求则可网开一面，加以疏通和沟通，因为没有思想上的真正一致则不可能树立起可靠的精神权威，在此对之只能"治社"而无法"治心"。其原则就是加强社会"政治"层面的管理，使"宗教"生活保持正常。例如，对基督宗教就应按其基本常识来加以分析和调控。基督新教自16世纪宗教改革以来就不再有中央权威，而一直处于教派林立、多元组合的发展之中。因此，让基督新教保持严格的"大一统"格局、维系"后教派"态势不一定是最佳选择。目前地下教会、家庭教会的多种涌现已带来了难题。不少新教组织表示愿意承认政府的权威，希望直接在政府有关部门中合法登记。对这种发展状况应有前瞻性分析。实际上，政府在此应树立的是政府各级主管宗教事务部门的权威，而不是新教"大一统"机构的权威，因为这与新教的"本质"及其历史发展不相符合。通过政府的力量来恢复基督新教本已摈弃的那种天主教式的"大一统"权威往往得不偿失，费力而不讨好。对爱国教会的支持主要应该是政治上、道义上和宣传上的，而不是重新授予它某种世俗或宗教权力。当然，这种宗教登记面上的放开，以及直接与政府有关机构打交道，有可能带来整个中国新教存在及发展状态的根本变化。对此政府亦必须有所预见，制定预案，做到未雨绸缪，能够及时调整或补救。而在管理天主教事务上，则应看到作为天主教在其信仰中就有宗教层面上对罗马教廷、教宗的"服从"，否则就不再成其为"天主教"，而是走向宗教改革，成为"新教"。但冷静分析，中国当前的天主教会在"政治"和"宗教"层面并无这种根本改革的意向，也没有如马丁·路德那样合适的改革家，政府在此的"引而不发跃如也"乃一厢情愿，亦基本上没有意义和效果。若尊重这一事实，则应该一方面看清天主教的历史传统，了解其从中世纪政界、教界关于"主教叙任权之争"到今天主教等神职人员任命上的演变，主动调整好国家、政治层面的"中梵关系"，起到四两拨千斤、纲举目张的作用，以此而从根本上、源头上厘清并解决我国天主教的问题；而另一方面当然也要向天主教界展示并说明中国政治及政府对待宗教管理的历史、特点和当今中国的国情、现状和立场，让天主教认识并承认这种政府的威权，由此找到解决天主教棘手问题的突破口。当然，在中梵关系上，在罗马教廷与中国天主教会的联系上，中国政府仍应处在关键地位，发挥决定性作用。

综合而论，宗教在其社会存在上首要的就是政教关系问题，我们没有必要回避，而必须正视这一问题。在这种对宗教的社会理解上，对待宗教问题我们要从社会政治层面入手，这就是宗教问题要"讲政治"的真实意涵之所在。

（本文为2008年6月9—21日在甘肃民族宗教高层论坛会议上的论文，主要内容基于对卓新平《"全球化"的宗教与当代中国》第一章的修改，见社会科学文献出版社2008年版。）

第二章

中国当代社会的宗教问题

把宗教问题作为社会问题来解释和处理，马克思主义经典作家属于最早的先行者，因此西方学术界起初也是把马克思等人作为典型的宗教社会学家来研究。因此，将马克思主义的基本理论和方法与社会实际相结合，强调其社会实践性，这是理解和实践马克思主义的原则和前提。马克思主义对宗教的理解，是把宗教及其起源和发展置于整个社会的经济发展之中去分析，根据宗教借以产生和存在的历史条件来说明。从对社会生产力和生产关系、经济基础和上层建筑等深入研究的高度，马克思、恩格斯剖析了宗教的本质，提出了从社会存在探讨社会意识、从现实社会寻找宗教秘密的研究原则。因此，我们认识和研究我国的宗教问题，也必须基于我国的社会存在现实和历史文化传统，紧紧扣住我们的国情和时空特点。这里所涉及的问题大体包括"对宗教本身的基本理解""宗教存在的国际环境和舆论""中国宗教生存状况及其问题"和"中国宗教的发展趋势"这四个方面。

一 对宗教本身的基本理解

从严格意义上来说，根本就没有任何可以脱离宗教存在现实而对宗教达成的纯抽象理解。马克思主义对宗教的基本理解和基本理论，乃是马克思主义经典作家在当时的社会经济条件和历史发展背景下有针对性地对宗教的具体分析和阐述。结合19世纪欧洲的社会现实和人类（尤其是西方）历史文化传统，马克思、恩格斯对宗教有很多非常精辟的论述和独到的见解。综合来看，有两点对中国的政界和学术界影响最大，讨论得也最多：

一是恩格斯对宗教本质的理解。一般而言，我国许多人，尤其是党政部门的宗教研究者都习惯将恩格斯在《反杜林论》中所说的一段话视为马克思主义对宗教的定义："一切宗教都不过是支配着人们日常生活的外部力量在人们头脑中的幻想的反映，在这种反映中，人间的力量采取了超人间的力量的形式。"① 恩格斯的这一说法常被理解为马克思主义关于宗教的定义，因为它在内容及形式上都比较符合宗教的本质，包含了理解宗教本质、确立宗教定义的一些主要因素，例如可以从中分出如下一些重要层面，即可以细化为把信仰"支配着人们日常生活的外部力量"作为宗教的独特思想观念，把"幻想的反映""超人间的力量"作为宗教的典型表现形式，把"支配着人们日常生活"作为"人间力量超人间化"、变为陌生可怕的"外部力量"这一宗教异化的社会原因，等等。在此，恩格斯对宗教的界说也基本上符合当时西方思想界对宗教的认知。如果我们进而分析的话，还可以发现宗教的内在因素即宗教意识，其外在因素即宗教的形体。其中宗教的思想观念是其结构体系的核心所在，处在最深层，它亦包含宗教的情感和体验；处于中层的为宗教的崇拜行为和信仰活动；处在最外层的则为宗教的社会组织与体制制度。在其西方语境中，人们一般强调宗教的核心层面即其信仰观念，关注的是人的"宗教性"问题。但在中国的现代社会语境中，宗教的存在形式则被更多地强调，许多人认为只有具有组织形态、群体共在的宗教建构才被视为严格意义上的宗教。因此，中国对宗教的理解特别突出宗教存在的群体组织形式。

二是马克思对宗教社会作用的认知，这对我们的影响非常大，并引起了许多争议和不同理解。这里，我国许多宗教研究者把马克思在

---

① 《马克思恩格斯选集》第3卷，人民出版社1972年版，第354页。

《〈黑格尔法哲学批判〉导言》中的名言看作马克思对宗教社会作用的评价："国家、社会产生了宗教即颠倒了的世界观，因为它们本身就是颠倒了的世界"，"宗教里的苦难既是现实的苦难的表现，又是对这种现实的苦难的抗议。宗教是被压迫生灵的叹息，是无情世界的感情，正像它是没有精神的制度的精神一样。宗教是人民的鸦片。"① 这段论述被许多人看作马克思主义对待宗教本质及其社会作用的基本观点和态度。但是值得考虑的是，这一论断是马克思针对19世纪欧洲资本主义社会中某种宗教现象具体而言，其对宗教的批评主要是引向对宗教得以产生的那个"社会"的批判，而且旨在推翻这一"旧的社会"。必须注意的是，当时代表被压迫劳动人民的无产阶级政党肩负着"推翻一个旧世界"的重任；而宗教在当时或是被统治阶级作为安慰及安抚老百姓的工具，或是被作为被压迫者反抗当时剥削制度的旗帜。所以，"宗教是人民的鸦片"包含具体的社会内容和阶级含义。而如果拘泥于其字面理解并将之用来与20世纪下半叶以来中国社会主义社会中现存宗教情况对号入座的话，那么就会在理论逻辑上和社会现实中使我们陷入不可避免且比较难堪的两难选择，即，要么不承认宗教存在的社会经济和阶级根源已发生了根本改观，这样就会同情宗教以"消极"的态度所表达的愿望，所追求的解救，同意它的"叹息""感情""表现"或"抗议"，而把我们自己的国家和社会作为"颠倒了的世界""现实的苦难""无情世界"或"没有精神的制度"来从根本上否定掉了。因为按照马克思主义的理论推断，宗教自身没有"本质"，它的"本质"是"人的本质"，反映了人的"社会关系"的总和，而"反宗教的斗争间接地也就是反对以宗教为精神慰藉的那个世界的斗争"，所以对宗教的批判实质是对其产生的"苦难世界"的批判。有的人不同意这种分析，却提不出圆满保留其前后逻辑因果关联的另一种解释；有的人认为宗教是"旧社会"的残留，但新中国已经有了七十年的历史，经历了好几代人的发展变迁，故此"残留论"亦难以服众。必须承认，在马克思

---

① 《马克思恩格斯选集》第1卷，人民出版社1972年版，第1—2页。

主义论宗教的语境中,对社会、阶级、人的世界的分析总是放在首位的,是最根本的。所以,机械地搬用马克思对宗教的否定就会把对其社会的否定也逻辑性地带了出来,而我们今天若机械套用则不可能只否定宗教而不否定其社会;这是一难。要么,我们就面临另外一个难题,即强调我们的国家社会制度已根本改变了这种人间的惨景而达到了一种普遍的正义、公平,并用事实来证明由此带来的宗教影响已经普遍减少,宗教存在也在日渐消失。然而,宗教在社会主义中国的存在和发展完全是一个不争的客观现实,令人无法回避。中国社会主义七十年来的实践并没有使宗教减弱,我们眼前的现实却是宗教更迅速、更广泛地发展;这已不可能用"旧社会的残余"来简单加以解释了。有的人强调今天宗教仍然是消极因素、在社会上主要起到负面作用,并对今天中国宗教的积极评价根本否定、严厉批评,坚持突出宗教的消极、负面影响,其批评却很难与今天的社会积极发展形成对应和呼应。这些未解难题在理论和实践上都极大地影响和制约着今天中国社会的宗教理解及宗教工作的开展,让人困惑或迷茫。因此,运用马克思主义不能生搬硬套,而必须"与时俱进"。也就是说,应该抓住宗教是社会的反映这一根本,那么不同性质的社会就会有不同的宗教反映,它反映的意义也是不一样的。谈论社会中的宗教不能与其社会脱节,其见解也间接反映出其对当今社会的看法和评价。从辩证、发展、宗教与社会密切关联的角度来看,当社会制度变更、社会存在状况发生好转时,那么宗教对社会的反映就并不完全是消极或否定的,而应该有其积极意义,否则逻辑上很难说通。实际上,马克思对宗教这一社会政治层面的认识就其思想本意和其行文语气来看也不是要否定宗教,他是要否定当时和之前使那种具有消极性的宗教得以产生和存在的现实社会。由此可见,马克思强调的是宗教与其社会存在有着不可分割的关联,反映的是其社会存在的状况和阶级等政治经济依属;而随着社会的变化,宗教的这种反映也势必发生变化。宗教的社会性质是会发展变化的,不能断言宗教只会反映消极的社会现实或仅代表剥削阶级的利益。事实上,宗教在历史上所代表的阶级也在不断变化,并非固定不变的。这是我们在对马克思主义宗教观的理解上非常值得深思的一个问题。

列宁对宗教的理解产生于其所在社会无产阶级取得政权的前夜。当时列宁开始了无产阶级掌握政权的尝试，并且取得了成功，其对宗教的理解也是与彻底批判和推翻剥削阶级的统治的政治斗争相联系的。从这一意义上，列宁提出"宗教是人民的鸦片——马克思的这一句名言是马克思主义在宗教问题上的全部世界观的基石"。[①] 当时列宁将宗教理解为旧社会的残余，认为"宗教对人类的压迫只不过是社会内部经济压迫的产物的反映"，随着这种压迫制度的消失，宗教也会自然消亡。在此列宁首次提到"社会主义"和"宗教"的关系问题，而且他还规定了两个基本的原则：第一，"就国家而言，我们要求宗教是私人的事情……国家不应当同宗教发生关系，宗教团体不应当同国家政权发生联系。任何人都有充分自由信仰任何宗教，或者不承认任何宗教"；第二，"对于社会主义无产阶级的政党，宗教并不是私人的事情。我们的党是觉悟的先进战士争取工人阶级解放的联盟。这样的联盟不能够而且也不应当对信仰宗教这种不觉悟、无知和蒙昧的表现置之不理。……从我们来说，思想斗争不是私人的事情，而是全党的，全体无产阶级的事情。"[②] 虽然列宁看到社会主义与宗教关系的重要性，而且提出了在社会主义条件下如何对待宗教的问题，但由于列宁去世较早，这一问题在苏联和东欧一些社会主义国家并没有很好地解决。如何在意识形态领域开展思想斗争，而在社会政治领域团结信教群众，这二者之间充满辩证张力，但苏联和东欧国家从来没有认真思考过这一问题，也没能在社会实践中找到一种和谐共在的理性途径，因而带来了惨痛的教训，这是值得认真反思和研究的。总体来看，对于宗教问题，列宁在价值层面上持否定态度，在社会层面上则是高度重视，在政策处理上更是非常灵活。我国的宗教理解和宗教政策在改革开放之前受到列宁相关思想的影响，但是有些实

---

① 《列宁全集》第 17 卷，人民出版社 1988 年版，第 389 页。
② 《列宁全集》第 12 卷，人民出版社 1987 年版，第 132—134 页。

践则因中国的国情和传统不同，已经远远地超出了他的理论之界，目前我们正面临着列宁曾预见到的同一问题，而且在如何认识及处理上也出现了严重分歧。这样，会不会重蹈苏联对之有张力却又想根本解决的纠结怪圈？能解还是无解？这值得我们认真对待。因此，我们今天是否仍然要回到列宁在十月革命之前甚至更早对宗教的评价和举措，而无视今天中国社会性质及执政者身份的根本性变化？这种回归会导致对我们当今中国社会什么样的逻辑推论和价值判断？这些的确都是我们无法回避的焦点问题。对比俄罗斯及东欧文化传统，中国文化历久不衰的奥秘在于我们的和谐精神，但在今天究竟如何践行这种达至问题有效解决的和谐智慧而不会出现丧失原则的一团和气，对我们则是一个重大的课题、严峻的考验。

中国改革开放以来，对马克思主义宗教观的认识获得了重要的理论突破，人们对宗教的基本理解因而也越来越深入、真实和正确，而且抓住了以社会观宗教的要点。中国目前所面对的关键问题，仍然是如何认识和处理社会主义社会的宗教问题。而在马克思主义宗教观上的重大突破，就是将宗教在人类社会存在的长期性放到认识宗教问题最根本的位置上来。江泽民同志指出："宗教的存在有着深刻的社会历史根源，将会长期存在并发生作用。""宗教走向最终消亡可能比阶级、国家的消亡还要久远。"[①] 因此，分析和把握世界宗教"最根本的是宗教存在的长期性"。江泽民同志的这种分析是极为深刻的，对我们理解宗教也是意味深长，令人深思的。实际上，宗教的历史"长期性"本身已经就包含了其社会"变化性"的可能。如果能够真正体会到江泽民同志讲宗教问题根本是"长期性"的深刻意涵，看到宗教存在可能比阶级、国家还要久远，做好与宗教长期共在的准备，那么正确理解、对待社会中宗教的问题也就能够稳妥解决了。

[①] 《江泽民论有中国特色社会主义（专题摘编）》，中央文献出版社2002年版，第371页。

二 宗教存在的国际环境和舆论

从国际环境和舆论来看，一般会从两个基本层面来对待宗教，一是把宗教视为人类精神生活中的"常态"，二是把宗教看作人类社会生存中的"问题"。在世界绝大多数国家中，宗教是被作为人的精神文化"常态"来看待的，太过负面的评价不多；而在中国对宗教的讨论和看法则更多集中在其所反映的社会"问题"，人们已经习惯以消极、负面的态度来评说宗教。这样，中国的宗教认知在与国际关于宗教的"共识"接轨上显然存在某种张力，这也往往直接或间接地转化为国际政治、国家关系之间的矛盾、分歧乃至冲突。然而在面对这种国际层面的批评指责时，我们不仅是坚决反驳和强烈反对外来的干涉，而且所强调的则还是中国社会对宗教的正面看法和公平对待，因此这种权威话语理应成为我们社会的共识及公共话语。

基于从"常态"来看宗教的视角，人们会将宗教对超越自我的精神追求作为其本质。在此就有其对"终极实在"的理解及其"神圣化"，从而有所谓"终极真理"之说。"神圣化"势必触及对"终极"的追问，宗教即以此来把握整体、触及未知。据科学家推测，人类已掌握的自然知识仅是整个已知宇宙知识的百分之四，因此"未知"仍占绝大多数。但人的精神性却要求人超越其物质约束之限去追求，故有很多猜想、预测、科幻和前瞻，对尚不可解、仍未认知事物给出了"解答"。于此，科学、哲学、宗教乃站在同一层面，思考的是同一解答，虽表述不一，却有"暂论"之共性，并非绝对真理，需要未来的检验。蒂利希所谈到的宗教是"人的终极关切"已经成为脍炙人口的名言，在中国学界亦有广远影响。这种终极关切使宗教关心人的生存活动及其超越意义，其表现的则是追求超然的信仰生活，其人生目的已不再或不仅是此岸性、世俗性、现实性，而更有着终极性探询、超越性审视。不过在言述上，这种精神追求和把握不可能用精确科学和理性逻辑来清楚表明，而只能借助于神话、象征、符号来模糊表述。在行动上，宗教则被人类用为实现"终极转变"的手段和过程，而这种带根本性的转变正是让人"体验到一种最可信的和最深刻的终极实体"，正是个人和社会所经历的"终极的和动态的转变过程"才最终使人超越自我、"达到与真正的和终极的实体合一"；① 此即宗教在行动上所追求并想达到的效果和结局。从二者的关联上，"终极"对人的主体来说则"是一种感受，人们由此把某种神圣作为生活的真谛"。② 在这种终极关切、终极追求和终极转变中，则能体会到恩格斯所讲到的：宗教性包含"人类本质的永恒本性"。③ 既然宗教成为人的精神生活中不可缺少的重要内容，自然也就是人之生存的"常态"。

但如果从"问题"来看宗教的存在，那在潜意识上已暗指人或其社会出了与之相关的问题。应该说，马克思的宗教理解就是因为他看到了宗教的问题，表达了对陷于这种问题的宗教信仰者的同情和理解，进而则对产生这种宗教问题的社会加以揭露批判。但如果顺着这一思路从"找问题"的角度来看宗教，则至少会有着如下潜台词，即认为"宗教"或"宗教发展"在根本上还是"不好"的，是一种"有问题"的社会存在，即反映了社会的不足或缺陷，而并非主流社会的希望或期待之所在。这种视角的内在逻辑性最终势必会引导人们去找"社会"的问题，其根本批评指向或意向是"社会"而并非由该社会所产生出的宗教。若把宗教视为社会之"病"，则对该社会的评价也肯定会有问题。所以，我们不可能光"指责"宗教而强行停止其与相关社会之关系的"联想"。当前国际社会对宗教引起和带来的问题描述颇多、批评尖锐，但对导致这种宗教问题的国际社会尤其是一些国家存在的社会问题却有意回避、语焉不详。这种观察和评价显然也影响到中国的舆论，形成一种表层浅化认知的导向。因此，在今天中国的和谐社会构建中，

---

① ［美］斯特伦：《人与神：宗教生活的理解》，金泽、何其敏译，上海人民出版社1991年版，第2—4页。

② 同上书，第11页。

③ 恩格斯：《英国状况——评托马斯·卡莱尔的"过去和现在"》，《马克思恩格斯全集》第1卷，人民出版社2001年版，第651页。

我们必须有意识地对之加以反省、反思，而不可盲目地照搬、教条主义地套用；如果对宗教的评价轻率、简单，实际上会带来对我们当今社会评价的不负责任，即有着对这一社会的潜在批评。而把宗教从根本性理解上否定性地推出去，则迟早会导致社会的分裂和动乱。

毋庸讳言，把宗教视为人类社会生活的"常态"还是"问题"，这两种观点在对宗教的"价值""意义"及对其社会的"判断""定位"上显然会有不同。不过，二者应该都有意义，即可促使人们去全面、客观地看待宗教，力争做到不失偏颇。其实，"常态"认知多认可宗教的"超越性"追求，而"问题"认知则旨在以对现实的幻想、用社会的倒影来达到"安慰性"满足。二者不可替代，却能互补。在认知层面对宗教作为人类精神"常态"的理解有助于我们对宗教信仰的相互尊重，而在社会层面看到宗教的"问题"则能提醒我们加强社会管理、推动社会发展。在其相应的社会控制或作用上，宗教或是表现为崇高、升华、神圣，或是让人感到其偏执、狂热、反常。其双重性使贝格尔认识到"宗教在历史上既表现为维系世界的力量，又表现为动摇世界的力量"。① 与世界历史发展一样，中国以往曾以平常心来看待宗教，宗教的存在被视为正常、自然、客观事实。然而，随着中国近现代发展中对外开放并吸纳其世俗批判精神，以及改良和革命的不断涌现，人们对宗教的看法出了问题，从而对宗教在中国社会文化传统中的意义、作用和发展等认知也就出现了复杂的嬗变。洞观历史，人类文明不一定就是纯然科学、理性、机械、世俗的天下；所以，人类若能保持一点对超然、自然的敬畏、尊重和神秘感，有着一些童话、神话的思维或想象，也是必要的、不可避免的。面对无限的未知世界和人类经验及其语言表述的局限，简单争论"有神""无神"没有实质性意义，但探究"神"之表述的语义及其"或指"与"能指"则有其解释学意义。在世界宗教文化有着深远影响的社会氛围中，如果只是中国对宗教加以贬低性地另眼看待，只追究其"问题"却看不到其"常态"，那么我们自己则会成

---

① ［美］贝格尔：《神圣的帷幕》，高师宁译，上海人民出版社1991年版，第120页。

为在当今世界中被孤立的"另类"。国际反华势力也会利用世界各国在同情、肯定宗教上的"共识"来形成新的反华"统一战线"，削弱我们的文化"软实力"，在政治、经济上已无法孤立中国的情况下促成一种精神文化意义上的对我"孤立"。而我们这种形式的"被孤立"在理论探讨、社会实践和国际交往中对中国的当今发展都没有什么好处，至少会是"弊"大于"利"。

三 中国宗教生存状况及其问题

根据考古发现和历史文献记载，宗教在中国源远流长，自古至今都存在着，因此中国人在其"宗教性"上并不缺乏或缺少伊利亚德所言之"人类学常数"。中国古代并没有否认宗教的存在，也不曾特别贬低宗教的精神价值和社会作用。然而，自20世纪初中国"新文化"运动时期"非宗教"的思潮影响社会认知及认同，我们在理解和处理宗教问题上就积累了一些没有解决的问题，并出现了理论和实践的明显脱节和矛盾。这种认识上的模糊和判断上的不定，则会影响到我们在当今社会的理论创新和实践决策。这是我们结合马克思主义宗教观研究中国社会宗教问题时应该关注和重视的。

在回溯和反思中国古代社会的宗教状况上，人们对中国政教关系究竟是"政教合一"还是"政教分离"争论不休，对"儒教"到底是不是"宗教"难达共识。这种文化积淀和精神遗产同样影响到今天中国对宗教的认识和处理。其实际上的"政教关系"既不是"政教合一"，更不是"政教分离"，而表现为一种奇特的"政主教从"或"政教合作"关系，但基本上是社会政治势力尤其是政权占据优势，这种"政"对"教"的主导、掌控、引导、管理是不用质疑的。一方面，中国在价值观和意识形态上对宗教的负面印象或否认意向迄今仍比大多数国家都要多，但这也正成为别国攻击我国的一个重要口实，影响到我国的价值体系安全、文化精神建设和"软实力"的发展。另一方面，中国在宗教管理和现实政策上对宗教的"帮助"或"扶持"却又比大多数国家都要强，投入极大，对宗教"参政议政"等政治上的"安排"和落实"教产"及修庙建堂等经济上的"支持"甚至使许多国家的宗教界都非常感叹和羡慕。这种做法与其相关的思想认知和价值判断形成强烈反差。而这种差别或差异则会使我们的努力大打折扣，并可能产生"花钱没办成事""费力却不讨好"的挫折感或失落感。这自然也很难使当前中国宗教真正恢复或实现其"正常"和"理想"之状。相反，若处理不当则可能出现一些有着不好倾向的异化和蜕变。对宗教的基本价值否认会使宗教界与政界"形"同而"神"异，"貌"合却"心"离。对政治立场的坚持和宗教传统的保留，使二者交界之处的关键人物无法选择时沦为"两面人"，甚至出现人格分裂。必须看到，宗教信仰有其神圣感，对其核心价值的根本否认在实质上则很难真正要求宗教界与对其否认者"求同存异"。由于意识形态的差异和政治理想上的区别，即使是处于"核心板块"中的宗教在政府的"护持"下亦不能理直气壮，而且在不少方面仍心有余悸，故而难以充分发挥其"积极作用"。与此同时，这种看待宗教的明显"异心""离心"，也势必导致宗教在自我保护、自我捍卫时与其批评者、否定者渐行渐远、分道扬镳。在这种悖论中，我们对宗教的"团结合作"和"统战工作"可能会事倍功半，成本高却效益低。

在当代中国的国情中，要想达到宗教的顺畅、理想发展，其最重要的条件之一，就是在政治上"脱敏"，没有必要把宗教视为政治上的"对立面"或"另类"，让宗教感到与中国社会文化的格格不入或被边缘化；在防止宗教在政治上被异化之际，也应逐渐实现宗教从政治领域的"淡出"，与此同时，宗教则应有意识、积极地在社会上"担当""投入"，在文化上"重建""更新"，在信仰上"回归""升华"。在中国和谐社会的构建中，宗教不应该被视为或被推为"假想敌人"和"潜在威胁"，也不应被看作主流政治的"竞争对手"和"另类选择"。对宗教的"批评""打击"不仅会无济于事，反而可能激化矛盾，造成对立双方的两败俱伤。在思想信仰上否定宗教的同时，却让宗教在社会实践上参政议政，这种做法乃自相矛盾，且匪夷所思。如果"使用"

却不"信任",被用者不仅不能真正有效发挥作用,而且还会使之陷入自我危机之中,其后果可能会使这类合作者越来越少;相反,不合作者则在转入地下后逐渐在公众视线中消失,形成远离"政"甚至反抗"政"的不可控发展。因此,对宗教发展要积极"引导"和科学"疏导",使之成为共构和谐社会的多元因素中的有机一员,让其"和而不同""和合生辉"。我们应该用"平常心"来看待群众的宗教信仰,对之没有必要"神化",但也不要"丑化"。其生存生态"恶化"对我们的社会不一定是好事,还可能进而带来我们社会生态的恶化。政府对宗教的管理落实在"法治"(法制)之上,依法治国、依法管理宗教,为此有必要形成全面、实效的管理网络和体制机制。因此,在依法治国的基础上应突出政府的"一体",体现出政府在管理宗教社会事务上的法律、政治和行政权威,强调政府的积极引导,而把宗教内的具体事务让给宗教、自行其责。在政府"统一"管理的基础上,则应让宗教"多元"发展、生态平衡,彼此监督、优胜劣汰,由此在中国"政主教从"的现实上促成各教之间的"多元共存"、对话沟通的积极局面。此外,应该鼓励宗教投身社会服务、积极参与社会工作,在社会救济、慈善事业上独树一帜、脱颖而出,使之成为宗教社会存在与发展的真正安身立命之处;所以,有必要在社会工作上给宗教留出足够的空间,让其有发展的潜力;而在宗教组织、团体的认定上"门槛"要高,不能过于随意、放宽,必须符合宗教身份、具有宗教资质,但也应为宗教组织形态得以成熟提供合理的时间保障,给予其从"临时""备案"到"正式""登记"的时间过渡。在这一过程中,政府应该对宗教的社会演变加以观察、监督、管理和引导,允许其在社会服务和自存自养上有"减税""免税"的优惠,但不能对宗教组织的"经济开发"放任自流,形成"特殊"的经济监督、管理上的"死角"。而对宗教"非营利"的社会慈善、福利工作,则应在用地、能源、审批、税收等相关方面提供方便,有一定的照顾和积极的扶持。这样,宗教在中国社会未来的可能形态或许会转"官方色彩"为"民间自然"形态,变"政治参与"为"社会参与",宗教界人士只是以"公民"身份关注、参与政治,宗教组织机构则保持"非政府组织""非政治组织"的性质。当然，在现阶段仍必须承认中国当前社会文化处境中因历史发展而形成的事实上的相关"主要宗教"的"核心"地位，对其积极的社会意义和功能加以充分肯定和必要支持，让其在处理与其他在社会上相对"次要"的宗教的和谐共存关系时发挥主导作用，从而使所有宗教在与中国社会相适应中有其"楷模"和"榜样"。而在宗教的未来发展中则应逐渐打破目前的格局，实现所有宗教多元、有机、和谐、融洽、彼此激励、相互补充、层次清晰、有序衔接的整体共构。应通过宗教形态的成熟、完备和宗教心态的积极、向上来顺利完成其社会磨合、适应的过程，推动其"宗教共同体"的形成与发展。不过，对宗教发展的期待既应注意其精英信仰的"升华""超然"之脱颖而出，也要以平常心来看待大众信仰的"质朴""直观"甚至"功利"性走向。在"积极引导"和"主动适应"的双向互动中，逐渐结束各宗教散乱、"混乱"的现象，达成其在社会上"一体多元""主次协调"的整合。当前，宗教发展的主要注意力和方向：一为社会层面的服务参与、人间贡献，二为文化层面的承上启下、发扬光大，三为信仰层面的返璞归真、纯洁无瑕，以真正体现宗教作为"宗教"的社会关怀、文化传承、精神慰藉和灵性超越。

中国当代宗教已进入多元发展时期，其"多元"与中国社会改革开放以来的宗教"复兴"相呼应，且给人留下如影随形的印象。由于现时期中国的发展在许多方面都已经与国际"接轨"，在中国社会形成"世界眼光"的同时，中国宗教亦得以发展出其"全球视域"。而这种宗教发展不可避免的"全球"关联，也使宗教在当代与中国社会、政治、经济、文化、思想、信仰，乃至精神意向和生活情趣都构成了前所未有的复杂交织。从20世纪下半叶中国宗教的发展来看，人们一般已习惯从"五大宗教"（佛教、道教、伊斯兰教、基督教、天主教）来审视和认识宗教存在状态。然而，受"全球化"时代世界宗教"复兴"和重新出现"热潮""热点"的影响，以及各种宗教的国际性流动和"普世性"发展，中国当代宗教的多元走向实际上已呈现出"教外有教，教内有派"的态势。从总体来看，这种多元发展与以往中国建构性宗教布局已经形成了明显的张力，并已出现了突破这一框架的嬗变，其存在虽然按照现行法律和规则乃被看作"违规"或具有"不合法"的性质，然而其灵活性、流变性和本土适应性却使之在转型时期的中国找到了较大的生存空间及活动范围，不少新的现象或走向也正在"合法"与"不合法"之间游移，而且大多乃通过或是要求取得"合法"存在的身份与地位，或是干脆设法躲过目前的"法制"和行政管理方式，而在社会各层面，尤其在地方和底层迅猛发展。其对群众的覆盖面较大，社会影响亦在不断增强，正越来越多地引起人们的注目和谈论，甚至不断产生出新的热点或焦点问题。

这样，在当代中国社会中就形成了在建构内、体制内的"合法"宗教，以及在建制外、超出政府把握视界的、没有"合法"地位的宗教或信仰等实际社会存在方式，二者或许有些边缘交织或重叠，但有一些则与以往已被"公认"的宗教建构相分离、出现另立门户的趋势。而这些在"灰色"领域或社会不定层面上存在的宗教既没有政治、法律意义上的"合法"性，也没有社会、公共领域上所必需的"透明"度，却仍在忽明忽暗、时隐时现地存活并发展。对于当前中国宗教的这些复杂发展态势究竟应作何种分析、采取什么样的举措、怎样来对之加以法律和社会定位及定性等问题，中国社会各界存在不同的看法，亦明显有着观点上的分歧。这实际上也将预示着中国宗教的未来走向已很难以"统一性""单向性"来界定或解释，而它们与整个中国社会的复杂关联也使之构成与社会的双向互动和交叉影响。一方面，当代中国宗教的存在方式已经冲破了以往的格局，其在社会阶层中的分布也不像以前那样清晰明朗，由此已对与之相关的社会管理方式提出了挑战；另一方面，中国社会对宗教的认知及其相关政策举措和法律规定将影响宗教的现状及其对社会的回应，政策法规的不同定向会对宗教的今后走向产生重大作用，导致宗教的相关适应或演变。因此，除了以往政治意向和意识形态上对宗教的关注之外，还有必要从社会管理和文化建设上分析宗教的参与及其意义，而落实相应的宗教立法、依法管理宗教、正确并妥善解决宗教活动领域出现的法律"盲区"问题，则是在当代中国理顺宗教与中国社会关系的关键和必由之路。

四　中国宗教的发展趋势

中国宗教的多元发展之态已基本形成，其对未来中国社会的影响也是多元而复杂的。因此，如何因势利导，最大限度地发挥其积极作用，这正考验着我们的政治智慧和文化战略。马克思主义活的灵魂就在于具体问题具体分析，对时空变化有辩证审视和科学决策。因此，对马克思主义宗教观的把握和运用关键在于体会其思想精华并学会其基本方法，针对中国当前国情及其国际环境来全力以赴使宗教成为中国社会革新、民族崛起和文化发展的积极因素、促进力量。在当前经济社会发展中，已没有必要人为地将宗教推为社会主流的对立面，应防止造成新的"敌意"和"敌对"，避免出现成本加大、障碍增多、前景复杂的局面。综合来看，我国的宗教态势应注意以下几个层面的发展和引导。

(1) 中国宗教在意识形态及政治意向上的选择及引导

中国宗教在当代社会发展所面临的一个复杂问题，就是在信仰理解和价值层面上与主流意识形态的关系问题。从传统的认识来看，马克思主义与宗教意识、无神论与有神论的关系似乎只是一种对立甚至对抗的关系，二者在精神信仰层面上的彼此抗拒亦很难化解。"冷战"结束后，中西方在价值观和意识形态方面的对立、僵持之状仍在继续，而宗教在此的价值定位和意义内涵则颇为微妙、敏感。因此，主流意识形态非常担心出现宗教方面的竞争或对抗，社会舆论亦重新强调要对宗教思想加以批判，对宗教发展加以遏制。于是，政教之间的张力重新加大，宗教离心倾向则始见端倪。中国政界对如何处理这一问题、理顺二者关系大概呈现出两种思路和意向。

一种认为"积极引导"宗教与"社会主义社会"相适应乃立足于"社会"意义上，而不可能有与"社会主义"意识形态、思想价值体系上的真正"适应"。其基点乃是对宗教"本质"相对"负面"的认识和比较"消极"的评价。因此,持这种观点者觉得与宗教在社会"政治"上可以"团结合作",但在精神"信仰"上最多也只能"相互尊重",彼此保持距离,回避实质性问题,而实际上则是"批评"大于"尊重"。这是一种"内涵式"思路,为强调自身的特点及其历史传承而"以我为主"、突出"存异",保持一定的独立,有着明确的界限。应该说,这种见解和主张在中国当今社会颇有共鸣及共识。而对这种意向,中国宗教的回应则相对谨慎,在许多问题和见解上采取了"失语"或"缄默"的态度,但其内在的精神及价值主导则颇为复杂、矛盾,关涉到其"双重真理"即其价值、信仰"真理"与政治、主流社会持守的"真理"能否共存、共容和共同发展的核心问题。如果不能该怎么办?在此,其政治的"服从"与其自身信仰的"忠贞"和"神圣"感之间显然会存有张力,而且宗教在"社会"层面单向性的适应究竟能走多远、能否畅通亦颇成问题,其潜在的"存疑"乃不言而喻。这种深层次的张力和矛盾在中国社会体制中比较典型,而在其他社会体制中则或是不存在或并不很突出。这样,中国宗教在意识形态层面的根本性"生存"问题并没有得到"根本性"解决,而这种宗教在中国价值评断领域之"异"则显得突出,并容易被外界的某些势力所"注目"或"利用"。其态势的维系和未来发展的景观,就在于如何看待和处理当今中国社会所涉及的现实"经济基础"与宗教"意识形态"的关系问题,由此回答宗教在当今社会主义社会"是不是""能不能成为"其"上层建筑",能否"各美其美"且"和而不同"。

另一种则突出马克思主义理论体系作为当今中国主流价值及主流意识形态的"开放性"和"发展观",强调其"中国化""当代化"和"与时俱进"。其特点是,既明确坚持二者在社会层面的"求同",亦小心探索双方在思想信仰领域可能的"共识"。例如,在社会层面,与前一种看法一致地坚持"积极引导宗教与社会主义社会相适应""发挥宗教在促进社会和谐方面的积极作用",但其侧重已从前一种看法的"斗争"意识转向全新的"和谐"态度。显然,这里有一个从与宗教"斗争"、经让宗教"适应"到使宗教"和谐"的转型与发展。其重点乃在于对宗教的"积极引导"和使其能主动、"充分发挥"积极作用这两个层面，政治主体和政府层面应立足于"积极引导宗教与社会主义社会相和谐、与构建社会主义和谐社会相适应""团结信教群众为经济社会发展作贡献"；而宗教层面则是"可以主动发挥作用的一方"；通过这一调整和平衡，中国主流政体对宗教的态度则会发生重大改变："将信教群众作为可以主动发挥作用的一方，更多地从积极方面来看待宗教，肯定宗教在促进社会和谐方面有积极作用，这是一个最新的根本的飞跃。表明我们共产党人虽不信仰宗教，但更加全面地认识宗教的社会作用，具有充分的自信，能带领信教群众积极为构建和谐社会作贡献"；①"使信教群众在全面建设小康社会的宏伟目标下最大限度地团结起来"，②"发挥宗教界人士和信教群众在促进经济社会发展中的积极作用"。③

在思想信仰层面，则从以往对宗教核心内容的基本"否定"转为谨慎的"肯定"，主张"积极弘扬宗教教义中扬善抑恶、平等宽容、扶贫济困等与社会主义社会道德要求贴近的积极内容"。④ 这里，对"宗教教义"中"积极内容"的"积极弘扬"，实际上也就开启了中国主流意识形态与宗教意识及其价值体系的深层次对话，从而比以往各自"独白"基础上的"相互尊重"有了明显的思想突破和理论发展。当然，这一思路目前仍是一种"启迪""引领"或"引导"，尚未全面、充分地展开。但它说明其乃一种"外延式"思路，表达了一种精神深层次领域"对话"的"可能性"和"开放性"，为宗教在其核心层面上的"积极弘扬"与"发挥"提供了潜在的可能和空间。从主流政界

---

① 参见胡锦涛《在全国统战工作会议上的讲话》，2006年7月10日。
② 胡锦涛：《不断巩固和壮大统一战线，共同建设中国特色社会主义》，《人民日报》2006年7月13日。
③ 胡锦涛：《高举中国特色社会主义伟大旗帜 为夺取全面建设小康社会新胜利而奋斗——在中国共产党第十七次全国代表大会上的报告》，人民出版社2007年版，第31—32页。
④ 《胡锦涛接受第十一世班禅的拜见》，《人民日报》（海外版）2005年2月4日。

来看，马克思主义理论体系不再被"神化"，从而得以避免其"封闭""僵化"和"排他"，使马克思主义真正作为"科学"而不是"神学"来发挥作用。为了一种真诚"对话"和真正"共在"，有人尝试将信仰划分出不同层面，提出政治信仰与文化信仰、民族信仰和宗教信仰共存共处的可能性。而从宗教界来看，则可打破其"沉默"而在一些核心问题上展开"积极"的探讨，尽管某些探讨因其"宗教化"或宗教式理解以及其采用的习惯性宗教话语和信仰表达而不一定被中国主流社会肯定或接受，却可从这一姿态上体会其"认同""求同"的诚意和努力。而社会的宽容和开放，则可促进宗教在当代中国的良性发展，并有积极融入中国社会、发挥其能动作用的可能。至于政府一旦显露出会把宗教"往外推"的意向，则势必加大境外势力将宗教"往外拉"的动向。

（2）中国宗教在社会适应及法律服从上的表现及努力

中国主流宗教在历史上基本服从政权的管理，有着与执政者合作的姿态，而当政权打压时也会忍让或逃遁；但各种非主流宗教或教派则往往以"地下""民间"的方式求生存与发展，基本不与当局合作，形成与社会政治的某种张力。而当宗教处于畸形发展时，其对抗政权的爆发则有着巨大破坏力，如历史上的白莲教及拜上帝会活动，就是由不被政权及主流宗教承认而开始异化，最终以全力反抗社会政权，后者需付出沉重代价才能消解这股势力。此外也有以宗教之名"起义"而导致改朝换代发展的情况发生。这种态势在当代中国社会并没有彻底消失，而是以各种形式仍在继续，并有一些体现时代特色的新动向，给社会带来麻烦或危机。这样，遂形成中国宗教格局的复杂和对其社会管理的困难。就目前状况而言，中国宗教在社会适应及法律服从上存在三种态势：一为强调宗教在法律状态上的"合法"地位，但因其政教结合等复杂原因而可能出现宗教社团"政体化"的态势，另外也有着因其"大一统"结构的"权力化"而在宗教范围内替"政府""执法"的所谓"合理""越位"；对此，政界、社会和教界评价不一、褒贬不同，其未来发展亦充满变数。二为同意宗教团体服从法律的管理，但要求这种"管理"直接由政府来执行，认为只有政府才是执法主体，不需要也不能有某一宗教组织来"越俎代庖"；此时宗教社团容易被"虚化"，而政府管理不到位或管束过严则可能导致宗教社团实质上的瘫痪，宗教活动的不正常现象会进而引起正常宗教的存在危机和社会混乱现象，宗教社团负责人的功能实际上也就于此寿终正寝，难以发挥任何作用。当这种政治"统一"、宗教"民主"未能实现时，一些宗教团体则以"自由"为理由游离于"合法"与"非法"状态之间，形成宗教存在的模糊地带，并会更多地转入地下。三为以各种理由拒不接受对宗教的管理，并形成其"非法"存在的复杂背景，构成对国家政治安全、社会稳定的隐患，目前已有地下宗教公开宣称因为价值对立而不与政府合作，并以"打游击""捉迷藏"方式来规避政府的管理。这三种态势如何发展，以及政府主管部门会采取什么政策举措，无疑会对宗教的社会存在和社会影响起着重要作用。

从现代社会的"民主"与"法治"进程来看，人们对"宗教信仰自由"与"宗教自由"有不同的理解。对与相关社会持分殊态度的一部分人而言，所谓"宗教自由"要求的乃宗教的"绝对"自由，即其思想精神与社会行为的完全"自由"；但这实际上是对"民主""自由"的歪曲，以及对"法治""秩序"的无视或无知。其实，在任何时候、任何国度，都没有这种宗教的"绝对自由"。若强求这种"自由"，其实质则是争取一种"无政府"状况。一般来说，对"宗教信仰自由"的理解则包括两个层面，一是承认并保护个人精神信仰的"绝对自由"，正视并尊重这种信仰之思想内容的内在性、隐秘性和私人性，不能加以思想层面的干涉和强迫；二是指明并强调宗教行为及宗教组织在社会层面上的"相对自由"，宗教作为社会公共团体的一种，则应该保持其在社会公共层面的公开性、清楚性、透明性和可监督性，而绝不应该以"黑社会""地下社会组织"的方式来存在；在此，宗教有责任和义务维护社会公共利益及其法律秩序。当前宗教发展的一种突出迹象，则是宗教界的法律"维权"人士在增加，其中不少人是"法学"领域的科班出身，熟悉国内外各种法律，并以此来争取、维护自己及其宗教团体的"合法"权益。例如，不少地方出现了现"尚不合法"的"家庭教会"要求"保护"或"取得"其"合法"存在及权益的活动。其结果如何将影响到"家庭教会"的未来存在及如何存在。这也给政府和"三自"爱国教会都提出了新的问题。如何回应、处理这类问题，将是对政府"政治智慧"和"三自"爱国教会"宗教智慧"的考验。

中国宗教在当代社会有序、合理存在的依据是"法律服从"，接受执法部门"依法"对宗教的"管理"。目前中国关涉宗教领域的法治建设已取得一些进展，但仍存有问题，如执法机构以相关部门规定的行政法则为主来管理宗教，基本的宗教立法则因为条件不成熟、社会分歧太大而被搁置。因此，目前状况尚需进一步完善行政法规如《宗教事务条例》的落实，并进而"加强宗教立法工作，加强宗教法治建设，建立和健全宗教方面的法规体系和执法监督机制"。① 中国在"依法管理宗教"的内涵及外延问题上尚存有各种不同看法，正在摸索探讨，其发展将展示当代中国"民主与法治"的实际进程。而中国宗教在其如何理解和对待社会、政府的"依法管理"上，也将构成其社会存在的基本性质，有着重大的方向选择。

（3）中国宗教在现代社团定位及其公共作用的发挥

中国宗教作为中国社会建构中的一个社会子系统而一直保持着其存在，而且在古今发展上也都有一定的社会地位和影响。在中国社会政治格局中，虽然其政教关系一般以"政主教从"为特色，却也没有妨碍宗教的正常发展。其实，中国历史上的宗教或是依附政治而得以生存和发展，或是以遁世方式远离政治社会而活跃于底层社会或政治边缘地带，宗教人士也多穿行于这两个看似隔着较远的领域。随着社会的现代化和信息化，宗教团体已不再可能遁隐山林、远离社会，而已成为具有"公民"社会特点的"中间机构"，因此有必要主要以其作为"非政府

---

① 国务院宗教事务局：《宗教工作政策要点》，1996年1月。

组织""非营利组织"来决定其社团定位。

在当代中国,虽然宗教仍与政治有一定关联,但因"政教分离"的原则而基本离开了当今政治舞台的中心。而以当代国人对宗教的理解和定位,宗教的政治作用更多乃具有象征意义,故促成了宗教"大隐隐于政"的现实,即以一种必要的姿态或表态来完成其政治任务。这样,宗教一方面与政治实质上相分离,另一方面却与基层社会更为贴近,因而就有一个其在公共社会作用上的基本选择问题。一般来看,宗教在当代社会以社会关怀和社会服务为其主要的社会功能,并在相关国家和地区的民政事务中发挥着积极的作用(如台湾佛教的慈济功德会等机构)。应该说,这也比较适合中国宗教的当代选择。由于政治发展的变化和国际环境的改变,宗教卷入政治旋涡弊大于利,遭人诟病。所以,中国宗教虽然必须保持"讲政治"的底线,在社会实际中则应在一定程度上主动从政治领域"淡出",而更积极地参与社会服务,在社会慈善、福利事业上有更大的投入、更多的贡献。

中国宗教在社会服务上已有非常积极的参与,尤其在2008年初南方冰灾和"5·12"四川汶川大地震后的救灾活动中表现突出,显示出其社会服务、社会援助的能力和在公共事业上的潜力。但从整体来看,中国宗教的这种社会投入和社会服务仍在初始阶段,还有更大的空间可以开拓,亦需要其自身结构的调整,以便其社会服务能达到机构化、系统化,可以将长期机制与突发事件的及时处理有机地结合起来。

大体而言,中国宗教的社会服务和公共事业已有多种方式来展开。一为宗教信仰者个人性的社会捐赠和社会服务,如作为"志愿者"来向社会献爱心、做善事等,体现出其"心力"。但这种服务仍然为偶然性、随意性的,在社会服务的整体系统工程中比较微薄、比较边缘,其社会工作仍有巨大潜力可挖。二为宗教信仰社团的社会服务与关怀,目前中国宗教已有了较多的组织基础和经验积累,但尚未达"质"的突破。从国际视域来看,一般宗教社团的社会服务工作可以分成三个层面:一是宗教核心组织自身的直接参与,这是中国宗教目前参与社会服务的主要形式,它或是由各宗教组织独自出面，或是与政府相关部门积极结合，从而与整个社会的关爱、服务揉在一起、融为一体。二是宗教界组成相关的、专门的宗教社会服务机构来专事社会服务工作，包括在社会服务、公益慈善等领域的系统扶贫、救护、社会援助、生命关爱、心理治疗与安慰的专门组织，以及从事医疗卫生、残疾人工作、特殊教育服务等专门的类似企业性的机构。在这一领域，中国宗教界则刚刚起步，在个别方面已有一些进展，但在大部分领域仍是初具雏形，尚缺乏其系统性、组织性、体制性、企业性和长期性的投入。三是相关宗教基金会的社会服务功能与作用，这在国际上已较普遍，但在中国社会仍很不够，除了以基督徒为背景的爱德基金会较为活跃之外，其他宗教背景的基金会尚处于初创阶段，且主要采取了文教基金会等形式。目前中国宗教界已有一定的经济实力和经验积累，因而可以在这一领域有所突破，脱颖而出。与之相对应，中国社会在制定《慈善事业法》或相应的"社会工作条例"、社会服务规则时也应网开一面，相关部委也提供了重要政策保障，以便为宗教在其中发挥其积极作用留下必要空间，提供有利条件。比较马克思主义经典作家和当代中国马克思主义的继承者中国共产党，后者对宗教团体的定位已经有了明显的时空突破。2016年召开的全国宗教工作会议指出，中国宗教团体是党和政府团结、联系宗教界人士和广大信教群众的桥梁和纽带，也就是说，宗教团体与我们党和政府是有关联的，与我们的政权是"相关"而不是"无关"；但在社会主义国家没有成立、无产阶级政党没有掌权的政教关系中，列宁因为反对宗教社团与统治者结盟而主张"这些团体应当是完全自由的、与政权无关的志同道合的公民联合体"。① 今天中国宗教社团作为这种"桥梁"和"纽带"，则已不可能完全"与政权无关"。

---

① 《列宁专题文集 论辩证唯物主义和历史唯物主义》，人民出版社2009年版，第220页。

(4) 中国宗教在文化建设和精神生活上的意义

在当代中国的社会体制和框架结构内，让宗教在文化建设和精神生活中发挥主要作用已不可能，但在主流意识形态唱好"主旋律"的前提下，中国宗教仍可积极参与社会和谐、多元文化共在的"大合唱"，并可扮演其较为重要或突出的"声部"，"唱"出其"特色"。例如，宗教是人类精神文化的重要构成，而中华传统优秀文化的弘扬，精神文明的重建，中国人文化意识、文化自知的开启等，都离不开中国宗教的积极参与。

具有"天下观"的中国文化从来就是一个开放体系，有着"海纳百川"的优秀传统。而论及中国文化的宗教关联，从直观上就可以看到中国传统文化的精神特色离不开儒佛道的在场，而且这"三教"在过去中国文化史上乃发挥着主要作用，曾处于关键性地位。中国当代社会正开始一个"文化寻根""文明溯源"的新"高潮"，这种文化意识的重建不可避免地会体现中国宗教传统的厚重、积淀。这也可以促进中国社会的宗教理解，对中国文化的性质重加反思和定位。在中国上下五千年的历史中，宗教的文化象征意义和文化构建作用是不可否认的，对此一直没有非常系统的梳理、总结，以致不少人，甚至一些著名的中国知识分子都认为中国是一个"无宗教"的国度，没有"宗教"传承乃中华民族的"特性"。其实，这是对中国文化性质的一种歪曲或误解，由此亦使中国文化体系似乎游离于世界文明之外，成为世界文明的一个"特例"或处于"边缘化"的境遇。这根本就不符合中国历史的事实，无意中也贬低了中华文化的意义和地位。若钩深致远，则可发现早在"绝地天通"之前，古代中国就已有丰富的宗教生活。所以，这在今天的文化重建中，大有"拨乱反正"的必要。应该清晰地看到，中国宗教在今天中国文化的重建、共建中，既可丰富中国文化的内涵、使之重放光彩，亦可由此使中国的宗教文化在当今社会得以重建，在中国社会获其重新定位。在这些方面，中国宗教界的有识之士已经认识到其意义和前景，但似乎关注程度仍显不够，故而仍然可以大有作为。此外，基督教和伊斯兰教等"外来宗教"也可发挥其文化传播、文化交流的功能,从而用世界文明的优秀因素来充实中华文明,使中国文化在世界文化中有着积极的对话与交流。对这两大宗教在中国的传播,应该有冷静的分析和客观评价,不能以"排拒"心态来对待,也要注意慎用"渗透"等表述,而必须积极疏导、引导,使之完成"本色化",实现融入中国社会文化的积极转变。这两大宗教的传入都极大地丰富了中国传统文化的内涵,故此其文化表态、文化建设也没有必要感觉底气不足,其所需要的不过是接好中国"地气"而已。对于本土宗教和外来宗教,都应根据中国国情和中国社会文化"海纳百川"的博大胸怀来固本化外,融合共构。

应该看到,在精神生活领域,人的精神世界和精神生活不可能离开宗教,在当代社会同样如此,此即人类绝大多数人都信仰宗教的原因。当代中国社会随着经济增长、科技进步、生活条件的改善,不仅没有减少宗教的存在和影响,反而正在经历和"见证"着宗教的"复兴"与"热潮",这就充分说明中国人在物质生活得以改善的条件下,仍然迫切需要精神生活的充实,有着人文关怀的本质。这里,宗教以其精神追求和超越信仰而对现实社会的物质追求、生态破坏有着批判的审视和重要的警示。此外,宗教所表现的对"空无"的超脱和对"来世"的寄托也有着心理调适、心灵疏导的功能,使人达到一种超脱、忘我、平静对待生老病死的人生境界。在这些方面,中国宗教似有巨大的潜力可以发掘。

总之,中国宗教在当代中国社会已随着改革开放的深化而崭露头角,其意义和作用正被人们重新认识、重加评价。不可否认,由于当今开放世界的多元性和复杂性,使我国宗教的当代走向也不可能是单一的,而乃多元的,其社会作用的如何发挥也基于其"处境化"的适应,以及相关社会氛围对其的要求和"引导"。中华文化的智慧可归纳为和谐,而和谐则需要"多元一体""多元共构""各美其美、美美与共"。中国当代社会的转型已不可能离开宗教的参与,中国社会看待宗教的眼神、对待宗教的态度,也需要相应的调整。在一个和谐社会的构造中,宗教与该社会的积极适应和良性互动，有着和则"双赢"的可能。我们坚持马克思主义宗教观，妥善解决好我国社会的宗教问题，则是为了中华民族发展、中华文化复兴的共同利益、共有目标。

　　[参见冷溶主编《中国社会科学院马克思主义研究论丛（马列哲学宗教编）》下册，社会科学文献出版社2007年版；以及卓新平《学苑漫谈》，中国社会科学出版社2010年版。]

第三章

中国社会应当如何看待宗教

自改革开放以来,宗教领域日渐以正常面目重回中国人的日常生活与思考视域。与此同时,宗教界在社会世俗化潮流下也乱象丛生,出现了一些太功利、太世俗化的表现,给宗教的社会形象带来了一定的负面影响。其实,把宗教作为一种仅仅谋求现实方面的利益——包括政治利益或经济利益——的手段和方式,而把宗教原初追求的本真丢掉了,这在宗教当代发展中是很可怕的一件事。对于宗教当前出现的乱象的及时治理,特别是依法打压其中的极端势力,是理所当然的。不过,我们不能因为宗教出了极端势力,就把整个宗教否定掉,这也是不公平的,会走向另一个极端,对社会的和谐稳定也明显不利。因此,中国社会看待宗教,有必要避开这两种极端而寻找一条"中庸"之道。在我们的社会,宗教首先应当"脱敏",不要把宗教看作敏感的领域,而要把它视为我们社会民众中正常的精神现象。面对复杂的社会现状及对宗教的不同评价,当今中国宗教工作仍然步履维艰,却又任重道远。

一 宗教是中国社会的正常现象

无论社会舆论如何评价宗教,当前宗教在中国社会肯定会不断发展,这是一种正常现象。我们当前处于一个多元的世界,人们包括精神诉求在内的各种诉求也会多种多样,势必会有一些人进入宗教领域。由于这个领域以前一度是封闭的，所以现在有一些人进入宗教领域，入乎其内而不出，就可能让社会中其他一部分人感到比较新奇，或者也有少部分人感到有些不习惯。其实这都是正常现象。

事实上，无论在世界还是中国的历史上，大多数人信仰宗教是普遍情形。只是过去的约一百年间，由于各种原因，中国人的宗教信仰显得比其他民族要淡漠一些；加上近现代各种政治思潮吸引了大家的注意力，使得人们对宗教方面不是特别关注；另外，新文化运动对宗教的整体评价也比较低，当时学界一批出类拔萃的精英人士宣称中国社会无宗教或不需要宗教，其影响延续至今。但实际上宗教在中国社会一直存在，人们对这方面的精神需求也一直保留。现在的中国，有一个问题仍然纠缠不清，即中国到底有没有宗教？其实中国有宗教是个不争的事实。最近长江上游三星堆遗址和长江下游良渚古城遗址的发现，虽然还没有找到那时的文字，却有着中国古代社会存在宗教的明显痕迹。当然，不同的人对宗教有不同的理解和看法，同一个人对宗教有无的理解也会发生变化。人们迄今在宗教定义上就没有达到普遍共识，但也不否认古代社会的祭祀现象在中国并无例外。在这个意义上说，宗教信仰在中国从古至今没有中断过，只不过对其存在形式理解不一，认为宗教的社会展示与其他国家不同，有时候从公开转为秘密，从显现转为隐蔽而已。事实上，即使在"文化大革命"期间也存在宗教，只不过处于地下状态而已。所以说，宗教在中国社会的发展是完全正常的现象，没有必要大惊小怪。

另外，尽管宗教在中国历史上有这么大的发展，但根据我们最近做的一些调研，整体来看，当代社会有具体宗教归属的人数在中国还是属于少数。这个数据一开始是华东师范大学收集的，虽然没有公开披露，但据我们了解有一定的可信性，此后相关调研也呼应了其数据，但最后权威发布认定中国目前有二亿人左右信仰不同的宗教。和中国当前十三亿接近十四亿总人口相比，这二亿人当然还是属于少数人。

对于少数人的信仰，我们的社会应该给予充分尊重，不能歧视，也没有必要抱有偏见。人类发展仍在进程之中，未知领域巨大，人们充满着好奇、想象和惊讶，宗教信仰也是其正常的诉求。老百姓在经济需求和社会需求满足的基础上，可能就会进行更多精神上的思考。对于精神上的思考，则不可能让所有人都具有同一种精神，多元共在是人类正常发展的一种现象。我们希望这个社会达到和谐，就是要多元求同、多元共在，这才叫和谐；只有一种声音、一种信仰、一种精神，这不叫和谐。我们现在承认多元社会，就是倡导多元和谐共构。我们要关注如何在这个多元信仰的形势下把中国的和谐社会建设好，我们的功夫应该下在这儿，而不是担心多少国人信仰宗教之后中国会如何。纵观整个中国历史，宗教改变国运的情况极少，而且主要还是当时的社会尤其是其政治层面出了问题。所以，在国运昌盛之际担心宗教发展会危害我们社会的整个根基，就好像杞人忧天一般。不过，若不正确处理好宗教问题，不对我们社会中的宗教积极引导，也的确会给将来带来隐患。

中国当今社会还有一个讨论很多的问题：儒家思想是不是宗教？如果儒家思想也是宗教表述的话，那么中国信仰宗教的人数比重实际上还要加大。很多中国人在骨子里、在其人格形成上所接受的熏陶，实际上就是儒家传统。从儒家"敬天法祖"的传统来分析，与世界上大多数宗教并无本质区别，而且在古代历史上的确有过宗教的形态、发挥过宗教的功能，只是中国近现代对宗教的特殊界定而把儒家传统排拒在外。至少，我们无法否认儒家所具有的宗教性。

我们目前对宗教有狭义的和广义的理解。从狭义的理解，按照组织建构形态来看，可能某些宗教就不被看成宗教了；如果从广义层面来讲，是否宗教的判断不光是看组织建构层面，可能还更多涉及人的宗教性问题，涉及对宗教的理解和宗教的宽泛程度。宗教史家伊利亚德说过，宗教是一种人类学常数，就是说宗教和人类文化发展是密切关联的。而社会学家杨庆堃则指出中国宗教的特点之一就是包括其组织形态模糊的"弥散性"宗教。过去中国老百姓的信仰也的确比较散，儒佛道等都信，往往灵则信，也接受信则灵的规劝。历史上意大利传教士利玛窦为了赢得中国士大夫信仰天主教而以基督宗教之维过滤掉了儒教，宣称儒教不是宗教，从此有不少中国学者跟着说，却不知在这些传教士的心目中，以往中国人的宗教信仰不过是"迷信"而已，不能登上他们宗教的"大雅之堂"。如果我们也学着西方传教士说中国古代没有宗教，岂不就会掉入西方人所设置的这一逻辑陷阱？

即使有很多人不信仰某一种具体的宗教——在国外也有这类人——但他们还是会有宗教情怀和宗教性的相关体验。一些中国人既入佛寺又进道观参加敬拜活动，他们没有具体的宗教组织归属，但也不能简单说他们就没有宗教信仰。宗教是和人的精神探求、人的文化熏陶密切联系在一起的。当代世界中国民众是信仰宗教最少的群体，但走出国门之后却被评为最没有文化的群体之一，这无疑会使我们拥有五千年文明的称号蒙羞。什么是文化？在世界上人们的理解中宗教与文化是什么关系？可惜这些问题还没见几个国人在仔细推敲。

二　宗教在当代中国人生活中起到的作用

自中国改革开放以来，中国人在短时间内经历了急剧的变化，政治的、经济的、社会的等都有，其在心灵层面自然会随之产生各种需求，而不同类型的"心灵鸡汤"也应运而生，曾经有过一波又一波的"喝汤"热潮，喂汤者成为明星、网红，而其汤料也一度成为畅销产品。江河流涌、金沙混杂，但人们最近更多热议的则是像王林这样的所谓"大师"、"朝阳区30万仁波切"等，甚至就直接将矛头指向宗教，多有嘲讽和批评。其实，宗教在社会上正负功能兼具，对其正确评价就是要辩证地看待宗教的作用。宗教在中国社会中是一种双向互动的关系，宗教的社会作用乃一把双刃剑，宗教在社会上的表现可能影响着人们对于宗教的看法，而这个社会怎样看待宗教、对待宗教，反过来也会影响到宗教在社会中的表现。

为此，在当今社会宗教首先应当"脱敏"，不要把它看作敏感的领域，而要把它看作正常的精神现象；更不要老拿宗教说事，将之看成社会问题的替罪羊。马克思反复强调要寻找宗教问题的社会根源，有人却老把宗教视为社会问题的根源，完全把马克思的思想本末倒置。本来，老百姓有各种诉求包括宗教诉求，这都是正常的，我们的《宪法》也谈到公民有信仰的自由，故没有必要在宗教问题上纠缠不清。

宗教毕竟已经是这个社会不可或缺、实际存在的部分。这里，我们可以简单梳理一下宗教自改革开放以来起到的作用。其一，它扩大了人们的视野。改革开放以来，有一部分人信仰宗教是因为我们打开国门看世界，关注到了世界宗教。一方面，我们在批判西方社会，思考它的价值观、它的生活方式；但另一方面不可否认的是，我们现在的生活受到西方社会渗透的影响巨大，过去四十年来中国外出的几千万移民，大多去了西方国家，其中相当一部分人也在外信了宗教，这些移民与中国保持着千丝万缕的联系，对中国社会有着各种关联和影响，而这也会以宗教的方式表现出来。它是好还是坏，这要冷静地观察，辩证地看待，不能绝对化。这些宗教影响既会引人向真善美圣的境界或追求发展，也出现了一些盲信迷信的不良倾向，对此，我们的社会当然应该对宗教积极引导，并且加强管理，弘扬正气，阻止歪风。

其二，我们中国人通过宗教信仰的方式而在重新审视自身的传统文化，尤其包括对中国这百年来有无宗教进行深刻的反省。因为如果离开儒释道三教，中国传统文化的主体就要减去很多很多。而我们现在讲儒释道三教，不可能单独把儒教分出来，说这个教只是"教育"的"教"，而其他教则是"宗教"的"教"。这说不过去，也会让人感觉有些怪怪的，且中国历史上"三教并立"，当时认为其三足鼎立、缺一不可，也并没有明确或强调这种区分。

由此而论，宗教扩大了人们观察他者以及反省自我这样一种视域。这种宗教存在及其视域完全是正常的。宗教界和现实社会一样，也是一个小世界，虽然其社会结构、话语体系与世俗社会有所不同，却也不可隔断其与社会的复杂关联。

除了这种时空外观和历史反思之外，宗教在相当程度上还能满足人们心灵抚慰的需求，具有一种对社会上各种"弱势"人群的精神安慰作用，而这种安慰有时也是很难替代的。现实社会生活中物质的安慰毕竟是有限的，社会的安慰也一样。所谓有限，比如生老病死，不管你有多少物力财力、多好的社会条件,也不可能一劳永逸或者根本性地解决这些问题。还有如思想孤独、精神抑郁等,宗教的开导有时能起到意想不到的奇特效果。心病需要用"心"来治疗,所以人们一旦想寻求一种解脱的话,也有可能会找到宗教。如果这种安慰并不对现实社会和政治产生负面影响,而且也能使信仰者比较平静地对待生老病死,克服孤独和孤单,在某种程度上达到对痛苦及恐惧的解脱,起到心理安慰和临终关怀的作用,为什么要说它没有必要呢?完全可以允许这种正常的精神安慰存在。不过社会上确实也有一些骗财、伤害人们身体和精神的现象,有些甚至以宗教之名或者实施者本身就是混入宗教的败类,这就当然要加以分辨并制止了。社会在这里的作用就是弘扬宗教中好的东西,制止宗教中不好的东西。必须承认宗教中既有精华也有糟粕,对宗教传承必须采取"扬弃"的态度,去伪存真、与时俱进。我们希望宗教和人类文化向优化的方向发展,而不是向低俗的、迷信的方向发展。

  社会上如王林这类人,都是以一种巫术的方式来欺骗民众。巫魅属于宗教早期发展的时段,随着文明宗教的发展,这种成分应该会越来越少,我们不能说它没有,但它在逐渐减少。宗教进化、升华的过程就是在不断祛除巫魅,如果要把这种东西扩大,就是一种复古、一种倒退。我们为什么不看到宗教中一些更高雅的、超脱的内容,并加以提倡呢?社会中有人崇拜王林那类人,其中还不乏一些社会名流,其本身就说明我们的社会还有问题。应该反省社会,批判以宗教为名的行骗者,而不是把棒子简单粗暴地打到宗教上。

  宗教里面也的确有些个别的渣滓,他们本身就缺少真正的宗教精神,而是拿宗教作为骗世、混世的一种手段或面具而已,他们把巫术、魔术杂糅在一起,宣称是"神迹奇事"来骗财骗色,破坏社会稳定。我们要清醒地看到这一点。宗教自身为什么要改革呢?正因为它自身也在不断淘汰那些低劣的、不好的内容。其实宗教界和我们现实社会是一样的,它就是有着相同精神追求和归宿之人聚合的一个小世界、小社会,故而也会出现混杂现象。宗教界有一些非常崇高的、超凡脱俗的人,我们列举宗教界的人格典范,可以列出很多人作为我们的道德模范，境界很高，影响深广。但同时，如果要列数宗教中干过坏事的、道德人格很差的人，也能找出不少。这是我们复杂社会中的一种辩证的共存，社会之水很深，有时也很浑，没有清凉世界，也无清水社会。就像政治生活中既有很伟大的政治家，也有很恶劣的政客，我们既不能因为前者就把政治全盘肯定，也不能因为后者就把政治整个否定了。于是，大家希望并在努力使社会上的好人越来越多、坏人越来越少，但想达到社会只有好人而无坏人则是一厢情愿，是幼稚幻想。今天中国政界的强力反腐举措，让人们看到了希望而不是失望。那么看待宗教也应该是这样的道理，宗教也在反腐，古代虽已早立其清规戒律，却也不能保证其一劳永逸，故而才有反复改革。人类社会污垢积淀太深，所以恢复自然生态、回返青山秀水的任务很重。整个世界都在呼吁去污除垢，但需不断努力，且不可有丝毫松懈。

马克思说宗教是人把握世界的一种方式。这就指出宗教除了扩大视域、心灵抚慰之外，还提出了一种超脱的、彼岸的、乌托邦的东西来把握世界。至于这会给世俗层面的人们带来什么导向和作用，也需要我们具体问题具体分析。由于世界是无限的，面对无限的世界，人的认知不管发展到什么程度，都是相对有限的。但人作为精神的动物，又总是想把握整体、能够见识一切。这种把握整体、见识一切，很难使用科学的语言，而宗教的语言却能采取一种模糊的、猜测的、信仰的把握方式，这种方式和哲学与科学的思维是不同的。原中国科学院院长路甬祥曾经说过，在我们今天已知的世界，用自然科学的方法来解释得清楚的仅仅占4%，还有96%迄今仍然是很难解释的。而对未知世界的探索就更是永无止境，如何来解释就难说了。过去我们强调物质产生了精神，精神会对物质产生反作用，即"物质变精神，精神变物质"，却对精神如何影响物质、精神对身体的作用知之甚微、付之阙如。其实，宗教现象除了其社会关联及社会影响之外，对人之主体的身心变化也极为关键，这种精神对身体的作用、对生命的制约，在宗教中可以得到很好的观察和研究，但人们往往非常轻率地将之定性为虚幻或迷信，故错失了对人之本质及本性的重要研究。在精神科学、人工智能如此发达的今天，我们已不可以简单地给宗教贴上负面标签就算完事，而必须重新思考并认真研究宗教的精神意义及其独特作用。

实际上，人们一直在以哲学、宗教的方式解释问题，如哲学家就一直在以其思辨来解释人所面临的那些基本问题。这些哲学家的解释也都会使用一种理性的方式。但理性的方式也有它的局限性，康德就提出了"二律背反"的问题，并因而从纯粹理性批判转向实践理性批判，但他从这个角度需要自圆其说时就已经在向宗教的解释靠拢了。宗教就是为了想象这个世界的公平、正义，对那些在今生现实生活中很难达到的构想，它就放到了彼岸世界，即想到了未来——这样对于现实世界来说，则至少是种安慰，是种激励。当然这里并不是肯定它是一种正确的解释或选择，只是要具体看到它的客观存在及作用。

所以，丹麦的宗教思想家克尔凯郭尔就说，终极实在的真理就好像冬天湖中的一颗珍珠，能不能得到这颗珍珠是未知的，但如果人能投向结冰的湖面、实现其信仰的那一跃，这一过程就已体现了其现实价值和人生意义，也就体现出了宗教的精神。从这个意义上讲，宗教就不再是那种巫术的、满足个人私欲的狭隘之物，它是人在超越自我、关切终极的生动描述，是为人的精神追求所提供的一种答案。

同理，我们说信仰共产主义，而共产主义也是在未来才会实现的，现在的人们不可能看到共产主义的实现，因此谁也说不清楚共产主义到底是什么样子、将在什么时候实现，但就是有一批仁人志士相信共产主义，甚至为它奋斗、为它牺牲。未来的世界我们不知会怎样，但今天的世界由此会变得更好。不问结果，忘我地果断投身，这就是信仰的意义和力量。而宗教虽说是追求一种出世的精神，由此与政治信仰本质有别，但信仰者在现实生活中却也会根据这种超越境界而对自己提出更高的人生要求。所以，不要只从自私、自我、功利的角度来审视宗教，而也要看到宗教的超越追求和对自我升华的要求，从不同维度综合性地观察宗教，这种参照对社会是有积极意义的。

在当今社会，宗教的世俗化似乎是一种普遍的潮流，让人们由此而贬低宗教。实际上宗教的真义是要超越世俗而走向神圣的。因此，宗教不能媚俗，人们更不能披着宗教的外衣去实行世俗生活的追求。如果以一种公司化、企业化的模式来"运营"宗教，其结果就本末倒置，把宗教的真谛、要素给丢弃了。今天中国的宗教界中确实也出现了太功利、太世俗化的表现，一些人把宗教作为一种仅仅谋求现实方面的利益——包括政治利益或经济利益——的手段和方式，而把宗教的本真丢掉了，这是很可怕的一件事，对之需要整顿和革新。如果以宗教作为工具来做反宗教的事情，这是最卑劣的宗教亵渎。在当代世界，宗教入世但不可流俗，即令是在一种世俗化的氛围之中，宗教也要像宗教，要返璞归真，因此宗教需要不断改革和创新。而对今天中国社会宗教的世俗化，则需要深入地调查研究，具体问题具体分析，不可回避，但也不要夸大。对任何事物都要一分为二，辩证看待。

对此，需要从两个方面来努力。首先，我们的社会，尤其是政府要依法加强管理，不要容许宗教界出现违法乱纪的空白和死角；其次，宗教界要清醒地认知宗教的追求是什么，在现实中应求得哪一种生存。当然，宗教团体是可以进行一种争取社会利益、扩大自身经济能力的运作的，但这种运作的目的不应是个人敛财，也不应是为了其小团体的发达，而是为了用于整个社会的慈善福利事业，对此不可浅尝辄止，而需止于至善。在从事社会事业的时候，宗教界首先要考虑这是非营利的、公益事业的诉求，还是世俗社会的一种商业运作？这两者是有本质区别的，如何运作则会反映其运作者的真实面目。这里，或许是在以一种过于理想的方式来看待世界和中国宗教，所以感到在现实中国社会中的宗教发展不尽如人意，问题不少。这并不是说因为有问题就要把它消除，而是要让它不断地革新、发展、深化、进步，后一种态度才是我们社会所需要的。对于宗教的社会参与一则要鼓励，二则也要监督它究竟会做什么事。我们对今天中国宗教中出现的问题当然可以批评，但没有必要冷嘲热讽、幸灾乐祸。

三 宗教作为公民社团的责任和政府对宗教团体的监管

人类需要宗教，这是自然的需求，很多时候宗教都是从民间自然生长出来的，在社会层面有一种自发、自组织的特点。但在已经具有政治建构的社会中，宗教已不可能道法自然、随心所欲，而国家政府则势必会对之加以导向和管理。这里，看似自由与管理形成了张力，两者之间需要一种理想而健康的关系。其实，其实际处理也是充满辩证意义的。一方面，宗教界在精神和思想方面的追求，有着绝对的自由，对思想和精神的禁锢会适得其反；但另一方面，宗教的个人和组织同时也是一种社会的公共存在；而作为社会组织、社会公民，则必须服从其社会的法律和规则，即在现实生活中只要作为公民和社会团体就没有法外飞地，必须和其他社团组织和公民一样来对待，要严格按照《宪法》和法律进行管理，这里包括宗教界人士也没有法外特权者和额外对待者。

而在这种社会管理中，政府相关部门一方面要提高我们管理者的水平，要依法管理，不能乱管、随心所欲地管，对正常的宗教需求要去保护而不是去破坏它，如果出现了违法的事情就要及时制止，对不当举措也应加以调整，这样就形成了积极的双向互动，把政教之间的可能张力化解掉。宗教信仰属于精神层面的问题，其根本解决在于社会条件的成熟，不能靠运动式的短、平、快来简单处理，暂时的压服会留下隐患，可能导致今后相关矛盾的反弹和激化，反而得不偿失。对宗教的社会管理需要高度的政治智慧，必须耐心、细致、以理服人、攻心为上。管理者一要懂政策，二要懂宗教，应该按照宗教事务的实情和宗教发展的规律来有的放矢、事半功倍，达到"四两拨千斤"之效，绝不可无事生非、激化矛盾。要看到目前我们依法管理宗教的水平还不是很高，这方面也要努力加以提高。

此外，中国今天宗教界人士作为公民、其社团作为公民团体，自身的公民意识还不太凸显，因此要把这种意识加以彰显，自觉把自己既当作宗教界人士，更要明确意识到自己乃社会的一员，有着公民必须承担的社会责任。最近党和政府对宗教团体有着全新的定位，即指出宗教团体是党和政府团结、联系宗教界人士和广大信教群众的桥梁和纽带，这说明在今天的社会结构中，宗教社团已经是其有机构成，而其持守的宗教信仰也应该是让自己对这个社会有更多的贡献，而不是允许信徒享有某种破坏社会规律的特权。宗教界这方面的教育也是要进行的。如果这两个方面能齐头并进，政教之间就不会有任何张力，其社会关系自然就理顺了。

四 对宗教极端势力的打击和对宗教对话的支持

在近些年危害社会稳定的各种事件中，也不难看出宗教极端势力的确存在，但它只是某种旁流或逆流，我们对之则要善于区分。国际上近些年有宗教极端势力崛起，尤其是"9·11"事件、查理周刊惨案、"伊斯兰国"（ISIS）的一系列恐怖行为等，也都打着宗教的旗号，这样就把水给搅浑了。我们必须对宗教极端势力加以批判，意识到宗教极端势力的确存在，但这种极端思潮并不能代表整个宗教。就像政治世界中存在政治极端势力，但它不能代表整个政治一样。我们不要因为宗教中出现了极端势力，就把整个宗教看作极端的，这明显是错误的。我们应该看到宗教界的绝大多数人是反对这种极端势力的。从全世界宗教现状来分析，某些宗教内出现了极端势力，但现在反对这些极端势力的也主要是其同一个宗教的人士。

宗教极端势力的根本要害是要破坏社会秩序，给老百姓的生活带来伤害，我们当然不允许它存在。所以，我们要依法打压极端势力，这是毫不动摇的。灭除极端势力是正义之师，对之不容置疑。但是我们不能因为宗教中出了极端势力，就想把整个宗教否定掉，这也是不公平的；否定宗教的做法也是另一种极端，只会使问题恶化。我们在现实中要把握好这个度。从其深层次来看，我们会质问国际上为什么会出现宗教极端主义？这就需要我们对它的前因后果进行深入而全面的分析。简单说来，对于宗教极端主义和宗教恐怖主义，我们都要坚决反对、坚决打击，但我们同时也需对国际上宗教极端主义、宗教恐怖主义的产生根源和社会背景，尤其是相关国际形势，做深刻冷静的分析，争取从根本上彻底解决这些问题。

对于宗教极端主义发展之原因，存在基于各种角度的分析。从社会现象及其社会关系来看，有人认为宗教极端主义是弱势群体对主流强势霸权的一种反抗，尤其是移民的宗教与其所在国的主流宗教可能不同，加之其本身社会问题没有得到妥善解决，如缺乏教育、工作等各种机会，生存境况恶劣，文化上也缺少认同等，这些人自然会有各种被主流社会排斥的感受，融不进或不愿融入其客居社会，慢慢就产生了反抗乃至敌视心理，会往极端主义方向越走越远。也有一些观点认为，这是伊斯兰教文明和基督教文明之间"文明冲突"的结果。当常规性的方式不能解决问题时，非常规的极端手段就会使出。国际上整个历史的发展是非常复杂的，各大宗教的纷争有历史的原因，而且它们彼此的势力在历史的演进中也发生了巨大的变化。如伊斯兰教和基督教在中世纪就有冲突，在当时两教的纷争中，伊斯兰教是曾经占上风的。只是在近代发展过程中，基督教才慢慢占了上风，伊斯兰教则处于劣势，此后伊斯兰教内部开始了革新，但其自我反省出现了一些偏激的想法，从而导致错误的走向。其中有一些就发展成了今天的极端主义。

但必须看到伊斯兰教是多元发展的，它也有"中道"思想的传统，而且也更多是强调以某些更好的方式来面对现代世界。极端主义在伊斯兰教中间并不是主流，而只是个别逆流，而且其发展也是被伊斯兰世界所谴责的。所以，不能因此理由而觉得整个伊斯兰世界出了问题。这是很大的偏见，一定要注意纠正，我们要从积极的方面看到伊斯兰教对和平的倡导和对"中道"的追求。在中国社会舆论中，对这一问题要高度重视，必须防范"穆黑"现象挑起民族宗教问题，导致社会不稳和分裂。

不管有多少理由，无论原因有多复杂，采取极端主义的方式都是绝对错误的。对于社会不公可以采取别的合法而和平的方式进行批评或抗议，但是不能采取这种极端的方式，尤其是绝不允许滥杀无辜，这样的偏激和极端就扩大了社会的分裂，给世界带来了危害，而且这种错误的选择会使问题进一步复杂化，会把世界的发展引向危险的道路。

应该看到，在这个过程中，宗教界健康积极的力量会给世界带来希望，让人们有着可能解决问题的期盼。比如，宗教对话就一直在起作用。20世纪90年代各大宗教就进行过很多宗教对话,最大主题就是反对宗教战争。著名的德国神学家孔汉思(Hans Küng)曾经说:没有宗教的和平就没有世界的和平,没有宗教对话就没有宗教的和平,因此特别强调宗教的对话。而宗教界也早就提出过,以宗教的名义施行的暴力和战争本身就是对宗教最大的伤害,其本身就是反宗教的。争取宗教和平对话的这类努力从来就没有停止过,而且还在继续发展。国际上有"世界宗教和平委员会"(简称"世宗和"),亚洲有亚洲宗教和平委员会,而中国也有中国宗教和平委员会(简称"中宗和")。国际宗教界为了促使宗教和整个世界的和谐,一直处于不断的努力之中,而且有了很大的成效,使今天的世界不至于更糟糕,否则的话这个世界的状况就不堪设想了。

对于法国出现的查理周刊事件,西方社会有两种声音:一种说"我是查理",反对任何宗教势力威胁人们的言论自由;另一种则说"我不是查理",即要注意新闻报道的底线,不能越过这个新闻底线去做一些扩大和激化矛盾的事,不能故意侮辱宗教。这就要求我们要有知识,要懂宗教,同时也要尊重宗教。宗教的一些基本权益,符合人类共同利益的东西,就没有必要去触动它——这是一个底线。在查理周刊等事件中,很遗憾,有些事情突破了这个底线,使得局势更加恶化。反观中国民族宗教状况,我觉得我们完全可以使局势往良性之态发展,往好的方向努力。我们也有这种能力把握大局,故而不是让它往恶化的方向转化。纵览古今中外的经验教训,民族宗教问题主要靠积极引导和团结合作来有效解决,切不可激化矛盾,若故意在这种问题上挑起纷争,引起社会冲突和分裂,则可能导致玩火自焚的结局。

五 加强宗教文化理解和开展宗教学研究

中国社会对宗教文化的理解仍很不够,因此使宗教界社会生存处境未达最佳之境,其可改善的空间还很大。目前在中国开展宗教学研究也不被广泛理解,学科发展给人的感觉是步履维艰。令人遗憾的是,经过四十多年的改革开放，我们当前社会仍然缺乏对宗教文化的深度理解和对宗教研究的鼓励支持。虽然这种状况正在不断改善，但当前社会及整体文化氛围，包括中国民众的认知，对宗教的同情和理解依然没有出现质的突破。这种氛围无疑会与国际社会形成精神、信仰层面的隔绝。

在这种情况下，甚至给从事宗教研究的人也带来难题，使之非常纠结，感到这一学科在社会上尚缺乏一种理解支持的自然气场，因为社会上对宗教的看法也影响到对从事宗教研究的人员的看法，不仅有怀疑、否定，甚至会出现上纲上线的批评指责，这使得宗教学科被明显与其他学科隔离，导致其被边缘化的窘境。其直接后果就是许多研究宗教的文章难以发表，相关专著的出版也得经历较长的审稿期限。久而久之，这一学科就会萎缩，没有出版则不可能有学科的正常存在。学术活动是学科健康生存的标志，学术出版和成果发表是学科存在的生命线及学科发展的"晴雨表"。对宗教及其研究的偏见如果不能根本改变，中国的文化复兴、中国文化走向世界都将困难重重，与国际关系的处理也会增大难度，因为我们所面对的世界是有80%以上的人信仰各种宗教的，其对中国宗教的关注、同情和支持自然不言而喻。对之若没有了解和研究，就无法面对错综复杂的当代世界。

这种对宗教的一系列偏见产生的根源就是过去一百多年间我们国人对文化和宗教的认知产生了偏差；由于社会、政治等原因，中国社会中有一些人对自己过去的历史、对外来的思潮产生了一种抗力。因为中国的传统宗教和封建社会有着复杂的交织，很多人就把中国的落后和传统宗教尤其是儒家绑在一起，因此否定儒家思想和传统宗教，从而对中国传统文化有一种复杂的情感。其实，中国文化最基本、最根本的层面就是传统文化，因此我们对之理应"不忘初心"。而当时外来宗教像基督教的传入和鸦片战争、不平等条约、殖民化是联系在一起的，于是也被一并抵制。这种偏差有其历史的原因，乃多重视域发生叠合后的图景，但人们往往忽略了外来文化的交流及融入也是中华文化勃勃生机的标示和展现。虽然当前正在经历重新的认知和梳理，但其问题还远没有得到圆满的解决。

而在一百多年以前更早的中国，宗教在社会上基本都属于正常现象。像在唐朝，各种宗教可以交流发展，发挥影响，也铸就了文化发展上的"大唐盛世"。对宗教判断出现真正的变化是从新文化运动开始的，关键就在于当时出现了关于中国有无宗教之争，以及对宗教的否定性看法。当时人们提出了与之相关的重要问题，但没能真正解决这些问题。直到现在，宗教和宗教研究还在这种纠结中很困难地迈进。但宗教问题非常重要，尤其在我们社会改革面向深层次发展之际，如果不正确对待宗教，不妥善、积极、科学地处理好宗教问题，我们的社会是会出大问题的。这不是危言耸听，反而说明了尽快展开深入研究宗教的时代紧迫性。而且，给我们稳妥处理好宗教问题的时间和机遇也越来越少了，我们因此需要高度警惕，具有时不我待的急迫性。

宗教工作的根本是面向社会的群众工作，如果不把信教群众积极地拉过来，而使这些群众走向我们的对立面，后果可想而知。一旦宗教有乱，社会还能稳定吗？我们的国际形象还能保持吗？我们的"一带一路"还能推进吗？我们和整个世界还可能合作吗？在今天的现实处境中，如果中国社会一定要把宗教看作另类，那么就很难避免国际社会把中国视为另类；如果我们一定要刻意孤立中国社会中的宗教、使之边缘化，那么国际社会在宗教情感和舆论上孤立中国、将我们在世界公共话语圈边缘化也就不足为怪；如果中国学术界、思想界一定要把宗教研究者视为"病态"、对宗教学持冷淡、歧视态度，使其研究空间变小、萎缩，那么我们的文化、文明及思想、精神发展就有了病状，我们的学术就会出现畸形，而我们在世界舞台的活动空间也会缩小、向国际社会要宣示的话语就会走调甚至失声。这些问题非常严重，却还没有引起社会的高度重视。在当前中国社会治理中，处理好宗教问题已进入关键环节；而从宗教学学科的使命和必要性来看，我们的研究虽然在某种程度上受到一定的学术歧视或社会误解，但还是要坚持、要努力，因为宗教问题太重要了，而且对其追踪研究现在更是已经成为中国社会研究的当务之急。尽管仍然身处这一困境之中，我们还是要奋力去改变这个局面的，这种观察、研究、建议、警示的链条不能断，其现实问题研究的底线就是要尽量使宗教局势不要进一步恶化，不能由宗教起因导致了社会动荡或动乱，我们要未雨绸缪、防患于未然，阻止所谓蝴蝶效应，以稳定压倒一切；由此当下宗教社会研究不能减弱却需加强，而其希望则有待于社会及民众的主流舆论出现理解和支持宗教学研究的及时转向。

（本文根据 2015 年 8 月 18 日澎湃新闻佛学资讯的采访整理，内容和标题均有变动。）

第四章

关于当代中国社会民间信仰的调研思考

研究当代中国民间信仰工作面临的新情况、新问题,是我们深入学习和实践新时代中国特色社会主义宗教理论的一个具体体现,有其现实意义和理论意义。民间信仰是人类社会的普遍现象,也涉及对中国基层社会状况、民众心态及精神追求、社群关系、地方文化及民俗传统,以及与广大港澳台同胞和海外华人的关系及联系等问题,头绪繁多、情况复杂,很难概而论之或采取"一刀切"的处理办法,而有必要对其进行多层面、多角度的立体、综合分析。所以,对于当代中国社会民间信仰状况的调研及其意义,至少可以从如下三个方面来加以探究。

一 中国民间信仰受到国际社会的普遍关注

国际宗教界和学术界对中国民间信仰有着种种分析和推测,近些年来也公布了相关数据。例如,2001年在英国牛津出版的《世界基督宗教百科全书》在对2000年世界宗教发展的统计中就列出约有3.85亿中国民间宗教或民间信仰的信徒;海外华人不足1亿,因此这一统计数字显然是针对中国。此外,该书还列有中国宇宙神论者在2000年约为3.9亿人,2004年约有4亿人之说,也主要论及中国的民间信仰者。此后,这类数据不断翻新、陆续公布,形成巨大的国际舆论。尽管这些数字多为猜测,没有社会调查和人口统计的实证,却说明国际社会对这一现象的高度重视和相关观察。近年来，网上有许多关于当前中国民间信仰发展状况的讨论，已引起许多方面的注意。对此，我们应该展开深入、系统的调查研究，形成较为科学、权威的说法。

对于中国历史上的社会民间信仰情况，学界大概将之分为两大部分来分析，即民间宗教与民间信仰。在1949年之前，民间宗教的表述比较普遍，相关研究也比较系统深入。自1949年之后，中国大陆对民间宗教的表述比较谨慎，且有不同看法和争论，随之则多用民间信仰这一术语，民间宗教的术语用于现当代社会则极为罕见。一般而论，民间信仰之表述乃强调这种信仰现象的弥散性和非建构性，从而与具有社会组织形态、呈建构社团之状的宗教得以区别。不过，这种区分仅有相对意义，宗教信仰的真实情况则远为复杂。

20世纪60年代，美国华裔社会学家杨庆堃（1911—1999）出版了《中国社会中的宗教》一书，从比较宽广的社会学视角来探究中国社会的宗教现象，尤其是他提出了"弥散性"（diffused）宗教概念，用以描述中国社会较为普遍的宗教现象，引起了学界的极大关注和广泛讨论。所谓"弥散性"亦中译为"弥漫性""扩散性""普化""分散""散开"等，与"制度性"或"建构性"（institutional）宗教形成对比和区分。显然，杨庆堃的这一表述受到宗教社会学家帕森斯的影响。帕森斯认为人类有四种相互依存的社会性系统，即社会系统、文化系统、人格系统和行为有机体系统，但这些系统在前现代社会是很难分开地混杂在一起的，此即它们的"弥散性"。由这一启发，促动杨庆堃用"弥散性"来描述中国社会的宗教现象，以解答中国有无宗教，以及中国宗教究竟是以什么形态来存在的问题。

杨庆堃提出这一思考，是针对世界不同文明和不同社会宗教现象的比较，杨庆堃看到了中国宗教的典型不同，并试图对之加以能让人信服的解读。20世纪以降，中国知识界的普遍看法是"中国是个没有宗教的国家，中国人是个不迷信宗教的民族"。[①] 对之，杨庆堃有着自己的

---

① 杨庆堃：《中国社会中的宗教》，四川人民出版社2016年版，"代序"第2页。

困惑及解答:"在欧洲、印度和中国这世界三大文明体系中,唯有中国宗教在社会中的地位最模糊。由于事实上存有各种矛盾的因素,宗教在中国社会的位置始终是一个争讼不休的论题。当我们在民间观察民众的宗教生活时,看到那些大量存在的巫术和神秘信仰活动,极易受到震撼;普通人精神中有关宇宙的认知——事实上,是人的整个生命模式——受到冥冥中的神明、鬼、灵魂世界的浓重渲染。再者,在很大程度上,这种信仰和仪式表面看没有明显的伦理意涵。正因如此,中国人一般被认为是一个迷信的群体,有待于经历一种更高层面的伦理宗教生活。那些来华的西方传教士首先发现了这种与西方基督教信仰迥异的情形,并因此而将之作为传播福音的最令人信服的正当理由。中国人信仰是迷信的观点在西方非常普遍,并已经流行了一个多世纪。"①西方知识界与中国知识界关于中国宗教的认知有着强烈的反差,后者认为没有迷信、充满哲理的中国人在西方人眼里却是"一个迷信的群体"。而且,这种看法不只是"流行了一个多世纪",而是已有好几百年的历史,其偏见已经积重难返。早在利玛窦等西方传教士来华期间,这种看法就已经产生。其实利玛窦认为中国没有真正的宗教是基于其对中国信仰乃迷信的看法。至于能够代替西方宗教的精神力量,杨庆堃则把目光投向儒家思想,并对这一"令人费解的现象"做出了自己的解读:"处于社会和政治主导地位的不是宗教教义和强大的神职势力,而是那种似乎是持不可知论的儒家世俗传统——处于社会主导地位的文人官僚阶层遵循的正是这样的传统。在中国历史上,多数时间里没有强大的、高度组织性的宗教,也没有教会与国家之间长期无休止的斗争。儒家的伦理支配着社会价值体系,在很大程度上取代了基督教中那种宗教的伦理功能。"②这里,杨庆堃认为儒家不是宗教,却有种如西方宗教中"那种宗教的伦理功能"。于是,对于中国有无宗教、什么是宗教的看法乃中西截然不同。西方对中国的传统看法即没有宗教,却充满宇宙神论、不可知

---

① 杨庆堃:《中国社会中的宗教》,四川人民出版社2016年版,第3页。
② 同上。

论、祖先崇拜、迷信，甚至是无神论。如利玛窦就曾宣称中国人"大多数公开承认他们没有宗教信仰，因此在佯装相信宗教借以欺骗自己时，他们就大都陷入了整个无神论的深渊。"①时至今日，这一争讼仍未终结，一些中国学者认为有作为宗教的儒教在中国历史上长久存在，另一些人则坚持认为孔子是无神论者，中国具有主要为无神论的历史传统。杨庆堃的认知给中国社会中的宗教理解带来生机，但鉴于中国人当前对宗教的社会学理解，没有"建构性"的宗教很难称为宗教，而不是宗教的信仰现象则又会与不可知论、迷信、无神论等相混。但若承认中国宗教也应该具有建构性，那么在这种建构性之外的民间松散的信仰现象则就被界定为中国的民间信仰。不过，"弥散性"表述本身就有着潜意识的贬损意蕴，以其描述中国民间信仰并非最佳或恰当解释，我们有必要明察西方传统由之而潜含的对中国宗教信仰的偏见。国际舆论认为中国有强大的民间信仰影响存在，而且受这种民间信仰影响的民众要多于任何其他宗教信众，甚至有约3亿人之说，远远多于中国的佛教徒，可能是中国最大的信仰群体。这种学术讨论和国际关注，以及对之应该如何评价和回应，都使我们必须关注对民间信仰存在与发展的观察及研究。

二 中国民间信仰与中国传统文化和现代文化发展有密切关联

中国民间信仰反映出浓厚的儒、佛、道等中华传统文化色彩，在保存这些传统文化及其信仰上有着独特的意义，在中国民间社会乃至海外华人社团中保留了很深的中国文化情结和信仰归属，从而曲折表露出对中国文化的向心力和归属感。在浪迹天涯的海外漂流中，中国民间信仰往往成为海外华人文化"寻根"的象征与手段，也作为华人社团凝聚、共构的方式与保障，在体现海外华人文化的精神层面及其核心意涵上发

---

① 《利玛窦中国札记》，何高济等译，中华书局1983年版，第114页。

挥着重要作用。中国民间信仰是许多海外华人的乡恋、乡情、乡思、乡愁，他们以这种精神信仰来表达其对故乡的眷念、向往，保留住其对中华文化的持守、忠贞。这种宗教情怀及情感其实乃联系海外华人和祖国故乡的重要纽带。对这一层面的意义，我们应该从文化"软实力"的构建和战略眼光上来关注、审视。当然，应该看到，中国民间信仰在历史上并不是专属统治阶层"以佛治心，以道治身，以儒治世"的产物，而更多体现其为"礼失求诸野"的基层民间信仰的结果，有其自发性和自然性，且薪火相传、源源不断、流传至今。但它作为区别于经典传统的民间俗文化和区别于官方意识形态的宗教信仰，却形成了"在野"与"主流"文化、"民间"与"朝廷"社会结构的复杂关联及二者之间的张力与活力。儒教在历史上不仅有官方形态（天子祭天），也有民间形态，所谓传统宗法性宗教与之有着千丝万缕的关联。此后以"儒"家观念为主导的民间宗教（三一教、一贯道、德教等）传承下来，今天亦很兴旺。这些信仰传承很少有官方的资助，甚至必须在其反对、高压的夹缝中求生存。除了历史上民间信仰对多种官方、百姓的神灵、鬼神信仰及名人、英雄崇拜的整合之外，今天我们亦看到这种奇特的结合现象。例如，民间正在形成方兴未艾的革命"领袖"信仰与崇拜，而福建泉州相关地区更有作为"天下第一奇庙"的"解放军庙"，将解放战争时期为救老百姓而牺牲的27位解放军战士作为神灵来敬奉、崇拜。该庙一方面成为当地爱国主义教育基地，另一方面却为民间信仰的活动场所，甚至有当地政府对之作为"道教"场所管理的证书。这也折射出当代基层社会的民意和追求，表现出民间信仰形成和演变的复杂过程。民间信仰不仅与历史悠久的中华文化传承密切相关，而且与当代中国社会及其民众精神生活仍有千丝万缕的关联。

"道教"是目前中国五大宗教中唯一的中国土生土长的宗教，并且是其中信仰人数最少的宗教，但令人关注的是，道教却是这五大宗教中与民间信仰关系最为密切和直接的宗教。这种关联让我们应对之有一种广义的理解，从而能综合、归纳中国本土宗教所反映并彰显的"道"的特点，厘清中华文化的"道统"流传，而且这也使我们在了解中国传统信仰中生出了一种涵盖更广更宽的"大道教"的想法，以说明中国本土宗教、民间信仰现象的特色及其意义，了解其与中国民俗、基层文化的密切交织或关联，揭示中国民间社会精神生活和信仰崇拜的底蕴及秘密。

　　由此观之，中国民间信仰是中华传统文化遗产最好的保护形式之一，它使我们可以不断回溯中国人的信仰历程，又让我们看到其与当代社会有机关联所呈现的旺盛生命力。这样，对中国民间信仰的研究可以两条腿走路，一是回溯历史，究其根源，察其演变，以历史、文献研究为主；二是面向社会，深入其中，田野调查，社会写真，以田野、现状研究立足。

三 重视民间信仰作为基层社会"信仰生态""信仰植被"的意义

　　中国民间信仰的生态关联也值得探讨。这里，民间信仰涉及自然生态、社会生态和精神生态这三个层面，几乎涵盖了基层民众生活的方方面面。过去，中国社会"举头三尺有神灵"的普神观在民众中非常明显，认为"人在干，天在看"，"天网恢恢，疏而不漏"，保留住人们最原始的道德自觉性。由此，相信命运、运气、因果报应、预兆及其应验等形成了中国民间厚重的"信仰土壤"。这也成为人们自觉维系社会秩序、道德规范的天然屏障。因为"神"的监督无处不在、"神"的眼力透彻人心，也就形成了恰如西方思想家康德所言"头上的星空、心中的道德律"那样的效应。过去人们在社会危难时期的自动救济，一些狩猎民族在旷野森林中留食物接济需求者，而拿取食物者仅解决其燃眉之急却不敢贪心多拿，就是慑于这种对"神意"的监督和干预之信仰。此外，民间信仰还与当地民俗密切结合，形成了形式多样、异常活跃的非物质文化遗产或地方民风民俗。

　　有人认为，中国人的"宗教性"并不是以常说的"五大宗教"为典型，而是普遍体现在中国民间宗教和信仰现象上。在中国历史传统中，以及今天中国香港、台湾等地区，民间信仰作为中国的"宗教生态""宗教土壤"和"宗教植被"，对中国传统宗教信仰的生存与传播起到了一定的保护作用，对中国传统文化的传承及弘扬也起到了明显的积极作用，甚至也形成了抵制"外来宗教"进入、"渗透"的一道天然屏障。如香港基督徒在当地宗教信仰总人数中大约只占5%，台湾基督徒则仅占其宗教徒总人数的3%，而民间信仰却普遍存在、深入人心，就是一个强有力的证明。同样，民间信仰在社会基层的存在与发展也出现了一些问题，有过与"官方"的抗衡或张力，以及民间社会向"地下"社会的流变，由此亦使其社会作用复杂化。如历史上"拜上帝会"因为没有得到官方的支持和正统教派的承认而走向民间，后来形成"太平天国"起义的燎原之势；白莲教与清廷官方的对抗一度危及京城皇宫，对其治理和取缔耗掉了清朝巨大的人力和财力，几乎到了难以驾驭、朝败国亡的境地；在现代社会，台湾对一贯道长达二十多年的打击，中国大陆在20世纪50年代把不少民间信仰看作"反动会道门"、地下黑势力来取缔等，都没有达到其治理的效果。这些民间信仰依然存在，而且在海外社会有着更为广泛的传播。因此，这一"植被"值不值得恢复和保护，怎样去对待或管理，在今天也是我们应该研究的一大课题。

近年来，我国学术界对民间信仰展开了系列调研，尤其在福建、浙江等地的调研得到了中央和各地方领导的大力支持。学界在调研后曾提出了一些积极的想法和探讨性建议。当然，对于如何开展关涉民间信仰的工作，仍然存有不同的看法，值得我们进一步摸索和探究。例如，民间信仰与宗教究竟是什么样的关系，其"小庙""小庵"与制度宗教的活动场所有何相似或区别，以及对当代社会中的民间信仰是否应该去"淡化"其"崇拜色彩"、"突出"其"文化内涵和民风民俗"等问题，都必须认真调研和深入分析，争取达到在认知上能有更多的"共识"，在理解上有更令人信服的理论界说。在管理模式上，现在有福建"属地管理"即部分管起来的模式，湖南有全面管起来即对相关场所及人员管理的模式，以及浙江曾将之看作"民俗文化的精神层面"这样一种宗教之外的、非组织化的管理模式，更侧重其文化理解。因此，我们的调研应该是极为当下、此在的，体现了我国当前研究民间信仰在时间、空间上的"及时"与"贴近"，也反映出我们实际工作中对认识、梳理这一问题的紧迫和必要。民间信仰的认知及相关问题的处理，一是需要从中华文化精神发展的视角来回顾，看清其在中华民族信仰历史中的定位及作用；二是需要对中国传统社会与民间信仰的关系来检视，对海内外华人的民间信仰情结有客观、真实的把握和科学、实证的分析；三是需要全面调研民间信仰与中国社会及其社会结构的复杂交织，有的放矢地搞好基层社会的村社建设和精神文化发展，冷静认清民间信仰与中国民间社会的共构及基层民众的信仰诉求。这样，从基层社区建设和民间精神需求的视角来审视民间信仰现象，做好民间信仰工作。希望我们能多以学术研讨会、学术沙龙的形式来共同讨论、集思广益，获得对民间信仰现象客观、准确、科学的认识和把握。

（本文为相关民间信仰研讨会上的发言，未刊稿。）

第五章

当代中国社会心态与宗教信仰处境

一 问题的提出

当代中国社会已进入多元发展阶段,随着社会阶层多样化、社会处境复杂化成为新常态,人们的心境也有了各种变化,其中对待宗教信仰的社会心态亦极为多元,这就直接影响到中国的宗教信仰处境。本来,改革开放40年通过对宗教问题认知和处理上的拨乱反正,中国宗教进入了比较健康的良性发展时期,但由于一些最基本的理论问题没有得到彻底解决或没有形成基本共识,在当前改革开放走向深入、社会进入重要转型时期这一关键之点,对宗教的认知出现反弹,在宗教问题的"我""你"之分、"友""敌"之位、"拉""推"之策上表现出巨大的分歧;加之近期国际环境在民族宗教问题上出现的巨大变化,中国社会舆论在对宗教的评价上遂由多元共存而走向了激烈争论,人们各持己见,出现了前所未有的歧见和异常尖锐的争辩。目前社会认知在理论与实践之间的差距在加大,一些地方举措出现对宗教的超常管束,而随之所导致的异常事变,也正令人担忧地将宗教推向对立面。这种复杂的社会心态涉及许多方面,其中最主要的包括如下一些。

一是关于中国究竟有没有宗教、需不需要宗教的问题。这是已经争论了百年之久的老问题,但一直没有得到根本解决。对此,一种社会心态认为中国历史上从来就没有宗教,因此今天中国人也更不需要宗教,在这种心态下，真正的宗教被认为是外来的，如佛教、基督教等，中国传统的儒道则都不是宗教；而那些本可视为宗教的现象也被贬为迷信、落后、与当代社会格格不入的负面现象。本来，中国无宗教论只是一百多年前梁启超因为反对康有为提倡以孔教为国教而提出，得到一些学者的呼应，但这些学者包括梁启超本人几年以后就实际上放弃了其观点，但近些年来这些论述却再次浮出，甚至出现在一些主流媒体和学术讨论中，造成中国人对自己宗教认知的混乱局面，也说明贬宗教的意识依旧非常强大。在这种心态下，当今中国宗教信仰的社会存在处境明显恶化，宗教界在被视为另类时也在寻找出路，其有可能因失望而分离，另外在更大范围内寻求同类，故此可能导致中国宗教信仰者与我们的主流社会及其主流意识渐行渐远，出现危险的外化、异化和他化。而社会上，承认宗教存在以及同情宗教存在的民众则开始与反对宗教存在的群体之间形成精神上的分化，由此亦逐渐出现不同心态导致的社会层面的对抗，这种分道扬镳最终则可能走向社会的分裂。关于中国历史上究竟有无宗教的问题，笔者曾经专门写了《中国人的宗教信仰》一书来加以阐述，说明中国宗教信仰的丰富多样。如果认为中国无宗教，则需要在学术上根据历史事实来加以令人信服地说明，而不可简单断定中国社会既没有宗教也不需要宗教，更不可随后就以此为基准来审视今日的中国宗教、主张削弱其存在、加快其消亡等相关举措的推行。

二是关于宗教是否会与执政党、社会主体对抗的问题。这里，我们看到一种颇令人担忧的心态，即认为当前中国社会能与执政党抗衡的力量只剩下宗教了，因此应将宗教作为异己或潜在的对立力量而严加限制，甚至坚决打压。但也有与之对立的认识，即强调执政党完全可以引导宗教，使宗教成为不与社会相悖、不与执政者相争的社会存在，宗教并不是非要与执政党对峙、对抗不可。作为执政者，当然要看清宗教信众乃其执政、管理下的基本群众，做宗教工作是做群众工作，而不是推行排除异己的举措。最近中国宗教界推行的中华人民共和国国旗、宪法和法律法规、社会主义核心价值观、中华优秀传统文化"四进"宗教场所的活动，就表明了绝大多数宗教信仰者对执政党和主流意识形态及其价值观的拥护和支持。在这种情况下，若还要以价值观不同来排斥、否定宗教，非把宗教推往其对立面不可，那显然就非常不合情理了。所以，在中国当代的政党与宗教关系中，起主导作用的当然是执政党，关键在其如何对宗教加以积极引导，做到"导之有方"。但在这一方面，近来个别地方"说"与"做"已经出现了脱节，实际上已把理论上的"导"异化为行动上的"压"。我们必须清醒地看到，处理宗教问题"关键在导"而不在对之"打压"。压而不服反而会导致矛盾激化、社会分化。

三是当今宗教在中国社会的功能、作用及影响问题。一种社会心态认为宗教作为过去的遗留已经过时，不再需要其在社会中彰显；宗教的功能、作用及影响基本上是负面的，因此对之所需要的举措是防范、遏制和打压。为此，这种心态希望社会舆论不要说宗教的积极贡献，而要加大对宗教现象的负面宣传；甚至出现一些舆论，即认为改革开放以来执政党对宗教的政策偏"右"，"护持"或"纵容"了宗教的发展，而现在则是需要对之"纠偏"的时候了，故而主张调整以往宗教政策，以对宗教"缩紧"为立意。这种主张及做法实质上是否定了我们党关于紧密团结群众、积极引导宗教的策略。而与之对立的观点却认为，当前社会仅剩下宗教这块"净土"，宗教信仰者积极向善，主张出淤泥而不染，不与社会的腐败同流合污，在社会工作和群众心理安慰方面甚至还可以弥补因相关部门及干部腐败或不作为而留下的空白，因此主张人们应回归宗教，重新获得精神上的纯洁。这一看法也只会片面地看待宗教与社会的关系问题，在褒扬宗教的同时却会使宗教与我们的现实社会格格不入、行若陌路，且渐行渐远。

在这些明显对立、对抗的见解之对峙并存和彼此交锋下，各自看法之间的差距竟然如此之大，而这种社会心态之区别则有可能发展为社会共在之撕裂，破坏中华民族命运共同体的构建。因此，对这种社会心态的了解，关注其与宗教信仰问题的联系，也是重要的社会舆情工作，是对当下社会脉搏跳动的把握。这对于党和政府动态了解民情，及时做出正确的决策亦极为重要。

二 问题的分析

如果社会政策、舆论明确突出宗教与我们主流意识形态的区别或对立，相关宗教及民族人士的心态也会出现明显变化，使之在这种选择中势必会问"我是谁?""我代表谁?"等尖锐问题，其自我身份的确认可能引发其对社会认同的担心，并进而会怀疑自己究竟是否为这一社会的"自己人"，其思想内在的分裂和自我被边缘化的感觉则迟早会导致其社会外在的分裂。其自我异化或与自己相濡以沫的社会脱离、隔离，则会威胁到我们民族的团结、国家的统一、社会的和谐稳定。这样，宗教信仰在中国存在的环境也就会发生巨大变化。一旦我们社会主体不再从内心将宗教界真正视为"自己人"，那么其会不得不找寻另外的选择，寻得并最后皈依其同类，而不可能再有以往的那种单层面、单向度的"苦恋"。有关专家对相关民族地区干群状况的调研令人担忧，其内在的、潜匿的分殊及分化正在形成。

西方基督教主流社会因对伊斯兰教的渗入开始警惕而在加强防范，这两大宗教在历史上的恩恩怨怨也因此而正在被唤醒。例如，英国伦敦自2001年至今已经减少了500多个教堂，但此间却有423个清真寺建立，许多清真寺就是直接以原来的教堂来改建的！此外，2016年5月伦敦市长选举，巴基斯坦裔穆斯林萨迪克·汗当选，成为伦敦历史上首位穆斯林市长；英国驻沙特阿拉伯大使西门·克里斯皈依伊斯兰教，在朝觐麦加后称为哈吉·克里斯。故而一些捍卫基督教信仰的英国人惊呼："教堂倒下了，清真寺起来了！""穆斯林的礼拜声完全盖过了大本钟的钟鸣！""伦敦沦陷为伦敦斯坦了！"在欧美出现了抵制穆斯林移民潮的运动，最近奥地利政府干脆宣布关闭7座据称有极端思潮的清真寺，并准备驱赶60多名土耳其资助的伊玛目。但这些抵制、打压带来的是欧美社会的动荡，暴恐活动也随之激增。

伊斯兰教与一些民族有着复杂的关联，这种历史上形成的长期融汇使"你中有我、我中有你"，很难在二者之间绝对区分。例如，伊斯兰教传入印度，其与印度教的结合共融就产生了一个新的宗教即锡克教，随之信仰该教的锡克教徒又形成了一个新的民族即锡克族，故而很难将锡克教与锡克族截然分开。如果抱着"非我族类其心必异"而要"除掉"之心态来在少数民族及相关宗教聚集地区对其宗教实行限制和打压，效果也会适得其反。不少宗教、民族传统都已有数百年、上千年的积淀，不是任何人在短期内可以铲除掉的！仅从我国10个信仰伊斯兰教的少数民族情况来看，超过1000万人口的民族有回族和维吾尔族；从其居住地的密度来看，生活在新疆的维吾尔族占其总人口的99%，哈萨克族占97%，柯尔克孜族占97%，乌孜别克族占96%，塔吉克族占93%，塔塔尔族占91%；也就是说，全中国穆斯林的一半以上即大约55%居住在新疆。此外，散居在各地的回族与伊斯兰教也有着历史上的不解之缘，回族的形成本身就是这一历史过程的见证。世界本无独立的、在中国境外发展的回族，其民族的形成就在于伊斯兰教传入中国后阿拉伯、波斯等地的穆斯林留居中国并与中国人通婚融合而成。这种回族与伊斯兰教的关系极其复杂，故而几乎不可能让回族与伊斯兰教完全脱离。因此，必须看清回族与伊斯兰教的历史关联，其渊源关系问题是我们今天在此从事民族宗教工作而必须要认知、要强调的。这是我们对之审时度势，制定正确政策的基础和关键。由此可知，如果不把绝大多数宗教信仰者作为"自己人"，那么推出去的这一巨大群体将会是我们自己给自己制造的麻烦和障碍。目前相关地区治理、维稳成本的增大，即与相关情况有着密切关联。团结各个民族及广大宗教界人士，是我们共同建好中华民族命运共同体、能像石榴籽一样紧紧抱在一起的关键所在。

所以，对于当前社会面对宗教存在的复杂心态，需要我们正确对待和积极引导，这里就涉及广大信教与不信教群众的团结合作问题。中国文化是一种"和合"文化，中国社会理应是一个"和谐"社会，中华民族的共同努力就是要争取"和生"的发展。早在约三千年前，中国哲学第一人史伯（西周末期人）就提出"和实生物，同则不继"的观点，主张"和而不同"的思想，强调"和"与"同"之区别。他认为，同上加同，不可能产生新事物，指出"以他平他谓之和，故能丰长而物归之，若以同裨同，尽乃弃矣"①，只有不同之间的对话、交流，才能产生新事物，形成新思想，而强求完全相同则会适得其反。他在西周末年甚至预言了西周将亡，指出其原因就是周王要"去和而取同"。他虽论及"和合"，但更认为真实可能性乃"和生"，此即中国文化"大道和生"智慧之根源。在信仰、思想领域要想绝对行"同"排"异"，其结果只可能是思想的混乱、社会的动荡。而在当今如此多元的世界，要想"绝对同"，也几乎不可能。故此只能求同存异、和而不同，而要防范同而不和之局面，无和也就不可能根本实现同。我党统战理论的"政治上团结合作，信仰上相互尊重"，实乃体现出中国文化之睿智！

　　这就需要我们保持中华信仰传统上的"和而不同"，在此前提下争取最大的共识，此乃我们共存及共同发展的基础。

　　因此，在我们当今社会稳妥处理好宗教、民族问题需要政治睿智和冷静周全的考虑。马克思主义经典作家论宗教时有两个关键点，一是对宗教社会存在的评价，那就是社会存在决定社会意识，宗教是相关社会状况的反映，宗教问题的彻底解决在于社会问题的根本解决；若根本否定宗教也就是否定其存在的社会，马克思主义对宗教的评价是与其社会存在相一致的，但我们现在对宗教的评价就能够脱离社会吗？脱离社会存在的宗教评估及相关实践策略还是马克思主义宗教观吗？如果社会的普遍心态是认为宗教有问题，那么也只能说明我们的社会真正出了问题，但按照马克思主义的观点，批判、整治的首先仍然是社会而不是宗教。而全力将矛头指向宗教，其方向本身就错了。所以，在今天仍全盘否定宗教的心态必须得以调整，必须意识到马克思主义论宗教与社会关系时所强调的前提与结论的逻辑一致性，由此而认识到这种对宗教的否定最终会导向对我们社会的否定之逻辑关联。二是对宗教的认识论评价，在此，马克思主义的确指明宗教属于唯心主义，但马克思主义更是

---

① 《国语·郑语》，引自陈桐生译注《国语》，中华书局2016年版，第304页。

强调认识论层面的问题解决需要更长久的时间，需要更完备的条件，首先仍然是去努力改变社会存在处境，改善人类生存环境，然后才是辅以对宗教的持久、细心的工作。这也要求我们有更多的耐心，而不要简单地去"消灭宗教"或"向宗教宣战"！历史证明简单粗暴的做法不仅不能减弱宗教，反而会削弱自我。因此，马克思主义认为这种直接向宗教宣战的做法是非常愚蠢的。

马克思主义的社会分析及批判方法，也体现了对宗教的宽容。这种宗教宽容思想曾受到过欧洲近代洛克、霍布斯等人政治哲学的启迪，马克思本人就亲身经历了宗教不宽容对其家庭所带来的伤害，欧洲19世纪由基督教主导的社会对犹太教等其他宗教的排拒，引起了马克思对当时一统天下的基督教世界之不满，而认同宗教宽容学者的思想。在这些哲人看来，相关信仰如果在其真理诉求上走到极端，以自己的绝对正确而不包容任何其他信仰，并借助自己掌握的政治力量来打压其他信仰，企图使之削弱或消失，这势必会遭到其他信仰的坚决抵触和拼死反抗；而当其政治力量不够彻底排除异己、完全打压时，社会的分裂、动荡及不稳则在所难免，甚至会有动乱或战争的危险。只有主流信仰的包容、开明才会真正带来社会的和谐及共存。他们还预警、提醒说，在预见这种社会危机和风险之疾病时，起初往往只有极少数人能够察觉，而社会大多数却不理解、非常麻木，但此时实际上也是防患于未然、最容易治愈社会疾病、防止社会走向危机的极佳时机。等到多数人都可以看到其社会病状时，并主动积极地呼吁对之治疗时，却为时已晚，那时的社会已经病入膏肓，很难救治了！

在中国社会宗教信仰者是少数，当其遭到歧视、偏见和打压时，自然就会产生离心力，而设法向具有大多数相同信仰的外部世界求助、靠拢，那么境外渗透就会加剧，并得到境内的呼应，我国宗教的"中国化"方向则无法根本坚持，共建"人类命运共同体"的构想也会破灭。当党中央制定了面向世界的国际合作、引导国内社会健康发展的战略方针之后，我们理应积极落实，但有些地方针对宗教的举措却适得其反，可能会挑起政教分歧及冲突。长此下去，我们会离我们的宏伟目标越来越远，而离不稳甚至动荡可能越走越近！

　　历史的经验告诉我们，宗教问题不可能靠打压而彻底解决，表面的平静只是内在逆反的暂时压抑而已。基督教无论是在其被罗马帝国全面打压的初创时期，还是在中国清朝康熙在"礼仪之争"后的禁教时期，都采取地下隐蔽的方式而得到了明显的发展。我们在当代社会对"法轮功"等"邪教"问题的治理，其效果和结果也都值得我们认真总结和反思。现在社会上多元化发展明显，与传统体制及思维渐行渐远的人在增多，不少人离开了中国，选择向海外移民，却与国内保持着千丝万缕的联系，对我们的社会走向产生了巨大影响，使人们有了多种选择及意向。这种社会分化尚处于萌芽状况，却也有着离心、偏离的种种迹象，对此及时救药势在必行，不可再有太多耽误。

　　上述这一切现象都值得我们深思。我们把握社会心态，需要更为开阔的视野、更为宽广的胸襟。应从全球化的角度、世界民众大迁徙的动机来对之加以综合分析，而不能只看表面现象，仅有浅层心理分析。于此，我们也需要具有洞观、透视意义的"深蕴心理学"之社会展望和人心把握。如果我们在民族、宗教问题上不坚持我党实践证明是正确的理论和举措，一厢情愿地把宗教推向我们的对立面，将来的发展则不可逆转，我们会不得不面对强大的宗教反对面，而我们本来是可以完全避免这一反对面形成的。当前已时不我待、不能再拖了！社会出现的处理宗教问题上的简单粗暴，以及对宗教研究的限制压缩，不仅对我们贯彻落实党和政府已经颁布的相关政策方针不妥不利，而且也令人匪夷所思！如果我们不研究宗教，那么如何去了解宗教发展的脉络神髓呢？习近平总书记等中央领导最近都强调了促进宗教学的研究，但真正落实的情况如何呢？这种社会状态的出现，确实值得我们警醒。

　　同理，在这种复杂、多变的社会心态下，宗教爱国领袖及精英人士的处境也复杂起来：在中国社会主义社会，爱党与爱教有没有内在的根本性分裂，能否统一？本来应该是没有分裂、可以统一的，但在实践中这却成了一个问题。按主流意识形态思路如何看待宗教？按宗教信念又如何适应对其的否认？故而让宗教界人士处于尴尬之状，成为一种理论与实践上的"二律背反"。而在当前的"分殊"意识及其理解下，宗教领袖与主流意识贴得越紧，其与虔诚信者的距离则似乎离得越远。加之某些对宗教的不妥施压已带来信众的不满和抵触，爱国宗教领袖亦被其信众指责，陷入两头为难的窘境，找不到一种理想而妥当的出路。宗教与其他社会形态不同之处，就在于宗教之信基于其信仰对象的神圣性和信仰主体的虔诚性。这种张力最终是否导致宗教思想脱离主流意识体制而另行发展，成为社会另一种选择的一股力量；而不得不在两大领域中都想求得生存者由此是否会成为"两面人"？对这些动向及思想倾向，我们不能回避或沉默，而必须高度关注，至少当下必须守住的底线就是避免社会的分裂、思想的分化。对此，我们需要慧眼睿智，洞观其问题之所在，修补其漏洞之所出。

由此而言，今天社会心态的变化与宗教信仰的发展动态已有机联系起来。我们在真正落实党的宗教工作基本方针、落实党的十九大精神时，不仅需要宗教社会学的系统知识，也需要社会心理学的充分准备。

[原载《福州大学学报》（哲学社会科学版）2018年第4期。]

第六章

不给宗教极端思想任何市场

宗教本是人们追求崇高和超越的精神需求，并体现出其生动的现实关怀，如基督教称其为"博爱"的宗教，伊斯兰教强调其信仰本意即"和平"，佛教也表达了其"觉悟"之境界。但在复杂的社会及国际环境中，由于国际恐怖主义、民族分裂主义和宗教极端主义这"三股势力"的出现，纯正的信仰被歪曲，宗教思想被错误利用，造成了社会的动乱和人们生存的危机。在最近发生的一些暴恐犯罪事件中，人们似乎发现了一个幽灵在作祟，即暴恐活动的背后都有"宗教极端思想"在引诱，这就使我们必须高度注意这种宗教极端思想对社会的危害性和对信教民众的欺骗性。

所谓"宗教极端思想"，就是歪曲宗教信仰的本意而对之加以错误的解读、偏激的阐发，诱使人离开信仰的正道而误入歧途，被一些偏执的、反社会的、反人类的极端观念掌控了头脑，形成极端主义思潮，干出极端错误的行径，破坏了社会的安宁和人们平静、和谐的生活，造成了生命财产的伤害和人际关系的危机。非常严重的是，受宗教极端思想控制的人会丧失对生命的最基本尊重来实施自杀性恐怖袭击，滥杀无辜、丧尽天良。对这种极端思想和恐怖行径，我们必须加以坚决谴责。而对其所用的所谓宗教依据和经典宣示，也必须加以深刻的分析，指出其信仰上的偏离和偏见。暴恐活动是反社会、反人类的，也是反宗教的，恐怖分子却认为自己的恶行有着宗教信仰上的依据；更为荒唐的是，这些恐怖分子把自己的极端行为视为"圣战"、作为"神圣"之举，其实他们的罪过既亵渎了生命，也亵渎了他们所理解或信守的宗教。所谓"圣战"之说，源自阿拉伯文的"吉哈德"，在伊斯兰教的《古兰经》中本来是"奋斗"之义："我必定要试验你们，直到我认识你们中的奋斗者和坚忍者，我将考核关于你们的工作的报告。"（47：31）这里在涉及对"真主"的信仰时也主要是指为真主而"奋斗、尽力"，不怕"艰辛"。因此，强调"和平""顺服"的伊斯兰教在其本真信仰意义上并不承认"圣战"，"吉哈德"的本义是"尽个人最大的努力"，其指向是努力克服自己的私欲，后扩展到为正义而奋斗之义。尽管在一定限度内作引申意义之解的"小吉哈德"被用于"斗争"或"战争"，也是专指为了伊斯兰教信仰而反抗压迫、捍卫正义，这与滥杀无辜、肆意破坏毫无关系。所以说，以"圣战"之名行恐怖之实本身就是违背伊斯兰教教义之举，乃与其信仰背道而驰。早在1992年由伊斯兰教、天主教、东正教和犹太教代表在瑞士召开的和平与宽容会议上，就共同发表了号召宗教应在减少和制止民族纠纷及冲突上做出贡献的《伯尔尼宣言》，其内容明确指出"以宗教之名而犯下的罪恶，实际上是犯了反对宗教本身的大罪"。所以说，宗教极端思想在根本上是"反宗教"的，因而毫无"神圣"可言。

利用宗教信仰来从事和掩饰民族分裂主义和反社会、反人类的恐怖行为，是对宗教信仰及其核心价值的背叛和亵渎，是对宗教基本道德观念和社会伦理的伤害和摧残，这就是宗教极端思想的本来面目。因此，我们一定要看清宗教极端思想的这一本质，使人们真正的宗教信仰能与之划清界限，从而不给宗教极端主义留下任何市场，不让恐怖分子从宗教信仰中找到任何借口，使其伤天害理的恐怖行为受到坚决谴责和严厉惩罚。真正的宗教信仰所推崇的是"劝善戒恶""仁慈宽恕""和谐共融""行德显爱"。宗教文化所要追求和体现的是人类和睦、天下一家、世界大同。

在世界各种宗教寻求"全球伦理"及和平共在的底线原则时，被普遍看好的是和谐、谦让的中国宗教的"中庸之道"；与之相关联，中国伊斯兰教学者也开展了对当代世界伊斯兰教"中间主义"的关注和研究。面对国内外复杂严峻的社会形势，我们一定要加强与宗教界的团结、合作。而宗教倡导的社会关系则应是和谐、和睦，宗教推崇的文化应是和合、宽容的文化。所以，我们应该对广大信教群众包括广大穆斯林群众有着基本自信，不受外界的干扰和误导，而坚持相互尊重、团结一心，共同携手建设好我们的美好家园，争取早日实现中华民族伟大复兴的中国梦。

为了有效抵制、清除宗教极端思想，我们要全面贯彻落实党的宗教信仰自由政策，遵守国家宪法对宗教信仰自由的保障，营造一种社会和谐、包容的良好氛围，使宗教在我们的社会彻底脱敏，让全社会善待宗教，使中国宗教界真正成为中华民族命运共同体中的有机构成，能够积极参与中华民族文化共同体的建设；同时，我们要积极引导宗教与社会主义社会相适应，使宗教活动"遵守国家的法律、法规和方针政策"；特别值得指出的是，我们更要鼓励"宗教界人士要努力挖掘和发扬宗教中的积极因素"，"改革不适应社会主义的宗教制度和宗教教条"，"努力对宗教教义作出符合社会进步要求的阐释"，"积极弘扬宗教教义中扬善抑恶、平等宽容、扶贫济困等与社会主义社会道德要求贴近的积极内容"。为此，宗教也需要不断革新、改进和完善，提倡"止于至善"的崇高境界。这样，宗教信仰就能朝向、贴近中国社会主义的核心价值观，宗教社团就能真正成为我们和谐社会的有机建构，宗教信众就能在建设中国和谐社会、促进世界和谐中做出杰出贡献。

（原载《人民日报》2014年5月7日）

第二编　宗教与社会和谐

第七章

从宗教和谐角度推动社会发展

当今世界社会发展与宗教现状密切相关。我们仍处于一个世界上多数人信教的时代处境和国际氛围之中,因此宗教自身的和谐与整个社会的发展极为重要,不可忽略二者的错综交织和彼此影响。世界上信教人群的规模,目前还没有精确的统计,但总的来说,宗教信仰无论地域还是人群的分布都是非常广泛的。宗教确实是一个非常重要的人类文明现象和存在方式。根据美国皮尤研究中心关于2010年世界信教人数的报告统计,全球232个国家和地区(也有统计认为世界政区单位约有290个,一般统计224个国家,其中主权国家193个,地区31个)约68.9亿人口中,各种宗教信徒约有57.7亿,占世界总人口的约84%,无宗教隶属人数约11.26亿。其中,基督徒为21.73亿,占世界总人口的32%;伊斯兰教徒16亿,占世界总人口的23%;印度教徒10亿,占世界总人口的15%;佛教徒4.88亿,占世界总人口的7%;犹太教徒1400万,占世界总人口的0.2%;其他宗教徒5800万,占世界总人口的1%;另外还有世界不同地区的民间宗教信徒约4.05亿,占世界总人口的6%。① 这种宗教存在及发展的趋势极为明显,在可预测的未来亦将保持这一发展态势。不过,这一报告对中国大陆宗教信仰者的估计

---

① 皮尤研究中心:《2010年世界主要宗教群体规模和分布报告(二)》,《宗教与世界》2013年第2期,第34—50页。此外,美国皮尤研究中心于2017年的更新报告对2015年全球宗教发展做了如下分析:

则显然过于夸大，由此也启发我们应该开展科学、客观、公正的调研及统计，以便摸清当代中国宗教存在的真实情况。

目前中东地区民族、宗教的情况颇为复杂，其中涉及民族冲突的有犹太人与阿拉伯人、波斯人的冲突，库尔德人、土库曼人、土耳其人等民族亦不同程度地卷入冲突之中；而相关宗教则包括犹太教、伊斯兰教和基督教的冲突，以及伊斯兰教内部教派如逊尼派与什叶派的冲突，近来发展迅猛的基地组织、"伊斯兰国"等也有复杂的教派背景。这不仅使中东地区战乱频繁，也让整个世界难以安宁。中国不曾发生类似中东地区那种大规模的宗教冲突，在广大内地，人民群众对宗教的感受也是比较平和的。这和我国比较科学有力的宗教管理也是分不开的。

但是，我们不可忽视宗教问题可能给我们带来的巨大的潜在影响。概括而言，宗教问题可能在以下几个方面影响到我国的政治社会安全。一是跨境民族的民族宗教认同意识可能减弱对中华民族的向心力。对于中国是否有"跨境民族"，学界有不同看法。其实这个问题没有必要争论，只要去云南、广西的中缅边界、中越边界去实地调研，看看一村两国的社会现状，以及我国一些少数民族在相关周边国家是其社会主体民族的情况，就会一目了然。二是以宗教作为民族核心价值及民族文化的民族可能会增强对其宗教发源地的凝聚力，出现离心和异化迹象。如穆斯林对其麦加等圣地朝觐的神圣感，就值得我们思考应对。三是民族分

（接上页）世界人口约74亿，各种宗教信徒约62亿，占总人口的84%，无宗教隶属人数约12亿，占总人口的16%；人类大多数人信教这一局面没有改变。

　　基督徒近23亿，占世界总人口的31%；其中天主教12.85亿；

　　穆斯林（伊斯兰教）18亿，占世界总人口的24%；

　　印度教徒11亿，占世界总人口的15%；（西方学者预计到2075年，伊斯兰教将成为世界第一大宗教，因为其拥有最多的年轻人口，约34%的人口在15岁以下，其出生率在2035年将超过基督教，至2070年两教人数会持平。如英国近年来减少约500个教堂，增加了400多个清真寺。但最近其对伊斯兰教的担忧有转向对中国担忧的迹象，值得我们认真研究。）

　　佛教徒5亿，占世界总人口的7%；

　　世界不同地区民间宗教信徒4亿，占世界总人口的近6%；

　　犹太教徒1400万，占世界总人口的0.2%；

　　其他宗教徒1亿，占世界总人口的0.8%。

裂势力会以民族、宗教方式加强对我相关民族地区的渗透，民族分裂亦可能以其民族宗教信仰为掩护或借口，因为直接提出民族分裂往往不得人心，此时其民族宗教就会被利用来起到掩护作用。这方面比较突出的情况，如在一些信奉伊斯兰教、藏传佛教、南传佛教的民族地区就可能发生。四是民族分裂、宗教离心发展会得到境外相同民族或相同宗教的国度或地区相关势力或明或暗的支持，特别要关注的是包括来自中亚、南亚、中东等地的渗透及影响。这在我国新疆、西藏等地区也有典型表现，因而使民族宗教问题的妥善解决与国家的统一、民族的团结密切关联，也使得这些地区反渗透、反分裂的任务更为艰巨，特别是在反对"泛伊斯兰主义""泛突厥主义"的斗争中极为明显。另外，民族宗教问题的发生及恶化之中肯定会有大国的干预及推波助澜，如历史上中东问题、南亚问题（印巴冲突、斯里兰卡问题等），以及中国的西藏问题都与英国的殖民历史及其遗留问题相关；南斯拉夫"科索沃危机"中美国及"北约"组织的公开干预则更为露骨。而大国插手干涉会以所谓民族独立、宗教自由、保护人权等为其借口，它们往往会使用双重标准，甚至颠倒黑白来达其目的。

由于历史发展的原因，这一问题在我国穆斯林比较集中的地区可能更为敏感一些。伊斯兰教在我国旧称为回教、天方教或清真教，教徒通称为"穆斯林"。其实，伊斯兰的本义为"和平""顺从"，穆斯林也指"顺服者"，因此伊斯兰教按其本质及主流并非天然就是主张暴力者，其"中道思想""中间主义"乃是主流。为此，我们必须认清究竟"谁代表伊斯兰教"，坚决反对抹黑穆斯林的"穆黑"现象。

实际上，宗教极端主义在其他宗教中也不鲜见，比如基督教等传统宗教等也都有原教旨主义思潮存在，为此美国学术界曾编有各种宗教原教旨主义的资料集；甚至被普遍认为非常和平、与世无争的佛教也有极端主义，也有暴力现象，比如近些年在斯里兰卡、缅甸等地出现的民族宗教冲突也使佛教卷入其中，而且同样也运用了暴力手段。伊斯兰极端势力之所以如此受人关注，同它形成的"9·11"等暴恐活动的全球影响恐怕脱不开干系。其中的宗教极端主义集中表现为"圣战""泛伊斯兰主义""泛突厥主义"等现象，并与民族分裂主义相结合，甚至出现了"伊斯兰国"这样的具有类国家结构的极端组织。这些极端势力通过恐怖袭击和暴力冲突表达诉求，并造成极大的国际影响，使得伊斯兰教的突出问题受到了来自全球的特殊关注。不过，即使如此，也不该将之与伊斯兰教普泛化，不可打击一大片。

最近几百年来，伊斯兰教的发展确实非常迅猛，穆斯林群众已经突破阿拉伯民族、波斯民族的范围，而向世界更广大地区扩散。现在穆斯林最多的国家已经不是阿拉伯国家，而是印度尼西亚（约有2亿穆斯林），其次是印度（约1.7亿）、巴基斯坦（约1.6亿），以及孟加拉国（约1.3亿）。穆斯林人口在欧美国家也有较大增长。但这些人绝大部分是爱好和平的。

大约在7世纪，伊斯兰教传入中国唐朝。宋朝以来，其从陆地和海洋两路传入中国，如广州的怀圣寺是中国最早的清真寺，这就是从海路进入中国的。最初阿拉伯、波斯等国的穆斯林到中国之后成为"住唐"的"藩客"，并逐渐与中华各民族的人们通婚而形成"回族"等少数民族。到了元代，所谓"回回遍天下"，说明伊斯兰教在中国的分布已更加广泛。但伊斯兰教进入中国后，也同中国文化进行了有机融合，并没有完全自我封闭而形成"隔都"。比如，其中国化发展曾形成"门宦"制度，还有王岱舆、刘智等将伊斯兰教义结合儒家的"中道"思想等，发展出影响广布的"回儒"。目前，中国伊斯兰教主要分布在回、维吾尔、哈萨克、塔塔尔、塔吉克、柯尔克孜、乌孜别克、东乡、撒拉、保安这十个民族之中，约有2100万人，大多数属于逊尼派，但塔吉克族与伊朗等国的什叶派曾有过某些历史关联。

对中国来说，所要关注、警惕的不只是伊斯兰极端主义，更要防范"泛突厥主义"。"泛突厥主义"这个概念是19世纪末土耳其国王阿布都里米提二世提出来的，到1913年被具体化为"突厥语的维吾尔族、哈萨克族、柯尔克孜族、乌孜别克族、塔塔尔族、阿塞拜疆族等都应该成为一个突厥民族国家"。而早在第一次世界大战期间，我国伊犁、乌鲁木齐、喀什等地就曾出现过"东突"思潮，20世纪30年代南疆也出现了分裂活动，如在 1933 年时沙比提大毛拉甚至要在喀什建立所谓"东突厥斯坦伊斯兰共和国"，但这股分裂势力最终被当地回族武装消灭。新中国成立以来，"东突"运动依然时隐时现，并和境外势力有某种复杂联合。这种强调以突厥民族主义为主、伊斯兰宗教为辅的分裂思潮更值得我们警惕和清除。

宗教与社会的复杂交织是不争的事实，而且多有政治色彩，我们对之必须正视和重视。至少从目前情况来看，中国的宗教就存在三大板块，分别是"护持型"的"核心"板块，主要是佛教、道教、基督教、天主教、伊斯兰教等五大宗教；"自发型"的"新生"板块，也就是五大宗教之外或尚未获得社会认可的相关宗教和教派；"模糊型"的"边缘"板块，主要包括大众信仰、民间信仰、神灵崇拜、英雄及领袖崇拜等，这方面的表现形式特别多样化，如民间崇拜财神爷、灶王爷、关公、妈祖，甚至还有对古代孝贤、解放军战士以及革命领袖的崇拜等。

对于"护持型"的"核心"板块，由于它们是获得国家政治支持的宗教，其社会存在的合法性有着明确的政治确认，可以说它们实际上代表着"国家的宗教"，虽有五教之多却体现出统一的"国家"意识，在强调政府权威的"一体多元"中有其正统性和合法性。在国家的"护持"和"帮助"下，这些宗教体态完备、组织严密、网络齐全，在宗教地缘中占据着核心板块位置。一定程度上，这一板块应归属于我们的政体，因为其在政府与信教群众之间起着桥梁等联络、沟通作用，在中国宗教发展中有着引领作用和代表意义。它们目前实际上代表着宗教上的"中国形象"。

"自发型"的"新生"板块，则是在中国改革开放以来，除了获得政府合法登记的五大宗教之外出现的其他宗教或其教派，其中有一些"灰色"甚至"黑色"的宗教形态。其特点是板块分散，问题繁多，有着时隐时现、半地下及半公开的存在；而其所谓"自发"也只是相对中国政体来说的，实质上却有其复杂的外界关联、掌控和渗透。在全球化时代，这些新生板块往往反而会成为世界关注的核心和热点，被当作中国的宗教问题来放大，甚至成为境外敌对势力干涉我国内政的突破口。这些宗教有着分散性、演变性、隐蔽性等特点，在本土化与去中国化、宗教化与政治化、公开化与隐秘化、民族化与国际化，甚至"友"或"敌"之间扑朔迷离，深浅难测，与政府及社会的关系都极为复杂，成为当今中国社会宗教领域的一块"盲区"，我们对之应实施有效管理，依法加以收编或整合，并淘汰其不符合社会进步发展的内容。

"模糊型"的"边缘"板块所涉及的"宗教"则既有认识上的模糊，亦有实践中的模糊，很难确切加以"宗教"认知上的界定。例如，当今中国社会的大众信仰、民间信仰、神灵崇拜、英雄崇拜、领袖崇拜等究竟是否算"宗教"或"宗教意识"，其与风俗习惯或文化遗产是什么关系，对之应该怎样去认识和处理，都极为模糊。人们在对其"宗教"及"宗教性"的认识上难以达成共识，从而使得对这一板块的管理也存在分歧和困难。

中国宗教治理的关键问题，是要解决对宗教的认识问题，宗教的定位清楚了，宗教治理才有可能有效开展。一方面，中国社会舆论对宗教存在有着各种怀疑及批评；另一方面，宗教及其重要代表人士又有特殊的社会站位或重要的政治地位。因此，我们必须辩证地看待宗教的社会存在，并意识到其亦有较高的文化意义。习近平总书记曾经说："宗教不仅是一种社会意识形态，还是一种特殊的文化现象，比如，浩如烟海的宗教典籍，丰富了传统历史文化宝库；智慧深邃的宗教哲学，影响着民族文化精神；深刻完备的宗教伦理，强化了某些道德规范的功能；异彩纷呈的宗教艺术，装点了千姿百态的艺术殿堂；风景秀丽的宗教圣地，积淀为旅游文化的重要资源；内涵丰富的宗教礼仪，演变为民族风情的习俗文化。"① 这段话说得非常好，在此用散文诗一样的语言，对宗教的社会、文化功能都做出了极高的评价。马克思主义虽然主张共产党员应该是无神论者，但也指出宗教的消亡需要一个很长的历史过程，需要发展、变化的观点来对待。实际上，马克思本人就是从基督教徒转

---

① 习近平：《干在实处，走在前列——推进浙江新发展的思考与实践》，中共中央党校出版社2006年版，第264页。

变为共产主义者的，其犹太教、基督教思想传统也为其共产主义构想曾提供过相关思路及资源，这说明宗教信仰和共产主义理想之间并非完全对立、不可转化。对之需要有历史及辩证唯物主义的追溯、考察和辨析。

宗教信仰在我国不仅是重要的社会存在，更具有重大的政治、社会，甚至国际影响。我们对之需要因势利导，积极转换，使之对我有利有益。记得 2008 年北京奥运会火炬传递过程中，在海外遇到了各种各样的干扰。中国方面及时做了重要工作，从而使罗马教宗本笃十六世在关键时刻的一次公开活动中明确表达了对北京奥运会的祝福，他希望每个人"本着真正的奥林匹克精神"竭尽所能使奥运会取得圆满成功。教宗的表态，使当时西方抵制奥运火炬传递的行为被明显否定。北京也最终举办了一届令人难忘的世界体育盛会。特别是在当前我们所倡导及推动的"一带一路"建设中，无论是陆上还是海上沿途国家或地区，都面临复杂的宗教问题，因此回避宗教问题是没有出路的，而妥善解决宗教问题则会给"一带一路"倡议带来巨大的、实质性的帮助。所以说，宗教在意识形态对话上是桥梁而不是死结，是我们在国际社会及政治舞台上可以打活、打赢的一张"活牌""好牌"，我们不应该有牌不出手，而应以此来盘活全局。

我国当前正面临着"文化强国"战略建设的新机遇，其核心构想应该是弘扬文化精神，关键在于找回中华文化之魂，而在中华文化精神因素中，宗教文化显然占有举足轻重的显著地位。我们难以想象，在中国的传统文化当中，剔除掉儒释道的宗教文化，还有多少剩余。有些人不同意这种看法，那就请举出实例，说清其比重。有的人不承认儒家的宗教性，那就应该解释清楚其"敬天法祖"之属性。应该承认，在人类历史发展过程中，宗教文化所特有的社会凝聚力和信仰感染力，是任何其他文化层面所难以取代的。所以说，我们完全可以从促成宗教和谐的角度来推动社会同心、文化和谐。

在此基础上，我们社会管理上的一个基本思路，就在于以宗教治理这一积极的社会"整合"来实现"一体多元""主次协调"，使宗教在社会层面参与社会服务,做出自己的贡献;在文化层面能够将中国传统文化承上启下、发扬光大;而在信仰层面则能够让其信众返璞归真、保持纯洁,汇成社会存在及发展的强大正能量。

(本文基于《社会科学报》2015年12月10日记者汪仲启的专访扩展而成)

第八章

宗教与公共社会的和谐

当代人类社会发展正在以一种"公共社会"的方式来呈现，体现出人类大家的共在及其共同责任。这种"公共性"构成了当今社会的网络，使人的社会存在达到"疏而不漏"之效。而公共社会最好的存在及其秩序则应是和谐的存在及和谐的秩序，离开和谐则会失去公共社会的最佳生存及其有机关联，使人们的社会存在处于一种不定、不安的状况之中。但目前人类社会令人遗憾的现实是，公共社会已有，而和谐则颇为难求。和谐乃一种期盼、一种愿景，可望却难及。多元求和乃一种智慧，亦是人之社会的生存技巧。因为人们的个性特别丰富，而对自己认定之观念的持守又特别执着，所以对和谐的求索及建立必须从多元开始，旨归在不同而和。之所以"和为贵"，就在于"和不易"！当人们因为不同定位、不同利益而共在时，大多都会为自己的利益而与他者争辩，其博弈各方都振振有词，却非和谐之音。但社会共存的需要，各方却又必须彼此面对，于是在纷争之中，人们逐渐走上了求和之途。

在求和之途中，人们往往发现"宗教"是相对容易达到和谐的一条"捷径"。尽管历史上不乏宗教纷争甚至宗教战争，人类社会中以宗教求和、实现宗教和平却是最为方便之途，而且已经有着许多成功的实践。按其本质，宗教本来就应该是和平的使者，其重要使命也就是要在人间主张和平、实现和谐。其超越维度的"神圣关爱"是让人们在"地上有平安"，神明的人间眷顾就是让人们和平共处、和谐共在，

"爱"即"道成肉身",超然之"道"乃人伦之"德"。宗教应该是让人们追求并享受和平的信仰,"和尚"的深层次寓意正是"以和为尚"。必须承认,世界各大宗教都为实现人间的和平付出了各自的努力。因此,我们谈"和谐"就不能忘了宗教,而应该从宗教探索和谐之途得到启迪和启发,以有效办法尽早实现人类的和平及和谐。对于人类社会发展,我们必须弘扬正气,对于宗教积极社会作用的发挥也需要社会的积极引导。尽管人间"正道"会历经"沧桑",却仍然值得去探索、奋进,而宗教的相关摸索就充满"筚路蓝缕"之蕴意,给人"柳暗花明"之启迪。

的确,人类社会充满争斗和战争,动荡、灾难似成常态。甚至在宗教之间、各教派之间的冲突也异常尖锐、水火不容。但和平之光也一直在顽强地闪现,人们仍然把和平、和谐、和睦、和气视为人生呐喊的主旋律。在争取和谐上,中国经验值得注意。综览全球局势,当社会竞争几乎达到白热化的程度、政治争执和经济摩擦已经很难缓解之际,中国却率先在国际社会中提出了"构建和谐社会""争取世界和谐"的理念。让人们惊讶、感慨和赞叹,并正汇成越来越强大的共鸣。其实,这并不是中国人的心血来潮,而是源自其深刻的历史经验教训、深厚的思想文化积淀。中国社会是一个讲究"中庸之道"的社会,有着"和实生物,同则不继"的理念,形成了"大道和生"的悠久传统,并倡导为了社会和谐而应该"克己复礼",舍去自我的利益而确保群体、共同的利益。这样,我们看到中国社会为了顾全大局而有许多自我克制、谦让和牺牲,在集体"大我"的共同利益中有着无数"小我"之舍弃。这种在逐利上"不敢为天下先"、在争执中"退一步海阔天空"的境界在不少文化性质中是缺失的。在此,和谐不是软弱,但会有顾全大局的考量;和谐会设法避免恶性的争斗,却会投入良性的斡旋。和谐是一种"以柔克刚"的艺术,自然不会提倡咄咄逼人的"当仁不让"。在今天的国际社会中,低调、忍让、中和、协商仍然是"中国之风",从不追求"先下手为强"的霸道,基本上秉持着"得理也让三分"的谦和,但中国倡导"社会和谐"的理念仍处于"和者甚寡"的局面,而且往往会被误读为"软弱";为了人类和谐发展的大局,中国充分表现出了负责任的大国之态,有时甚至会为此而忍辱负重,对一些西方大国不妥之为有所忍让、宽容,希望保持人类共同发展的大局。所以说,要实现人类的和谐谈何容易,中国作为这种理念的倡导者往往会陷入孤军奋战的处境,这种现状且经常碰到,让人叹息、愤慨。

其实,中国"和谐"理念的提出,实质上也有其宗教背景,是中国宗教精神、信仰气质的表露。中华宗教传统就以其人文性、人道性为特色,对世界宗教的对话呼声亦积极响应。因此,在寻求"和谐"同盟军的这一历史时机,我们首先更应该把眼光投向世界的宗教界,在那儿寻得知音,获得共鸣。以宗教的影响力和感染力,或许我们能够取得曲径通幽、水穷云起的意外成功。

宗教与和谐有着内在的关联,宗教的公共性主要就是争取社会的和谐性,希望人与人和睦相处、社会和美共存。这种和谐的感染,说明了文化软实力的意义之所在。不过,虽然宗教的基本精神、理想境界旨在人与神圣、人与自然以及人与人之间的和谐,而在现实中的宗教存在包括其团体存在和个我存在却并没有完全准备好,宗教在真实社会中的亮相离其理想之境仍然甚远,人们仍在期盼和谐、找寻和谐,其警语如"没有宗教的和平就没有世界的和平",其愿望如"在地上有平安"等,都表达了这种心情,也说明和谐尚未真正在人世临在。在"文明冲突论"的喧嚣声中及宗教在这种冲突的复杂卷入之中,需要清晰明亮的"人类和谐论"呼喊。而且,在宗教的超脱和超越意义上,我们深感和谐理应由宗教所率先提倡,也希望首先来由宗教所实践。从和谐宗教而达宗教和谐,世界的和谐则有可能从希望变为现实。在当下世界宗教重陷纷争、冲突之际,中国宗教所倡导并践行的和谐,理应是人类社会真正的公共性,也应该发展为人类共同生存的常态。

第九章

宗教媒体与社会和谐

大众传媒的迅猛发展，改变了人们的生活方式与节奏，也改变了世界的社会面貌和格局。这种媒体的异军突起前所未有，其对社会的影响在"全球化"的时代更是显得格外直接和非常突出。必须看到，"全球化"时代的一大特点就是"信息化"的时代，而媒体则是使信息化得以实现的主要实施机构，也是信息得以传播、扩散的基本手段和工具。媒体在网络、电子时代所达到的信息同步、舆论引导，使世界成为传媒的平面，不再有死角、无处会遗漏；正是在这一意义上，人们才可以说："世界是平的。"这样，媒体对社会的影响已具有根本性意义，有时甚至会产生决定性作用，我们对之必须高度重视，不可小觑。

在当代社会众多媒体涌现的今天，宗教的网络传播已是不争的事实，宗教媒体亦随着各种宗教在当代的复兴、发展而脱颖而出，崭露头角，"网络宗教""电子教会""微信布道""和尚博客"等术语广为流传，成为时髦话语，这种全新的宗教传媒在现代媒体中已占有重要位置、形成独特发展，造成巨大的宣传攻势和舆论强势。媒体是公共社会的典型构成，舆论是公民生活的通常表达，而媒体担负着反映民情、展示社会、报道新闻的责任及使命，因此其对社会的影响和引导已不言而喻。其中，宗教媒体则主要报道、反映宗教大事和与之关联的各种信息，因而可以直接对宗教界和整个社会产生影响、形成感染。信息同步的宗教传播覆盖面更大、影响力亦更强。由于宗教在当代中国社会生存中尚未根本或真正"脱敏",宗教在整个社会生活中仍处于"无小事"的状态,宗教媒体在其相关的宗教报道中就处于相当独特的地位,对其可能会深层次影响社会的报道也尤其需要慎之又慎;也就是说,宗教媒体特别有必要和应该前瞻性地看到宗教问题的特殊复杂性和特别敏感性,在其报道中应弘扬主旋律、立足于"积极引导",定位于保障和促进社会和谐,尤其是宗教与当代中国社会的多元共存、和谐共处。

有学者曾指出,21世纪应该特别加以关注、防范和克服的弊病包括如下四种:一为没有道德的教育,二为没有公正的财富,三为没有责任的媒体,四为没有廉洁的执政。由此可见,责任性对于媒体是多么的重要。当今社会不少问题的惹起和矛盾的恶化,就与不负责任的媒体报道相关。这种不负责任的报道或是起着风始青蘋、终成祸端的挑动作用,或是有着推波助澜、使事态恶化的扩大影响。现代信息因其与重大事件发生的同步性、其影响迅速扩散性而增大了掌控和驾驭的难度,一旦误传或误导则很难及时收回,无法制止其迅即蔓延扩散,故而媒体自身的警惕、谨慎、自律、自觉就显得特别重要。而当代宗教媒体更有责任抵制当前媒体舆论界的不正之风,对之应该纠风而不是追风、防范而不是放任;现代宗教媒体理应为宗教之内、宗教之间和宗教与整个社会的和睦、和谐而发挥积极作用,做出有关贡献。这样,宗教媒体就能找到其在当代社会的正确定位,就会为和谐社会的构建起到积极推动的作用。

此外,在当代社会发展中,使整个社会对宗教有正确、正常的理解,以一种开放、包容和尊重、敬慕的心境来看待和对待宗教中的崇高之境、积极追求,也是宗教媒体义不容辞的责任和使命。由于过去媒体舆论的误导和认知错误,中国社会对待宗教曾缺少理解和尊重,使宗教界和广大信教群众受到伤害。这在"文化大革命"期间达到顶峰,当时对宗教的偏见形成一边倒的舆论,而"反宗教"的媒体引导也几近疯狂。在今天拨乱反正的形势下,对宗教的抹黑在媒体上并没有销声匿迹,反而在死灰复燃,为此主流媒体应承担积极引导的责任,而宗教媒体亦有必要率先呼唤人们正确对待宗教,帮助宗教"脱敏",促进宗教内的自我反思，引导人们弘扬人类宗教文化遗产和其崇高的思想精神传承，使宗教在当今社会建设、文化建设中发挥积极作用，弘扬正能量，做出重要贡献。宗教媒体可以使社会舆论及普罗大众认识到，善待宗教就是善待自己的文化传统和精神遗产，就是对其生存的社会客观而正确的认识，就是一种积极向上的文化和优雅高尚的境界。宗教媒体亦要激励宗教自我革新改进、与时俱进，与社会进步同步发展。因此，对宗教在中国社会的存在和发展必须要有正常感、平常心，从而在心底摒弃对宗教的偏见和误解，让人们看到宗教作为社会构建的重要组成部分、作为社会元素和细胞而存在的正常性、必要性和必然性。在党和政府的积极引导和广大宗教界人士的积极回应下，当代宗教媒体应该具有正义感和责任感，理直气壮地号召宗教界、告诉整个社会：当代宗教不仅可与社会相适应、相和谐，而且还能对中国社会发展献智慧、做贡献！

（原载《中国宗教》2011 年第 1 期）

第十章

从文化战略角度看待我国社会的宗教存在

最近，学术界和理论界在关于民族、宗教问题的讨论中，出现了一些比较偏激的观点和令人担忧的主张，如在民族问题上希望尽快实现中华民族的"族群"融合而减少对少数民族特点的突出，在宗教问题上主张强调与主流社会意识之"异"而消极对待"求同"的努力。这些观点实际上会对民族团结、社会和谐带来潜在的伤害和隐藏的危险，在当前中国发展的关键时期，可能会混淆视听、造成误导，甚至会增加我们和谐发展的难度，带来本可避免的麻烦。中华民族是一家，56个民族共聚为一体这是毋庸置疑的，但不能因此就马上否认少数民族的现实存在，这种多元共存是历史发展的现状，而要真正彻底消解各民族之间目前尚存的差异则仍需要较长一段时间的努力，很难一蹴而就，故不可把最终将要实现的目标视为现在已成的现实，结果反而可能欲速则不达。而宗教之"异"按照马克思主义的观点乃社会之异化所导致的，这种"异"在我国社会主义社会应该是在不断减少而不是在增加，故此不应该强调和突出其"异"，而应努力争取趋同。对于宗教的评价在今天中国现实社会需要谨慎对待。所以，为了防患于未然，我们深感有必要冷静、清醒、全面、智慧地思考、讨论"宗教与文化战略"问题，以此为基点来思考我国社会的宗教存在，使我们的社会文化在精神动力和精神支撑上有更明智、更有利的选择和取向。就中国现状而言，社会应以平常、正常之心态来看待和善待宗教，让宗教以其"神圣""道德""超越"之维来关心、支持并热情、主动地直接参与社会及文化建设，理直气壮地参与社会慈善和文化事业，减少人们的尘俗追求，净化人们的心灵，提升人们的精神，使宗教通过革新发展而可能成为社会大众安身立命、和谐生存的精神支柱之一，成为民族团结、社会和睦的催化剂和保护层。当然，目前尚较难形成这一共识，但至少我们应该保持这一愿景并为之而积极努力。

在宗教对于中国社会文化战略的意义上，根据马克思主义关于"社会存在决定社会意识，宗教是其社会状况的反映"这一基本原理，以及中华文化多元通和、社会一统的传统及现实，我们认为应该意识到且努力争取实现这一良性发展：把宗教从社会存在、文化意义、精神影响和政治归属上全面纳入社会的整体建构和一统体系，防止宗教因被误解、冷落、忽视、排拒而出现在社会中及对社会本身的"异化"或"恶化"。为此，我们曾在多种会议上反复呼吁，对于宗教，我们一定要"拉进来管"，避免"推出去乱"。所以，我们有必要构设、调整好我们关涉宗教的社会举措、政治策略和文化战略，力争形成如下发展态势：即当宗教作为政治力量时，应该成为我们现实政治力量的积极组成部分；当宗教作为社会系统时，应该成为当今和谐社会的健康而有机的构建；当宗教作为文化传承时，应该成为弘扬中华优秀传统文化的积极而重要的因素；当宗教作为灵性信仰时，应该成为海内外中国人重建精神家园的乡恋乡情和重要文化心理构成。只有通过这种努力，才有可能防止宗教被"异化""他化""外化"和"敌化"。

自"新文化运动"以来，中国社会政治出现巨变，但其"精神性"诉求在传统语境中却被弱化。过去经济实力的不强使国人致力于发展"实学"，但对文化的"软实力"，支撑社会可持续发展的"精神力量"则明显关注不够，甚至出现偏差。与之相伴随的，乃是人们在心态上从"唯物"变异为"重物"，从突出"实践"滑向强调"实用"。实用主义、功利主义和个人主义的交织，形成了社会发展的逆风和阻力，社会对此也没有找到非常理想的、普遍的解决之途。而在过去60多年的宗教认知上，曾出现的存在与意识的脱离、社会基础与思想观念的脱节，曾造成了难以理解的反逻辑、非因果关联的结局：人们批判宗教是因为其乃"统治者"的宗教，是替统治者服务并维护其利益的，却忘了今天的中国已是人民群众自己在当家做主，无产阶级革命党已经成了真正的"执政者"，并正在实践着其对国家的治理和统领；当社会在强调宗教负面、消极和落后的因素时，却遗忘了马克思主义所论及的宗教之负面影响是由于其负面的社会存在。当社会基础已出现根本变化，执政力量有了质的改变后，难道不应该重新审视在这一基础上所产生的宗教以及这一宗教对新的执政者的维护吗？历史变迁和因果逻辑的一致是不该被忽略的。我们需要社会和谐并为此作出持续不断的努力，但我们所习用的文化模式却仍然是中国共产党执政前的那种暴力"革命式""造反式"的文化，其所需要的社会转型明显滞后，由此我们今天在构建和谐社会、强调社会稳定时却缺乏一种和谐文化、维稳文化的基本支持。在宗教方面，也就是没有看到宗教恰恰是和谐文化的精神支撑和重要构成之一。在我们今天发展和谐社会的愿景中，宗教本来可以发挥其更为积极、有利的作用，却被主要视为消极、不利的因素。在"新文化运动"出现已百年后的今天，我们有必要从中华文化重建的意义上来回顾并反思这一运动，梳理、澄清其对宗教的认知和态度。由此，我们才能真正完成其提出的建构中华全新文化的历史使命。

　　由于在社会思想意识形态中仍保持着对宗教的贬低，在社会政治存在层面上仍有着对宗教的敏感，其结果是，让一部分人感到真正可能让宗教发挥其积极作用的，也只能是经济等相关领域。于是，有些人一方面在高喊并反对着"宗教搭台、经济唱戏"，但另一方面实际上却在鼓励、推动和促进宗教场所成为吸引人们消费的旅游景点。于是，宗教场所"被承包""被上市"，其经济作用被过度抬高，失去了其作为精神修养、灵魂净土之地的应有地位，而宗教领袖也往往被视为当地招商引资的"人缘""人脉"，以及所谓"宗教经济"的 CEO，而没有太多关注其精神净化、超脱尘缘的灵性本真。这种恶性循环使社会误解宗教，亦使宗教深感压抑。宗教的存在和形象被扭曲，也使人们常常把社会及其黑恶现象与宗教简单相连，这种情景已不应该继续维持下去了，我们必须推动一种良性、积极的社会转变。

从复杂、多元的国际形势和国内发展来看，宗教出现嬗变、"流俗"和"物化"的危险在加大，社会的偏见也可能触发宗教的某种躁沉，一旦出现宗教在我们现实存在的"非精神化"或"非超然性"变迁，一旦宗教走向"离心"之路或"另类"选择，社会就有可能进入"多事之秋"，民族宗教问题亦会频发。今天，中国应对国际上复杂、严峻的形势，首先必须自我强身，巩固我们自己的内部，拧成一股绳，形成凝聚力。因此，对宗教的态度就非常关键。如果以和谐为立意来看待宗教，则应主要用对话、沟通的方法，特别是应该把宗教信众看作我们的基本群众。诚然，宗教中也有不和谐的因素，宗教之间的冲突、纷争乃不争的事实，而且宗教也与境外有着千丝万缕的正常或不太正常的联系，不能否认其中也包含着外界渗透的意向和实践，但我们处理这些问题却不是为了扩大矛盾、增加纷争、激化冲突，把宗教推向对立面，而应尽量化解矛盾、消除纷争、平息冲突、理顺关系，使宗教界可以保持为我们的基本群众，成为向心力量，并扩大国际宗教界对我们的正确理解和友好相待。

所以，社会应以平常、正常之心态来看待和善待宗教，让宗教以其"神圣""道德""超越"之维来关心、支持并热情、主动地直接参与社会及文化建设，理直气壮地参与社会慈善和文化事业，使人们在经济大潮而带来的尘、俗、欲、利追求面前能够洁身自好，争取心灵的净化，提升自己的精神境界，使宗教能够起到脱尘出俗的作用，并能促进我们国家的民族团结、社会和睦。这种宗教生活的正常化及其由此而可正面追求的道德、精神生命的升华，这种对社会的积极推动与和谐构建作用的形成及扩展，应该是我们的社会所希望和倡导的，也应该是宗教的积极担待和社会责任。通过宗教与社会的良性互动，理应实现二者在我们时代的双赢。

（原载中国宗教学术网，iwr. cass. cn，2013年7月17日。）

第十一章

中国宗教学者的社会担当及使命

当前,中国宗教研究正面临着一些最基本的问题,值得我们深入思考和认真探索。我们研讨"21世纪中国宗教研究的方法与议题",在学术界表明了一种高起点研究的态势,也充分说明对这些问题的关注和重视。当前,中国宗教研究正面临着一些最基本的问题,确实值得我们深入思考和认真探索。2009年底,中国人民大学宗教高等研究院、北京大学宗教文化研究院相继成立,这是宗教学界献给中华人民共和国60华诞的学术厚礼,是中国当代宗教学发展进程中学术研究不断系统化、建构化的大事。中国宗教学的当代发展也是中国改革开放30多年来的重大成就之一,就如一面镜子而折射、见证了这一进程。中国政界、教界、学界的各界人士都参与了当代中国宗教学的开拓与发展,形成了许多研究热点和发展热潮。当然,中国宗教研究从开创到成熟,从敏感意义上的"险学"到蓬勃发展的"显学",仍有漫长的道路要走,仍需付出艰辛的努力。的确,中国宗教研究在深入发展中正面临着一些不可回避的基本问题,形成了相关焦点和热点,值得我们深入思考和认真探索。而正视这些问题,对之加以客观梳理和科学研究,则正考验着中国宗教学者的勇气和智慧。这里,中国宗教学者有必要先弄清自己的社会定位和存在意义,由此才能量体裁衣、审时度势,去承担并完成自己的历史使命。

首先,我们来看中国宗教学者的基本定位。一般而言,在当今中国宗教研究中有三支队伍,即政界、教界和学界,各自都对宗教有相应的考量和探讨。其中政界最强，掌握着话语指导权和引领权，且一言九鼎、一锤定音。但也正因为这一定位，政界关于宗教的言述不多，对于一些敏感问题和分歧颇多的问题多持观察、比较之态，思考良久，不轻易表态。而政界的声音一旦发出，则基本上为其定论，凸显出政治的权威。通常人们对之讨论不多，其态度一般会是或加诠释或守沉默。但就其关注的主要范围来看，则基本涉及宗教政策、宗教法规等政治、政策方面的理解和诠释，对所谓纯学术问题触及不多。教界的力量其次，因为教界有其传统的多层次积淀、有多方面的群众，所以会对社会舆论、学术话语形成一定影响。不过，教界的言述多遵循其教义、传统而行，并体现出其"在教言教"的特色，宣教护教是其基本义务，故不轻易突破或创新，以保持其信仰的一贯性和持续性。这样，其问题意识及相关研究在整个学术层面影响不大，亦不会被宗教界之外的社会大众所关注或过问。学界的定位则为最后，但其存在基本属于"弱势群体"，虽时有发声却分量不重，很难起到决定性作用。在中国社会传统中，学者若不"学而优则仕"，即以其所学来参政议政，则恐有"百无一用是书生"的失落，因为在中国历史传统中学界一无政治的权威来保驾护航，二无信教的群众来追随紧跟，最多也只会有一群生计未定、前途不明的书生在对其关注和议论，不易超出文人话语之圈。不过，在一些涉及社会领域的关键问题上，学界虽"人微"却并不"言轻"。正因为学界没有或少有政治、宗教的负担，故而会在"一身轻"的处境中敢言、直言、善言且多言，以数量取胜，或以惊人之语来振聋发聩，去影响社会和舆论。虽然他们言多却不一定管用，其学术的自由、学者的个性则终于能显现出来，至少能够自成一家之言。因此，从这一意义上则可以说，在当今中国的思想、文化、学术发展中，学界在一定程度上乃占有以言论道、以学求道的优势，可以与政界、教界的宗教研究形成互补的态势，甚至更为客观、中肯、科学。在思考、评议上，学界的负担最小、包袱最轻，因为无拘束、开放而自由的学术探究本乃其本职责任和使命。相比之下，位高权重的政界和传承信仰的教界在学术论坛上则为尊贵的客人，他们一般会另有重任或其他关注，其学界亮相以客串为主，所思所言基于具体的社会处境或身份定位。而真正对宗教这一基本与人类发展同步的现象进行无禁区、无止境的探究，学界乃义不容辞，责无旁贷。所以说，学者对宗教现象的研究就必须走在前面，起着探索者甚至探险者的作用。过去总认为知识界乃是要找"皮"来依存之"毛"，因其缺乏政治或社会居所而往往会被轻看、遭蔑视。秦始皇曾"焚书坑儒"，而孔子则流离失所如"丧家犬"，甚至有着想不得不海外流荡的沮丧。但从中国文化史的回顾、反思来看，对秦始皇的功过评说之影响毕竟有限，而孔子、老子等"文化精英"乃是历经数千年风云变幻却仍然影响不衰，且不断被推向高潮的"出类拔萃之辈"，其话语箴言则真正流芳百世、影响千古。所以，学者以"学"为主，学界在为"学"上是一独立群体，在思想创新、文化传承上乃是有为、有位的。为此，我们学者自己不可轻看自己的存在及定位。

其次，中国宗教研究的问题意识是什么必须找准。与国际宗教学界的研究相比较，"宗教"本身就是中国最大的问题意识，它对政界、教界都有重大影响，并且扩散到整个中国现当代社会。在"北京大学宗教文化研究院"成立大会的致辞中，笔者曾提到"宗教、宗教学在今天中国学术、社会、文化、政治的定位中仍然是'水深未清'、仍需要探测不断"。这是伴随着中国宗教学百年历史的一个悖论、一道难题。与中国宗教学诞生相呼应的，是中国学术界对中国"无宗教"、"宗教"对中国社会文化弊大于利的断言。当时创一代学术新风，不拘一格以吸纳、任用人才的北大校长蔡元培先生就提出了以"伦理""美育""哲学"来代"宗教"的建言，把宗教看作已经过去、逐渐消失或在华并不明显的昔日传统，从而与梁启超等人关于中国本无"宗教"的断言形成呼应和共鸣。这种见解影响至今，形成中国社会对宗教的负面印象，甚至不少人对于宗教研究都知之甚微、误解甚大，往往对其研究者亦持鄙视之态、多有轻慢之语，而同情宗教、理解宗教研究者在这种处境中则噤若寒蝉、以远离这一是非之地来求自保。但宗教在中国近百年来并没有消亡，反而在当前又形成了一个新的发展高潮。蔡校长若九泉有知，会作何种感想！现代文明不一定就是纯然科学、理性、机械、世俗的天下，即令在科学、政治等领域亦有恶行、劣迹存在，并非绝对纯清之地。因此，人类保持一点对超然、自然的敬畏、尊重和神秘感，有着一些童话、神话的思维或想象也是必要的、不可避免的。对宗教在社会、政治、思想、文化多层面的交织，我们也应该公平对待，对之需要客观、现实、建设性地来观察和评价。

在政主教从、以政统教的中国历史传统和现实社会中，政治与宗教始终有着密切关系，而且主要是政治掌控着宗教。笔者在此并不主张"政主教从"，而只是指出中国政教关系的真实处境及社会特色。一方面，政教在社会存在层面有紧密接触；另一方面，二者在精神观念层面却看法迥异。尤其在当下，这种强大的反差和密切的关系形成鲜明对照，人们在对之谈论时却很容易忽略相关要求之间潜在的张力。例如，不少政界人士一方面在意识形态层面对宗教的负面评价依旧是为主的见解，另一方面在社会层面却也突出对宗教的"积极引导"，殊不知，对宗教的否定越多，对其积极引导就越难；而教界则一方面强调在信仰上的超越和超脱，另一方面在社会存在上却有着对政界的依赖或依属，由此亦导致其信仰与实存之间的撕裂。由此可见，其理论和实践上的反差及鸿沟虽被人回避，但它们未被克服、不可避免的真实存在却颇为明显。诚然，当前政界与教界的关系比二者与学界的关系都远为密切和直接，却存有这一从根本上回避不了的矛盾，在争取和维系社会外在的"团结合作"时，仍可察觉彼此精神内在的"心照不宣"和回避矛盾。这种状况的实存久而久之势必带来嬗变，增加产生"两面人"或彼此虚与委蛇的危险。在此，则需要学界作为"第三者"向二者"插足"，当然这是一种"善意"的介入，不是破坏二者之间的关系，而是弥合二者之间的分歧，使彼此更为融洽、和睦，真正出现社会合作甚至精神沟通的可能。不过，学界为此也承担着风险，对其"左"的、"右"的各种批评都会出现；思无定居的学者或被指责在替"党言"做宣传而有亏于宗教，或被怀疑已"委身"宗教"在教言教"而失去了独立立场，甚至可能被上纲上线到"背离"政治原则或"党性"，从而在这种"险学"中难以自拔。所以说，中国宗教研究不得不从国际宗教学界已不成问题的"宗教"界定或理解问题上入手，客观、科学地分析、说明宗教的内容和本质，以及与中国社会文化的关系和关联。这里所涉及的探究，包括对宗教、宗教信仰、宗教性的理解，宗教是人的精神"常态"还是其社会"问题"的考量，宗教的本质是一种"灵性"诉求还是社会力量的显示，以及中国社会文化究竟有无宗教或宗教性的问题，并且涵括由这一问题所引发的中国文化本质及其在世界文化中的定位、中华民族特性与人类宗教"本性"的关系等思考。中国在"依法治国"的大政方针中规定了"依法管理宗教事务"，而有关宗教基本法的制定却首先必须有对"宗教"的一种共识即基本理解，否则难以立法，会无"法"可"依"。究竟是立一"保护宗教信仰自由法"还是立一"具体管理宗教事务法"，甚或"限制、打压"宗教存在及发展之法都可能众说纷纭、莫衷一是。由此，是否立法、如何立法，皆因宗教本身理解就成问题故而迄今仍举棋难定。宗教意义涉及文化价值问题，虽然不可以完全用时髦话语"软实力"来对之界说，其解答却仍关涉到文化自知、自觉、自尊、自重、自立、自强即自我身份认同等文化战略及发展问题，也就是对社会发展中"潜在的精神力量"之找寻。如果中国宗教研究不厘清"宗教"这一基本问题，在宗教研究的理论和实践层面则不可能出现"质"的突破，宗教探索在关键之处则会失语、止步，只能找些假问题来敷衍、浪费时间，而社会对宗教的偏见、误解则会如故、依旧。社会对宗教理解的迷失，实质上也反映出其文化理解本身的迷失。所以说，中国宗教学的发展虽然任重道远，却需认真考虑"千里之行，始于足下"的迈步问题。

此外，我们还需探讨宗教与当今社会多元文化共存的关系问题。"和谐"社会及其文化发展是我们今天谈论的一大话题。其实，不同而共在、多元而共构才可以称为"和"。在中国"大一统"的传统中，人们往往只看到"单色"而忘了"和谐"。若对之深究，则可看出这种"一统"实际上有着"各美其美"，由此才会"美美与共"。研究宗教的一个重要切入点，就是要由此探讨文化的多元性、多样性，以及"多元"如何才能"共构"、"多样"怎样才会"统一"的问题。这里就势必有对话、沟通和交流，有着避免冲突、化解矛盾的艺术和智慧。不同宗教的呈现，以及同一宗教在不同国度、社会、民族、地域的呈现，都有着以其"独特性"而形成"多元性"的问题。宗教研究实际上就是对人类社会多元精神文化现象的研究。文明只有通过相互对话、理解才能达到共融、共在，"和谐"其实是人类社会使多元、异质因素能够成功共聚、共构的理想追求，以及如何使之实现、"成真"的有效举措。在中西文化对比中，我们会发现西方文化更多强调个性的弘扬和多元性、多样性的存在，而中国文化则更多追求共性的体现即共和、共在。其实，这些本为同一问题的两个方面，缺一不可。中西思维在此可以互补。多元性的成功共构即为"和谐"，而其终归离散则为"分化"或"分裂"。宗教的多元性意义在正、反两方面来看可借用人们常说的"蝴蝶效应"：一色蝴蝶不为美，无数多色多种的蝴蝶共聚则美不胜收；一只蝴蝶的双翼扇动乃风微而不足道，但其风起于青蘋之末却也能逐渐演变为巨大风暴！我们以往过于强调"求同"而忽视了"存异"，其失衡往往会导致"同而不和"，失去色彩、少有活力，真正的理想之境应是"和而不同"，在和平共处中保持个性、保住特色。这才是"和谐社会"的真谛，否则就会重陷"同则不继"的历史教训之中。所以，中国宗教研究应该探索、言说宗教所蕴含的"多"，应该去找寻如何从多达"和"，即"多元求同""多元达和"。在此，宗教研究则会走向社会、面对政治，在妥善解决复杂的社会问题上体现出其现实关怀。

总之，探索、解答并解决这些看似简单却至关重要的问题，正是中国宗教学者今天所要承担的历史使命。由此，中国宗教学就可以形成自己的研究理论和方法，发展出自己的学派和专家，有益于解决中国社会的现实问题，而不只是模仿、介绍西方宗教学的成就及问题意识。对上述问题的沉默失语或窃窃私语已经太久了，我们应该大胆探索，实现质的突破，真正有自己的理论创新和学术贡献。

（本文为2009年11月26日在北京大学宗教文化研究院成立大会上的发言）

第十二章

引导宗教社会存在的求同化异

社会共在中的"求同存异"乃一种常态,因此人们往往会对"求同化异"不以为然,甚至觉得"化异"可能过分或根本不可能。这种考虑或担忧完全可以理解。不过,若从更积极的社会关系来考虑,在社会共在之中逐渐朝着"化异"的方向去努力,仍然是可以被理解的。这在处理好中国社会中的宗教关系上或许更为重要,由此可以尝试迈出更积极的一步。在日趋复杂的社会关系中,对于宗教问题应该从当前中国文化战略上来考量,在此战略是方向,战术是细节;战略确定了,战术则好办。宗教是一种客观现实存在,不以我们喜欢不喜欢、承认不承认为转移,而需要我们睿智地面对和稳妥地处理。对于今天中国宗教存在两种基本态度,一是"求同",主张把宗教拉过来为我所用。二是"存异",但把宗教看作异类的眼光实际上会把宗教推出去成为异己。上述二者都有其理论及实践的逻辑关联,涉及我们理论体系的科学构建和社会治理的智慧谋略,对之应有冷静而清醒的认识。从国际形势来看,全世界82%以上的人信教,分布在世界绝大部分国家和地区;而国内亦有约2亿人信教,具有宗教情感的人则更多;对此我们应该有全局意识、政治敏锐、领导艺术。反思以往对宗教及相关信仰问题的治理,我曾主张应从依法治理入手,尽量不要上升到意识形态、精神信仰之对立的层面来治理,但这一问题在认识上分歧太大,难达共识。如果我们对待宗教的态度是过于强调在意识形态、精神观念上的存异,那将是把宗教明显地往外推，而境外敌对势力则正在极力把宗教往外拉，这一推一拉若形成合力，对我们中国社会的未来发展则将非常不利、极为危险。宗教是有负面因素，有对我们政治不利之处，但我们的目的不是恶化这种不利、激化固有矛盾，而应因势利导，尽量减少其不利、增大其对我有利的因素，甚至应该"妙手回春"，努力促进其积极转化。这里，就有了如果理解和尝试"求同化异"的问题。

一 对"求同"观的审视

这种"求同"即主张对宗教的积极引导，弘扬宗教教义中与社会主义社会道德要求贴近的积极内容，使宗教与社会主义社会相适应，发挥宗教在促进经济社会发展与社会和谐方面的积极作用。

（一）马克思主义理论的依据

1. 历史唯物主义的基本观点

历史唯物主义强调，社会存在决定社会意识，社会意识是对社会存在的反映；中国当代宗教反映的是其当下存在的中国社会主义社会，与1949年以前的旧中国社会或19世纪的欧洲资本主义社会本质有别。

2. 辩证唯物主义的基本观点

一切都随时间、地点的变化而变化，我们应该从变化、发展的眼光来辩证地看待今天中国社会的宗教，在观念及认识上与时俱进。

3. 对与宗教如何开展"斗争"的理解

马克思主义经典作家在当时的社会处境中的确说过要与宗教做斗争，但尽管如此，其所强调的"斗争"也主要是对宗教唯心论、有神论应以"纯粹的思想武器"来斗争，即保持在认识论的范围内，而不应该将之扩大到社会政治领域。而在社会政治层面，马克思主义经典作家则提醒我们，对宗教界人士尤其是领袖和精英可以用我们的政治信仰来要求他们，用我们党的政治纪律来约束他们，使之可以积极为我所用。而对广大群众的宗教感情问题则可采取温和、引导的态度，包容他们在特定地区、特别时节的信仰行为。从我们的政治原则和历史传统来看，佛教早就从"佛法大于王法，沙门不敬王者"改为"不依国主，则法事难立"，由此而出现了沙门敬王者、宗教服从政治的政教关系局面及其中国特色；所以，我们在当今社会中的政治原则应该是鼓励宗教界从以往的敬王者到今天的爱国、爱党；而绝不是我们政界出现拜鬼神、失去威权的退化现象。而处理这一问题的积极之策，则是要理顺理论与实践的关系，加强党的内部管理及党建工作，但并不是针对宗教来加以打压或过度管束。在处理当前社会中的宗教棘手问题时，其保守之策是维系现状，注意观察探索；而风险之策则是突显这一问题，把宗教危害提到不必要的敏感高度，或危言耸听而实施对宗教的全面打压。尽管面对打压，宗教界可能不得不保持沉默，但其实际结果则是宗教界会对之反感，在精神、情感上与我们渐行渐远，甚至可能与我们离心离德。而合法宗教团体中被清除者则可能会成为地下宗教组织中的骨干力量，从而在根本上导致与我形成对抗的态势；而随着爱国爱教之精英人士的撤出，则可能会使我们党和政府对宗教团体逐渐处于失控之状。

4. 对中国共产党统一战线理论及实践的理解

在社会存在及思想认识上推进对宗教的团结合作，这是我们党统一战线理论的一贯主张。毛泽东对统战的理解就是：使我们的朋友越多越好，让我们的敌人越少越好，不要人为、主动树敌。而周总理的统战做法就是与宗教领袖交朋友，使之成为党和政府可以信赖的人。

(二) 对中国"政主教从"之政教关系传统的反思

1. 中国政教关系的传统特点

中国历史上政教关系的传统基本上就是政管宗教，政治政权保持着对宗教领袖人士的任命和对宗教事务的有效管理。中国自古就有政府管理宗教的机构，从古代的理藩院到今天的民宗委乃一脉相传。元朝统治者甚至曾给西方来华传教士"钦赐俸禄"阿拉发，形成了这种补贴合法宗教的治理传统；所以，我们今天给宗教界津贴或补助，帮助其建设宗教场所、宗教院校，是有我们的历史传统的。但是，这在马克思主义宗教观中显然是没有理论支撑的，对之恩格斯、列宁甚至还有明确的反对意见，认为国家应坚持政教分离，国家不要给宗教一分钱。在社会存在逻辑中，一方面在政治、意识等方面否定宗教，另一方面却在经济上、财力上支持宗教，这显然不是一种明智的选择，其效果可能适得其反，给人感到是在做"赔本买卖"。但在中国社会传统的宗教管理中却有此依据，即把宗教视为其管控之下的有机构成，信教者亦是其统治下的合法"臣民"；故此而论，我们的一些做法所体现的是中国处理政教关系的相关风格及历史传统。中国历史上与西方不同，并没有政教分离之说，而是以政主教、以教辅政，也没有明显的政教对抗。当然，若处理不好也会出问题，如对"太平天国运动"的性质就值得我们研究、反思。其实，政教之间有着密切而复杂的关系，就是在提出并倡导政教分离的西方也没有严格意义上根本性的政教分离，政教分离在西方始于宗教改革运动后的政治世俗化发展，随之欧洲近代遂以"教随国定""在谁的领地，信谁的宗教"来体现宗教改革的成果，转向树立世俗政权的权力，例如英国君王就成为其国教的领袖，政治权力开始对宗教实施有效掌控；而所谓"政教分离"最为彻底的美国也没有根本完成政与教的彻底分离，而仍然是文教一体，教为政用，宗教渗透到社会文化、政治博弈之中。特别是教界人士在不担任神职之后则可在政界任职，从而可以用宗教自由之名来影响政治，并行使对他国的政治干涉。这样，就形成了政中有教、教中有政的复杂局面，政教貌似分离，实则有机结合、彼此呼应。因此，我们必须创立一种对我有利、符合中国国情的政教关系，而不要被别人牵着鼻子走、接受不符合中国国情的任何政教分离模式。

2. 承认中华优秀传统文化中的宗教文化内涵

社会主义核心价值观的弘扬需要我们接好地气，其中应该有着优秀传统文化的滋养。而中国的宗教文化传统则不可被剥离在中华优秀传统文化之外。我们可以仔细而冷静地分析，如果排除了儒佛道及中国民间宗教信仰传统，中国传统文化本体还能剩下多少元素？显然是微乎其微了，而且其影响与前者相比也远远不如。所以，我们应加强对儒佛道弘扬中华文化功能的审视，让中国宗教文化传承下来，并且能够"走出去"影响世界，减少达赖喇嘛等人以宗教身份而造成的国际影响；此外，我们还要促进基督教、伊斯兰教等由外传入的宗教能够更好地"中国化"，使之有着更多的中华文化滋润和融入，达到双方的充实和共构。尤其是在当前"全球化"的世界一体发展中，则更应该发挥其在当前"一带一路"国际合作、对外交往中的积极作用。

3. 意识到宗教在中国社会的长期性和群众性

从历史发展来回顾，宗教显然比任何国家政权、政党的历史都远为悠久，这是我们必须正视的事实。在我们中国共产党执政、人民自己当家做主的今天，没有理由也没有必要把宗教推到我们的对立面，增加我们社会治理的负担和难度；与之相反，我们应通过积极引导来让宗教发挥其正能量、正功能，为我所用，起到积极的社会维稳及建设作用。

为此，在社会操作层面，我们就有必要思考并相应实施如下一些社会管理的举措。

其一，维护宗教信仰自由的宪法权威；认真考虑、研究依法管理宗教的具体问题，不断完善宗教事务管理条例。

其二，在正面肯定宗教、使宗教问题逐步脱敏的前提下实施对宗教社会存在上的依法管理，有效实施其行政管理及人事任命和管理工作；对之形成自上而下的科学有序管理网络（社团、场所、院校、人员），在社会上不留死角。

其三，积极引导宗教与我们的社会主义社会相适应，这种引导应该是全方位的，包括对宗教教义、神学、释经的正确引导，把握其适应社会主流意识及精神文化的主动权，加强中国神学建设，促进基督教、伊斯兰教的"中国化"，真正让宗教界做到爱国爱教，主动参加我们的文化建设、社会建设，参加实现中国梦的共同努力。

其四，真正做到中国宗教独立自办，不受外来势力的掌控。由此就必须把中国的合法宗教视为中国社会的有机构成及其社会基础的自然元素，从而不给外来的宗教或政治控制任何理由及借口，我们要突出当代中国宗教在目前世界宗教中的与众不同，其渊源或发展虽然有些会与外界存在复杂联系,当下形态却是建立在中国社会基础上的,为中国本土发展的表现,这样才能说好中国宗教由我们社会建构主管、必须独立自办的充分理由。

其五,关注宗教领袖及精英人士的培养。这与我们当前政治体制及政府管理中培养、任命各界人才的道理相同,具体而言这种培养宗教领袖,掌管宗教组织和宗教活动乃与有效实施对宗教的"内涵式"管理相吻合,在我们今天的社会存在逻辑关联中可以达到理论与实践的统一、当今社会现实与历史文化传统的一致,充分体现中国特色。

二 对"存异"观的分析

在今天中国社会,如果过分强调、凸显与宗教之"异",旨在表明与宗教的对立和区别,那么实际上就会把宗教推出去,使之最终成为我们自己社会的异己力量、对抗因素。其理由如下。

(一)过于宣扬与宗教"存异"会导致其对社会的离心倾向

宗教在信仰、世界观、意识形态以及精神追求等层面确实与中国当今主流意识、唯物哲学等方面有"异",在这些方面如果允许宗教"存异"当然是民主、公平、和谐的表现,可能会带来"和实生物"的积极效果。不过,今天中国社会对宗教"存异"的看法却主要是负面的,而且往往还是把宗教视为"另类"的另一种表达。于此,突出与宗教"存异"的实际社会效果就值得我们关注和推敲了,因为这种强调在核心价值观、世界观上与宗教的根本区别和对立,在社会话语上会把宗教打入另册,这也势必会造成宗教方面的逆反、对抗心理,使其形成与我们离心离德的心态及社会发展趋势。我们必须认识到,对信教者的神圣感、护教心态不能堵、压,只能疏导,故而在平常认知之"存异"的基础上应该积极化解矛盾,找到宗教信仰与我们社会主流意识、与我国历史文化发展一致或可以吻合的因素。而这就是我们所言与宗教"化异"的积极努力,由此可能达到我国宗教与社会主流同步、一致、有着自然逻辑关联的存在及发展。

（二）过于突出宗教与我们之"异"，容易导致对宗教的打压

表明和强调宗教在中国社会之"异"，会给人一种宗教与我们社会不协调、不和谐之感，从而在逻辑上自然会导致我们应该对宗教实施打压、弱化、消解其势力的主观印象和政策举措，这种现象其实在现实社会中已经频频发生，这也很容易引起宗教界的反感和反抗。面对社会对之强加的"异化"，宗教在压抑感下或是保持一种沉默的顺从，或是干脆转为一种走向地下的回避及反抗。而从历史经验来看，任何打压宗教的举措实际上带来的往往是宗教在我们对之失控状况下的发展、反弹、壮大。宗教有着悠久的历史、复杂的经历，其迄今的存在远比国家和政党长久，而打压宗教或是两败俱伤、或是因失去群众而孤立自我，失去国际形象，故而得不偿失。

（三）突出宗教之"异"，不利于宗教人士的培养

"培养"当然是对"自己人"而言，而且是将之视为自己未来的"接班人"，这是中国社会"干部队伍"的逻辑。但因有与宗教之"异"的鸿沟相隔，在许多重要方面都与宗教相"异"则不可能实施有效的对宗教人士的培养、教育、任命和掌管，因为这本身在其理论逻辑上就说不通，在社会现实的实践中也会造成悖论。一方面否定宗教的核心价值及其信仰，另一方面却要由其"否定者"来对之加以"培养"，这在逻辑上明显荒唐，宗教界也会对之抵制、抗拒。在这种矛盾关系中，最多也只能达到宗教界"两面人"的出现，即一种求生存、为应变的表象或面具，其在关键时刻则根本靠不住。必须看到，宗教界人士也是爱憎分明、是非清楚的，其对信仰之忠乃宗教追求之根本，其若真正放弃则不再是宗教人士。而在复杂的社会现实应变中，大多数宗教面对反对、否定其信仰的强大社会力量一般不会选择以卵击石，而有其应变之策、潜伏之途、存在之道。所以，要使宗教人士真正做到对我们的政权、政治人心所向，则只能争取彼此之间努力"化异求同"。

(四) 与宗教之"异"终究会导致与宗教之"离"

因为强调与宗教之"异"则很难有与宗教的真正合作及真诚团结，这种政、教之间的格格不入只能完全走向实质上的"政教分离"，政难掌控教、教离政远行。而中国的政教分离之必然结果不可能是宗教的独立自办，只会使我们对宗教完全失控，导致宗教不得不转入地下，而这种实际被"另类""异化"的宗教也势必会靠向境外力量、向其同类或同盟求助，故而自己也成为我们社会中的异己力量，在境外势力的掌控或帮助下进而成为"他者"的力量，即我们社会肌体内的另类和对立力量，阻止我们社会肌体的健康成长和可持续发展。

为此，我们应该有理论自信、道路自信、社会治理能力自信、中国特色自信，促进马克思主义宗教观的中国化，建立中国特色社会主义宗教理论体系，顺着中国共产党统战理论及其工作的成功经验、重温中央几代领导关于宗教的积极论述而继续往前走，在新时代中国特色社会主义的创造性、创新性宗教理论的指引下探索前进、积极作为，达到宗教社会工作及理论指导的科学发展，即走积极引导宗教、使之与我们求同、相适应、相融合之路，让宗教真正成为我们社会文化的有机构成、内在因素、积极力量，形成我们社会的和谐发展、多元通和、共构一体，达到我们社会的长治久安、繁荣昌盛。

第十三章

基层社区精神文明建设与宗教问题

　　自改革开放以来,中国基层社会的结构出现了一些变化,以往的"单位人"更多地以"社会人"的身份出现,传统"单位"的社会管理功能已经弱化,甚至失效,而新的基层社会机构尚在形成之中,功能还不完善,新旧交替、百废待兴。在这一过渡时期,基层社会建设正在开展,各种形式的新型基层社会组织或社区亦在不断涌现。但在这一新的建构过程中,各级政府对这些基层社区的职能和功能更多地放在社会就业、社会援助、社会慈善等物质层面,而对其文化功能即精神文明的建设却关注不够,或不太重视,或因能力有限而鞭长莫及。这样,在一些地区的基层社会出现了管理不到位或管理"真空"的现象,而对基层群众的思想文化需求及精神文明建设更是很难顾及,有不少疏漏和工作缺口。尤其是在边远、边疆地区的少数民族聚居区或宗教信仰传统较强的地区,这种精神文明建设的缺失甚至导致了其思想引导、精神诉求的失控,从而出现了社会凝聚力、向心力减弱,社会公信力滑坡,公共价值观及伦理道德观走偏,以及保守思潮、分裂思潮、极端思潮肆虐的情况。"基层不牢,地动山摇。"对此,我们必须高度重视。

　　在这一社会转型时期,基层社区的变化最为典型地反映在农村基层组织结构及城市基层社区结构的变化。除了我们体制内的基层社区结构出现变化之外,如农村从以往公社、大队、生产队三级结构转向乡镇、村庄等基层组织,亦涌现出不少新的基层社区组织,如经济社团、宗族组织、宗教结社、行业组织等，而在社会文化、精神需求方面也出现了各种民间基层结社，包括各种形式的民间基金会、民办学校、民间书院、非物质文化遗产各类基层管理机构等。从总体来看，这些基层社区及机构组织呈现良性发展态势，其中不少以弘扬中华优秀传统文化为己任，自觉维护和守护中华民族的精神家园，贯彻落实社会主义的核心价值观，积极参与中国当今和谐社会的构建，做出了很大贡献。而且在这种发展中也有地方政府的积极参与或支持，如帮助建设社区图书馆、各种书屋、学堂、书院，创办或资助居民文化大院，申请及保持具有当地特色的非物质文化遗产、红色文化基地等。然而这些工作仍然是零散的、随意的、临时的，缺少系统性、规范性，以及宏观、整体的把握，对积极引导社会舆论，关注社会舆情，防范社会公共价值的溃散所发挥的作用有限，可挖潜力仍然很大。

为了搞好新时期的基层社区建设，使整个社会能够有效发挥正能量、弘扬社会主义核心价值观和我们所推崇的社会公德、社会正义、社会和谐的主旋律，我们在宣传、文化、民政、统战、发改委等领域的有关部门必须注意社会转型的新动向，研究社会涌现的新问题。对此，有如下建议可供参考。

其一，在城镇化发展、新农村建设、城市基层社区构建中搞好社会建设的顶层设计，形成新时期"疏而不漏"的新型社会建构网络体系，重点在基层，着力于基层。

其二，有规划、系统地办好社区图书馆、文化大院、各种书院或书屋以及非物质文化遗产活动点，以此为依托来开展群众精神文明建设活动，弘扬优秀、积极、向上的文化，树立正确的社会价值观、形成良好的社会公德和公信。在这一建设过程中应该发挥政府和民间两方面的积极性，包括在一些民族地区、信教群众较多的地区之宗教组织的积极作用。在此，政府可以转变工作方式，科学考虑督办而不包办、呵护而不取代、管理而不垄断、积极引导而不放任自流。

其三，在这一过程中注意有意识、有计划地培养、帮助而形成一批有社会担当、有丰富知识、有组织能力、有高尚道德的政府基层及民间的精神文明建设的工作者与志愿者，使之成为党和政府与广大群众之间具有纽带、中介、桥梁功能的联结者。应该组织各种层次、不同主题的培训班、学习班，有效形成一支活跃在社会上、以喜闻乐见的形式而广受群众欢迎的精神文明工作者队伍，重塑中华文化传统中"士"的担当精神，以及社会大众"国家兴亡，匹夫有责"的博大情怀。而在宗教社团、少数民族文化组织中也应该以这样的积极"联结者"为骨干、主干和领袖及领军人物，不给任何"分裂者"在此留下市场或空间。

其四，搞好属地管理，让党和政府的基层组织直接与这些基层社区挂钩、联系。对于这些基层社区组织，要搞好必要的登记工作、管理工作，尤其对城乡基层的宗教组织、文化组织、教育组织等应主动管理、科学管理，对之加以积极引导和及时告诫。其管理工作在基层亦要有专人负责，以政府为主导，有专门的政府法令和规章制度。其管理工作者应该培训上岗，从而既要敢于管理，又会善于管理，由此掌握基层动向，争取不留死角。

其五，基层社区的精神文明建设必须接地气、实事求是、与时俱进。应该通过切实有效的学习、教育、宣传形式使社会主义核心价值观真正深入人心，注意这一核心价值观与优秀传统文化、民族文化和宗教文化的有机结合，争取多求同存异、多做积极"化异"的合作、转化工作，而避免或至少减少相互排拒、彼此敌视。通过这种和谐融合，逐渐使游离在我们体制外的社会文化思潮和传统文化延续在舆论、气势上与我们的思想文化主流相协调、求一致，形成我们的文化大同和精神共识。社会基层建设乃千秋大业，在一个多变、动荡的世界，我们必须未雨绸缪、做好准备。

第十四章

中国特色的宗教社会学应注意研究方法和中国语境

在中国学者们的积极努力下，宗教社会学研究近年来在当代中国取得了明显成就，学科建设也越来越好。宗教社会学研究有着许多主题，涉及多种跨学科发展，而且与中国社会现状有密切结合，故而很有意义。根据以往发展的经验总结，笔者认为，中国的宗教社会学如要体现中国特色，需要在宏观视域下从下述四个方面来积极开拓：

第一个方面是中国宗教社会学的方法论问题。

社会学与哲学不一样，社会学自独立发展为一个学科以来，就注重社会事实、贴近社会，而不是哲学那种纯学术的思辨体系。为此，中国宗教社会学研究要注重西方宗教社会学的方法论，博采众家之长，集思广益，思考当今西方宗教社会学的方法中，有哪些可为我们中国学界借鉴？从西方宗教社会学的创立来看，马克斯·韦伯以研究新教伦理与资本主义精神的关系著称，注重对近现代社会的比较研究，侧重于工业文明和城市的兴起与发展，主要是为西方文明的独特社会发展寻求解释。杜尔凯姆则从对最简单的社会——初民社会的研究中提出宗教的社会学定义，并指出宗教的本质就是社会，其集体的社会象征及社会意识之论，为我们解读宗教的社会定义提供了启迪和钥匙，也为对宗教"神明"的社会解释提供了依据，使我们不必囿于对"神明"的哲学思辨意解，可起曲径通幽之效。宗教社会学的进展过程乃涵盖这两个不同的发展路向，为我们今天宗教社会学的探究提供了很好的启发。自 21 世纪以来，在全球化的趋势下，东西方差距越来越小，面临的社会结构转型与宗教变迁具有一定的相似性，这就需要学者以全球的视野来进行调研，并从调研中提炼出体现中国社会特点的理论和方法，推陈出新。这就有着我们自己的独立思考和方法论创新。

第二个方面是联系中国的实际。

中国社会中的宗教，无论其起源，还是其发展历程、特点，有许多与西方其他文化背景下的宗教根本不同的地方。可以说，中国宗教特点是什么，我们还没有研究得很清楚，故而对西方学者有关中国宗教的社会性质之论趋之若鹜、讨论热烈。但是，中国社会如何理解宗教，中国古代社会有无宗教，中国社会存在什么样的政教关系等，中国学界却语焉不详，且争论激烈。这些都值得我们从中国社会具体情况来深入、系统地研究。例如，中国社会中政教关系的特色就很明显，既不是政教合一，也不是政教分离，更没有政教协约，无法用国际学术界这些习惯的模式来套用，而中国社会政教关系的鲜明之处就是"政主教从"这种关系，我们现在特别表明中国社会选择的是"政教分离"这一关系，但真的是"分离"吗？有可能"分离"吗？这些问题并没有人去深究、细想。自颛顼"绝地天通"的政教关系改革以来，中国社会中以政权政治势力来掌控、制约宗教就成为常态，这是中国政教之间在历史中形成的关系特色，对于建构性或弥漫性的宗教皆是如此、一以贯之。而且，这一政教关系经验行之有效，使中国自古至今的政教关系一直比较平稳，基本上没出大的问题。因此，在对中国宗教与社会的研究中，不能照搬西方理论，而一定要联系中国实际。这种联系中国实际有三个基本的定位：首先是要实事求是、基于社会客观存在；其次是以科学、理性的方法对事实加以分析；最后是要体现正确的研究意图，让我们的社会朝着和谐的方向前进。宗教研究的目的是帮助理顺宗教在社会存在中的关系，使宗教参与社会稳定、和谐发展的实践，而不是让宗教异化，成为社会不稳定因素。

第三个方面是今天中国宗教社会学的学科建设要有所突破。

现在，宗教社会学界使用的基本上是西方学者的理论框架，其虽为捷径且颇有成果，但如果不加批判地使用这类框架来研究中国宗教，则会带来一些问题或失误。社会学注重社会实践，但不同地区及时代的社会乃各不相同的。近年来，有一些学者有了一些新实践，提出了一些新的观点和理论架构，给人耳目一新之感；但这些新观点是否能够成立，在实践中能否得以检验，则须进一步观察和思考。我们中国宗教社会学要与西方有所不同，因为我们面对的是中国社会，有自己的新问题，可以发掘出自己的新材料，所以应形成自己的学科话语体系，有新的理论模式、新的思维方法等。在当今中国宗教学的研究中，宗教社会学乃起步较早、相对成熟的学科，其经验对于整个中国宗教学的建设及发展都有着探路和领路的作用，对之系统总结是我们今后进一步发展、突破的积淀和准备。

第四个方面是中国宗教社会学要落到实处。

当今中国社会处于转型时期，需要宗教社会学的观察、调研和联系实际。在中国宗教学的各种研究中，宗教社会学是最接地气的学科之一，因而要落到实处，参与中国社会问题的了解和解决。我们研究所以往的传统是注重文献资料，主要是从书本上了解宗教。随着研究的深入推进，我们发现仅靠书本知识远远不够，而必须接触真实的社会宗教情况。于是，我们开始注意社会调研、田野调查，引进并推动了宗教社会学、宗教人类学的发展，并进而在思考宗教政治学、宗教经济学、宗教统计学等联系实际、非常务实的学问。这样，我们也就开始了与中国社会各宗教界的具体接触，对之加以实地了解和研究。宗教在我们的社会中到底应起什么作用，不应该出现什么问题，现今状况如何，我们对之真的需要有实实在在的研究，并基于这种科学、中肯的社会研究来提供解决其社会等问题的思路及办法。这样亦使当今中国社会认识到我们学者的研究所具有的现实意义，所能提供的实践智慧，从而使我们的研究与现实的生活相联系，与社会发展密切相关，使中国宗教社会学的研究具有鲜活、创新之态。这样，宗教社会学的意义才能有更大的发挥。因此，我们不要简单地为学术而学术、从书本到书本，而必须走出科研单位的高楼深院、走出学人书斋等封闭的、孤独自表、孤芳自赏的象牙宝塔。社会是大课堂,是学术研究的广阔天地,学者走入其内一定可大有作为。所以,我们要有制度自信、理论自信、文化自信、社会自信,共同为推进中国宗教社会学的发展而努力,这也正是我们当代中国学者的光荣使命。

(本文为在"宗教社会学 2013 北京论坛"上的发言)

第十五章

关于保障社会平安的文化思考

我们国家的安全战略应该是一种大安全战略,是综合各种考虑的系统整体构设,而其涉及的国家安全能力建设乃直接与我们的文化软实力建设相关联,是我们国家安全战略的"软件"部分,其保障体系建设则与我们的党建、经济建设、科技建设、国防建设、法治建设和社会建设等联系密切,是我们国家安全战略的"硬件"部分。限于笔者本人的知识结构,在此仅对国家安全战略的构设提出自己比较初步的文化思考。

国家安全战略必须涵盖文化战略的内容,文化安全是我们国家可持续发展、稳健发展的重要保障之一。文化安全包括意识形态安全的内容,但有着更为广阔、更加综合的思考空间。文化安全的立足点在于对人的把握和引领,涉及人的精神层面。因此,从人出发、以人为本来思考我们的国家安全战略,稳妥、积极地处理好不同人群的关系,做好我们国家及与之相关的"人"之工作,稳定人心、吸引人气、获得最大限度的向心力、凝聚力,形成社会共识、共融,这是我们对国家安全战略构建、制定工作的最高期待。这里对人的思考包括"内涵"式和"外延"式两个层面,前者专指"中国人",即海内外的"华人";后者则泛指与中国相关的世界各国所有的人。鉴于后者内容是我们国家安全战略中"外交"安全的范围,这里的思考集中于前者,即对境内中国人和海外"华人"与我们国家安全之复杂关系的思考。

一　对国家安全战略的社会结构思考

中国是十三亿以上人口的大国，人心稳则社会稳，人心齐则民族兴，国家安全能力建设应集中在聚集人气、争取人心上来下功夫。为此，我们的特别关注在政治层面应是党派成员，在经济层面应是工商界成员，在社会层面应是进城务工人员（农民工）、社会待业人员、复员转业军人、大中专院校毕业生等，并应对华侨、少数民族人群和宗教信众有独特的关注及研究，重点针对上述人群来具体研究国家安全战略的正确思考和有效举措。

在政治层面，我们虽然有9000多万中国共产党党员，可以说是世界上第一大政党，但我们不要忘记目前中国还有约90万民主党派成员，其作为参政党在社会也有着巨大影响，而且聚集了许多社会精英人士，其政治主张和走向值得我们关注和研究。当然，这些民主党派有着与我们共产党荣辱与共、肝胆相照的历史，但现在时代变了，其人员结构也发生了巨大变化，所以其成员的社会定位、精神现状就值得重新审视和具体研究，以便及时发现因时代变迁、社会转型而带来的问题，及时、稳妥地解决好这些问题，巩固执政党与参政党的团结合作及政治同盟关系。

在经济层面，我们目前有300多万工商联组织会员、4000多万个体工商户成员，其中不少人已经形成对社会的广泛影响，如在解决社会底层人们的就业问题上，其覆盖面很大，社会作用及影响也很大；此外，他们对网络、影视等社会媒体的掌握和吸引也极为明显，其"粉丝"如云，号召力颇大，往往可能会使其个人"抖音"变成社会"强音"；其中一些人因其经济实力对社会的驾驭而也提出或构想着其政治需求或政治"发声"，其社会导向和影响力值得从国家安全战略的角度来加以特别研究。

在社会层面，进城务工人员、社会待业人员、复员转业未妥善安置的军人，以及没有根本解决就业问题的大中专院校和高中高职毕业生等已经有上亿人数，形成对社会的巨大压力。在此，我国的社会保障制度与国家安全战略息息相关、紧密相连，应该构设及时而有效的举措，及时解决实际问题。

在华侨工作层面，目前有3000多万港澳台同胞、6000多万海外侨胞，这近1亿"华人"是连接和沟通国内外的重要渠道、关键枢纽，他们已使中国人际交流、往来上"内外无别""相互渗透"，并带来相当模糊的身份"认同"。我们国家的国际形象、世界影响力等都与这一庞大人群密切相关。因此，做好港澳台同胞和海外华侨的工作，是我们国家安全战略不可缺少的一环。

在少数民族层面，我们现有1.1亿少数民族群众，虽然绝对人数相比而言并不大，但民族自治地方占全国陆地国土面积的64%，西部和边疆绝大多数地区都是少数民族聚居区；而且这些边界民族有不少乃"跨境民族"，甚至是境外的主体民族，若不承认这些"跨境民族"的鲜活存在，只能说是学界的"睁眼瞎"。此外，全国陆地边界线长约2.2万公里，其中1.9万公里在民族地区；55个少数民族中，有44个民族实行了民族区域自治，共建有5个自治区、30个自治州、120个自治县（旗），实行民族区域自治的少数民族占全国少数民族总人口的71%。按照这一分析，民族工作的好坏直接关系到国家安全战略的实施，做好民族工作应是我们国家安全战略思考中的重中之重。

在宗教工作层面，最近一次发表的中国宗教白皮书，公布中国各种宗教信徒人数为近2亿人。虽然这是我国政府的权威发布，与前几年社会上各种联合调研得出的信教人口数据明显不同，但对这些统计都认为中国宗教信徒已达3亿多人之说仍应该高度重视；而且国外不少研究机构近些年来也不断有相关且比较接近的中国宗教统计人数披露，其在世界的影响，以及这些机构统计数据在国际社会尤其是学界的公信度亦不可小觑。无论是怎样的统计数据，中国宗教信众远远超出政党成员、超出少数民族人口，这已经是不争的事实。所以，我们党和政府对宗教本身已经不能仅从意识形态、价值观层面考虑对之是否喜欢不喜欢或接受不接受的问题，而乃必须认真面对、积极引导的问题。考虑到宗教的历史影响和国际影响，在我们国家安全战略的制定中一定要正确、稳妥地处理好我国自己的宗教问题。

二 对国家安全战略的文化思考

文化是人类发展的精、气、神，是各民族及各社群的灵魂所在，文化"软实力"则是支撑社会"硬实力"可持续保存和不断加强的根基和根本。为此，我们的国家安全战略必须与文化战略密切结合。如果说，我们的意识形态安全基于对马克思主义这一政治信仰的持守，那么我们的文化安全则需要在中华民族及其中华文化中获得一种根深蒂固且可创新发展的文化信仰，马克思主义这一政治信仰必须与中华文化相结合、接地气，实现马克思主义的真正"中国化"，由此建构起中国特色的社会主义理论体系，而这一体系则必须有中华文化的丰富滋润。这是我们国家安全战略必须认真考虑且根本解决的重要议题，是其能力建设的关键之处。

文化信仰指对相关文化的崇敬、敬仰，对其文化神圣性的信守、执着。钱穆曾指出，对于本国以往的历史文化要有"一种温情与敬意"，也只有这样，"国家乃再有向前发展的希望"。这里，在政治信仰可以各异的处境中仍能达到文化信仰的相同。例如，有海外华人曾提出，基于"文化中国"的理念来构建一种"中华文化共同体"，由此跨越血缘共同体及国家共同体之限而实现文化上的"同情共感""同体共爱"，达到"情深而文明"的境界。其实，在这种文化执着中，就有我们"不忘初心"的中华民族文化底蕴。

文化信仰保持了一种内蕴的精神力量和外延的包容涵括。在中华文化信仰中，其内蕴的精神力量即那种"先天下之忧而忧，后天下之乐而乐"的忧患意识和"为天地立心，为生民立命，为往圣继绝学，为万世开太平"的文化使命。而中华文化信仰在外延上的包容涵括则体现在其海纳百川、宽和共融的文化气势上。中国古代哲人老子提出了"上善若水"的崇高境界，但他同时也指出要虚怀若谷、低调善下：

"江海之所以能为百谷王者，以其善下之，故能为百谷王"（《道德经》第六十六章），"道之在天下，犹川谷之于江海"（《道德经》第三十二章）。此即中华"柔性"文化之美。"大一统"民族共在的奥秘，就在于那种"多元通和"的气魄，境界要高、身段要低，从而使中华文化成为开放包容、和谐共生、宽容中和的"和合文化"。这种"和合"性乃"多源性的综合，多样性的交渗"。如果能以一种中华文化信仰来保持住中华民族"多元一体""和而不同"的传统，那么中国社会的可持续发展、中华民族全面复兴的中国梦则有可能顺利推进、尽早实现。

在全球化发展的今天，全球治理的无序和国际力量的失衡，使不少人希望能借助于中华文化"多元通和"的文化信仰来达成全球平衡、世界和谐的文化共识。在多元的世界中，人们已有经济共同体和政治共同体的尝试，虽不太成功却也稍有成效。由此，人们已经在思考全球化的人类应相互尊重彼此的价值观和现实利益，在相互理解的基础上共同拥有"共同体价值观"，并通过逐渐培育这种相互理解的共同价值观来建立一种"文化共同体"的"共在共存"问题。而这种发展应该就是典型的中国道路、中国模式。中国可以为世界展示其"和谐社会"之成功道路及其文化底蕴。中国在此文化共同体意义上可以做好自己的事情，并对世界起引领和示范作用。

中国学者在中国社会处境中曾论及中华文化的定性，认为这是一种"德行伦理"的文化及"中庸平和"的文化，有其稳健、和缓的柔性和韧性。张岱年指出中华文化有"仁爱孝悌、谦和好礼、诚信知报、精忠报国、克己奉公、修己慎独、见利思义、勤俭廉正、笃实宽厚、勇毅力行"[①] 这十大德行，由此决定了中国人的精神气质和中国社会的伦理基础。这种德行文化以其特有的"'遵道厚德、义利兼顾、乐群和贵、和而不同、勤俭自强、诚信敬业、经世致用、天下为公'的精神在世界民族之林中独树一帜，成为千百年来中华民族共有的精神家园和文化

---

① 参见张岱年《中国文化概论》，北京师范大学出版社1994年版，第231—265页。

根基"。① 当然，中华文化的"中庸心理"及中国社会的"中庸之道"也值得我们自己反思和反省。李泽厚曾对之加以一分为二的自我肯定及自我批评，一方面承认中华文化的"实用理性"有其道理及价值，指出中国"以儒家思想为基础构成了一种性格—思想模式，使中华民族获得和承续着一种清醒冷静而又温情脉脉的中庸心理：不狂暴，不玄想，贵领悟，轻逻辑，重经验，好历史，以服务于现实生活，保持现有的有机系统的和谐稳定为目标，珍视人际，讲求关系，反对冒险"，从而使中国社会可以稳步前进、缓慢发展；但另一方面也指出这一传统却有着"轻视创新"的致命弱点，结果使中国尤其是近代中国失去了许多机遇，并陷入落后、挨打的被动、尴尬之境。这种"中庸之道"的文化给中华民族的"科学、文化、观念形态、行为模式带来了许多优点和缺点。它在适应迅速变动的近现代生活和科学前进道路上显得蹒跚而艰难"。②这种中庸、稳健的文化模式容易丢失历史的机遇，但如果能够及时理顺其关系，或许也能发挥其后发优势，这正是当前中国社会所面临的时代处境及最有可能的发展机遇期。

党的十八大以来，我们从国家、社会、个人这三个层面倡导社会主义核心价值观，其内容既有一些国际共识，也涵括中华文化的精华，我们应该以此为契机来加快构建充分反映中国特色、民族特性、时代特征的价值体系，为中国当代可持续发展努力抢占其价值体系的制高点和全球文明对照、比较的基点。而这里所说的实质上就是中华文化价值体系的构建，并应使之成为我们当代中国人的文化信仰。"人民有信仰"至少应涵括中国人的政治信仰、文化信仰、民族信仰和宗教信仰。国家安全战略应在"信仰"建设这一方面下大气力，力争有重要突破，因为一个没有信仰的民族是没有出息的，其发展也是很难持久的。

---

① 参见欧阳康主编《民族精神——精神家园的内核》，黑龙江教育出版社2010年版，第300页。

② 参见李泽厚《中国古代思想史论》，人民出版社1986年版，第306页。

三　国家安全战略文化思考对民族问题的关注

文化战略是国家安全战略深层面的重要一环，这就需要我们在民族问题上对涉及民族精神的问题加以反思，形成积极的构建。"民族精神是民族生存和发展最核心的文化要素，是民族得以生息繁衍并发展繁荣的强大动力，是文明得以延续传承的精神硬核。"① 对此不可掉以轻心，而需高度重视。民族精神一旦成为信仰，会牢牢地在其民族成员内心生根发芽，并保持其持久、顽强的发展。对于民族精神的理解，既有"大一统"的中华民族精神理解，也必须观察、尊重各少数民族在其精神气质上的个殊性，对之可以积极引导、走归入中华民族之魂的大融合道路，而不可简单地对这些具有个殊性及历史传承的少数民族精神气质加以压抑或打压，不要幻想在短时间内就可消除或消解这种个性鲜明的民族气质及其精神传承。民族精神是其民族安身立命之处，是其精神活力，它不断在给其民族带来历史反思、远古回忆、时代定位和未来展望，以此为其安身立命之本和持续发展的动力。各民族精神在其民族存亡、发展中都是极为关键的，其民族精神气质及其特点以其继承、延续、发展而具有永恒价值，并上升为其民族信仰。冲击其民族精神的持守，就是一种消除其民族信仰的行为，其会遇到的阻力、反抗之大，是可想而知的。失去其民族精神，则意味着丢掉了民族之魂，其民族信仰的失落预示着其精神家园、民族文明的损毁、消殒。

钱穆曾比较说，"中国重和合，西方重分别。"② 中华民族社会存在的特点就是向心凝聚、整体共构，有着"大一统"共同存在的共识及原则。其实，这种"国家的统一，民族的团结"中有着独特的人文关怀及生命关爱，对"人文"的重视乃中华民族的典型特色，中国的社

---

① 参见欧阳康主编《民族精神——精神家园的内核》，黑龙江教育出版社 2010 年版，第 262 页。
② 参见钱穆《现代中国学术论衡》，生活·读书·新知三联书店 2001 年版，第 1 页。

会建构、精神凝聚、民族意识,甚至科学发展都是"人文化成"的结果。所以说,对民族的重视其实就是对"人"的重视,这也就可以理解中国民族的基点乃"人本",中国文化的特色乃"人文",中国政治的秘密乃"人治",由此才推演出"德治""法治"等发展。故而中华民族秉性、中华文化特色乃"以正德为大前提,厚生为大归宿"①。甚至中国的宗教也是一种"人文宗教",反映出"天视自我民视,天听自我民听"(《尚书·泰誓中》)的蕴意。基于民族共融的"统""和""中"乃为中华民族的信仰原则。而历史上的"大一统"信念和今天我们党和政府的"统战"理念乃一脉相承,形成中华民族自立、自强的信仰原则和生存底线。本来,按照费孝通的说法,"中华民族"作为一个"自觉的民族实体"的术语表达也只是在"近百年来中国和西方列强对抗中出现的",西方的入侵及对中国人的欺凌使中华民族的民族意识得以招醒;但也必须认识到,中华民族这种民族意识,其"作为一个自在的民族实体则是在几千年的历史过程中所形成的"。② 中华民族的典型特点就是多民族汇聚、通过多元通和而达"一统"的结果,构成"石榴籽抱成一团"的景观。

从地理空间来看,"中国"与"天下"就是这种"一统"观念的逐渐扩展。从"夏""华""中夏""华夏""中华""中国"最初与"四方""蛮夷"的接触、认识、沟通而形成了"四海""九州""万邦"之"天下"观,《左传》中就有"先王疆理天下"③之说,而老子则主张要"以天下观天下"(《道德经》第五十四章)。这种"天下"与"国""家""个人"之关系,则有孟子之解释:"人有恒言,皆曰,天下国家,天下之本在国,国之本在家,家之本在身"(《孟子·离娄上》)。这里,天下与家国密切关联,而家国则基于人本身,由此亦使

---

① 参见钱穆《现代中国学术论衡》,生活·读书·新知三联书店2001年版,第68页。
② 以上讨论参见拙著《中国宗教与文化战略》,社会科学文献出版社2013年版,第31—32页。
③ 《左传·成公二年》,引自郭丹等译注《左传》中册,中华书局2012年版,第883页。

天下与个人相连，天下价值故不远人，其"人文"情怀跃然言上。直到近现代，中国人的"天下"观才与"世界"观相关联，如赵汀阳所言，"天下"在地理空间上指"天底下所有土地"或指"相当于人类可以居住的整个世界"①。显然，中国人的现代"天下"观已经与西方社会所理解的"普世"（其希腊语Oikoumene的原义就是指"整个有人居住的世界"）观念非常接近。恰如我们批判"普世价值"是西方把自己的价值视为普世价值那样，西方也有人担心中国的"天下和平"恐怕就是在争取"中国治下的和平"（如William A. Callahan等人就持这种担心）。为此，才有赵汀阳对天下体系包括"地缘""民心"和"世界制度"这种多重共构而让人释怀的当下解释。显而易见，民族情怀与世界意识究竟应该是什么样的关系才为正确，这正是令当代世界人们普遍困惑的问题。

中华民族信仰传统不仅有"敬天"，而且还有很接地气的"法祖"。民族一统观念很早就已经用祖先崇拜和民族图腾的形式得到特定表达。在汉民族文化传统中，"炎黄子孙"表达了其统一祖先的信仰，并且以"龙的传人"这一民族图腾形象而生动感人，流传甚广。但"炎黄之裔，厥惟汉族"的传统显然有其局限性，这种主要体现汉民族心理特点及其精神积淀的表述在不断得以扩展和充实，"龙"图腾也不再是唯一的中华图腾之表。中华民族"渊源共生"、同根同源的信仰观念以"海纳百川""和谐共融"的精神情怀而在不断形成新的融合、增强其凝聚力。中华民族的"天下观"使"炎黄子孙"不再排斥"蚩尤后代"，并将"藩客""夷狄"等"异类"同化、融合到中华民族之中，使之血肉相连、成为其有机构成。"中华民族"的和谐及可持续发展，需要各民族之间在平等地位上的"多元通和""有机共构"，彼此相互尊重，团结合作，各个少数民族的宗教信仰、传统习俗亦应得到理解和包容。少数民族的问题在不少国家曾因处理不当而最终导致民族分裂、国家解体。这些惨痛的经验教训对于我们处理民族问题应该成为长鸣的

---

① 赵汀阳：《天下体系》，中国人民大学出版社2011年版，第27—28页。

警钟。只有各个民族都成为我们社会的真正"主人",大家才会自觉、积极地爱族、爱国,共同维护民族团结和国家统一,保障我们社会的和谐发展。任何民族如果被另类对待,都有可能产生"外心",埋下民族分裂的种子。所以,不能因为汉族绝对强大而对之掉以轻心或漫不经心,其义不容辞的则是应该担当起我们民族"大哥"的责任,推动对少数民族的更多关爱和帮助。

四 国家安全保障体系建设及对宗教的治理

国家安全保障体系建设涉及对社会的综合治理及其治理水平和能力问题。其理想之状需要与国家治理、组织治理和社会治理的密切协调及配合。而在这种综合性治理中,其重点之一则是中国的宗教问题,这里,对宗教的理解将决定对其如何治理的态度及方式。此外,对宗教的治理也会与对民间组织、非政府机构如何实施有效治理密切相关。

必须看到,中国的改革开放目前已经进入了深水区;与之相对应,我们的宗教理解和宗教治理也应该以"内涵式"管理来弥补以往"外延式"管理的不足,即应该采取以"攻心为上"的谋略来完善我们通常实施的外在或外向性制度管理、法律管理和条例管理。最近我们遇到了"家庭教会"复杂发展、走向远离或躲避政府有效管理的实际问题。而"三自爱国"教会下属的不少教堂因为违规建筑等问题而被严厉处理,其内部由此亦出现分化的迹象。这些问题还在不断弥散、扩大,如伊斯兰教中的极端思潮逐渐露头问题,佛教各派(汉传、藏传、南传)的世俗化和被境外势力掌控问题,以及道教与民间信仰的定性问题等。这些问题显然都已经或多或少地影响到当前中国的社会发展及其社团建构的嬗变,因此非常值得我们及时对之深入研究、客观评估。

目前社会建设是我们社会发展的头等大事,于此我们不仅应从政治治理的角度看待宗教治理问题,也更有必要将之纳入社会治理的大范围之内来开展工作。从中国的国情来看，虽然我们已不可能走把社会治理的权力完全都集中到政府、由政府来统摄、包办的老路，但也不可能完全放开、全面放弃社会管理而让其自由发展。在此，我们必须吸取以往"一抓就死、一放就乱"的教训，有机、逐渐地过渡到符合我国国情及时代发展的较新治理模式上来。忆往观今，为了适应以往"大一统"社会治理模式的惯性，当前在各社会组织中仍有必要建立其全国性的领导式协调机构，形成其相对联合、有着松散性、联谊性特色的社会"共同体"。而政府的社会治理则可以通过这些"大一统"的民间联合体、共同体来协调全国性的相关社会活动、处理好各社会团体之间的关系，体现中央政府的权威。而这种治理模式也能够适应并回应现代发展要求"大社会、小政府"的呼声。与此同时，加强对各社会团体的"属地管理"，即根据其地域性发展及其基层社团的状况来实施社会治理，也很有必要。例如基层政府对宗教治理就深感人手稀少、鞭长莫及，但如果能与基层社会建设有机结合，相关问题则可迎刃而解。由此，政府有必要引导相关社团从宏观的政治关注转向微观、具体的社会发展关怀，注重其地域民族及文化等特色，发挥基层社区管理的作用，以便真正能够管实、管好基层社会。在当代中国社会转型时期，对社会团体的社会治理而言，这两种管理模式仍然是"一个都不能少"。而从这种管理思路来看，民间社团的全国性机构应是较为"松散"的、"联谊"性的、"协调"性的"联合会"，而不是具有权力统摄的民间社会组织，其本身不是政府权力机构，却可积极有为地帮助政府处理好相应的人民内部矛盾问题。在中国社会主义社会处境中，对于宗教的治理也应该有着积极的转型和调整，这就是从意识形态鲜明的宗教专项治理转为常态性的、公众性的社会治理模式，将宗教治理纳入社会治理的大框架中来思考、构设，这样则可真正体现我们党和政府将信教群众视为我们社会的基本群众，将处理宗教问题作为人民内部矛盾来对待。

此外，国家安全保障的一个重要方面则是要有效管理社会舆论，形成良好的传媒氛围。

这就是说，当前国家安全需要良好的舆论保障和媒体引导，这在互联网时代尤其重要。在继续坚持抓好传统报刊广播电视等媒体的同时，应加大对网络等新型媒体的管理力度，注意其舆情动向，及时治理传媒乱象，防范其无序且迅速地蔓延。这种治理一是抓好传媒社团的治理，尤其掌握好其资金来源、使用方式和核心目的；二是建设好传媒队伍，有一大批党和政府信得过的媒体人，尤其是要把握好"粉丝"如云的媒体大亨；三是注意网络安全，不给境外敌对势力或境内异己分子可乘之机；四是形成对媒体兴趣的积极引导，营造积极向上、有利于社会和谐、民族团结的传媒氛围，让其发出的"抖音"是"中国好声音"，而不是"杂音""噪音""异化之音"；五是把握传媒技术的先机，在其科技开发、设备更新、换代升级上争取掌握主动权、领先权。

最后，在今天知识经济和智库时代的发展中还应积极配置作为党和政府外围组织的民间社团和各种智库。在新的社会形势下和国际环境中，仅靠党和政府智囊机构的单打独斗已远远不够。因此，应该有意识地从国家安全角度来考虑配置、培养有相对比例的民间社团、非政府组织，以及学术性的智库机构，形成保护我们国家安全行之有效的外围力量、外层防线。这些民间社团可包括直接为我掌控的政党基金会或政府相关机构的基金会，间接为我们党和政府服务的民间基金会、社会慈善组织、宗教团体，以及学术研究性论坛、智库等。对比而言，这类社会组织在西方很发达，也是其与中国发生多种关系的重要渠道，而我们党和政府直接与之碰面或交往一不对等，二无缓冲地带，三也很不值得。因此，以民间基金会、慈善机构、生态保护组织、学术智库的方式等与之应对则较为合适、得体、有回旋余地，而且还可以争取主动，如"走出去"对之加以反制、扩大我们的影响。这些保障体系是双向的、主动的、机动的，对内可起保护自我的缓冲、化解作用，对外则有主动出击、在国际舞台上展现我国影响力的机会和作用。

总之，在目前形势下，国家安全战略的重点应放在"练内功"上，其能力建设在于争取人心，以政治理想、文化价值的方式吸引人、引导人，增强我们的向心力、凝聚力。除了国防、外交主要针对境外之外，其他领域均应加强对自我社会文化的自觉、自信、自强，形成政通人和的良好发展态势。而其保障体系建设则应与社会建设和社会治理有机结合，在社会治理中也需增加文化意识，对宗教的治理尤其如此。我们国家安全战略的制定一定要有争取人心的思考，做好提升文化的准备。

第十六章

在中国社会的宗教经济研究

当前中国社会以经济建设为中心，因而中国社会中的宗教经济问题也成为我们的重要研究领域。众所周知，对于宗教在经济领域的作用有着明显不同的看法，这种观念的分歧也影响到宗教工作的实施，一些地方曾以"宗教搭台，经济唱戏"的思路来处理社会上宗教与经济的关系，虽然有的尝到了甜头，有些却吃了大亏。而所谓"宗教承包""宗教上市""宗教经商"更是增添了社会的乱象，并毁坏了宗教自身的声誉，结果得不偿失。为此，中国的宗教经济问题研究恰逢其时，有着义不容辞的责任。不过，对于宗教经济研究也存在相关的认知误区，这会直接影响到其发展方向及路径。为此，笔者对之谈点个人看法。

第一，宗教经济研究就是要突出其学术性。

虽然当前社会上的经济大潮很有诱惑力，宗教的经济卷入似乎也很吸引人，但我们的宗教经济研究会是个学术机构，隶属于中国宗教学会，其定位都是非营利的学术机构，明确规定其不能参加社会经商活动，所以要突出它的学术性。我们到研究机构这里来是做什么的呢？很显然，这里是一个清水衙门，与经济盈利无关，而是搞研究工作的，是从事学术事业的，故有其学术的纯粹性，不可与经济行为相混。这里，我们大家都有心关注学术，致力于学术发展。当然，参与中国当前宗教学术研究的至少是三界的朋友，一个是学术界，一个是宗教界，一个是企业界。当然还有政界的人士参与，他们乃身在其位、必谋其政，在学术领域则比较谨慎。不少人认为,当今中国社会中最聪明的人、最能干的人,大多是从事企业方面的,其中不少人已经经营有成、资本雄厚,进入了"先富起来的一部分人"之阵营。还有一批非常超脱的人则进入宗教界,笑看人间风云变幻、冷观社会潮起潮落,潇洒、平淡、超凡脱俗。剩下像我们这些学界的人士,可能别的什么都已经干不了,那么就只能踏踏实实做点学问吧。学问对我们来讲是最为重要的,是第一位的。我们很荣幸能够来到中国社会科学院,因为这个地方做学问在国内还是第一流的,其国际学术影响也比较大。中国宗教学会的经济分会建立已经很多年了,我们对之也有很多的期盼,因为宗教经济研究在我国明显是比较新也比较弱的领域,但社会上对之需求却很多、很迫切。这也就要求我们对宗教经济学的理论研究一定要提高,要有与之相符合的学术成果不断推出。为什么这样说呢?这是因为我们赶上了一个好时代,现在是中国改革开放,经济发展的一个时代,全球的经济方面也有很多问题值得研究,其中不少跟宗教的关联非常密切。笔者在国外许多大学都发现有宗教经济、宗教金融等专题研究。所以,这个经济与宗教的关系值得我们进行学术探讨。对于成立这样一个分会,我们是非常支持的,而且希望在这方面能有些学术价值较高的成果出版发表。实话说,现在国际上研究宗教和经济关系的,在基督教方面的学术成果相对要多一些,其他方面则比较弱一些。而我们这个宗教经济分会不仅仅是研究佛教经济,更是要面向各个宗教的,所以各个宗教方面的相关研究也应加强。这样我们才能名副其实。这是第一要考虑的,其重中之重就是突出学术性。尤其是对热心于宗教经济学探讨的人才,要多发掘一些,能够有些研究成果问世。

第二,宗教经济研究应强调其规范性。

随着社会上宗教跟经济越来越密切的关联,大家发现了很多新的现象,同时也给我们的研究带来了新的问题,大家目前都在思考这些问题。以前我们注意到在政府的相关文件中曾有一句话,就是批评地方上搞"宗教搭台,经济唱戏"。现在对这种现象也已经整改、纠正。其实,宗教与经济的关系在社会上极为复杂。欧洲中世纪早期的农业发展就与天主教的修会或寺院经济直接关联,而中世纪鼎盛时期的酿酒业等,也与宗教经济密切相关。因此,在当今经济发展中,若处理得当,宗教是可以为我们的经济社会发展做出贡献的,其在社会上是应该有所作为的。我们党中央的文件包括党的十八大精神都是要"发挥宗教界人士和信教群众在促进经济社会发展中的积极作用"。所以说,"宗教能否搭台"本身应不成问题,其问题的关键是看其搭什么样的台,是正规的、正常的、符合社会需求的大舞台,还是歪台、斜台。那么,歪台、斜台就不能搭,而宗教参与正常的经济活动,如为其自身生存或为社会慈善福利,那这种经济参与至少还是可以考虑的。但是,宗教的特点注定其本身不能冲在经济的第一线,它所涉及的相关经济也只能是公益慈善服务于社会的。所以,按照宗教社会学的理论及论证,宗教可以为我们的经济发展提供一些想象的空间,带来意想不到的柳暗花明,指出一些比较正确的发展道路。从这个意义及历史经验上来讲,宗教与经济二者可以正确结合。

这样,就涉及我们社会或者宗教本身如何定位的问题,前面所谈论的两个问题可以分成两个层面来看。一个是宗教信仰的主体——人和宗教的关联,再一个就是宗教信仰者所面对并存在于其中的客体,就是与这个社会、与自然和与经济发展的关联。

从作为主体的人来看,大家谈得比较多的是这种人之主体存在,对之所能归纳的大概涉及三个层面:第一个是人的健身活动,包括体育、武术等会与宗教相关联。宗教健身为人熟知的包括少林、武当等武功,较为流行的有太极拳、太极剑等;第二个是养生,养生既有动的,也有静的;既有物质的,也有精神的。保健就属于物质的,如保健食品、绿色食品等,其中一些就是宗教所提供的;而精神的则包括修行养性、心理安慰、精神疗法等,包括宗教的斋戒、禅定、静修、辟谷等;此外,如果你有某种信仰、某种观念,会得到心灵的治疗,这个也是静的养生。笔者非常喜欢佛教研究前辈楼宇烈先生的一句话:"人能否长寿,70%在于心情是否舒畅。"而心情舒畅靠什么呢?养生中就有一种观点,比如说你若有一种修行、一种佛道等宗教的观念在心里,有一个人生的信仰底蕴或目标，可能你的心情就非常舒畅。这个就是非常重要的。至于他所说的人之长寿与否先天性因素只占15%，后天性因素的弥补也只占15%，这个话是不是科学，在此不敢评价。但是他所说的这一事实的确值得我们好好玩味、品鉴。从这方面来讲，这个养生也非常重要，而且跟宗教密切关联。第三个就是医疗，在各种医疗中，自然也会有宗教意义上的医疗或治疗，如佛医、道医等就已自成体系。而宗教的医疗也是跟经济有着直接关联的。

综上所述，这三个层面都涉及在我们的框架中要加以规范的问题。以前因其不规范而有过一些经验教训，或者有一些人打着宗教名号做这些事情也出了问题，败坏了宗教的名声。许多宗教中都有过惨痛的教训，当有人想做宗教的养生、治疗时，本来看似是要做些好事，但是由于规范性方面注意得不够，却出了差错，带来损失。所以说，"不依规矩，不能成方圆"，做这类好事只要有相应资质及合法身份，本来是可以做的，但是一定要注意这种规范性，对之认真遵守、执行。

这种规范性包含两个层面：一是国家的法律制度，政府的管理是否到位；二是宗教界的传统、规矩及习俗是不是对之认可。如果这两个方面都做好了，那么我们社会交往和宗教经济之间的关联就能进入正常的轨道。研究这些规范性及其可行性，就是我们需要开展的相关课题。它涉及我们的社会规范及其常态。人们在社会交往中遇到的很多东西，比如宗教工艺品，包括宗教界自己的建筑、绘画、装饰等，可能都会涉及与经济相关联的东西，是宗教经济研究应该注意的。

社会上涉及宗教经济的这些物品大致可以分为三个方面：第一个方面是假冒宗教之名而制造的伪劣产品，我们要把这类假冒伪劣的产品从社会市场排斥出去，不能让这些赝品充塞市场，因为制造伪劣产品者根本不懂宗教思想传承、宗教仪轨规定，不懂宗教传统及其约定俗成，其假冒伪劣产品败坏了宗教的名声，并且有害于社会，故此必须要被摒弃掉。第二个方面就是所谓宗教经济产品的"行活儿"。比如不顾质量的批量生产，虽多却不精，降低了社会的文化品位，并可能影响到宗教本身的低层次循环而难达其升华。虽然这类"行活儿"中有一些还是不错的，比如对古代传承的模仿，有一些甚至是高仿，可能会以假乱真，但是在总体上来看这些"行活儿"实话讲大多做得不是很好。虽然今天宗教得以复兴，宗教艺术作品及其经济产业得到明显发展，对之仍需走少而精的发展路径，具有精品意识，使之能以其独特的艺术性而得以延续和传承。第三个方面就是当今创作中的创新发展，古为今用、推陈出新。我们不能仅仅简单地回到过去的历史、重复前人的成就，而要有我们自己所处的这个时代之新特点，结合我们今天的文化氛围、科技发展而有创新性的作品创作，体现我们时代的艺术潮流及特色。这三个方面都涉及其规范化的问题，涉及由谁来做这个规范化检测的问题。尤其现在社会上的佛教产品、佛像、观音像等做得太多了，却罕有精品问世。像这些宗教经济范围的产品，对之生产有没有或是否应该有一个标准？这都是宗教经济学理应探究以及对社会加以指导或规范的。

所以，我们宗教经济研究要做的就是要对这种市场加以调查、对这些产品进行规范化指导及监督。从事宗教经济研究的很多人本身就是从事社会企业研究开发的，其经济领域的经验非常丰富。但是，我们不能满足于这种仅仅具有原初性的经验，而应该进而把经验提升到理念，而理念的提升就是宗教经济研究在面对规范化标准时所必要做到的。宗教经济研究在理论意义上就是要促成这种理念的提升。如果在众多社会经验的基础上，达成一种颇有科学道理的理念，并进而把这种理念变成社会公认的观念，那么我们这个研究就很有社会市场意义和宗教规范意义。这样就可以使之形成一种由规范性到规律性的科学体系，并逐渐得到社会的公认，得到行业的认可，并得到相关宗教的认可。宗教在当前经济领域之所以会出现一些乱象、宗教造型及相关作品之所以会出现粗制滥造，都与这种无序、不规范直接相关。宗教作为人类精神文化遗产，应该流传的是精品，是经得起时间考验的珍品，这就要求我们把好当下关，去伪存真、优胜劣汰。宗教学界对这种现实规范的呼声应该积极响应，对解决这些问题亦有义不容辞的责任，因为我们懂得政策法规，知道宗教的历史文化传统，了解宗教作品的本真及其特点，熟悉哪些东西是该这么做的，哪些东西是不该这么做的。由此形成我们所希望的那种严格要求、科学规范，并可涵括整个宗教的真正行规和合理标准。但现在还没有人对社会上宗教作品或产品的市场状况进行全面系统的调研、梳理和归纳，而相关的社会治理则对之往往采取"一刀切"的做法，很难起到弘扬优良、淘汰糟粕之效。其实，学术界本来可以做这种系统梳理和分析研究的工作，为其社会治理提供参考和咨询，但相关部门对之似乎兴趣不大、关注不够。而我们学界则应该有敏锐的观察眼光、不凡的洞察能力，尤其是对宗教经济研究这一全新领域要有开拓精神，努力多往前发展，形成理论体系和相应的行业规范，保障社会及其宗教有序、稳健地发展。因此，也希望社会上能够有越来越多的人士来关注并参与这一发展。

第三，宗教经济研究就是学术探究，与经济创收要完全分离。

我们宗教经济研究这个层面是要搞学术研究的，由此所成立的相关分会或专业委员会也是基于其学术层面，跟经济的创收没有任何关系。这与宗教界具体参与办医院、办社会企业、从事社会慈善活动等是根本不同的。我们对于参加宗教经济研究的许多企业家朋友则需区别对待，他们在国家法律法规的允许下，以及在相关宗教界认可的情况下，是可以做与宗教经济运行方面相关的事情的。故此必须有一个划分，企业家在从事相关宗教经济活动时可以得到宗教经济研究专业委员会在学术上的咨询和指导，但这种学术指导和办企业本身各不相同，二者在法律层面是脱钩的。在涉及经济运营盈利操作上，学术研究一定要与之划清界限，不要直接承担任何涉及经济方面的操作。企业界做产品可以得到学术界指导，使自己在市场经济中能够把握正确方向，找准发展目标；在此学术咨询仅是智库性、参考性的，并不直接参与其企业的经济决策及市场运营。至于学术界从事其独立的学术活动，企业界可以慷慨解囊，支持这种学术活动的开展；但其资助则不应该提出任何与经济利益相关的附加条件。这样，二者就能形成良性互动，社会上也不会有人为此而找茬儿。如果学术机构真的成为一个直接谋取经济盈利的机构的话，则明显偏离了方向，失去了其本真的学术属性。所以说，宗教经济研究绝不可与宗教经济运营相等同。这里必须乃学术的归学术，企业的归企业，二者泾渭分明、互不融摄。虽然有关心学术、自己也从事一定学术研究的企业家会参与宗教经济研究的专业委员会工作，但其企业界的工作却与宗教经济研究及其研究学会没有任何机构上的关系，学术机构对企业家的任何经营活动也不负任何与之连带的责任。只是在社会道义和责任上，学界欢迎企业家对宗教经济等学术研究积极支持，欢迎其参加与其兴趣相关而不附带任何经济条件的学术活动。这样，学界与企业界的合作就可以形成良性互动，做到可持续发展，今后也会有一个很好的、非常乐观的前景。从这个意义上讲，非常感谢事业有成的这些企业家和社会上的热心人士支持宗教学术研究及其相关活动，形成在中国社会上学术关注企业发展、起到为之指路导航的咨询作用，而企业则关心学术活动、对之参与、支持这样一个双赢的局面。这样，我们的宗教经济研究及其学会也将会有一个美好的前景。

（本文为 2013 年 1 月 31 日在中国宗教经济研究会上的发言）

第三编　宗教与社会治理

第十七章

在社会转型期中国宗教政策的调整与发展

导 论

中国宗教政策的制定和实施乃基于马克思主义宗教观的基本理论和中国特色的社会实践，有着极为明确的社会关联。其基本特点即根据社会存在来审视对之加以复杂反映的宗教这一社会意识，理论联系实际地认识宗教的存在与发展，与时俱进地观察其社会适应与变化，由此制定符合时代实际和中国国情的宗教政策，指导我们的宗教工作。在当代中国，宗教政策及宗教工作的核心是积极引导宗教与社会主义社会相适应，发挥宗教在我们经济社会建设中的积极作用，为我们的社会和谐、时代进步增加正能量。因此，宗教政策也是我们整个社会治理的有机构成。党的十八届三中全会"公报"指出，"创新社会治理，必须着眼于维护最广大人民根本利益，最大限度增加和谐因素"，制定中国宗教政策的指导思想就应该是在宗教领域"最大限度增加和谐因素"。这样，随着中国社会进入改革开放以来的转型期，中国宗教政策也理应结合这种转型实际来不断调适、充实、发展、完善。因此，对这一调整、发展的必要及意义加以研讨，是从社会层面研究中国宗教的重大议题。

中华人民共和国成立60多年，中国改革开放30多年，使中国的社会结构发生了重大变化，中国现代社会经历了前所未有、与历史上任何时期都根本不同的社会转型。随着这一意义非凡的社会转型期的展开及前行，中国宗教的存在及展现亦出现了与以往不同的变化，这是我们的宗教工作和宗教政策必须认真观察和思考的。在以往的岁月里，我们对宗教有了不少新的认识，制定了基本符合中国现实国情的宗教政策，宗教工作因而也取得了重要进展和成就。不过，在认识宗教的性质和对待宗教的态度上，我们所取得的突破仍非决定性的，对过去社会结构中宗教认知的惯性仍在某种程度上保留，由于对宗教社会存在的基础与其社会反映的性质存在认识上的脱节，结果在我们的宗教工作实践与宗教理论及政策上也出现了一些脱节，造成了人们的认知困境和行动迷茫，在今天显然让人感到有些不适应之处。所以，我们当前很有必要对过往历程加以反思，使我们指导宗教工作的政策能够在这种社会转型期有着科学的调整和能动的发展。这里，想从"实事求是"和"与时俱进"这两个方面探讨当代中国宗教政策在当前社会转型期的调整及发展。

一 论中国宗教政策的"实事求是"

在我们社会转型期的宗教政策之制定与实行，其关键之处就是要"实事求是"。谈中国的宗教政策，是与中国的宗教存在相关联的。虽然中国宗教在"全球化"发展的国际形势下与世界宗教有着千丝万缕的复杂联系，但其社会存在之根是在中国本土，其所反映的也是中国当今社会的真实。因此，我们分析宗教、制定宗教政策就应该面对这一真实、回到其本源，基于中国国情来审视、判断、定性中国的当代宗教。为此，我们必须坚持如下几个方面的"实事求是"。

第一，我们必须实事求是地理解、运用马克思主义宗教观。

马克思主义宗教观作为人类思想精神所留下的宝贵财富，有着其所涵括的人类文化精华内容，反映出其对所存在的社会现实之客观认知。马克思主义宗教观的最基本立足就是宗教所存在的社会，一切有关宗教的分析、评价都与其社会关联及影响相呼应，是对其社会本质及状态的生动剖析和研究。所以，我们必须科学地研究、认识马克思主义的宗教观，抓住其社会研究这一精神实质，掌握好其科学方法，以能获得马克思主义的"活的灵魂"即理论联系实际、实事求是。宗教作为意识形态和价值体系的认知，基于其社会归属和政治定位，其在不同的历史时期及社会处境中乃有明显不同和变化，这是我们实事求是地认识宗教所必须考虑的。至于马克思主义经典作家根据他们自己所处的社会背景而做出的相关具体结论，我们则应该具体问题具体分析，认识到其时代及社会关联，然后对照我们当前的时代背景和社会处境来科学地、辩证地体会、运用，千万不能教条主义地、机械主义地照搬、套用，防止出现无视或取消马克思主义相关结论之因果逻辑关联的重大失误。在此，我们应该留出对马克思主义宗教观"中国化"的创新、发展之空间。

第二，我们必须实事求是地认识当今中国的国情、时情。

根据马克思主义"社会存在决定社会意识"的基本原理和马克思主义宗教观对宗教是其社会存在的反映的基本观点，我们谈中国当今宗教就必须把重点放在宗教对我们当今中国社会的反映上来。马克思在谈论宗教时指出，"这个国家、这个社会产生了宗教，一种**颠倒的世界意识**，因为它们就是**颠倒的世界**"。正是在这一社会、历史前提下，马克思明确表示"反宗教的斗争间接地就是反对以宗教为精神**抚慰**的那个**世界**的斗争。"① 针对马克思所生活的德国现实处境，马克思也非常冷静地告诉当时的革命者："就德国来说，**对宗教的批判**基本上已经结束，而对宗教的批判是其他一切批判的前提。"②而作为这种"前提"则引导了其批判的转向，"于是，对天国的批判变成对尘世的批判，**对宗教的批判**变成**对法的批判，对神学的批判**变成**对政治的批判**。"③这里，马克思对关键词语都加以重点强调，表达得十分清楚、明确。而且，针对当时的社会历史场景，马克思的分析是非常客观、正确的。那么，在当前中国的国情、时情中，我们应该如何对照、运用呢？如果机械地照搬，把宗教看作一种"颠倒的世界意识"，按照其内在逻辑就会不得不

---

① 《马克思恩格斯文集》第 1 卷，人民出版社 2009 年版，第 3 页。
② 同上。
③ 同上书，第 4 页。

也把我们今天的中国社会视为"颠倒的世界"！如果延续这种对宗教批判的转换，则势必要对我们社会的法律、政治展开批判！在国情、时情都已变化的当代中国来套用马克思主义在19世纪欧洲所做出的上述结论，显然不符合实际，因为我们今天的社会主义中国已经不是"颠倒的世界"。这里，只可能有两种解释的选择：一是仍坚持以马克思对宗教的判断来评价当代中国的宗教，从而仍把我们的社会看作"颠倒的世界"并实际上否定了我们自己的社会及其政治；二是认识到马克思对宗教评价的时空背景，从而以实事求是的态度从"社会存在决定社会意识"的认知来重新审视今天中国的宗教。有人认为今天中国的宗教乃是"旧社会的残余"，即一种在"逐渐消亡的延续"；但问题是我国自1949年以来的前三十年，特别是"文化大革命"十年中宗教的确在减少，而改革开放的这近四十年来宗教却在增长、发展，因而其看法既逻辑上讲不通，也会在对我国改革开放之评价上出现偏差。所以，对今天中国宗教的评价实际上涉及对今天中国社会及其政治本身的评价，故而一定要慎之又慎，言之有理。这样，我们就只能回到中国的实际之中，实事求是地评价我们的社会及其当代发展，并实事求是地评价产生在并反映我们当今社会的中国宗教。在此，观察、研究我们当代社会发展乃认识其宗教的基础和根据。

第三，我们必须实事求是地了解并评价当今中国宗教。

中国当代宗教发展从根本上而言乃反映出中国当代的社会发展，因而在总体上或其发展主流上是正常的、健康的，符合当今中国国情、时情。虽然其中不少宗教属于世界宗教、有着国际关联，却因其社会存在的不同而有别于其同一名称的境外宗教。这种现状从社会本质上反映出中国的制度性、政治性特点，在文化适应上反映出其本土化、处境化改变。这应是对当代中国宗教的基本评价，故此也应从我们的社会本身、我们的群众基础、我们的政治使命之视域上来审视我们社会的宗教，实事求是地看到中国当代宗教的积极变迁和积极适应，对之加以正确引导和运用。只有在这一基本前提下，我们才可能进一步讨论宗教自身的改革，以及其破旧迎新的自我扬弃和升华，这即对宗教理应具有正面的、引导性的、建设性的批评和促进。此外，我们还需实事求是地分析中国宗教复杂的传统以及国际关联，意识到传统影响具有正反两个方面，警惕其国际交流中可能的外来渗透及干涉。对于前者，我们强调中国当代宗教必须与时俱进；而对于后者，我们则应强调中国宗教必须独立自主。而这种对传统及外界影响的分析，也必须实事求是地与整个中国改革开放以来对传统及外界的关系有机结合起来。为此，我们不能过分突出宗教问题，不能把宗教单独挑出来作为社会的另类或异化，而应该在积极应对改革开放所面临的新问题、新挑战中协同处理、解决好宗教问题。

由此观之，中国宗教政策的制定不能是空洞的、机械的、教条的，而必须基于对马克思主义宗教观的理解上、对中国当前国情的了解上，以及对中国宗教现实的认识上的实事求是。做好宗教工作的智慧及关键就在于我们宗教政策的正确定位，这种定位不能靠本本主义、教条主义或形式主义，而必须实事求是。而其求是就是从中国社会本身、从中国现实发展来观察、分析中国宗教，切不可将马克思对19世纪欧洲宗教评价的结论简单、机械地套在对今天中国宗教的定性上。

二 论中国宗教政策的"与时俱进"

中国当代社会天翻地覆般的变化，时代发展的巨大流变，使今天的宗教出现了一些新的特点，这在当代中国尤为明显。因此，我们对宗教的看法也不能一成不变，而宗教政策的制定更不能因循守旧。这里，我们就有如何发展马克思主义宗教观，使之接"中国"之地气的问题，而体现在我们以此为指导所制定的宗教政策，则是其"与时俱进"的发展。这里，我们也应意识到中国当代宗教政策可在如下一些方面"与时俱进"。

第一，我们应在理解宗教上"与时俱进"。

今天对中国宗教的理解是基于我们对自己社会的理解，这一社会已不是1949年之前中国的旧社会，更不是19世纪欧洲资本主义的反动社会。因此，基于中国今天经济社会的结构及发展来分析、判断宗教，是我们今天制定宗教政策的"底线"。在中华人民共和国成立以来的宗教分析中，人们曾总结出宗教的"五性"说或当前的"三性"论，这都是对宗教认识之与时俱进的表述。宗教显然有其历史传承和国际氛围的影响，其中也肯定包含着政治对立或渗透的因素，但对宗教最为根本的认识仍需与其得以存在和发展的具体社会、具体时代相关联，由此形成我们对宗教的基本理解。宗教肯定存在着"问题"，我们基于"问题意识"来观察宗教也是无可厚非的；不过，这种对宗教的"问题意识"不是孤立的，而是与社会问题、政治问题等其存在处境的问题本身有着复杂的交织和密切的关联，故此就不可能也不应该把宗教从中分离出来而单独谈论宗教的"问题"。此外，我们对世界的认识也是不断发展、深化的，反映世界变化的宗教当然也是变动不居的；所以，理解宗教对我们而言也是一个动态发展的辩证过程。在这一意义上，不能把宗教理解仅仅简化为"鬼神"崇拜，因为人类的宗教有着丰富的思想文化内容，反映出复杂的社会建构及其不断重构。其基本的"神明观""终极观""超越观""彼岸观""因果观"等都会不断充实、调整和改变，绝不会一成不变。而我们根据宗教存在的具体时情、国情、世情而制定的宗教政策，当然也要"与时俱进"、不断调整和完善。在文化观和认识论意义上，宗教思想涵括了丰富的物质世界内容和人们精神世界的内容，宗教建构则反映出复杂的民族、社会、国家结构及其变动、调整。从这两个层面认识宗教，也是对宇宙客观世界和人类主观世界的反观、思索。这样，我们理解宗教不能单纯注重其政治内容，而应花更大精力来体认其文化内容及社会处境，在我们今天的社会结构及和谐氛围中更多地从文化意义上来理解宗教、解读宗教，增加我们讨论宗教的知识性、文化性和思想性，促成宗教认知从"宗教斗争观"往"宗教和谐论"的改变。所以，以前基于"与宗教做斗争"的思路而形成的宗教政策，也需要随着突出"和谐社会"的构建这一时代潮流而相应调整，使我们当前的宗教政策也能为我们的文化建设、文化"软实力"的形成有所作为和贡献。

第二，我们应在对宗教的态度上"与时俱进"。

由于以往阶级社会中对阶级斗争的强调，在对待宗教的态度上也多是指责宗教为统治阶级服务，而且相信对宗教问题的处理乃"阶级斗争一抓就灵"，故而在对待宗教上态度多为比较强势、对立，有着某种歧视甚至敌意，这是因为有对宗教乃为统治阶级服务之定位。诚然，宗教社团在历史上的确曾有着其政治选择，卷入过政治斗争和阶级斗争，所以马克思主义经典作家针对这一情况而对宗教的评说及批评显然有其充分的历史合理性和其结论在相关时空意义上的社会正确性。但今天中国的时空背景已经发生了天翻地覆的巨变，阶级斗争已经不再是社会的主要矛盾，宗教意识及宗教社团在社会上的定位和角色也发生了变化。宗教在中国与其社会的适应，也需要这一社会对它的重新理解和真正吸纳。为此，我们也必须相应地调整对宗教的态度，在制定宗教政策时有着与时俱进、开放开明的自我意识和自我警醒。现在，中国社会结构发生了巨大变化，一是中国共产党作为无产阶级政党在执政，二是人民群众成为国家的主人，因此宗教在中国社会的定位也有了相应的变化。我们应当把宗教视为我们自己社会建构的有机构成，视为其中的子系统，以正确的政策来改进、完善我们对宗教的治理。这样，我们既不能以敌对、打压的态度对待宗教，也不能以歧视、冷漠的眼神看待宗教信众；既不要对宗教颐指气使、妄加评论，也不要对宗教简单否定、视为另类。对于宗教群众中少数人在其信仰生活上出现的愚昧、迷信的情况，也应该是说服教育、以理服人，作为人民内部矛盾来处理，体现出对群众的关心、关爱。而对宗教信仰者表现出的真善美圣之精神，则应充分肯定，完全可以加以展示和弘扬。在此，对宗教同情、理解、关爱的态度应是主要的、主流的，这既包括对宗教社团的态度，也包括对信教者个人的态度。只是在这种前提下，我们方可以积极引导的姿态来制止、纠正或预防宗教中可能出现的不利于社会及信教者本身的现象或倾向，防范其走向极端的异化。在我们的社会，对待宗教的态度应该是群众路线，不带偏见，不可歧视，这样才能使信教群众有"在家"的感觉，自觉把自己视为这一社会大家庭的一员，并承担其必要的社会责任和使命。

第三，我们应在治理宗教上"与时俱进"。

在我们社会中治理宗教的目的不是要打压宗教、削弱宗教，而是要努力调动广大信教群众的社会积极性和责任心，"最大限度增加和谐因素，增强社会发展活力"。因此，我们必须摒弃那种管制式、压制式的宗教治理模式，在宗教治理上与时俱进，以引导说服为主，实施依法管理宗教。中国在改革开放前的基本社会组织为"单位"，这种单位政治性较强，比较适应政府对各种社会单位的政治管理，宗教在其中也不例外。而自改革开放以来，中国社会基层建构出现了从传统意义上的单位向当代发展意义上公民自由形成的新型社会团体形式转变，这种新的"社会共同体"突破了以往社会建构的局限，与过去体制内的"单位"已截然不同。如果说以往的"单位"比较突出其政治性或政治归属的话，那么现在自由组建的公民社会共同体则更多侧重其社会性，形成众多形式各异的社会组织，以此形成对社会基层群众的联络和管理。为此，我们的宗教政策要结合这种实际发展来修订、完善，在治理宗教上应该逐渐从当前政府政治管理过渡到社会法治管理，推出治理宗教的新思路、新举措。我们今天治理宗教一是要考虑宗教存在对我们维护政治体制的可靠性，二是要确保其对我们社会存在及发展所带来的稳定性，三是要提供我们社会多元共建的凝聚力，四是要保持我们社会发展的弹性和可塑性。多元一体的成功关键在于"一体"之中应有"多元"存在的相应空间，在"一体"之内让"多元"之间保持合理的弹性、允许个殊性之间的互动；在这种框架内给"多元"的自由弹性越大，其"一体"反而会越加巩固。我们当前宗教政策的调整与发展既要基于我国"整体""统一"的政治、文化结构，又要看到社会多元、个殊性发展的现实，其旨归应是一种积极的多元整合，在不同之中达成相对的共识、汇为融洽之和。我们应该摒弃以往那种"异化性""另类性""排拒性""压制性"地管理宗教的思路，治理宗教的目的是要把宗教从社会、政治、文化、精神等层面都纳入我们自己的社会存在结构之中，将之作为我们自己社会肌体的有机构成来实现管理。因此，这里必须有社会政体之"外延式"管理与宗教社团本身之"内涵式"管理的沟通及结合，二者不是排拒的而是互补的，使我国现行法律、制度与宗教自身的教规、教法得以有机协调，不至于出现相互抵触或排斥的局面。这里，我们宗教政策的制定及调整就有指导、调适作用，以便能真正实现二者的有机共融。

总之，中国现行宗教政策的调整与发展应朝着宗教与我们的社会和谐共融的方向去努力，应清除在宗教政策制定中对宗教认知潜在的歧视、无视、敌视观念，不要有对之对抗、斗争、反对、消解的意向，认清宗教将长期存在这一基本事实。我们的宗教政策应体现为宗教治理中的群众观念、统一观念、整合观念、和谐观念，使这种治理成为整个社会治理的有机组成，是其和谐构建的真正体现。对之，我们仍需要认真研究、积极工作和耐心等待。和谐社会的建设需要崇高的境界、宽阔的胸襟、包容的心态和长远的眼光。在这一事关中国发展前途、命运的社会转型期，积极且正确的宗教政策有利于我们和谐社会建设的顺利发展。对此，我们应该认真思考、谨慎推进。

第十八章

中国宗教团体及其社会管理

探究宗教团体的治理,重要且必要的关联就是分析、研究中国宗教团体发展的历史与现状,以及其与中国社会和政治体制的内在关系或关联。在中国社会处境及文化氛围中,人们很容易发现中国宗教团体在组织建构上的特色,以及其社会存在和社会作用的特点。然而,这些显而易见、与世界其他国家尤其是西方国家宗教团体的不同,却未曾得到系统、认真的梳理和解读。其界说之难不仅在中国宗教团体的构建本身,更在于其与中国社会政体的关系。这种政体本身以及政教关系的与众不同,基于当今中国社会与境外歧途社会的根本不同,这就使我们对中国宗教团体的社会管理问题不能简单与他者类比,而必须找出中国自己的特点、说明中国独有的特色。

一 中国的宗教团体与中国的政教关系

对于宗教团体的治理问题,取决于我们对宗教本质及其社会存在与作用的基本认知和评价。也就是说,宗教团体的管理只是手段,它势必反映这种治理的目的,即究竟是要推动宗教的发展,还是要限制宗教的存在;是要扩大宗教的社会影响,还是想减少、削弱这种影响;是要对宗教加以思想、政治、社会、法律层面的掌控,还是使宗教更加自由、自然地生存与发展;是可以保留宗教,还是要促使宗教尽快消亡。所以说，宗教团体的治理问题是"工具理性"的问题，它反映也必然服从于关涉宗教的"价值理性"问题。在当代中国，宪法保障了公民宗教信仰的自由，各种宗教在改革开放近四十年来已经获得巨大发展。但是，尚有几个最为根本的问题仍未解决，人们对之分歧较大、解说众多，很难达成共识。

其问题之一即对宗教的评价问题，这种对宗教的价值判断、基本定义至关重要。目前中国大陆未能将以基本法、上位法的方式来解决宗教立法问题提上议事日程，其根本原因就是对"怎样看宗教"没有达成共识，故而影响到对宗教"怎么办"的具体立法和政策管理等举措。由于对宗教本身的定位不清，人们对这种"立法"究竟是来"保护宗教"还是"限制宗教"也就认识不清、分歧颇大，所以立法机构只能对宗教立法问题加以暂时"悬置"，其结果是影响到我们从根本上思考、讨论、实施如何"依法管理宗教"的问题。人们由此提出了是否有"法"可"依"，"法"是什么性质之法，以及如何对之实施等疑问，需要我们进一步澄清和说明。

其问题之二即"宗教信仰自由"与"宗教自由"有无区别及如何关联。中国大陆社会谈得较多的是"宗教信仰自由"，而对"宗教自由"的表述则颇为谨慎。个中原因在于"宗教信仰"主要是在"思想"层面，任何社会制度和管理举措很难从根本上真正限制人的"思想自由"，也就是说，这些制度和举措很容易管到人们之"行"或之"言"，却很难限制其之"思"和"想"。而"宗教自由"则不仅包括其思想信仰层面，自然也包括其社会行动层面。所以，不少人认为"宗教信仰"有着绝对的思想自由，而宗教包括其社会组织团体及其言行则只有相对的自由，因为其社会机构及言行乃有着社会制度、秩序、法律和政策等制约，并不是绝对自由所能表达的。其中"宗教自由"的空间及限度，则依赖于相关宗教的社会存在及其公共秩序对它的要求。这里既涉及宗教可能获得的自由，也涉及宗教与国家法律和社会规范的关联及由此而必须具有的社会治理和国家法律的制约。

其问题之三即政府如何管理宗教，处理好多层面的政教关系。人们谈到政教关系时一般会论及"政教合一""政教分离"和"政教协约"这三种模式。政教关系的模式不同，也势必影响到其政治权力和社会管理机构在对待宗教团体上的管理方式之不同。在"政教合一"的关系中，国家对宗教的管理实质上是一种内涵式管理，即对所谓"国教"的提倡、推崇以及管理。由于这种一体、合一，政府对宗教的管理即内部管理，属于其体制内、机制内的事务。其社会建构的一致以其意识形态、价值核心的一致为前提。但在"政教分离"的关系中，宗教团体按照一百多年之前列宁的观点则"应当是完全自由的、与政权无关的志同道合的公民联合会"。① 而在今天中国社会主义社会制度中，我们党和政府则对宗教团体重新有着定位，指出宗教团体是党和政府团结、联系宗教界人士和广大信教群众的桥梁和纽带。这是我们党对宗教团体与党政关系发生巨大变化之后做出的非常科学的论断，对于理解当前中国社会中的政教关系至关重要。因此，这种政教关系中对宗教团体的管理是一种外延式管理，即只能在社会公共层面上对宗教的"言"与"行"及其社会组织形式加以外在的虽有限却有效的管理。这里亦强调了宗教团体本身在其自我管理上必须发挥的作用，起到党和政府与信教群众之间的桥梁及纽带作用。所以，这也只能是一种社会层面的管理，特别是以与其他社团相类似的方式来实施对宗教社团的管理。在此，宗教管理即政府有关部门根据宪法、政策法规等来对宗教的社会存在方式及其行为方式进行管理，而不涉及其内在的教派之分、正邪之辨等。对宗教团体的管理就是把宗教视为一种社会团体，以宪法、法律和相关行政法规来规范宗教、掌控宗教的社会存在及其行为方式，保持宗教的社会服从及社会服务，保护合法、打击非法，而不使之出现对公共秩序挑战等越轨、越线、越界现象。而在"政教协约"的关系中，宗教通过与政治权力的"协商"来保留一部分权力或自由，同时亦不得不接受政权对之实施的社会管理。由于它反映出政教关系由"政教合一"到"政教分离"的过渡，政教之间故有一定的张力或权力博弈，需要政教

---

① 列宁：《社会主义和宗教》，《列宁全集》第12卷，人民出版社1987年版，第132页。

之间有某种协议、协商或协调，以应对其社会管理中所出现的问题及困难。这种政教关系的现象主要是在欧洲近现代历史上出现过，与我国的国情则相距甚远。

但从中国的历史与现状来看，上述政教关系的这三种模式都不太符合中国的历史及国情。例如，人们对中国历史上的政教关系有着截然不同的两种观点，一种认为在1911年辛亥革命前中国乃"政教合一"的国家，儒教为其国教，实施"神权政治"和"国教统治"。皇帝作为"天子"乃政教合一的领袖，负责主持"祭天"这种儒教中最高级别的大礼。但另一种观点则认为中国一直乃"政教分离"的国家，儒教作为主流意识形态不是宗教，而乃国家意识、世俗文化哲学，以此曾形成与宗教的抗衡，使佛、道等宗教不可能进入国家主流意识。按这后一种观点，"在古代中国文化的核心——政治层面上，宗教从来没有取得过统治地位"，而中国古代社会的"政治人伦和权术，绝对是非宗教的。所以古代中国政治层面的'天''神'也是非宗教化的。"① 这样，中国的宗教就一直处于"政治边缘化"的状况，受到社会政治的全面管理。从上述两种对立的见解可以看出，以西方话语模式的政教关系很难说清中国的政教处境及其关系。

如果跳出上述三种政教关系模式来看中国，那么在中国自古至今"大一统"的政治模式及其传统中，较能真实反映中国政教关系的就应是"政主教从"或"政主教辅"的模式，即以"政"统"教"、以"教"辅"政"，由此而达政教融合。其特点是宗教不能掌控、左右政治，有着"政教分离"后的类似状况，但国家政权则严格掌控着宗教，把宗教纳入其整体的政治及社会管理之中，故而形成中国所独有的"准政教合一"现象。"这种管理强调宗教在思想、政治上对政府的服从，保持政教程度较高的一致。为此，政府会具体负责宗教人事安排，指导宗教教义思想的诠释，督查宗教组织的构建，并为宗

---

① 顾伟康：《宗教协调论——中国宗教的过去、现在和未来》，学林出版社1992年版，第94页。

教提供社会、政治、经济等方面的援助和保障。这样，合法宗教则会形成严格意义上的'官方宗教'，在此之外的宗教则为'另类'，处于'非法'之状。"① 正因为如此，中国的宗教在历史上故而有着"正""邪"之分，而中国历史上也一直有着政府管理宗教事务的专门机构，"从中国古代'掌僧道'的'礼部'到今天的各级'宗教事务局'，这种管理体制乃一脉相承，凸显了政府的权威。"② 例如，唐朝曾为各国"蕃客"设立了"蕃坊"，实际上成为穆斯林集中居住的社区，而其负责人"蕃长"则由唐朝政府批准和任命。这是较早由中国政府挑选和任命宗教高层领袖之例。元朝政府有专管佛教事务的"宣政院"、专管道教事务的"集贤院"、管理基督宗教（也里可温）事务的"崇福司"和管理伊斯兰教事务的"回回哈的司"等。而且此时政府管理部门已分出等级，有一品、二品等区别。明朝负责宗教事务的有掌管僧道的"礼部"，负责边疆民族宗教事务的"四夷馆"，与之相关联的还有"兵部"，以及基层管理机构"卫所"，而主管各种礼仪祭典的则还有"鸿胪寺"等。清朝政府有"理藩院"及其下设机构管理宗教事务。而民国时期的"蒙藏委员会"同样也是负责宗教事务的政府机构。所以说，脱离"政主教从"的现实来谈中国政教关系和宗教团体的管理乃无的放矢，不得要领。我们从今天看宗教团体对主流政治的拥戴、对核心价值观及其思想意识的学习、服从，从国家对宗教领袖人物教内外"职务"或职位的实际任命或安排，以及从"中梵关系"因罗马教权与中国政权的抗衡而形成的紧张及不和或在其共同协约达成后则形成其良性关联等，就可体悟这种传统的一脉相承、延续至今。这也是我们讨论中国当代宗教团体及其社会管理的基点或基础之所在。

---

① 卓新平：《田野写真——调研集》，中国社会科学出版社 2011 年版，第 125 页。
② 卓新平：《"全球化"的宗教与当代中国》，社会科学文献出版社 2008 年版，第 31 页。

二 关于中国当今宗教团体之社会管理的思考

从当前中国政教关系的现状而言，对宗教的社会管理既体现出现代"政教分离"的相关管理理念，又在一定程度上延续了中国历史传统中以政统教的"政主教从"模式的管理办法，此外还有"政府派员"进驻宗教社会团体、以"秘书长"身份来直接管理等现代模式。这三种模式的宗教社团管理各有利弊，但整体上仍都不太适应现代社会宗教团体发展以及政教关系变化的新形势。因此，我们有必要调整思路、加强研究，以能创新对宗教团体的社会管理，达到最佳管理效果。

以往中国的社会管理以"单位"管理为主，所以对宗教的社会管理也基本上采取对"宗教团体"这种"准单位"的管理方式。但自改革开放以来，中国社会"单位"的传统意义已经削减，而新的"单位"形式则有其明显的流变性、短暂性甚至随意性，让人把握不住，难以为基。同理，中国当代宗教也发生了巨大变化，宗教团体也不是以往的宗教社团形式所能涵括的，其弥散性、草根性、流变性或"公民意识"性已经很难用传统的宗教社团来概括。这些宗教团体在社会管理上所面临的新情况、新问题，既有"全球化"处境中具有国际性质的，也有国内因这种社会"全球化"、信息"网络化"所导致的，二者复杂交织，促使我们必须认真面对，提出有效举措。

就笔者个人的初步、肤浅之见而言，中国加强对宗教团体的社会管理，可以考虑如下几个举措。

其一，"大一统"的管理模式应与"属地管理"密切结合。

虽然从当前中国国情出发，我们已不能走把社会管理的权力都集中到政府、由政府来统摄、包办的老路，也不可能完全放开、全面放弃。在此，我们必须吸取以往"一抓就死、一放就乱"的教训，有机、逐渐地过渡到新的管理模式上来。因此，为了适应以往"大一统"的宗教管理模式的惯性，笔者认为中国各宗教团体仍有必要建立其全国性的领导式协调机构，形成其相对联合、有着松散性、联谊性特色的宗教

"共同体"。政府的社会管理可以通过这些"大一统"的宗教联合体、共同体来协调全国性宗教活动，加以通盘把握和宏观调控，以此处理好各宗教团体之间的关系。与此同时，还需加强对宗教团体的"属地管理"，即根据宗教的地域性发展及其基层社团的状况来实施社会管理，由此引导宗教社团从宏观的政治关注转向微观、具体的宗教社会发展，注重其地域民族及文化等特色，发挥基层社区管理的作用，以便可以具体问题具体分析，让地方政府有权并有政策回旋余地来真正能够管实、管好其地方宗教事务。在当代中国社会转型时期，对宗教团体的社会管理而言，这两种管理模式仍然是"一个都不能少"。

其二，社会管理的"顶层设计"与宗教团体管理的"基层举措"应有机沟通。

在整个中国社会大系统中，不能排斥或排除宗教社团的存在及参与，而应将宗教社团视为在整个中国社会构建系统中有机共构的子系统、分单元，以普遍管理社会组织的方式来对待宗教团体，而不应对之歧视、持有偏见，人为地将宗教社团推至"敏感地带"或打入另类。在整体中国的社会建设、文化建设中必须有宗教的构成及参与，形成积极、良性的"顶层"与"基层"的沟通、互动。这样，我们应该尽快、尽早、尽量使宗教"脱敏"，实现宗教与中国主流意识形态和核心价值的尽量一致或充分认同，让其成为我们自己的有机构成，即把宗教团体从社会存在、政治存在、文化存在和精神存在上都全面纳入我们当今社会存在的整体建构和一统体系，避免宗教再被误解、遭冷落、受歧视，防止宗教在我们的社会肌体内"异化""他化""外化"或"恶化"。因此，在我们社会管理综合考虑的"顶层设计"中，必须要有如下理念及考量：一是看到宗教社会存在的政治性，当宗教作为政治力量时应该使之成为我们自己政治力量的组成部分，而不可使之嬗变为与我对立或对抗的政治力量；二是认清宗教社会存在的建构性，当宗教作为社会系统而发挥作用时应该使之成为我们当今和谐社会的有机构成，起到社会稳定、和谐的作用；三是关注宗教社会存在的文化性，当宗教作为文化传承时应该使之成为我们弘扬中华文化的积极因素，起到吸取精华、淘汰糟粕的文化扬弃作用；四是体悟宗教社会存在的精神性，当宗教作为灵性信仰时应该使之服务于社会主义核心价值观，推动广大民众追求真善美的社会实践，让其成为我们重建精神家园的重要构成。只有这样，才能有管好宗教团体的有效"基层举措"出台，才不会以敌意、暴力来对待、对付宗教社会组织，处理宗教问题。只有当宗教在中国社会被视为"为我"的存在，才会真正有宗教信仰的"自由"发展。

其三，加强法治建设，使"依法管理宗教"真正落到实处。

在中国当前法治建设、实现"依法治国"的发展中，"依法管理宗教"应该逐步推动，使之最终能落到实处，发挥真正作用。目前我国管理宗教事务的法规主要是政府行政法规和地方相关法规，尚缺乏一种基本法、统领法、上位法来指导、规范这些行政法规及地方法规。所以，我们首先应该努力推动"宗教理解共识"，由此才可能真正达到"宗教立法共识"，明确立法目标，扫清立法障碍。也就是说，我们未来可能制定的宗教基本法应该是体现"保持"宗教信仰"自由"的意向，而不是用各种条条框框来"限制"宗教、"打压"宗教。如果宗教社团的存在能在未来中国真正获得"法律上的尊严"，那么中国依法治国、构建和谐社会的目的也就可能很快实现。而在现阶段，其重要任务则是对《宗教事务管理条例》的贯彻落实，并结合本地实际来制定地方宗教事务的相应管理条例，体现地方特色，解决具体问题，不断修改完善，形成良性发展。目前体现依法管理宗教，就是落实这一管理条例，并使之得到非常接地气的实践检验。

其四，调动各方面积极因素，使宗教社团的政府政治管理平稳过渡到社会法治管理。

宗教社团在中国社会政治的"大一统"体制中，应该逐步实现其社会定位的正常化和良性发展，达到其有利于社会的"自立"和"自办"。在中国社会的总系统中，宗教社团的负责人即领袖人物理应从制度上、程序上都受到政治、政党（执政党）、宗教等方面的系统训练和素质教育，成为在政治上可靠、对执政党忠诚、有渊博宗教学识和高深宗教修行的"实力型"领军人物、社团核心，并且能在关键时刻发挥积极作用。这种高度"保持一致"是我国政治体制、社会制度和文化传统所必需的,至少在目前而言乃一种"绝对命令"或"绝对要求",不可能根本回避或放弃。随着中国社会、政治的不断成熟及其政治体制改革的成功,随着宗教团体在中国社会中真正地融入和形成一体,其管理亦有可能由"政治"转为"自治"、由"监控"转为"自控"。这也就要求我国宗教能在各宗教信仰之间、各宗教团体之间、同一宗教内部各派之间的相互促进、相互和睦,其中当然也可能有相互制约或相互监督,同时亦要求各宗教团体与其他各种社会团体之间的和谐共在,对中国政体的适应,以及对中国社会发展的积极参与,从中完善宗教团体自身的体制机制,培育出其创新性领袖人才,并符合宗教积极、主动适应当今中国社会的各种要求及目标。只有当宗教团体能够有效地实行自我管理、协调好整个中国的宗教生态,纳入整个社会的有机管理体制之内,以往自上而下的政治权力管理才可能逐渐消减,并最终自动停止。

(原载邱永辉、陈进国编著《澳门宗教报告》,社会科学文献出版社2015年版。)

第十九章

必须正确处理好国法与教规的关系

习近平总书记在2015年5月中央统战工作会议上提出,积极引导宗教与社会主义社会相适应应该做好四个"必须",其中就包括"必须提高宗教工作法治化水平"。这是对政府"依法管理宗教事务"所应有的基本要求,也是宗教事务管理人员所需要的基本训练。我们强调"依法治国",而在依法管理宗教事务所涉及的内容中,显然就直接涉及国法与宗教教规的关系问题。这一关系的正确处理当然要遵循"依法治国"这一根本方针。

不同时代、不同国度、不同社会制度和不同政治、法律体系中,其国法与教规的关系是各不相同的,二者之间有着极为复杂的交织和关联。这种关系触及政教关系的不同模式,如在政教合一的国度中,教法与国法就有许多重合的内容,但在宗教与世俗社会的关系上也有相应区别;在政教协约的国度中,国法与教法教规通过政教之间的相关条约、协议而相对区分开来,二者各有其专属领域,互不干涉和侵犯,但政教之间会显现出一定的张力。在体现现代发展的政教分离模式中,虽然看似政教各有其所属而应互不相扰,但实际上仍非绝对平等,这种模式的国度更多体现出世俗化的发展趋势,而社会政治的影响则越来越大,即使在政教分离得以实施的初期,亦明显有着"教依国定"的趋势,最为典型的即欧洲近代史上曾流行的名言:"在谁的领地,信谁的宗教。"(Cuius region, eius religio.)所以说,这种"分离"只是相对而言;在现代社会中，社会公法的涵括显然要比宗教教法的范围要大，世俗政权也在更多地行使其对宗教的掌控及管理权，宗教的政治影响则往往退化为一种象征符号、一种文化遗产，这一特点也在国法与教规的关系中非常清楚地显示出来。

在当代中国，《中华人民共和国宪法》是至高法、最大法、根本法，因此，这就要求我们必须基于宪法精神及其基本原则来管理宗教事务，并由此制定出保护公民宗教信仰自由和政府科学管理宗教事务的法律法规。这里涵括两大层面，一是司法、执法、行政主体作为国家政体的代表必须严格按照宪法精神来办事，其本身就必须维护宪法、遵循法律法规来行政执法，而不允许权大于法、出现藐视甚至僭越宪法的违法行为；二是社会公民包括宗教信众作为社会成员必须自觉遵纪守法，在法律所允许的范围内开展其社会活动，不得超越法律所规定的范围来提出任何要求或保留其独特地位，不能有所谓"宗教特权"。对于国法与教规关系所涉及的各个方面，我们应该特别注意到如下一些关系。

其一，国法是相关国体中的最大法，统摄一切，这包括宪法、法律、法规等国法系统，是社会正常生存和运转的生命线，其基本秩序得以维系的保障体系，故其社会全体人员包括宗教团体及其信众都必须无条件地服从、遵守国法。在整个社会层面，国法有其至高权威和尊严，神圣不可侵犯。为此，作为社会建构的宗教界理应成为遵纪守法、维护社会共有秩序的责任群体，有着这一应负的责任和应尽的义务。宪法对于国民而言乃"绝对命令"，一旦制定通过并得以实施，就必须绝对服从，在社会中不允许有凌驾于宪法之上的任何特殊公民。一个法治国家的基本标准就包括对宪法的绝对服从和自觉信守，我们应以此为圭臬来审视、监督、检验我们的社会，并做出相应的调适和改进。对此，宗教界不可能有着任何例外。

其二，宗教教规基于相关宗教教义，以人的精神追求为出发点，以人的精神解脱或精神超越为目的。其实质和理想是要体现真、善、美、圣的意境，因此其面向社会的总体意向应该是要谋求社会福祉、维护社会稳定、促进社会和谐、持守社会道德、提高社会境界。从这种理解来看，宗教面世的基本精神并不与社会法律相矛盾，故而为国法与教规之间的和谐共存关系奠立了相关基础。教法教规应是以其超越的精神审视来加强对其信众社会行为规范的管束，让真、善、美在社会得以彰显，因而是对社会秩序之维系的协助、促进，而不允许走向其反面。在社会精神文化建设层面，宗教并非可以置之度外的"飞地"，而理应对之积极参与并做出独特贡献。因此，宗教教义的核心内容应该符合社会主义核心价值观，而不该与之相违背。在此，宗教教义教规都需要适应这一社会处境及其主流社会价值体系，而使之得以革新发展、与时俱进。

其三，国法关涉社会全民，而教规只是涉及相关宗教信众，从社会涵盖和作用来看，国法显然要大于教规所涉及的范围及所触及的人群。而宗教社团作为社会群体、信教人士作为社会公民，理应服从、遵守国法，维护国法的权威和尊严。在此，法律面前人人平等，宗教信众并不能因为其宗教信仰而在社会秩序、国法政令等法律法规的遵守上有任何例外性。宗教教规在此则应鼓励、促进其信众的这种服从和遵守。这在不少宗教教义及教规中都有明确的说明和要求。这里，教规其实是在信教群众遵守国法的基础上而对之提出了更多、更专门的要求及规范，这也使信教群众对自己应该有着更高的要求，用更多的行为规范来约束自己的社会言行。

其四，国法作为全民之法，也理应关注宗教群体，保护信教群众的合法权益。这就是宪法保障公民宗教信仰自由的基点和初衷。因此，国法的权威自然也包括对信教群众合法权益的维系和保护。这也就要求执法者必须严格按照国法的要求和规定来行使其职权，不能违背国法、突破国法所设定的基准和底线，不能知法犯法、随心所欲、藐视法律的尊严。在这种国法统摄下的政教关系中，其司法、执法者和相关行政管理者必须遵循法律法规，尊重宗教信仰者的基本权益，健全我们宗教事务管理的法律法规体系，并且在执法中从严执法、科学执法、合法执法，避免突破受法律保护的宗教信仰底线，不能给信教群众的正常宗教生活设置障碍或带来伤害。任何个人、任何组织都不能搞权大于法、人越过法的行为，"长官意志"必须根本让位于法律权威；国法至高无上，任何人都必须无条件服从，这也是国法对于其执行者、监督者的基本要求。

其五，对于宗教教规中因为过去传统或习惯而存在的不符合、不适应或违背国法的内容，则必须做出相应的改革、调整，以适应形势、与时俱进。这里，不是国法将就教规，而是教规必须服从国法。因此，宗教界理应学法、守法、用法律手段来维护自己的权益，自觉保持和捍卫国法的权威和尊严，而不可能有任何不同于社会共同体其他成员的特殊性、豁免性。而在这一基础上，宗教界则应该积极主动地从其宗教内部的信仰教义、教规教制中不断完善其教法教规体系，完善其知法、尊法、用法的体制机制，由此达成宗教教法教规自觉地、内涵式地对社会公法尤其是国法的适应、服从、维系和拥护。只有教规对国法的积极适应，才可能带来国法与教规关系的有效改善和二者的良性互动。这里，国法之主、教规之次，其关系、位置是不可置换或颠倒的。

其六，宗教教规中涉及精神生活、彼岸世界的内容，只要不与社会公法，特别是国法相抵触、相矛盾，不对公众社会产生负面影响，则应该是在国法的包容、允许的范围之内。国法主要针对社会制度、社会结构、社会秩序、社会活动等实在层面，是有形、明显、确定、具体的规范和规定。至于精神世界、思想层面、终极关怀等方面的宗教规定则属于我们应该对话、商榷、沟通、理解的范畴，而社会公法理应对之包容、宽容。国法对人们的言行有其规范和制约，但不以思想为罪。当然，人民群众包括宗教信众在思想认知层面也应有积极互动、努力适应并能够真正融入社会主义核心价值观，尤其是在当代社会处境中这种和而不同的状况下应该积极有为，经求同存异而最终走向聚同化异。国法主要涉及人们的社会存在、社会行动、社会结社、公共秩序等现实关切层面，其特点是有形、明确、具体、严谨，而宗教教规的内容则一部分仅仅涉及精神、抽象、无形、模糊的层面，需要相应的解读或诠释；或是只在其小范围的宗教组织建构内部管理、约束其信仰者的存在、行动，建立起相应的宗教秩序和规范，这是对其信仰者更多、更严格的要求和管理，使之不仅服从国法，进而还必须遵守更多的规定及要求。相比而言，这一宗教教规的前面所论及的内容并不涉及国法所关注或约束的范围，是其信仰及思想精神自由得以体现的领域；而后面所涉及的内容则应该提醒、要求教规对国法的积极适应和明确遵守。

总之，正确处理好国法与教规的关系，是当代中国搞好爱国爱教关系的必要条件和重要保障。其中虽然可以分出国法为主、教规适应的关系，却仍可推动双方的积极互动和科学调整。国法与教规的关系并非静止的，而是富有弹性、充满动态，其良性发展需要相互关注和必要作为。所以，我们在维护国法的权威及尊严的同时，也应该在对待宗教教规的适应、革新上持"积极引导"的态度，并且能够有其建设性、实质性的积极作为。

（本文为2015年在"国法与教规关系研讨会"上的发言）

第二十章

关于中国社会宗教治理的思考

一　中国宗教治理在意识形态及政治层面的思考

中国社会的宗教治理从根本上来看乃涉及依法治国的问题。然而，中国当代社会的政治定性则会直接影响到对其宗教存在的治理及相应举措，这就触及中国宗教在信仰理解和价值层面上与社会主流意识形态的关系问题。中国社会主流意识形态与中国当代宗教究竟是什么样的关系，理论界虽有很多阐述，似乎都没有根本讲透。其主流观点基本上是对宗教意识因其唯心论、有神论而持否定态度，这在表层上好像已经解决了这一认知问题，但实际上并非如此简单。按照马克思主义经典作家分析宗教的最基本观点，应该从分析宗教的社会存在及宗教意识对其所依存社会的反映入手来谈论上层建筑及其意识形态问题，这在经典马克思主义那儿没有任何问题，因为其对宗教意识的分析是与其存在社会相吻合的，其得出的结论自然也体现出其因果关联的逻辑性。但若将这些现成的结论拿来套用在对当今中国宗教问题的分析及结论上，问题就出现了，因为中国当代社会已发生了本质性变化，与马克思主义经典作家所处的时代及社会已经有着天壤之别。那么，既然宗教赖以生存的社会基础发生了如此巨大而根本性的变化，由以往社会基础所得出的有关宗教性质的结论还可以套用在对当今中国宗教的社会分析及其本质定性上吗？其宗教意识会与不同社会基础的意识完全一样、而无任何变化吗？

对这些问题，鲜有人深究和仔细思考，由此成为理论界、学术界迄今没有解开的一个敏感问题的死结。人们在高谈今天中国社会上宗教的负面意识形态性质时好像振振有词、理直气壮，但一触及其社会经济基础和今天宗教在中国得以生存的社会性质，上述论者则会回避遮掩、语焉不详，给人带来一种难以信服之感。而这种对中国当代宗教存在的意识形态定性却直接影响到对宗教社会存在的政治定性，使宗教所遭受的负面理解雪上加霜，很难承受。所以说，根本解决好在中国当今社会的宗教治理问题，不可能回避这一意识形态即政治层面的分析、思考。对此，我们必须做出既符合马克思主义经典作家的科学观点，又能有机结合中国当代社会实际的解读和结论，由此而客观、积极、公正地面对今日中国社会的宗教存在及其社会定位和意义。这里，我们是否能从根本上坚持"积极引导宗教与社会主义社会相适应""发挥宗教在促进社会和谐方面的积极作用"这一思路来另辟蹊径、找到柳暗花明的出路呢？

二 中国宗教治理在依法管理上的思考

中国社会既然是一个法治社会，那么就理应依法治国，其中自然也就包括依法管理宗教。而如何坚持宗教团体服从法律的管理，这就涉及执法主体，即谁来执法的问题。但在当前中国社会的宗教治理上，政府执法的主体地位并非特别鲜明，给人一种模糊之感。如在涉及宗教团体合法性的"登记""注册"等问题上，这种"管理"是否应该直接由政府来执行，只有政府才是其执法主体，还是可以由相关的宗教团体来替代，而宗教团体本身有无其资质？这在实际管理实践中却又很混乱。因此，就很有必要弄清执法主体问题，以及政府与相关宗教团体的关系问题。在当前中国大社会中，各种社会团体纷繁复杂、参差不齐，其在"大社会、小政府"的发展转型中的确发挥着非常重要的作用。但是，尽管相关社会组织比较成熟、完备，其能否越俎代庖、起到政府应该发挥的作用却很成疑问。这里，很有必要厘清界限、分清责任，主次明确，张弛有度。而对宗教的治理显然就是政府义不容辞的职责，既不能

"有权就任性",随意去管宗教,也不可"权力下放",将政府的职能推给社会民间团体来执行。这种责权明确,实际上可使许多棘手问题迎刃而解。尽管地方政府相关主管部门存在人手不够、管不过来的问题,仍应在其"体制内"得到妥善解决。如在基层政府开展联合办公、把宗教治理与基层社会建设有机结合等办法,都可以加以尝试并不断完善。而其他社会团体包括宗教组织在此只能起协助、辅助作用,并不该站到直接执法的第一线上。所以说,是政府应该将宗教拉进来管,而不要推出去乱。政府必须体现其独有权威,要主动积极出面对宗教实施依法管理;必须由政府来体现其依法治理宗教的法律尊严。

三 中国宗教治理在社会定位上的思考

宗教在当代社会以社会关怀和社会服务为其主要的社会功能,并在相关国家和地区的民政事务中发挥着积极的作用。由于政治发展的变化和国际环境的改变,加之当前宗教在中国社会中的政治定位并不十分清晰,因此中国宗教在一定程度上应从政治领域"淡出",而更积极地参与社会服务,在社会慈善、福利事业上有更大的投入、更多的贡献。因此,应在广义上加强对宗教的社会管理,关注其作为社会组织的特点和作用,对之形成有效的社会组织管理办法,而在具体工作上则主要是侧重宗教的社会活动特别是其社会慈善、福利活动。为此,应该注意到以下几个方面的治理举措。

第一,中央政府的"大一统"宏观管理应与地方政府微观性、针对性强的"属地管理"密切结合,中央抓大事、抓宏观、抓规划、抓布局,而地方则要抓具体、抓落实、抓微观、抓细节。中央坚持其原则性,同时给予地方政府适当范围的灵活性。

第二,宗教社会治理上必须有"顶层设计",如《宗教事务管理条例》的制定及宣传等;而其落实则需与基层社会对宗教团体管理的"基层举措"有机沟通,让地方政府制定符合其地方情况、实事求是的实施方案,有着务实而接地气的地方宗教治理举措。

第三，加强法治建设和人员培训，使"依法管理宗教"真正落到实处。执法必须懂法，懂法需要学法。不能对宗教事务胡管、乱管，或按自己的好恶来随心所欲。法治观念的普及、法律知识的把握，需要及时学习、有效掌握。这种学习应该是全方位的，以形成大家学法、知法、遵守法律的良好习惯，使相关法律得以普及、深入人心。

第四，促进依法治国由政府的政治管理平稳过渡到社会自觉自愿的法治管理，使中国公民从当前的"自然人"之懒散状况改进到以身作则的"法律人"状况。

此外，中国加强对宗教的社会管理，还应该走争取社会和谐发展的基本路线，即采取"外延"（社会）式管理与"内涵"（宗教）式管理有机结合的方法。

"内涵式"管理的关键在于爱党爱国爱教的宗教人士培养，使之真正发挥作用、负起责任，使宗教界内部有我们可以信靠的领袖和精英人士，真正使宗教界成为我们的自己人。

"外延式"管理则应把重点放在宗教立法问题的思考、宗教事务条例的完善、宗教管理干部的培训上岗等方面来；其重点则是理顺宗教管理与社会协调的关系问题。

四 中国宗教治理在文化建设和精神生活上的思考

宗教治理是一个系统工程，需要我们全方位地努力。为此，我们除了在政治、法律层面把好宗教治理的关之外，还必须关注宗教在中国文化价值及社会秩序维系中的意义与作用。宗教治理其实也涉及人心治理的深层次问题。不从思想精神方面解决根本问题，仅靠外在的法律手段是远远不够的。为此，"法治"需要与"德治"有机结合，"攻心为上"、法律约束为次。而如何指导人们的精神生活？对文化思潮、文化活动的社会管理，正是我们步入现代社会后所面临的新问题、新课题。所以，我们还需要加强精神层面的学习，提高自己的修养及精神境界。或许，这种研习会扩大我们的视野，使我们对人类文明、中华文化及其蕴含其中的宗教有更深刻的认识和更科学的评价。这样在依法管理宗教上就可能会更加得心应手、正确顺畅。总之，宗教治理的最高境界需要我们的管理者将之与社会的文化建设、文明发展相结合，在弘扬社会主义核心价值观要接好中国优秀文化之地气上有更高、更深的思考。

（本文为 2015 年 11 月 23—24 日在中国宗教治理会议上的发言）

第二十一章

中国社会宗教认知的困境及其破解

如何认识和对待当代中国社会宗教的存在与发展，已是我们的执政党和政府不能回避、必须认真考虑的重大现实问题。宗教关系属于当代中国实现社会和谐的五大关系之一，为中国当前社会建设和文化建设的重要内容。然而，目前中国宗教的发展已经呈现出极为复杂的态势，社会舆论和目前的理论、政策对此发展却或是采取仍在观察、观望的态度，或是表达各不相同、差距颇大的认知见解。宗教发展上出现的"乱象"和社会理论认识上反映出的"混乱"，使作为执政党的中国共产党对于当代中国宗教问题究竟应该怎样看、怎么办有必要做出相应表态和理论政策层面的规定说明。当然，宗教关系的理顺、宗教问题的解决是一个系统工程，有赖于整个中国当今社会关系的理顺和社会问题的解决，故而很难一蹴而就。尽管如此，宗教问题仍不能悬置，而必须有更为积极的态度。应该承认，现在给人留下印象的"三思而后行"之"拖"是必要的，在面对复杂情况和问题时必须要冷静、清醒，不可草率和冲动；但这种"拖"是为了赢得时间而不是延误时机，所以仍然不能让其"久拖不决"。为此，分析、思考当代中国宗教问题，则是决策"出手"的必要前提和有效准备。这里，要想解决中国社会对宗教的认知问题，走出这一困境，则有必要回到20世纪初那个激情燃烧、百花齐放的时代，找出这一认知障碍的症结所在。

中国历史上对待宗教并无特别的强调，宗教存在被视为社会常态，特别是人们习惯于儒、佛、道"三教"之说，习以为常、从未质疑。尽管明末清初西方天主教耶稣会传教士利玛窦等人为了劝中国士大夫精英加入天主教而宣称"儒教"不是宗教，但对当时中国学界的认知转向却影响甚微，几乎很少有人对之提及。但中国当代社会自20世纪初"新文化"运动以来，对"宗教"有一种结构上的"敌视"和"疏远"，从而在中国与宗教的关系上曾掀起了一场轩然大波。其实，中国古代并无中国有无"宗教"之问和相关难题，基层民众的宗教意识也很明显，烧香拜神者众多。而20世纪初一度风行的"非宗教运动"和"非基督教运动"，则给中国人的宗教观上带来了颠覆性的改变。这一运动最初主要是"新文化"思潮的知识分子运动。其对宗教的"反感"，一是在于传统中国骨干宗教"儒教"与封建制度过于密切、绑在一起，因而随着封建王朝的灭亡而面临着"殉葬"的命运，所以"新文化"运动喊出"打倒孔家店"的口号，是当时社会的革命运动使然。此后对传统文化之"破"的力度非常之大，而对"破"后之"立"即如何重建却想得不是很透彻和周全，所以是打破了一个旧的文化及社会格局，却未能及时建立其新的文化态势，从而才有今天我们在看待和运用传统文化上的窘境；二是境外强大的宗教"基督宗教"是随帝国主义列强洋枪洋炮的护卫、以"不平等条约"的形式强行闯入，伤害了中国人的自尊心和感情，所以才有"多一个基督徒，少一个中国人"的"非基督教"思潮，以表达这种愤恨和不满。而这种宗教上的"排外"情绪也保持至今，特别是把外来宗教视为"洪水猛兽"。这种排拒在当时与西方政治、经济抗争和意识形态摩擦上又增添了"抵制渗透"的全新内容。对宗教的这种内外之思，其"负面"价值则凸显。为此，梁启超、蔡元培、胡适等人作为"新文化运动"的旗手而在否定宗教上冲在最前列，他们干脆宣称"中国无宗教"，认为中国是世界各民族中唯一的一个"无宗教"的国度和民族，由此把宗教打入了"另类"。殊不知，这一转变同时也让中国间接地因为没有宗教这种"人类学常数"而成为人类宗教信仰中的"另类"、世界上"无宗教"的"特区"。

实际上，梁启超等人自身对宗教的认识就很矛盾、模糊，其"无宗教论"既未"一以贯之"，亦难"自圆其说"。在某种程度上此乃一时冲动而为，其政治上的考量要大于学术上的细琢。我们仅从梁启超1902年在《新民丛报》上发表的前后几篇文章的不一致性，就可感觉到其中国"无宗教论"并不可取，在他自己那儿就站不住脚。其直接缘由与康有为要倡导"孔教"为国教相关。戊戌变法的失败使其师生二人各自避难流浪，康有为欧美之行的直接收获是想如欧美国家以基督教为"国教"那样重树中国人的核心价值观，以中国人所习见的儒教（孔教）为国教，故而带来近现代儒教的更新。而梁启超的日本之行却接触到马克思主义，其对马克思主义的赞同及宣传使之坚决反对康有为的复旧之举，从而提出儒教非教、故不必树其为国教之论，甚至走到否定整个中国社会有宗教存在的极端。不过，他的这条道其实在当时乃走得很短很短。

梁启超在1902年3月发表在《新民丛报》3号上的《〈论中国学术思想变迁之大势〉总论》一文，是其"中国无宗教论"最典型的表述。他在此宣称："吾国有特异于他国者一事，曰无宗教是也。浅识者或以是为国之耻，而不知是荣也，非辱也。宗教者于人群幼稚时代虽颇有效，及其既成长之后，则害多而利少焉。何也？以其阻学术思想之自由也。吾国民食先哲之福，不以宗教之臭味，混浊我脑性，故学术思想之发达，常优胜焉。不见夫佛教之在印度，在西藏，在蒙古，在缅甸、暹罗，恒抱持其小乘之迷信，独其入中国，则光大其大乘之理论乎？不见夫景教入中国数百年，而上流人士，从之者希乎？故吾今者但求吾学术之进步，思想之统一，（统一者谓全国民之精神，非攘斥异端之谓也。）不必更以宗教之末法自缚也。"① 这里，梁启超对宗教几乎是"全盘否定"，丝毫不留情面。在他看来，宗教在历史上乃一无是处，而且与中国根本就无关，中国人因"食先哲之福"而有"学术思想之发达"，处"常优胜"之境。故此梁启超称中国人乃"贵疑"的民族，所以哲学发

---

① 引自夏晓虹编《梁启超学术文化随笔》，中国青年出版社1996年版，第78—79页。

达、善于思考，其本土故无宗教生存之地。而外来宗教包括佛教、景教等在中国并没有什么市场，尤其是中国"上流人士"对之不屑一顾。这些宗教在中国文化氛围中也很难有其"光大"之日，难入大雅之堂，仅在基层流散、弥漫而已。因此，他强调中国人不必"以宗教之末法自缚也"！这种抵制、排斥宗教的态度在这篇文章中乃清楚可见。此文后来亦成为人们支持中国无宗教之说的重要依据。

为了表明中国"无宗教"，他在1902年2月发表在《新民丛报》2号上的另一篇文章《保教非所以尊孔论》中则对"孔教"的性质加以了"非宗教"的说明。他不同意以"孔教"为宗教，反对立孔子为"教主"。这种看法在当时曾得到章炳麟等著名知识分子的支持，在如何定位中国思想文化的传统上带来了难题。在梁启超看来，"西人所谓宗教者，专指迷信宗仰而言，其权力范围乃在躯壳界之外，以魂灵为根据，以礼拜为仪式，以脱离尘世为目的，以涅槃天国为究竟，以来世祸福为法门。诸教虽有精粗大小之不同，而其概则一也。故奉其教者，莫要于起信，（耶教受洗时，必诵所谓《十信经》者，即信耶稣种种奇迹是也。佛教有《起信论》）莫急于伏魔。起信者，禁人之怀疑，窒人思想自由也；伏魔者，持门户以排外也。故宗教者非使人进步之具也。"①以这种对宗教的贬低为铺垫，他进而阐明了"孔教之性质与群教不同"："孔子则不然，其所教者，专在世界国家之事，伦理道德之原，无迷信，无礼拜，不禁怀疑，不仇外道。孔教所以特异于群教者在是。质而言之，孔子者哲学家、经世家、教育家、而非宗教家也。西人常以孔子与梭格拉底并称，而不以之与释迦、耶稣、摩诃来并称，诚得其真也。夫不为宗教家，何损于孔子！孔子曰：'未能事人，焉能事鬼？''未知生，焉知死？''子不语，怪力乱神。'盖孔子立教之根柢，全与西方教主不同。吾非必欲抑群教以扬孔子，但孔教虽不能有他教之势力，而亦不至有他教之流弊也。"②"孔子人也，先圣也，先师也；非天

---

① 引自夏晓虹编《梁启超学术文化随笔》，中国青年出版社1996年版，第65页。
② 同上。

也,非鬼也,非神也。强孔子以学佛、耶,以是云保,则所保者必非孔教矣。"[1]显然,梁启超认为孔子乃在"人文说教",其教即说教、教化、教育,这种"人文化成"之教自然与宗教无关。不过,梁启超在此把佛教等与孔教相区分,承认佛教为宗教,而孔教则与佛教本质根本不同。此外,他在这里又承认道教为宗教,将道教中的张道陵视为"宗教家";但这种承认实与他认为中国"无宗教"的观点相悖,从而已开始显露其立论的自相矛盾。当把孔教从宗教中撇清之后,梁启超暴露出其对宗教认知的两大特点,一是承认中国有道教及外来的佛教等宗教存在,从而自己否定了自己有关"中国无宗教"的结论;二是其将宗教与迷信直接关联,明确表达了对宗教的贬损之意。梁启超对宗教的这种态度影响到现代社会的许多中国知识分子,他们皆以宗教为迷信而对之驱之,不愿与之为伍或接近。而梁启超认为孔教不是宗教的理由,则在于孔子的"经世""教育""哲学"思想,重今世、重政治、重伦理道德,孔教乃"教育之教""非宗教之教",其"教"特点是"主于实行,不主于信仰"。其实,他的这些区分并不是宗教与其他人生哲学思想的本质之别,宗教在其内容中往往也涵括了哲学、教育、政治、此生、伦理道德等方面,宗教信仰也会付诸行动,要靠"实行"来体现。所以说,梁启超这里的立论是很虚弱的、经不起推敲的。而他在随后对佛教的评价中又几乎完全将他自己关于孔教与宗教之别的立论推翻了。

在 1902 年 12 月《新民丛报》23 号,梁启超发表了《论佛教与群治之关系》一文。其中对佛教的肯定、推崇,一改其不久前对宗教的否定。而且,梁启超在此从不同层面论证了佛教的哲理性、伦理性、人世性等,从而在根本上并不与孔教相左。如他谈到"佛教之信仰乃智信而非迷信""乃尊善而非独善""乃入世而非厌世""乃无量而非有限""乃平等而非差别""乃自力而非他力"等,其崇仰之心跃然纸上。此外,梁启超在此对宗教、信仰的看法也明显有了变化,并不再坚持对宗教的全盘否定。例如,他指出:"信仰必根于宗教……宗教遂为天地

---

[1] 引自夏晓虹编《梁启超学术文化随笔》,中国青年出版社1996年版,第66页。

间不可少之一物",并认为中国也需要信仰,而且需要宗教信仰。他不同意立孔教为教,又对基督教评价不高,因此主张选择佛教信仰以满足国民之需:"无论景教与我民族之感情,枘凿之久,与因势利导之义相反背也,又无论彼之有眈眈逐逐者楯于其后,数强国利用之以为钓饵,稍不谨而末流之祸将不测也,抑其教义非有甚深微妙,可以涵盖万有鼓铸群生者。吾以畴昔无信仰之国而欲求一新信仰,则亦求之于最高尚者而已,而何必惟势利之为趋也。吾师友多治佛学,吾请言佛学。"① 梁启超从上述六个方面谈到了信仰佛教的理由,并感慨"佛学广矣、大矣、深矣、微矣,岂区区末学所能窥其万一"!② 其结果,他一方面以佛教的哲学性、属世性、伦理性、现实性和实践性而对他原来排斥在宗教之外的许多因素加以回收,将之视为宗教的本真构成,另一方面则以对佛教的肯定、推崇而实质上放弃了自己"非宗教"、中国不需要宗教的极端观点。在如此短的时间内,梁启超对宗教的评价判若两人,实在令人吃惊。尽管其在"新文化运动"中有积极的推进,在先进思想的传播中有筚路蓝缕的"先驱"之功,其对待宗教的态度毕竟很不严肃,缺乏学术的严谨性和逻辑一贯性。这一意向和风格也给后来的中国学界、政界造成了误解和误导,形成其浮躁之风气。梁启超等人在中国社会的宗教认知上留下了一份沉重的遗产,使中国学界不少人迄今对社会上的宗教都不屑一顾,且习持轻蔑之态。这是中国社会之知识界传统中的一大问题,至今仍保留着对宗教认知的疑窦,其负面之态不仅影响到宗教界,而且也波及学界对宗教的研究。这一社会负面氛围中的宗教认知及其研究自然举步维艰、难以迈进。

其实,从对梁启超关于"宗教""孔教""佛教"之论述中的矛盾思想,我们可以清楚地看出,"中国无宗教"论并无坚实的理论基础或依据,因而根本就站不住脚。中国虽然不是"全民信教"的国度,外来的佛教、基督教和伊斯兰教,以及本土的儒教、道教和民间宗教仍占

---

① 引自夏晓虹编《梁启超学术文化随笔》,中国青年出版社1996年版,第92—93页。
② 同上书,第100页。

了中国总人口中的很大比重,宗教在中国历史发展中的深广影响也是有目共睹的。而中国自 20 世纪 70 年代末实行改革开放以来,更是给人"换了人间"之感,中国宗教的强劲复兴就是其中的重要景观。因此,我认为面对这种现象不要好似遇到了"洪水猛兽",更不必谈"宗"色变,而应该将之视为重新审视宗教与中国社会之关系的重要契机。也就是说,我们今天分析中国"无宗教"之说的源端,就是应该尽快结束"中国无宗教"之论,消除其负面影响,由此从一种"常态"来认识、理解中国的宗教及其与世界宗教的自然关联。中华民族在宗教问题上并没有必要做人类中的"另类",其宗教的正常存在也使中国不可再被视为世界上"反宗教"的"特区"。

(本文参考了拙著《中国宗教与文化战略》,社会科学文献出版社 2013 年版。)

第二十二章

化解冲突

——宗教领袖对人类和平的新贡献

在当代社会，国际冲突频仍，其中亦包括民族宗教矛盾的激化，因此，通过宗教的影响来促进世界和平极为必要。宗教领袖以其对信仰精神的深刻把握及其独有的宗教睿智和人格魅力，在宗教关注千年和平的事业上可以发挥其关键作用。因此，如果世界上的宗教领袖联合起来，以其独到的影响来防止战争、化解冲突，将是对人类和平的重要贡献。

21世纪的来临标志着人类进入了一个新的世纪、迈入了一个新的千年。在跨越世纪和千纪之际，人类不应该只是陶醉于科技发展和应用给人类社会带来的巨大变化及美好前景，而应深刻认识到人类在认识自我内在、协调人际关系上并没有真正成熟。人与人之间的隔阂，政治观念上的矛盾，意识形态上的张势，以及不同社会、民族、宗教之间的冲突，使我们的现代进程并非仅有牧歌相伴，而是轰鸣着战争与冲突的重音，人类迈向新时代的步伐仍显得格外沉重和艰难，并强烈地有着迷失方向的感觉。"冷战"结束后，人们原以为将会迎来一个和平的时代，期盼着一种平等、友善的交往和共融。然而，世界不少地区因政治、经济、社会、文化等冲突而枪炮重响，打破了世界短暂的宁静和人类坐等和平来临的梦幻。这对人类社会发展而言不是一个好的兆头，为此，一些西方学者亦悲观地预感人类不同文明、种族和宗教之间的冲突将会取代意识形态和其他形式的冲突而成为世界上最主要的冲突形式。故此而开始风行"文明冲突"之说。

不可否认,在当代旧的世界格局被打破、新的世界格局尚未定型的过渡期间,一些地区的矛盾与冲突既有政治、经济原因,亦有宗教、民族原因,而且后两种原因乃更为凸显。因此,人们对和平的呼求,再次与宗教问题相关联。宗教与和平的关系已成为人们关注的焦点,世界宗教界尤其是宗教领袖对和平的态度及其国际合作在此乃显得格外重要。正如21世纪初正担任联合国秘书长的科非·安南所言:"世界著名宗教和精神领袖联合起来呼吁和平,将促进新千年的和平前景。"这是以联合国的形式出面组织世界宗教与精神领袖大会的初衷。

宗教由人类不同的信仰群体所构成,在世界各地遍布,深入其社会枢纽之中。而不同宗教之间的对话、宽容及和解在人类和平的进程中亦发挥着极为重要的作用。对此,西方天主教思想家孔汉思曾深刻指出:没有各宗教之间的相互了解,国与国之间则很难相互了解;没有各宗教之间的对话与沟通,诸教之间则很难达到和平与友好;而诸教之间若不能和平相处,那么诸国之间亦不可能和平相处或安全共存。这种宗教与和平的关系及意义在现代社会中尤为明显,而在宗教信仰团体中,宗教领袖对和平的态度和对其信徒的影响乃举足轻重,甚至会起着决定作用。基于对这一点的清醒认识,时任联合国秘书长安南呼吁宗教领袖们开始一种新的合作,以便充分"发挥宗教作为和平使者和抚慰者的积极作用"。谈到宗教领袖这种作用及其必要性,安南认为"问题从来不在于信仰,不在于圣经、摩西五经和古兰经,而在于信徒,在于人的行为,你们必须再次教导你们的信徒分辨和平和暴力的途径"。新千年的和平之实现,在很大程度上亦需要宗教领袖积极参与寻求和平解决争端之道,引导其信徒在人类信仰、文化之巨大差异性中求同存异、和平共处。从这一意义而言,化解冲突、促成和解将是宗教领袖在新时代中对人类和平事业的新贡献。

在过去的历史中,世界各宗教领袖为消除矛盾、化解冲突已做出了种种努力。随着20世纪下半叶宗教的多元发展和普世对话,不少宗教领袖都认为历史上"宗教冲突""宗教战争"的时代应已结束,现代世界应该出现各宗教之间相互对话、理解沟通和宽容合作的全新局面,而不应该重返宗教冲突的时代。为此,不少宗教领袖都提倡一种具有普世意义的基本宗教良知和全球伦理,并以这种"金规则"来求同求和。他们还进一步将之付诸行动,奔波于世界各地,进行艰苦的劝说和斡旋,希望能防止或化解冲突,以宗教和平来实现并维护世界和平。例如,在解决阿以冲突、北爱尔兰冲突、波黑冲突及整个巴尔干半岛的冲突中,各大宗教的领袖们都曾付出了巨大努力,进行了积极的调解工作。早在20世纪70年代,这些宗教领袖就已参与组织并促进北爱尔兰各宗教团体之间的对话与和解。1989年,各宗教界有识之士在联合国教科文组织支持下,在巴黎召开"世界宗教、人权与世界和平"会议,提出"通过宗教和平达到世界和平"的口号。1992年,世界上几大宗教的领袖们共聚意大利的阿西西,为世界和平特别是巴尔干的和平祈祷。1992年11月,天主教、东正教、伊斯兰教和犹太教领袖在瑞士举行和平与宽容会议,指出那些利用宗教象征来服务于民族扩张主义和极端民族主义的做法乃是对宗教信仰之普遍性的背叛,是对宗教基本价值及道德观念的伤害和摧残。与会宗教领袖们联合发表了《伯尔尼宣言》,号召有关宗教应在减少和制止民族纠纷及冲突上做出贡献,并且强调"以宗教之名而犯下的罪恶,实际上是犯了反对宗教本身的大罪"。以此为主旨,他们希望尽量减少因为宗教或以宗教之名而导致的暴力冲突,让人们看到宗教在促进和平而绝不是其反向发展。

1993年8—9月,各宗教领袖和代表云集芝加哥,召开世界宗教议会会议,并且发表了《世界宗教议会宣言》。1994年2月,几大宗教领袖在土耳其伊斯坦布尔召开和平与宽容会议,为解决巴尔干半岛冲突而寻找途径;伊斯兰教、东正教、天主救和犹太教有关方面的领袖签署了《博斯普鲁斯宣言》,再次号召各宗教界人士起来制止波黑内战,为和平祈祷。1995年,有关宗教领袖组织召开了解决波黑冲突的维也纳会议。1998年,波黑宗教领袖代表团曾在华盛顿和纽约联合国总部举行会议。1999年3月,有关宗教领袖亦为试图解决科索沃问题、避免战争而在维也纳召开了和平与宽容会议。显然,世界宗教界有识之士为了防止战争、保护区域和平而尽了自己的努力。不过，这种冲突必须得到综合治理，其前提是冲突各方能够达成和解的共识，而外部力量则需化解、决不可激化矛盾。但很遗憾，许多冲突最终乃以调解失败、国破家亡的悲剧方式而终结。

如上所述，在转化矛盾、化解冲突中，宗教领袖在一定程度上是可以发挥极为独特的作用的。宗教领袖以其对信仰精神的深刻把握、对人类发展高屋建瓴的洞观，以及以其独有的宗教睿智和人格魅力，可以对广大信徒和人民群众形成强大的感染力和深远的影响。因此，在争取和确保世界和平、消除各种冲突中，宗教领袖的表率作用乃意义非凡，应该鼓励其积极参与化解冲突的努力。宗教精神自远古以来就提倡人与人之间的和平、社会中的安宁和人类心灵的平静与超越。各种宗教以不同的语言和表述来强调"护生""至善""平和""博爱"，宗教领袖以其教诲和行为在人类和平事业中亦树立了光辉的榜样和典范。

在中国历史与现实中，不少宗教领袖都提倡一种普世之爱和人人共享之和平，从其宗教教义及传统中阐发其对和平的追求。例如，中国传统宗教中的"仁爱""仁者爱人"和以"仁义礼智信"来影响社会的思想；道教回归自然、与自然保持平和，认为万物平等、物我合一，世界和谐的主张；佛教"大悲为首""慈悲为怀""普度众生"的精神；等等。这些宗教中的和平精神铸成了中国人"为善""致和""成仁""赞天地之化育""为万世开太平"的理想追求，凝练为"忠孝仁爱、信义和平"的伦理精华，亦展示了中国宗教领袖的人格风范。在协调当代中国社会关系、促进人与人之间的沟通和了解，消除社会矛盾和冲突中，中国宗教领袖亦做出了突出贡献。中国基督教领袖丁光训主教就曾提出"中国神学建设"的创意，从"创造""爱""真善美"等基督教信理上和"宇宙的基督"之观念上推崇人类的对话与和解，表现出开放、包容、合作、博爱的精神。正是宗教领袖与广大信众的共同努力，宗教的冲突得以不断消除和化解，人类正朝着更多"对话"和"理解"的方向前进。

必须清醒地看到，宗教的和平理想在其现实奉行中并非一帆风顺，它因错综复杂的社会政治、经济、文化等因素而使理想与现实之间仍存有较大的距离。正是在这种现实氛围中，联合国与世界宗教领袖共同合作，倡导千年和平运动，展示其齐心协力消除暴力、化解冲突的决心及行动。为了这一目标，各界人士共同努力，宗教领袖率先而行。大家甚至抱着一个美好的愿景来身体力行，相信如果要想得到世界和平，则必须将宗教和精神领袖们带入联合国，让他们共同协商并签署和平协议。这一构想深深打动了联合国秘书长安南，由此而有了提出邀请世界著名宗教领袖召开世界和平千年大会、签署《世界和平宣言》的积极建议。这样，宗教领袖的个人努力和自发努力得以与联合国这一重大国际组织的联合努力相结合，从而将使人类消除战争、化解冲突的工作更有成效、更显活力。为此，联合国秘书长安南也高度评价这种合作，强调联合国是一块织锦，不仅仅是一般的服饰，而且还绣有牧师的衣领、修女的服装、喇嘛的长袍、主教的冠冕以及其他各教的象征装饰。由此，人们可以清晰地看到，在世界各大宗教的教义和联合国章程的价值观之间乃存在着一种基本的亲和力。为使这种合作达到实效，世界和平大会秘书长巴瓦·简恩先生开始为筹办"宗教与精神领袖世界和平千年大会"而奔走、协调、联络、策划，并希望能组建"宗教和精神领袖国际咨询理事会"，以增强联合国的工作及其协调能力。这在国际社会大家庭中是非常必要的努力和非常及时的行动。希望通过世界宗教领袖与联合国的密切合作，人类在克服冲突、消除暴力、维系和平上将会更加努力，亦会取得更多更大的成效。

（原载《中国宗教》2000年第6期）

第四编　基督教与中国社会

第二十三章

基督教在中国近代和当代社会的传播

引论　基督教与中国：两种"强势文化"的相遇和交往

自公元635年（唐太宗贞观九年）景教传入中国，遂开始了基督教与中国相遇和交往的漫长历史。这一进程迄今仍未结束，其间不断增加二者碰撞的痛苦和彼此沟通的喜悦，充满着错综复杂、跌宕起伏的历史戏剧和令人回味、反思的文化插曲。不同于佛教在中国的传播，基督教从传入中国到今天的发展，始终都代表着一种"强势文化"，其与中国文化的交往甚至"较量"亦有着这种"强势文化"的支撑。因此，基督教在华在其基本信仰观念和宗教原则上不愿做出本质性"让步"和"妥协"，要坚持其原有文化传统和宗教观念的"原汁原味"，这就使基督教在华的"本色化"进展缓慢，且少有本质性"突破"。甚至像利玛窦等耶稣会士在明末清初适应中国文化的策略亦在基督教会内部引起争论，最终受到打压。这样，基督教在中国人的总体印象中仍为一种"洋教"，基督教的文化因素也被视为某种"异质"文化，中国文化基本上仍对之持警惕、防范和排拒态度。

中国文化有着上下五千年的历史，曾有其灿烂的过去，也充满着对其光明未来的希望。因此，纵令在中国历史上政治、经济衰弱的时期，这种文化"自豪"与"信心"仍不曾动摇和放弃。所以说，中国文化亦以一种"强势文化"的姿态来迎接、对待基督教的传入，并期待以

"海纳百川"之势来将基督教"化"为自我所属,从而很难接受基督教高屋建瓴、咄咄逼人的单向"传教"方式,对这种异域、外来"强势文化"的居高临下,唯我独尊感到不解、迷惑,甚至愤怒。其结果,双方的相遇不时发生以"强"对"强"的碰撞和各自恪守其规范、秩序的"礼仪之争",从而让彼此都吃到过苦头,并在中国社会留下了一些难忘的伤痕。

不过,二者相遇中的碰撞、冲突并非其全程和常态、彼此得以沟通、实现交流、形成一定程度相互理解的史实亦不难发觉。可以说,尽管各自以"强势文化"的姿态来相遇,却仍可能达成一定程度的沟通和理解,从而实现某种有利于双方的"共识"和"共融"。这种理想结局既有利于基督教在中国社会的存在与发展,亦会帮助中国文化开放、创新、走向世界。从这一意义上,因而有必要对基督教在中国近代和当代社会中的传播加以历史回顾和文化反思。

一 基督教自中国近代以来传播的社会背景

由于清初"中国礼仪之争"引起的中国重新排外和锁国的后果,清朝在此后的百余年中故步自封,鲜有建树,国力大衰,成为一个外强中干的虚弱帝国。这样,在与西方再次相遇并发生政治、经济冲突时,只不过经历了小小的较量,以英国为首的西方"强势"就以其"洋枪洋炮"将大清帝国冲得个七零八落,溃不成军,甚至使其帝都失陷,朝廷动荡。这时的基督教乃以十足的"洋教"而"凯旋"中国,并确立了其延续至今的在华存在和发展。但是,政治上、军事上的"强势"并不能确保其文化上、宗教上的"优势"。中国社会因当时政治、军事上的失利反而强化了其文化上对外的反抗和排拒。于是,基督教在华的形象更为"恶化",不仅被视为"西方的宗教""洋人的宗教"(洋教),而且还增加了"西方列强的帮凶""帝国主义文化侵略"的代表等"恶名"。

中国近代社会的发展,乃"救亡"与"启蒙""双重变奏"之交织。为了反抗帝国主义列强的侵略和对中国的殖民化，中国近代社会"民族斗争和阶级斗争的尖锐激烈，使政治问题异常突出。"① 面对社会的大动荡、大变革，以及在西方强势打压下的衰败、崩溃，中国有识之士深感其当务之急和首要任务乃是"救亡"。但"救亡"并非空穴来风，唤起民众仍需必要的思想武器和精神动力。为此，改良维新派提出"向西方学习"，以一种"他山之石，可以攻玉"的"拿来主义"来作为对民众"启蒙"的有效途径。这样，"师夷之长""西学为用"便成为当时颇为看好的"启蒙"方法。显然，在"救亡"和"启蒙"二者对待西方的态度上存在着内在张力和冲突。"救亡"在反帝反封的旗帜下势必有着对西方的排斥，而"启蒙"在"向西方学习"的口号下则自然有着对西方的吸纳。虽然二者曾有着相互促进，但最终还是"救亡压倒启蒙"，即"国家独立富强，人民吃饱穿暖，不再受外国侵略者的欺压侮辱"成为"头号主旋律"，"救亡的局势、国家的利益、人民的饥饿痛苦，压倒了一切，压倒了知识者或知识群体对自由、平等、民主、民权和各种美妙理想的追求和需要，压倒了对个体尊严、个人权利的注视和尊重。"②因此，中国从近代往现代的发展，基本上是以"救亡"为其突出主线，社会的一切均以"政治"为其考虑的前提和根据；这在"突出政治"的口号上得到其典型体现。可惜的是，这在另一个侧面却也暴露出中国近现代发展中的一个明显不足，即"由于政治掩盖、渗透、压倒和替代了一切，各个领域或学科的独立性格反而没有得到充分展开和发挥，深入的理论思辨（例如哲学）和生动的个性形式（例如文艺），没有得到应有的长足发展，缺乏反映这个伟大时代的伟大哲学作品和艺术作品。"③中国近现代社会舞台基本上乃是"政治家的舞台"。

---

① 李泽厚：《中国近代思想史论》，人民出版社1979年版，第475页。
② 李泽厚：《中国现代思想史论》，天津社会科学院出版社2003年版，第27页。
③ 李泽厚：《中国近代思想史论》，人民出版社1979年版，第475—476页。

二 基督教在华传播中所扮演的社会文化角色

在上述中国社会背景中，基督教在华传播自然会有着复杂的经历，也不可能一帆风顺。基督教因"鸦片战争"后"不平等条约"的保护而得以传入，这本身就为其在华传播的"正当性"或"正义性"蒙上了阴影。其"洋教"的标签并不代表着正常条件下文化交流中的西方文化象征，反而是"文化侵略""文化压迫"的符号。这样，在华传教士的传教之旅走得很艰难，而中国基督徒的"认信"亦处于被怀疑、遭指责的复杂氛围中。"多一个基督徒，少一个中国人"的表述，实际上就是要在中国社会将这些基督徒边缘化、归入异类。

因此，基督教在华扮演的角色已不可能仅是"传教"的角色，并不单纯被人看作宗教"信息"即基督教"福音"之传播的"使者"。相反，基督教在华乃有着更多的社会、政治和文化象征，有其复杂的"符号"意义。尽管基督教作为一种"普世"宗教本来乃有其"超西方性"和"全球性"的信仰宣称，而且其信仰根源乃始于亚洲而并非西方，但其两千年的发展却与西方思想文化结下了不解之缘，其信仰精神亦在西方社会文化中深深扎根。另外，近代入华的基督教正是从"西方"传入，并已与西方政治、文化势力融为一体。毫无疑问，这样传入的基督教所扮演的势必乃"西方"角色，其与中国社会文化当然是一种面对、相遇的关系，随之而来的或许为对话、沟通、相互理解和吸纳，或许则乃对抗、碰撞、相互排斥和抵制。本来，在中国近现代"启蒙"思潮兴起中，基督教可以发挥其"西学东传""洋为中用"的独特作用。但因"救亡"这一主旋律而使其上述作用旁落、边缘化，并反而将其政治冲突、文明对抗的不利层面暴露无遗，迫使它以一种"不光彩"的角色在华亮相。

在中国近代"新文化"运动中，虽曾向西方的"赛先生"（科学）、"德先生"（民主）示好，却仍没有给基督教以好的脸色。本来可以作为中西"文化传播使者"的基督教在20世纪初乃遇到了更大的麻烦和尴尬,在"非宗教运动",尤其是"非基督教运动"中首当其冲,成为人们攻击和谴责的目标。由此,中国文化社会在"打倒孔家店"的自我否定、自我批判之同时,也将基督教作为"西方帝国主义文化""西方殖民主义文化"来否定和批判,并不为之在中国社会中留下驻足、生存的空间。正是在这种遭遇中,教会人士才深深感叹"中国基督教之船"已驶入了茫茫雾海,正经受着狂风巨浪的冲刷击打,许多来华传教士为幻灭、失望和茫然所困扰,而种种矛盾和冲突也使中国教会的精神基调罩上了一层"朦胧的色彩"。① 可以说,基督教在中西政治冲突中获得机会入华传播,却也吃下了这一冲突的"苦果",在其此后的传播过程中难以摆脱"洋教"的阴影,自身因而也深受其害。

三 基督教所体现的西方文化精神及其对近现代中国的影响

尽管基督教在中国近代传教环境中处于不利甚至颇为"恶劣"的状况,其体现的西方文化精神却仍被部分中国人所接受、吸纳,在中国社会占有一定市场,尤其是不少中国知识分子在其中看到了中国社会"启蒙"的希望,从而将之视为中国社会达其根本"救亡"的重要因素之一。

在西方文化的诸多精神中,由基督教引入且吸引中国人尤其是中国知识分子关注的,也主要是与"救亡"和"启蒙"相关联的精神。在"救亡"层面,基督教的"拯救"精神、"先知"精神和"仆人"精神给这些中国人一种"使命"感和一种"服务"意识。在战争、灾祸和社会压迫的痛苦中,这种"拯救"精神如一场"及时雨"而使人重新振奋,看到了希望和光明,从而不至于在苦难中消沉、沦落。"拯救"精神作为神圣"感召"使中国基督教的有识之士在社会"救亡"中获得了重要的精神支撑,并为其救亡运动提供了神圣的维度。与这种"拯救"密切关联的"先知"使命感让一部分中国基督

---

① 《教务杂志》1927 年第 58 卷第 7 号,第 1 页。

徒参与了中国现代政治，甚至成为政治领袖或著名社会活动家。然而，中国近现代社会政治的错综复杂也使这些基督徒的参与蒙上了阴影，其"神圣性"或宗教追求的维度在政治冲突、纷争中消解、嬗变、异化，并进而使基督教在华命运更加扑朔迷离。这在20世纪上半叶美国新教传教士与国民党政治的关联上得到最为典型的体现。但除此之外，也有一部分中国基督徒从"仆人"精神来结合"拯救"精神，即把"拯救"体现在其作为"仆人"的"社会服务""社会救助"工作上。由此亦体现出基督教的核心"博爱"精神。这样，基督教的社会工作及其涵括的社会慈善、救助、医疗、福利、赈灾、扶贫等方面成为基督教在华的一道独特风景线，如在贵州石门坎传教的柏格理曾使这一偏远之地的名声风靡世界，也使基督教的"拯救"成为一种实实在在的现实"救度"。

在"启蒙"层面，则主要是中国基督徒知识分子对"超越"精神、"契约"精神，以及文化教育上的追求和奉献。其主要影响：一是对中国近现代教育事业的促进，这样，基督教不仅是信仰意义上的"传播"，而且也是文化知识上的"教化"；二是对"法治"观念的引进，使中国传统文化中浸润的"人治"观念受到冲击，其封建意识所构建的"集体意识"或"集体无意识"开始动摇，中国人由此而感到一种以"合作"方式达成的"共同参与""公共管理"，"个人权威"必须让位于以立"约"立"法"来构成的"社会权威"；三是对"超越"境界的体悟，这种"超越"使中国知识分子认识到人及其社会存在的有限性、相对性，从而不将"世俗"僭为"神圣"，却能在"属世"中向往、追求"超越"之维，达到自我的灵性升华。这种认知与中国知识分子的"修身养性"相结合，促发了一种全新的"人格修养"和"自我超越"。基督教在近现代中国的"启蒙"意义有着上下两个向度，既是一种社会文化教育的"普及"，也是对中国传统精英文化的"升华"。可以说，这两种影响虽或大或小、断断续续，却延续至今，为当代的全新发展打下了基础、准备了条件。

四 基督教在华"本色化"尝试所遭遇的文化碰撞和交流

基督教与中国文化作为两种"强势"而在中国"本土"的相遇，在不少中国有识之士看来，二者要想避免冲突，实现其"有机共在"或"相互融贯"，其最佳之途只能是基督教在华的"本色化"，真正"进入""融入"中国社会，并"共构"或"重构"中国文化。但这对基督教"宣教"本身及其宗旨而言却是一种悖论，而从其信仰宣称直至当今"汉语神学"的表态中，就可以看到其中的张力和抗拒。因此，这种"本色化"尝试一直是文化碰撞和交流的共构，未达真正实现或理想之境。这种真实决定了基督教在华的处境和命运。针对基督教来华所带来的西方文化因素及这种文化与西方政治强势的一同入华，许多中国基督教知识分子因而希望基督教在华去掉其"西方"色彩，而体现"中国"本色，这种"本"不是基督教信仰之"源"的"本"，而是指其所处地域的文化之"本"。这样，中国基督教发展的"共识"或"主流"应是呼吁、要求、促成这种文化融入（inculturation）的"本色化"。

例如，吴雷川认为，基督教在华应该真正成为华夏的宗教，其所应该达到的是二者之双重"更新"，即基督教在华的"更新"和中华民族自身的"更新"。他强调基督教在华应是"东方的基督教"，是"东方的世界主义""东方的未来主义""东方的和平主义"及"东方的躬行主义"，而不是"西方的国家主义""西方的现代主义""西方的竞争主义"或"西方的学说主义"。赵紫宸也要求达成"中国化的基督教"，而这种"化境"的基督教乃包括两个"根本承认"：一是根本承认基督教中"永不磨灭的宗教本真"，这是中国基督徒的宗教"认信"；二是根本承认中国文化在"精神生活方面的遗传与指点"，由此保持并强调中国人的文化身份，体现其文化自知和自觉。为了有可能实现这种"本色化"，王治心则认为二者之间应有"调和"，由此而达彼此"认同"；这种"调和"包括"生活上的调和""道德上的调和"及"精神上的调和",以"和为贵"来化解矛盾,避免冲突。不过,"调和"显然表示了"让步",基督教与中国文化的碰撞及冲突就在于双方"不愿"或"不能"让步,达不到"退一步海阔天空"的状况。因为,"调和"与"让步"会冒失去各自"本真"的危险,会忘掉"自我"或丧失"自我"。正是由于这一"卡壳"和步入"死胡同"的尴尬,所以谢扶雅才感叹说,基督教与中国文化虽已"相遇",却未真正"相知",故尚未达到"融为一片"之境,然"人之相知,贵相知心",双方真正"知心"却实属不易,彼此之"心"仍处于"怀疑""猜忌"的"心境"。而无"知心",则不可能真正实现彼此"融合""结合"及"统一"。其结果是基督教在中国社会走得相对孤独,有着贬义的特立独行;而二者"知心",显然仍有着漫长道路要走。

五 基督教在中国社会、文化、宗教中的"公共形象"

鉴于上述历史发展和文化相遇的现实,自20世纪50年代以来,基督教在中国社会、文化、宗教中的"公共形象"基本上是负面的、暗淡的、消极的。这一状况直到中国大陆20世纪70年代末实行改革开放才出现重要改观。

在社会上,20世纪50年代是西方传教士从中国本土"大撤离"、中国教会走向"自立"或"独立"的时代。基督教自"鸦片战争"以来客观上已将自己的命运与西方帝国列强在华存在和影响拴在一起,基督教会及其宗教生活被视为西方社会及其精神生活方式的"缩影",故在当时中国社会并不被人看好,甚至被看作"新兴"社会中留存不多的以往社会"阴暗"之面的一个组成部分。随着中国社会的重新开放,对西方社会的认知亦从"封闭"走向"开放"、从"静态"变为"动态",并在一定程度上承认了西方社会的"先进"或"合理"。这样,基督教也开始逐渐摆脱以往其与"黑暗社会"相关联的阴影,而被看作西方社会的重要传统构建和精神支撑。

在文化上,与"新文化"或"新民主主义文化"相悖的有中国传统历史上的封建主义文化,以及对中国发展构成欺压的西方帝国主义文化和殖民主义文化,而基督教文化在中国改革开放之前则被归入后一范畴,即成为西方"帝国主义文化"和"殖民主义文化"或其直接代表。这样,基督教近代入华被视为"帝国主义文化侵略"的主要构成,甚至中国"三自"教会本身亦如此看待基督教在华传播的过去。显而易见,挂有这种名号的基督教文化势必会被排除在中国"文化革新"或"文化更新"的使命之外,是一种要"警惕"和"防范"的"外来文化""异质文化"。中国的改革开放亦开始改变对西方文化的看法及评价,由此亦开始对基督教文化的重新审视。这种审视已越来越客观、公正和积极,并且跳出了"政治"领域这一狭小空间而从更长远的大文化视野来观察、分析基督教文化,进而对其在人类文明史上的贡献加以充分肯定。

在宗教上,以往主要是从"洋教""西方宗教"这一立足点来认识基督教。这种认知显然要从"本土"宗教与"外来"宗教之间划出界线、分出亲疏,表明对"异质"宗教的一种距离感和不信任感。自中国改革开放后,人们开始从文化交流的角度来对待中西宗教的相遇、传播与互渗。但随着"冷战"后"文明冲突论"的流行,中国人对基督教作为一种"宗教"的认知又增添了更多的复杂内容。例如,一个基本视角就是从"亚伯拉罕传统"来看待基督教,由此找寻犹太教、基督教、伊斯兰教的内在文化关系及其相互冲突、斗争的根源。其中相关的解读即从这三大"同源"宗教的"绝对一神论"来分析,认为这种一神论的特点是"排他性""不宽容""唯我独尊",由此必然引起社会纷争和冲突,难达妥协或调和。与之相对应和比较,中国传统宗教则主要是"多神"崇拜。"多神"观念虽然看似"低"于"绝对一神","超然"之维不高、"权威"影响不大,却有着更多的宽容性和包容性,适应于相互吸纳、彼此妥协,从而实现社会上"你中有我""我中有你"的宗教"世界大同"。这不是"形而上"的哲理推论,而乃"功能性"或者说"功利性"的社会评价,在中国当今社会的宗教认知中颇有市场。当然,在目前中国"开放性""开明性"的态势中,人们亦愈来愈多地表明了对基督教宗教精神的吸纳、借鉴、参考甚至引入等态度,而不再是纯粹"非宗教"或"非基督教"的排拒。

六 基督教与当代中国:在继续其"未结束的相遇"中挑战与机遇并存

当代中国已开始前所未有的改革开放,其"融入""参与"世界"共同体"的程度、规模也是空前的。而且,这一时代氛围特别有利的是,中国对"走向世界"乃持有"主动""积极"之态,而中外社会政治、经济、文化等多层面交往与合作基本上是在一种"平等""互利"的情况下展开的,不存在帝国主义列强侵华时期的"强迫""高压"和"威逼"。这种形势对于"和平对话""真诚沟通"乃"千载难逢",只要相遇的双方有"诚心""真意",则可以达到谢扶雅曾感慨和期盼的"知心"之"境界"。

应该承认,今天基督教正以前所未有的速度在中国大陆发展,其影响亦与日俱增,人们对之褒贬不一。而中国社会对基督教的开放、宽容、理解程度亦是过去所无法相比的。既然如此,那么能否说基督教与中国的社会政治及文化关系就已进入"蜜月"呢?笔者个人对此的回答很遗憾仍是否定的。究其原因,一方面,在于基督教在中国大陆的再次传播仍表现出与中国"主流"的竞争或抗争,其"强势"文化的架子并没有放下,在西方势力对中国当代发展的怀疑、打压中,不少海外教会似乎仍表现出一种支持、欣赏的态度;这势必再次触动中方的敏感神经。另一方面,中国当代社会对基督教的理解、吸纳仍显不够,从而使基督教在华正常发展的氛围并没有真正形成,结果导致基督教在华仍有"地下"发展和扩散。未能"正名"的基督教在华活动从而被看作"敌意"或至少是"不怀好意"的"渗透",而这种态势正在逐步扩大。于是,西方出现的"中国威胁论"在中国则得到了"西方威胁论"或"基督教威胁论"的呼应。二者再次"对抗""争论"的迹象可能会使双方都坐失良机，重新坠入以往基督教与中国文化交往所迷误的"千年黑暗"之中。可以说，形势虽还未如此严峻，却仍可将基督教与当代中国的关系视为处于十字路口的行者，双方如何举足迈步极为关键，并将决定其在这一新的世纪乃至千纪的命运。是再次"剑拔弩张"，还是"化干戈为玉帛"？从这一意义来看，基督教和中国文化智慧都正在面临考验，双方社会也正拭目以待。明清之际"礼仪之争"曾葬送中西文化交流沟通的大好局面，这在今天应作为一面镜子来照射、更应作为一座警钟来鸣响。我们对此必须"三思而后行"，以避免"一时失足成千古恨"的历史教训。

结语　对基督教在中国的社会文化命运之思考

在作为两种"强势文化"相遇的基督教与中国社会文化之间，已留下了双方冲突的历史伤痕和切断彼此真诚沟通的"信任"鸿沟。当今社会发展使我们有了重新走到一起的可能，但它是"福"、是"祸"，人们仍在猜忌，感到捉摸不定。因此，相遇者的"姿态""取向"就显得特别重要。在目前重新遇到的一些尴尬、僵持中，笔者个人深感一种"超越"之维、"超然"之态特别重要。如果有着"博爱"精神的基督教在今天与中国社会文化的相遇中能主动、率先低下其"强势文化"的"高昂之头"，体现出其"谦卑"精神和"忍让"姿态，当代中西对话或许能达至另一种境界，形成另一种风光？而基督教在中国的社会文化命运也可能会是一种全新的、光明的场景。让基督教"先"让步、低头来放下身段的理由，一方面在于这是基督教在中国境域的"相遇"，另一方面还在于基督教在近代入华传播中对中国曾有过的历史"亏欠"。基督的"救世"乃是一种以牺牲自我为"赎价"的拯救，基督的门徒为何不在此仿效基督、紧跟基督呢？这种考虑是基于人们对基督教的"理想"理解，当然不敢在现实中对之奢望。让我们将之作为一种"幻象"，而指望着"奇迹"的发生吧。对此，可以借用当代基督教神学家莫尔特曼的话语来结尾："我们没有信心，我们只有希望！"

（原载李灵、尤西林、谢文郁主编《中西文化交流：回顾与展望》，上海人民出版社2009年版。）

第二十四章

对基督教在当代世界中突破困境的断想

当代世界动荡起伏、复杂多元，基督教在这种新处境中很难游刃有余而乃险象环生。我们讨论"基督教在当代中国的社会作用及其影响"，则必须面对这一严峻现实，所以，感受到的是心境沉重而难有轻松心情，想探索的是路在何方而不见阳光坦途。特朗普的当选，美国基督教保守主义的抬头可能使其社会的宗教对话更为艰难，基督教与伊斯兰教在世界范围的文明冲突会转向其美国社会内部的矛盾与撕裂。欧洲基督教已明显影响式微，英国脱欧、对难民的态度等使其欧洲统一的现代梦基本幻灭，如何可能使欧洲团结自守已成当务之急，但基督教却没能及时提供使之可以摆脱困境的智见等指引。亚洲各种势力对比的调整和变动，亦使相关国家的基督教在困惑和迷糊中无所作为，沉寂遁隐。而当代中国社会与基督教的关系也很难再宣称"风景这边独好"，表层的冲突、涌动的暗流，在阴云密布之中鲜有艳阳天的朗现。中国社会的统一、整体共在是其政治、文化的底线，而"台独""港独"在冲击这一底线时台湾、香港的基督教则分歧重起，出现对立；中国内地对基督教的看法、举措也显出变动，使基督教会内部有了动摇、彷徨，社会对基督教的猜测、怀疑加重，二者在社会转型中的困惑、烦恼浮出水面，如本来认为可能会顺风顺水的"基督教中国化"走向，却没有想到会碰到各种想法、抵触或没有作为及不知如何作为。可以说，当下对宗教的认知及评价分歧已经达到中国改革开放近三十年来之最，甚至批判宗教、批判神学的声音也盖过了以往的任何学术讨论和思想争议，社会呈现一种"山雨欲来风满楼"的迹象。面对这种跌宕起伏的变化，基督教界在看似麻木中有着焦躁，观察者在大多失声中流露出失望。在前所未有的多元分歧、争论尖锐中，对基督教怎么看、怎么办的问题再一次几乎在毫无预料、毫无准备的情况下闯入人们的视野，成为当今社会的热点。

反思过去百年的中国现代史，其认知的变化直接与对宗教的评价、审视相关。我们这一讨论可以追溯到"新文化运动"，中国社会对这一运动的思想解放、社会革新和对外开放迄今仍持充分肯定的态度，视为一份宝贵的现代精神遗产。但冷静思考，这一运动倡导"破旧立新"，其"破旧"的任务得以迅速完成，有摧枯拉朽之力，而其"立新"的任务主要在社会、政治层面得以完成，而文化、思想、精神的"立新"却进展缓慢，直至今日仍未彻底完成，甚至可以说尚无实质性进展。其对待宗教问题同样也是只破不立，由"非基督教运动"扩展到"非宗教运动"，而且基本上奠定了中国社会百年以来对宗教的负面看法。如果说"非基"运动否定了来自西方的基督教，那么"非宗"运动则扩大到对整个中国宗教的否定，延续千年之久、曾作为中国社会精神支柱的儒教就在这一时期坍塌，千年老店在"打倒孔家店"的口号中彻底关张，孔子精神"道不行，乘桴浮于海"而从此魂游海外，至今难以回返。在中华人民共和国成立以来的近七十年中，关于宗教的讨论基本上以否定或负面评价宗教为强音，20世纪60年代的讨论把宗教归结为迷信，只是认为迷信还包括不少低于宗教的东西；改革开放初期关于宗教是否为"鸦片"的讨论仍基本保留了"鸦片"之论，只是对"鸦片"的定性有所改善，而当时主张宗教乃"文化"之说却底气不足，其理论建树亦语焉不详。最近方兴未艾的宗教之论则更多剑指基督教，迄今对宗教否定的声音仍明显压倒谈宗教积极作用的声音。看似对宗教有着"同情性理解"的学者基本处于"大音希声"之状，结果传统媒体及新媒体重新反映出"批判宗教""批判神学"的口诛笔伐之声。而研究宗教者特别是研究基督教的学者则似乎有"原罪"一般被怀疑或猜忌，其社会处境明显不佳。坦言之，基督教在当代中国的社会作用及其影响与其社会氛围、社会理解直接相关，而当下这种困境则使之在中国社会难有大的突破和作为。

不过，回顾历史，基督教在逆境中的发展往往是其常态，其初传福音就是要找寻好消息、倾听好声音，而其影响当代世界的神学之一就是"希望神学"。应该说，就中国当代处境而论，基督教目前虽有困难，却总算顺利，比几十年前的状况要好多了，仅基督新教人数就从1949年时的70万人发展到今天至少2300万人，成为发展最快的宗教之一。因此，中国社会制度的转变并没有必然带来基督教在中国的黯沉，而其当下的危机同样也是危险与机遇共存，中国的宗教研究也有可能从"险学"重新转化为"显学"。笔者认为，基督教突破在中国社会的发展及认知困境需要抓住当前的一些重要机遇，真正有所作为。

第一，2016年4月全国宗教工作会议的召开，中国共产党和中国政府传递出的重要信号仍然是积极引导宗教，这种引导就包括对宗教中一些教义、伦理适应中国当代社会及社会主义核心价值观的积极肯定。基督教在这种积极引导下的积极适应已经积累了不少宝贵经验，况且中国主流意识号召弘扬包括宗教文化在内的中华优秀传统文化，这也是基督教可能在中国当代社会重新展现自身积极意义和价值的重要机会。世界基督教与社会主义、共产主义的对话至少有长达半个世纪的经历和经验，中国基督教早在20世纪四五十年代就有着对马克思主义、历史唯物主义和辩证唯物主义的研习和适应，例如中国基督教"三自爱国"运动的主要发起人吴耀宗先生早在1950年就编著出版了《辩证唯物论学习手册》（上海，青年协会，1950年4月），对共产主义理论有着系统的学习。诚然，作为主流意识形态的马克思主义、共产主义不一定会或根本不可能认同基督教的信仰，但基督教却仍然可以在今世社会层面认同社会主义、共产主义、历史及辩证唯物主义等马克思主义理论学说；对于基督教而言，这种现实社会层面的适应、调和及融合不是不可能的，因为从思想精神传统上就可以找出犹太教、基督教文化渊源对马克思主义、共产主义理论发展的复杂影响。所以，在这种政治理论层面的对话及适应上,基督教完全可以更加主动,且不必吃其老本而能够立下新功。目前极为活跃的天主教新的教宗方济各一世,其来源之拉美天主教会就有着与马克思主义、共产主义对话的"解放神学"之资源财富。

第二,中国宗教坚持中国化方向,基督教的中国化给基督教带来了积极参与、贡献智慧的机遇。佛教的中国化带来其在华地位及影响的巨变,在今天中国五大宗教中,信奉本源乃印度、尼泊尔文化的佛教人数实际超过了其余四大宗教信仰人数之总和。当代"人间佛教"实际上是在学习了基督教之后走向社会、进入"人间"而获得的发展、取得的成就。所以,基督教不该也没有理由抵触其中国化,而应积极参与并在当下引领中国化的发展过程,传授其成功经验。这种中国化包括政治上的、社会上的、文化上的以及神学上的,是一个大有可为的系统工程。基督教既是普世的,同样也是民族的,而在中国当然属于中华民族。最近有学者在谈论"民族"理解时,根据其西方术语 nation 的含义而明确指出其"国家"性,所以,中国基督教首先就必须意识到其中国之"国家"意识,中国基督徒也必须首先自觉认识到其中国"公民"身份。由此而言,当下中梵关系的发展也不可能跳跃"中国"之国家性的底线,只能在"独立自办"的理解下找出方案、发现出路、提供智慧。这一普世教会与中国国情的两难如何得到稳妥、睿智的处理将决定中梵关系的未来发展。中国方面有着"一国两制"的创举,梵蒂冈方面是否也能有"一教两治"的突破呢?

第三,"一带一路"的提出为我们认识宗教与历史文化、宗教与国际交往的关系方面布置了新的任务,而在完成这一继往开来之国际合作的任务过程中,宗教的元素至关重要,不可忽略。我们也应该发掘、体悟并认识基督教与"一带一路"沿线各国的关系、与各种文化交流上的经验教训则特别重要。中西思想文化交流多以基督教为媒介,而其历史通途也基本上是沿海陆丝绸之路来延伸。我们回顾历史不是要发思古之幽情,而是以洞若观火之历史审视来分析当下、展望未来,积极作为,创新开拓。所以,作为政治、经济及文化任务的"一带一路"倡导，给基督教重新处理好其国际关系、建立良好的世界秩序、适应中国社会及其文化都提供了新的机会。机不可失，时不我待，衷心希望在中华民族命运共同体和人类命运共同体的建设中，看到基督教积极作用的努力发挥，形成其对中国发展积极促进的良好印象。

（本文为在 2016 年"基督宗教在当代中国的社会作用及其影响"学术研讨会上的发言）

第二十五章

中国基督教与中国现代社会

中国改革开放的大潮,迎来了基督教在中国的全新发展。在中国社会现代化的进程中,基督教对于中国文化和社会发展的意义也逐渐得以彰显。因此,对中国基督教现状的了解,实际上包括了两个层面,一为基督教在中国现代社会处境中自身的发展变迁,二为基督教对于中国现代社会的影响及这一社会对基督教之认识的发展变化。这种在发展和认知上的双向互动,既为基督教在当代中国社会的存在提供了一种良好的氛围,又促使基督教更好地发挥其"作光作盐"的精神,为中国现代社会的两个文明建设作出其应有的贡献。

一 中国基督教现代发展的历史回顾

中国基督教的现代发展可以追溯到 20 世纪 50 年代初期。随着中华人民共和国的成立,中国社会在政治、经济、思想、文化等方面发生了前所未有的变化,中国基督教也置身于一种全新的处境之中,面临着巨大的挑战。在当时的政治形势和国际环境下,中国基督教对新的社会现实作出了积极回应,其结果是以"自养、自传、自治"的三自爱国运动而摆脱了西方教会或差会对中国教会的控制管理,使中国教会从此成为与世界其他各国教会平等的独立自办的教会,发生了根本性变化。

就中国基督新教(即中国基督徒所习称的基督教)来看,1950 年初，中国教会著名人士吴耀宗先生联合全国40多位教会领袖发表《中国基督教在新中国建设中努力的途径》，这封致全国基督教同道的信被称为中国教会的"三自宣言"，由此引发了全国的基督教革新运动。在三年后，全国在此"三自宣言"上签名的基督徒已达40多万人。1954年7月，第一届基督教全国代表会议在北京召开，有232名人士代表62个教会团体出席，会议选举产生出139名委员，正式成立了中国基督教三自爱国委员会，吴耀宗先生当选为首任主席。这一会议的召开和教会全国机构的建立，标志着中国基督教现代发展的开端。

1958年，中国基督教开始不分宗派的"联合礼拜"，从而使中国基督教进入了一个"宗派后时期"。这不仅成为世界基督教界的一个创举，而且对当代基督教的"普世教会"或教会合一运动也有深刻的启迪。在中国基督教的这种"宗派后"发展中，各原宗派已基本上不再单独以原宗派组织的名称来面世或开展活动，其在过去曾有的全国性和地区性组织亦不复存在。原有各派都参加了三自爱国运动，相互之间构成新的合作、共融关系。各派不再发行原有的宗派性出版物，也不以原有宗派身份对国外联系或开展活动。大家以求同存异的态度来维护其信仰生活，其"联合礼拜"中也保持了其信仰形式的多样性。

自20世纪50年代后期和60年代以来，由于中国政治发展中出现极"左"思潮和最终导致"文化大革命"运动，中国社会正常宗教活动的氛围被破坏，中国教会遭受到种种磨难。这一时期的宗教信仰自由失去保障，中国教会发展亦陷入低谷。

随着"文化大革命"的结束和中国社会的拨乱反正，中国教会自20世纪70年代末80年代初进入全新发展时期。1980年10月，中国基督教第三次全国代表大会在南京召开，这次会议正式恢复了在"文化大革命"中一度中断了的中国基督教三自爱国运动委员会的活动，而且还为教会发展的需要成立了属于其教务机构性质的中国基督教协会，两会均由丁光训主教担任主席和会长。从此，中国基督教会得以恢复并重开教堂，信教人数逐年增长，《圣经》等基督教神学著述和灵修读物大量发行，教会杂志得以恢复，各级神学院也越办越多，其毕业生充实到各地教会，成为中国教会富有朝气的年青一代神学家和教会工作者。1996年12月至1997年1月，中国基督教第六届全国代表大会在北京召开，近300名代表出席了会议。会议选举了丁光训主教为中国基督教三自爱国运动委员会名誉主席、中国基督教协会名誉会长，罗冠宗先生当选为中国基督教三自爱国运动委员会主席，韩文藻先生当选为中国基督教协会会长。在新的形势下，中国基督教教牧同工决心积极响应时代的要求，适应中国社会的全新发展，使中国教会向真正治好、养好、传好方面努力。

就中国天主教来看，情况则更为复杂一些。由于天主教教会机构及制度上的独特性，使得人们对当代中国天主教的发展及中国与梵蒂冈的关系问题极为关注。实际上，中梵关系也一直影响着中国天主教的发展进程。

与中国基督教一样，中国天主教会在20世纪50年代初也开始了自立革新和爱国爱教运动。1954年11月，四川以王良佐神父为首的500余名天主教徒率先联合发表《天主教自立革新宣言》，得到中国各地天主教信徒的积极响应。中国天主教割断了与罗马教廷及其他国外差会在政治和经济上的关系，反对罗马教廷干涉中国内政之举，但表示在信仰上与罗马教廷仍将保持纯宗教的关系。由于当时罗马教廷对中国天主教徒的爱国自立运动持坚决反对和处以"绝罚"的态度，从而造成中国天主教会与罗马教廷长达数十年之久的隔绝状态，二者的关系迄今仍为人们关注的焦点问题。1956年7月，中国天主教友爱国会筹备委员会在北京成立。1957年7月，中国天主教第一届代表会议在北京举行，全国100多个教区的天主教代表241人出席会议，正式成立了中国天主教友爱国会，并推选皮漱石总主教为该会第一届主席。这次会议也确定了中国天主教"保持圣而公教会精神，在当信当行的教义教规上，服从罗马教宗""在宗教事务上，完全应该享有独立自主的权利""必须走独立自主、由中国神长教友自办的道路"这些原则，并在当时不被罗马教廷支持和容忍的客观情况下开始了自选主教的革新实践。

中国实行改革开放以来，中国天主教的发展亦进入新的阶段。1980

年5月，中国天主教爱国会第三届全国代表大会、中国天主教第一届全国代表会议在北京举行，会议成立了中国天主教教务委员会和中国天主教主教团，通过了筹办中国天主教神哲学院的决议。在这次会议上，宗怀德主教当选为中国天主教爱国会主席，张家树主教当选为中国天主教教务委员会主任、中国天主教主教团团长。从此，中国天主教的教堂和会所得以恢复或重新修建，其神哲学院和各种修院也陆续开办，教会杂志及其他宗教书刊也开始出版发行，教会生活呈现勃勃生机。随着当前国际环境的变化和中国天主教界国际交往的增多，中国教会的发展现状和原则立场已被越来越多的人了解和理解。而随着中国的改革开放和罗马天主教梵蒂冈第二届大公会议以来的革新发展，中梵关系也出现了有可能改善的希望。当然，前面的道路仍会很长、很复杂，但这种希望则使未来充满意义。

二 中国基督教的现实特色

在中国基督教的现代发展中，由于其特有的时代背景和社会文化背景，其与外界的相遇及回应以及内部的调适和革新，都更具戏剧性和令人玩味。从一个宗教研究者的角度来看，笔者认为中国基督教在其积极适应现代社会发展过程中，主要体现出如下几大现实特色。

首先，中国基督教的"三自"理论及实践，体现出基督教在中国"本色化""处境化"的现实特色。正是因为其在中国社会处境中的相遇，基督教与中国文化作为两种本来不同的文化因素和相互对话的关系主体，在"中国基督教"这一表述和综合实体上达到了统一。基督教在中国社会文化这一处境中的生存与发展，主要在于其能否通过与中国文化的沟通、协调而达到在中国之特色，此即"中国化""本色化"的内涵。这正如保罗所提倡的"向什么样的人，我就作什么样的人"① 之宣教方法。在当代中国社会氛围中，基督教的本色化和处境化则主要体

---

① 《新约·哥林多前书》第9章第22节。

现为其"三自"的理论和实践。"三自"符合中国教会之历史发展的要求和其所处之现实形势,由此可得到广大中国人民群众的理解和认同。"三自"所代表的政治、文化立场也可使中国众多的非基督徒对教会乃是代表"洋教"这种看法和态度发生根本改变。教会因此得以与"非基督徒"建立正常关系,并继续维护其"因信称义"的信仰。"三自"亦能更好地发展中国教会的个性和特点,从而为普世教会作出贡献,基督教的普世性正是通过各地教会的多样性才得以充分体现。在上述意义上,"三自"的理论和实践乃是中国教会对基督教的教会论在中国社会实践中的不断丰富和完善。

其次,中国基督教在中国现代社会的思想文化处境中形成了自己的神学发展。中国的神学反映的是中国教会的思考,这种神学虽然仍受历史的、普世的教会思想之制约,却真正是中国基督徒针对中国教会自身的现实问题所思所想。这里,丁光训主教的全力推动功不可没。因此,中国基督徒既是这种神学提高其信仰素质的对象,同时也是其构建和发展的积极参与者。20世纪以来,如何构建中国教会自己的神学体系,走具有中华文化特色的基督教思想发展之路,乃是中国基督徒所关注和努力寻求解答的重要问题。中国教会神学的创立,包括基督教在中国文化处境中的适应、认同和本色化,以及中华民族对基督教的体认、理解、吸纳和创新这两个方面。

20世纪二三十年代以来,中国基督教神学关注主要集中在耶稣的人格和其"救世精神、牺牲精神、爱的精神"[①]之上,同时注重与传统中国思想文化精神的有机结合。例如,中国基督教著名神学家赵紫宸先生曾以一种理想化的儒家体认和基督教信仰来尝试其神学新探,想靠儒家与基督教思想的结合来建立其适应"中国"社会的特色神学,他把耶稣基督的"崇高的牺牲精神""伟大的宽恕精神"和"平等博爱精神"作为重建中华民族精神之根基,希望将其融入中华文化而使之获得根本新生。20世纪50年代,中国教会对神学中的末世论和人性论作了新的

---

① 参见陈泽民《基督教常识答问》,江苏古籍出版社1994年版,第445页。

诠解，肯定了世界的美好和人的价值，强调了人在今生今世的积极有为和社会奉献。而"80年代乃至进入90年代，中国基督徒的神学思考是'道成肉身'的基督论，肯定了物质世界和人性的积极意义，表现基督'非以役人，乃役于人'，追求一种舍己的人生，与人民同甘共苦。"①在这种基督论的发展中，丁光训主教提出了"宇宙的基督"这一思想。他认为，中国教会正"越来越摆脱基督人性神性的繁琐论争，在人性神性问题之外从基督的宇宙性上得到神学思想的解放、深化和共融"。他说："我想，中国教会神学思考的一个中心观点正在形成过程中。一个为越来越多的基督教知识分子，特别是他们中的中青年所认同的'中心思想'就是宇宙的基督。他在上帝的创造过程中始终与上帝同工，是神爱的启示者，是以他全能的命令托住着万有的复活之主。"②这里，基督作为"神爱的启示"而得以强调。丁主教指出，基督"向人类展示了宇宙间最高存在的存在模式。这一最高存在的属性，首先不是他的强力和他的无所不能、无所不知、无所不在、自在永在、威严权能等等，而是那爱到底的爱。爱是宇宙的第一因素，是创造的第一推动力。一个爱的宇宙正在被创造。爱将充满宇宙。我们都是这创造过程中的半成品，也是创造工程中的同工。我们凭人间父亲、母亲、恋人的爱去憧憬测度这一最高存在，学着基督称之为天上的父。"③中国基督徒正在被基督这种"为人赎价的博大而无上的爱心所带动，去进入世界，发挥光和盐的作用，以造福人群，这样，个人的生命就和天地宇宙相酬和了。"④虽然，中国教会的系统神学尚未形成，但其主题、立意则已清楚可见，其探索者和构建者已经上路。

再次，中国基督教以基督"非以役人，乃役于人，为人赎价"的精神而积极开展社会服务事业。中国教会曾有过基督徒在中国现代社会

---

① 参见陈泽民《基督教常识答问》，江苏古籍出版社1994年版，第445页。
② 参见陈泽民主编《金陵神学文选1952—1992》，金陵协和神学院1992年版，第4页。
③ 同上。
④ 同上书，第5页。

中究竟应为"先知"还是先为"仆人"的讨论。通过对中国近现代历史和中国教会历史的回顾与分析，中国基督徒所达到的基本共识是，在信徒仍作为少数"信仰群体"的中国现代社会中，其使命首先并不是以"先知"之姿去君临社会，而应以"仆人"身份去服务社会，即以服务精神来发挥光和盐的作用，体现基督徒的人生质量和意义。当代中国社会正处于一个转型时期，其社会结构及体制正在改组、重构，作为这一社会细胞的人也因此而面临新的挑战、选择、困境和机遇。人们因竞争机制的引进而心理压力加重，市场经济、商品社会这一变幻莫测的大海既给人以诱惑和希望，又让人面临威胁或陷入绝望。在经济利益驱动下人们纷纷"下海"这一场景中，不少中国基督徒表示，教会不能"下海"，而应如一条船那样去救度在社会、市场大海中遇到危难的人们。这种观念与"宗教搭台，经济唱戏"的想法截然不同，将注意力乃集中在社会服务、社会救济方面。这样，中国教会积极参与了为救助失学儿童重返校园的"希望工程"，为帮助边远贫穷地区走向共同富裕的"扶贫""脱贫""支边"活动，为消除天灾人祸之后果的赈灾、救援举措，以及为解决人们住房、就医、残疾人就业、救死扶伤、"鳏寡孤独废疾者皆有所养"等问题的"安居工程""康复工程"和"献爱心"活动等，如主要由基督徒出面组成的"爱德基金会"在中国社会服务事业方面积极有为、"雪中送炭"，其贡献获得了全社会的肯定和好评。中国教会的这种社会服务事业体现出基督教爱主爱人、为人公仆、为人表率的宗旨，亦使人们得以理解基督徒"生活在这一世界，但不属于这一世界"的宗教精神境界。

最后，中国基督教亦积极参与了中华民族提高全民思想文化素质的精神文明建设。除了教会自身建设上的治好、养好和传好，中国教会还积极关心全社会的思想文化发展。教会发挥基督教本乃特色鲜明的伦理、道德之宗教的传统优势，从加强、完善宗教伦理道德入手而旨在促进全民族弘扬文明精华、加强道德修养、升华精神境界、净化心灵、陶冶情操、增长智慧、提高国民素质。为此，教会走出自己宗教团体这一小社会而进入现代中国这一大社会，发挥其中间社会机构的作用而参与全社会的沟通、对话和共融。教会不仅以其特色而参与了社会的思想文化讨论，而且还超越其自身神学构建之界而关心中国现代学术的发展，既欢迎教外学者对基督教的全方位研究，又参与和支持教外学者的其他学术研究活动。这样，一种多层对话、彼此会通和综合创新的气氛正在形成，从而能为更深层次的相互理解和更融洽的协调共存创造出理想环境。

三 中国基督教对其社会现代化的意义

随着中国基督教"自我意识"的逐渐成熟及其在社会中之作用影响的不断扩大，基督教自身作为一种信仰体系、价值体系和思想文化体系对于中国社会现代化的意义亦开始彰显。大体来看，笔者觉得其意义可以包括如下五个层面。

其一，基督教的原罪观对现代中国人的自我审视具有反省意义。"原罪观"在此指基督教对人的基本看法，是其人性论、人生观的重要组成部分。"原罪观"实质上是指人的局限、不足和趋恶倾向。这种观念是对中国传统文化中的乐观主义人性论和人性本"善"的看法所提出的挑战和补充。在中国现代社会的转型过程中，已经出现了个人主义泛滥、拜金主义流行、崇高境界消退、理想主义丧失等负面趋向。于是，在社会腐败、人性堕落、道德沦丧、丑陋及丑恶现象沉渣泛起、人们追求享乐和实利、沉溺于低俗之举、价值观念混乱这一严酷现实面前，许多现代中国人开始对基督教这一古老而传统的原罪观有了深刻醒悟和独特体认。有的人称这一时期乃"没有圣贤的时代"，中国人传统上原有的人性自我可自觉达到"道德完善""人格完美"的观念开始动摇。这样，原罪观所具有的自我批判精神和自知之明遂为现代中国人对其传统人性论和人生观加以反思和反省提供了思想武器和价值参照，对人性及人之复杂性亦看得更为透彻。

其二，基督教的拯救观对于中国社会的现代转型具有重构意义。在基督教信仰中，人们特别强调基督以自我牺牲来救赎世人的拯救精神。

这种精神既有一种望穿时空的超然意义，又有极为强烈的现实使命感。拯救观正视人世社会存在的罪恶和不义，又以基督自甘受难之态来催促人醒悟和悔改，帮助人涤除罪恶、达到超脱和升华。这种观念乃指耶稣基督降临人寰、以其清白之身来替有罪之人代为受过，以自我牺牲来换取人之得救的希望与可能。根据其宗教象征表述，基督以其谦卑、忍让和自我奉献来与人沟通、为人楷模，由此实现其对人的拯救。在现代转型时期，社会秩序出现的紊乱、多变，使不少中国人产生出一种强烈的"边缘焦虑"和"临界紧张"。这种焦虑和紧张一是关涉其生存，二是关涉其价值，有着人生意义之问。而基督教的拯救观则可让人们重新思考人类群体救度与个人内在解脱所蕴含的意义，得到一种心灵的释放和轻松。这种价值即在世俗化和无序化的混乱中重觅一种纯洁、重树一种神圣、重达一种升华，以其超越尘寰的追求和体验来洁身自好，并爱人济世，从而为中国社会转型寻找其价值支点、精神重心、立身之本，使人们能在动荡、多变之中自立于一块恒定、永固的磐石之上。因此，基督教的拯救观在中国现代社会价值重构中可以弥补其原有"人治"精神、"逍遥"精神或"出世"精神之不足，使人对其生存意义有新的把握，在其此刻此在之处境中有新的作为。

其三，基督教的超越观对中国社会的现代改革具有启迪意义。对于改革，人们一般会从具体的社会意义、政治意义上来理解，由此体现出典型的现实关切。然而，若无一种超然的尺度来对之衡量、规范，那么这些改革往往会囿于其功利主义、实用主义之圈，出现短视或迷惘。在此，基督教的超越观对这种意义的社会改革带来了一些不同凡俗的启发。它使人对其成就和失败会有一种冷静而客观的评估，由此造成一种张力，使之在投身于社会变革和发展之际，始终保持头脑清醒，既不为挫败而气馁，也不因胜利而张狂；既不迷信社会权势而忘掉自我，也不自比神明而目空一切。人在这种超越观中看到了对人的自我行为充满辩证意义的肯定或否定，而人的历史意义就存在于这种不断肯定和否定之中。

其四，基督教的终极观对于中国现代化的历史反思具有借鉴意义。

曾被贫穷和落后所困扰的中国人,对"现代化"是一种美好的憧憬和迫不及待的期盼,认为实现"现代化"即代表着先进、进步和国家、民族的兴旺、发达,这是中国未来的希望所在。但当人们谈论"现代化"时,则往往以今天西方物质文明所达到的程度作为其参照。而在研究西方时,人们不仅发现基督教是一种与西方现代化模式有密切联系的观念形式,也看到基督教对这一现代化的不满之处和种种批评,以及后现代主义思潮对现代性的摧毁和消解。基督教的终极观是从一种超越历史的审视来看待人类社会现代化的过程,指明现代化所带来的新问题,出现的新矛盾和冲突,提醒人们认清其不足和历史局限性。但不同于后现代主义思潮对现代化的消极否定、反对乃至绝望,基督教的终极观倡导有破有立,为现代化提供了积极意义的重构、创新和规范化之可能性,并将现代化视为正在发展和不断走向完善的历史过程。可以说,这一终极观乃以整体永恒来对比局部时限,从而得以调整人们的历史认识和作为。当中国人在捕捉现代化的机遇、对之极为推崇并全力追求之际,基督教终极观以对历史的独有见解而为其提供了借鉴意义,从而使人们能够比较冷静地认识现代化过程中出现的各种问题,并得以早做准备来迎接和解决可能出现的隐患和矛盾,使中国现代化发展走得更为稳妥、更加理想。

其五,基督教的普世观对于中国现代文化的重建具有定位意义。在现代信息社会中,中国文化与世界文化处于一种什么样的关系,这是普遍关注的问题。20世纪兴起的基督教普世教会合一运动强调基督真理的普世性和其价值体系可与各种文化有机共存,这种普世观念与现代发展的"全球观念"和"世界意识"不谋而合,从而亦为正确处理中华文化与世界文化的关系、为中国文化在世界文化中的定位提供了启迪和思路。基督教的普世观揭示了人世存在的相对性和有限性,阐述了文化现象中的多元整合及异中求同,指出了人们在寻找、体悟真理上的相似、相通和协调一致,从而站在一种宏观整体的高度为各种不同文化的定位提供了标准和基调。根据这一思路,普世性全球意识乃指各种文化在现代世界中有其独立性和开放性,民族文化一方面不能自暴自弃、失去自我，另一方面也不能唯我独尊、绝对排外。按此理解，中国现代文化的定位是作为现代世界文化的有机构成，既要继承、弘扬其自身之传统文化，又要面向世界，吸收外来文化的优秀成分和精华部分。中国文化的重建不能靠自我封闭，而必须与世界各种文化沟通、交流，达到互补共融。普世观带给人的启示是，文化的普世性决定其发展走向乃与世界整体发展接轨，由多种文化来共构人类文明的道路、汇成一股洪流。任何局部的价值都绝非"普世价值"，不可用之强加于他人头上。文化发展应走海纳百川之融通道路。所以说，中国现代文化只有达到与世界文化会通、作为其有机构成来与各种文化交融、契合，才可能真正有效地显示其特色和贡献。

这些意义一旦被中国教会在其中国化进程中所体现，基督教与现代中国文化的关系则会出现质的飞跃和重大改进。其发展或突破会直接影响到中国基督教在21世纪中国的生存和命运，亦会对中国思想文化在新世纪的重构和补充完善起到一定作用。对此，关键在于交流和交融，中国教会任重而道远，在建设自我和对社会贡献上都还有大量艰苦细致的工作要做。

（原载《宗教比较与对话》第一辑，社会科学文献出版社2000年版。）

第二十六章

中国教会对中国社会的适应

基督教会与中国社会有着颇为独特的关系，这种关系的发展尤其在当代中国引人注目，亦意义深远。自近代以来，基督教会在中国的发展总体来看乃处于与其社会的一种张势之中，需要不断地调整与适应，以防范各种失衡及危机的发生。尽管教会在文化教育、慈善和社会福利等方面投入了大量精力，在局部地区或某些历史时期有过一些成功和成就，但从总体来看，整个中国社会与基督教会之间似乎存有一道无形的鸿沟，阻碍了彼此的深入体认和正确理解。这不仅关涉教会的政治处境，同样亦与其对中国社会的态度密切有关。由于这一历史原因及其影响的延续，迄今基督教会在中国给人的通常印象仍然是与社会关系敏感微妙、与政治关系错综复杂。

随着中国实行改革开放的国策，中国社会开始其步入现代化的进程，中国教会与中国社会之间的关系协调及和谐适应迎来了一个千载难逢的机遇。双方作为对话及沟通主体均有积极的姿态和行动，在其理论上和实践上亦有一些意义深远的突破。这使中国教会对中国社会的适应进入了一个新的阶段。

一 中国当代社会给教会提供的机遇

首先，中国社会主流意识形态提出了积极引导宗教与社会主义社会相适应的理论，更多地从文化价值、道德意义和社会功能上看待并评价基督教会在中国当代社会的作用，在对待基督教的传统认知上达到了一种理论上的升华和扬弃。作为一种积极而重要的回应，中国教会突出了"上帝是爱"的神学，将教会社会生存中"爱上帝、爱邻人"的主题加以凸显，以"爱上帝"这一垂直的超越维度及理念来界定、指导"爱邻人"这一横向的现实维度及生活态度。中国神学亦在这种现代调适中寻找新的发展方向及路径。这种神学建设显然有其现实伦理侧重，与中国文化的人间关怀及其务实传统开始逐步接近。以往以"君临"之强势姿态影响中国教会的西方思辨神学在弱化，而浸润在社会实践之中的理论思考和道德规范则如鱼得水，基督教思想在中国社会获得另外一种解读。于此，中国当代社会也开始从思想高度和理论深度上来重新审视、评价基督教，在其现实社会关注上获得了一种相互对话、沟通和了解的重要立足点。正是在这一意义上，传统的教会教牧观念和实践神学思想在中国社会中有了复兴或新生的希望，即以强调面向社会、服务大众为旨归。尽管世界仍不太平、社会充满矛盾，中国基督教会却以其相对乐观的宗教情怀来继续其理想梦寻，倡导以"爱的关怀""爱的奉献"来实现其"爱的世界"，推动世界去彰显"爱""充满爱"。在此，基督教会在关注人的精神世界和精神生活、维系人的精神象征和精神追求上找到了进入现代社会的全新入口，希望以更为务实的方式来推崇其信仰中的"救世精神""牺牲精神""宽恕精神"和"博爱精神"，在融入现代社会时也力争能为中华民族精神的伟大复兴做出自己的相应贡献。

其次，中国社会正按照社会学意义之规范来对待基督教会。这样，中国教会被视为中国整体社会中的一个子系统，乃其有机构成。人们从其作为社会机构、社会群体和社会元素的角度来审视基督教会在中国社会中的正负功能、可能作用。在此，基督教与其他宗教一样，对人的社会存在而言乃有着社会整合功能、社会控制功能、社会凝聚功能、社会认同功能和社会交往功能，对人的社会态度而言则可起到文化共识功能、精神安慰功能、心理调适功能和道德规范功能等。毋庸讳言，宗教的社会作用亦有可能产生某些负面功能,这对基督教也不例外。对此,中国社会舆论也有相应的警示和提醒。一方面,宗教信仰的一大特点,是其信仰群体及其信仰者易于强调其信仰的神圣性和由之而来的神圣感,而这种神圣性及神圣感若把握不当则因其优越感及居高临下的态度而极易产生排他性、不宽容性和自我封闭性,从而给社会的合作及协调带来障碍及麻烦。另一方面,宗教在世俗化的进程中或在抗拒这种世俗化的选择中也有可能产生保守主义、极端主义,以及对社会的离心逆反乃至对抗情绪,形成与社会的张力。这些社会正负功能在基督教的存在中亦有不同程度的表现,从而影响到其在中国社会的形象、定位。教会依附于社会而生存,其与中国社会的关系故也基于其选择、态度,由此而决定其自身的社会存在和社会形象。对于中国社会这种在社会学意义上的宗教认知,中国教会亦有积极的回应。根据基督教会"生活在这一世界,但不属于这一世界"的神圣体认和信仰自觉,基督教会通常对社会采取两种态度:一种是对社会的"批判"态度,即所谓"先知"精神传统;另一种则为对社会的"服务"态度,即所谓"仆人"精神传统。在中国社会文化氛围中,这种"批判"意向空间极小,人们会将之视为教会的颐指气使,看作宗教的傲慢霸气。历史是一面镜子,给教会带来及时的反思和其选择的定夺。对照基督教在中国近现代发展中的历史轨迹和现实影响,中国教会更多地选择了后者,即以"仆人"精神来推行其社会服务,放下身段,谦卑低调,以此来在中国社会"为盐为光"。应该承认,中国社会主流以往主要是看到或突出强调了基督教会在华存在所表现的保守性、封闭性、落后性,及其与外界的复杂关联所导致的与中国社会的隔膜,尤其是近代史上与帝国主义侵华和在华推行殖民化的种种关联,这曾造成对中国社会的伤害和不利。人们对之记忆犹新,教会为此亦小心翼翼。所以,在这种存在处境和社会主流的共识中,教会若要突出或高扬其所谓"先知"精神、对社会加以其信仰意义上的轻率"批判",无疑会适得其反,得不偿失,即不仅不能得到社会的积极回应,反而会构成与社会的逆反及紧张关系。无论从其社会实存,还是从其社会心理,教会目前只可能有一种比较明智的选择,即根据

"仆人"的形象以其"非以役人，乃役于人，为人赎价"的姿态来面向社会，呈现谦卑、谦恭之姿。这样反而可以得到中国社会对之有更多的同情、尊重、认可和理解。可以说，当前中国教会实际上也主要是以"仆人"的身份来服务、适应现代社会，由此体现其信仰者的特有人生质量和现实存在意义。这在有些人看来，或许中国教会的谦卑是一种软弱和无能的表现，象征着基督教在中国社会的微不足道，但恰恰于这种自我奉献的服务之中，就真正潜藏着中国教会的未来希望。

另外，中国社会在伦理规范和社会服务层面开始对中国教会的社会参与和实践加以肯定，中国教会亦可以此作为其融入中国社会、取得社会认同、发挥其社会作用的关键突破口。在当代中国社会转型过程中，市场经济、商品社会的瞬息万变和捉摸不定，给人们带来了许多新的疑虑和困难。波涛汹涌充满漩涡的"商海"使人们的稳定感、安全感产生动摇，忧郁、焦躁、怀疑、不安成为不少人的心理常态。这样，精神安慰和心理援助、社会救助和物质帮助也重新成为人们关注的热点。于此，基督教会的社会服务和参与获得了重要机遇，有着巨大的发展前景和潜力。刚刚恢复元气的中国教会在自养和自救的同时，亦尽其能力参加了社会服务和社会援助等实践。例如，在"扶贫""支边""赈灾""助学""送医""献技"等方面，中国社会都可以感受到中国教会的"雪中送炭"、积极参与。虽"微不足道"却体现出真爱。在这种社会关切和参与的实践中，教会扩大了自身在中国社会中的影响，亦树立起教会的良好社会形象，逐渐消解其历史留下的不良阴影。其产生的全新社会影响力也有助于中国社会减少或消除对基督教会的误解及偏见，使中国教会的生存及发展有着更大的社会空间，并能得到更多的社会承认。可以说，中国改革开放以来的发展，使中国教会有了时间和机遇从容地弥补历史的过失，重新打造自己在中国社会的形象。

二　中国教会适应社会发展的回应

从理论认知层面来看，当前中国教会与中国社会的融合点主要在于其伦理维度。这种伦理侧重使基督教道德的意义被人们重新认识和肯定，从而可让中国教会以"道德的宗教""博爱的宗教"之姿态来缓解其与中国社会的历史张力。不过，对"博爱精神"的倡导和弘扬迄今仍为一种理想和意向，其真正实现尚需中国教会付出巨大努力。商品经济与物质利益的挂钩使社会泛起一股自私、自爱的浪潮，对他者的冷漠和不惹闲事成为新的社会时髦，"助人"不被视为"为乐"的美德，而被疑为"心虚"的无奈；对本该出手的"救助"熟视无睹、无动于衷竟然会成为常态！其结果，"碰瓷"的多了，救人的却少了；"碰瓷"有理了，救人却理亏了。救治社会的冷漠则需要爱的温暖，而这种爱则恰恰是教会可以送，也本来就应该送出来的。

一方面，在当代社会多元发展和教会生活亦趋多元的形势下，中国教会自身需要以爱的精神、伦理关怀和宽容、和谐之道德品位来实现其自身在转型过程中的重建，促成其在新时代中的理想发展。而其自身的重建则是与其社会的责任、担当紧密联系在一起的。在温暖他者时，也在社会中照亮了自己，呈现出中国教会在当代中国社会中的可爱形象。所以说，照亮他者的光芒也在帮助其自身的亮相和宣示。因此，教会在现代氛围之开放社会中的自身建设是与关爱他者同步的。社会在商品物欲冲击下的动荡，其实乃给当代中国教会的发展提供了前所未有的机遇，而其向社会显现的整体形象则也会影响到其发展空间和前途命运。这里，教会生活能否为"表率"、做"榜样"、有"质量"，并非仅仅为其教义理念和神学思辨所驱动，而乃鲜活的生活精神和现实灵性的朗现。这种"爱"的精神不只是让人去倾听、去领教，更需人们自己的参与和体悟、见证和感受。

另一方面，在以信息时代和开放社会为特色的新世纪，中国教会还需以海纳百川的宽阔胸襟和真诚对话的开放姿态来面向中国社会，真正体现出其"洒向人间都是爱"的博爱精神，让社会真心承认其乃"爱的宗教"。教会已不再是一块孤立于社会的"飞地"，在其面对社会的同时，亦应允许并欢迎社会对其所作的探询、研究和反思。基督教的精神追求及其思想文化已不再只是或本来就不仅仅是属于教会的"私产",而乃整个人类文明的财富。在这种"共享"中,大家需要的是敞开心扉,彼此沟通、交流、了解,以一种开明且包容的态度或一种"平常心"来对待由共享所得的共识共鸣、求同存异、和而不同或批评商榷。现代社会与基督教的相遇不应是犹豫、恐惧,而应为喜乐、欢愉。所以,当代中国社会与教会的相遇不应该再引起任何纷争或冲突,应该清理并彻底摆脱过去历史所遗留的恩恩怨怨、磕磕碰碰,而今天则希望如基督教信仰真谛所表达的那样:在地上有平安、有关怀、有仁爱。

从实践活动层面来看,中国教会的作用则应是"实践的""应用的""大众的",旨归在"让世界充满爱"。毋庸讳言,中国社会在审视、判断事物时有一种"听其言、观其行"的功利实用维度。这与中国文化传统及中华民族性格亦密不可分。因此,中国社会希望中国教会为"实践的宗教""行动的宗教",笃行履道,以"行"立信,"以行体信"。这里,教会的慈善事工就显得格外醒目和重要。应该说,基督教在中国社会中的真正立足与教会慈善事业有着直接关联。"慈善"在基督教在华传教事业中曾占有重要比重。尽管过去有许多政治纷争和社会误解,尽管曾有卷入侵略与反侵略之"血与火"的冲突,以基督信仰为指导的教会慈善事业和社会服务却在一定程度上得到中国社会的接纳和肯定,成为基督教在华历史上意义深远的"善果",迄今仍被人们所纪念和提及。而在当代这种慈善事业有可能再度成为把中国教会与中国社会紧密相连的重要纽带。现代公民社会发展有着"大社会、小政府"的趋势,这将为中国教会的社会活动提供更大的空间、更多的可能。但就目前现状而言,中国教会在经历了"文化大革命"之后尚处于百废待兴、自身重建任务艰巨的阶段,教会机构和许多基层教会甚至尚未解决"自养"的问题,其生存和发展仍需要中国政府和社会各界的支援,因而从整体来看,中国教会在当代中国社会的慈善事业和社会服务规模不大、影响甚微。除了各教会机构局部、零星的慈善实践和社会服务之外,较为活跃且系统的教会社会慈善机构寥若晨星,值得一提的主要为以基督徒为主的爱德基金会和河北天主教的北方进德。爱德基金会在中国社会服务事业上颇有成就，深受欢迎。不过，爱德基金会虽由中国基督新教徒所组成，却主要获得海外教会的"援助"。此外，它是以非教会的民间机构身份来活跃在中国社会，其教会"自我意识"和自我形象并不明显，不是那放在"烛台"上的"烛光"，从而未能给中国社会留下一种教会积极参与社会服务的独特感觉和深刻印象。而其对"外援"的依靠亦间接说明了中国教会自身社会参与和社会服务上的局限，反映其心有余而力不足的窘境。而北方进德作为中国天主教社会服务中心刚刚兴起，因其社会服务的覆盖面不大、辐射力较弱而影响不够，仅具地方意义，故而尚未引起中国社会的普遍关注和特别重视。中国当代社会转型和市场经济发展，使社会帮助和救济的任务加重，中国社会对于教会在社会服务和慈善事业上的作为及贡献故寄予厚望，但中国教会尚处于基础薄弱、准备不足的阶段。面对现实机遇和挑战，中国教会的社会参与和社会关切尚需培育，但从长远来看则大有潜力可挖。中国教会若真能肩负其使命，做出其贡献，则会进入其在当代中国一个充满希望的全新发展阶段。对此，中国教会在实践上似乎仍然是任重而道远。

忆往瞻未，基督教会与中国社会有着极为艰难的磨合过程，这一未完过程且仍在进行之中。在其过往四次来华传教经历中，其教会结构在根本上都没能达到与中国社会的真正整合及共构。由于政治上的冲突和意识形态上的张力，中国社会对过去历史上基督教在华的慈善事业和社会服务亦抱有某种怀疑和观望态度，甚至不少人认为此乃一种"利用"或"诱惑"。这种认知差异往往使基督教的这些"善举"被误解为"不怀好意""另有所图"之举。俱往矣！这一页虽然沉重，但我们必须将之翻过，以谱写新的篇章。随着中国今日走向改革开放并被国际社会所接纳、承认，基督教会重新调整其与中国社会的关系，重新尝试在中国社会真正扎根，显然已有新的机会和天地。教会不能坐等中国社会对其彻底承认和全身心的拥抱，而应体现出更多的主动和积极。诚然，理论上的突破对这种认知改观有着决定性的意义，但理论本身来自实践并受实践的检验，因而教会在实践上的先行就更显难能可贵。其实，当中国理论界尚处于早春二月乍暖还寒之际，中国社会实践已是艳阳高照，进入了火红的年代。中国教会若真正投身于内，其意义、作用和影响则会根本改变基督教的形象，得到基督教信仰追求在华前所未有的彰显。

（原载卓新平等主编《基督宗教与当代社会》，宗教文化出版社2003年版。）

第二十七章

基督教与当代中国社会的关联

一 引 论

中国大陆自实行改革开放以来,重新开始与世界文化的广泛接触和深入交流,包括与各种宗教信仰价值体系的对话与沟通。在这种重新开放和对外交流中,应该说中国与西方文化及基督教的对话和交流最为深入和广泛,其震动亦最大。

自清朝"中国礼仪之争"以来,中国社会开始形成对基督教(当时主要是天主教)的"反感"和"排拒"。这种情绪因"鸦片战争"后基督教靠"不平等条约"的保护大量涌入中国而强化,由此形成基督教作为"洋教"是与中华文化格格不入的"异类"印象。特别是因为中国近代因西方列强的帝国主义侵略和殖民化蚕食而灾难深重,几乎崩垮,所以在很大程度上有着"仇西""疑西""恐西"或"排西"的情绪。这样,中西近现代对抗达百年之久,而基督教因有"洋教"身份也一直处于中国文化的"边缘",有着让中国人既"好奇"又"怀疑"的境遇。尽管基督教在华近现代传教曾为中国现代化进程付出过努力,在文化、医疗、慈善、社会服务等领域颇有建树,却被不少中国人视为"文化侵略"而遭误解,基本上受到否定。因此,中西双方的隔阂越来越大,彼此猜忌和怀疑也日益加重,在很长的时间内,双方抛弃了接触、对话的方式,而处于对峙、对抗之中。可想而知,这种处境中的中国基督徒乃在双方对抗和彼此排拒的压力下艰难生存、苦苦挣扎，受着精神和意志上的煎熬。在中国社会，"基督徒"信的是"洋教"，其文化根源乃"两希"（希腊、希伯来）几乎曾成为民众的"共识"。基督教与中国文化的对话亦有着最为艰难的过程和最为曲折的经历，对于双方而言都有一种"挫败感"和惶惑心态，感到对方不可"理喻"，甚至颇为"荒唐"。在谁也说服不了谁，谁也难以"征服"对方的情况下，彼此都在感到是自己"有理"的同时，或许亦有着光"照在人前"对方却看不见的同感。

随着中国大陆的改革开放，这种政治处境和文化生态出现了剧变，中国人对基督教开始有系统、深入的研究，并在一种"同情性理解"的氛围中开始对基督教有客观、公正和公平的评价，对其一切重要的信仰和思想文化因素持接受、吸纳之态。这样，在中国大陆宗教"复兴"，甚至在一定范围、一定程度上出现"宗教热"的情况下，基督教在中国实际上已进入了自"中国礼仪之争"以来最好的发展阶段。人们普遍公认基督教是目前中国大陆发展最快、潜力最大的宗教之一，基督教在中国社会文化中的被认可和被肯定也使之真正进入了其在华发展的"黄金"时期。不过，在这种改革开放的进程中，世界的局势亦出现了戏剧性变化。苏联东欧的解体使"冷战"时期结束，东西方的对抗却又被所谓"文明的冲突"所取代。其间所涌现的民族、宗教矛盾使宗教对话增加了一些复杂性，而西方国家在思想、价值观和意识形态层面上对中国大陆的防范、反感、冷淡和排斥亦在宗教问题上凸显，中西再度抗争的态势初露端倪。这样，基督教在新时代中西方交往和对话中应该扮演什么角色，遂引起人们的高度关注。其在这一全新的国际大舞台上的表现会直接影响到中国人对基督教思想价值和社会意义的认知，由此亦会决定中国人对基督教在华传播究竟是"福音"还是"渗透"的评价。可以说，基督教在这一形势下遇到了前所未有的挑战，同样也面对着极为难得的机会。在中国人看来，基督教与当代中国社会已有极为密切的关联，其在华的生存或命运乃充满了变数，在很大程度上亦取决于其当下会如何举手投足、有着什么样的态度和意向。从这一意义上来看，基督教的正确选择和积极作为就显得特别重要，因为这将直接使当代中国人见证基督教在构建"和谐社会""和谐世界"中的作用，从而对基督教信仰价值体系获得"澄明"、透彻的体认。若持积极态度的洞观，基督教与当代中国社会的关联应体现在其价值和实践两个层面。

二　基督教对当代中国社会的价值意义

中国文化从来就是开放性文化，有着"海纳百川，有容乃大"的传统。中国社会发展因而也是由众多因素所推动，自唐代以来，亦与基督教的文化因素有着一定联系。在当代中国社会，基督教价值体系的诸种因素显然也正融入这种全新发展之中。我们可以作如下一些层面的分析。

第一，基督教的超越观与当代中国社会的关联。

在与基督教思想体系对话中，人们首先注意而且谈论较多的就是基督教的超越观。中国人常说"超越自我"，但其"超越"通常有其参照系数，即儒道的超越观念。在儒家与基督教在"超越"境界的比较上，人们论及"内在超越"与"外在超越"之别，指出儒家思想主要为一种"内在超越"，基于一种"人世关切"。这种"超越"实际上为人的内在修行功夫，即通过内省、修养来提升自我的境界，达到其人格的完善，以便为其"外王之道"奠定基础，准备条件。其最为典型的表述就是"穷则独善其身，达则兼济天下"，根据时机、境遇而有所为、有所不为。由此可见、这种"内在超越"仍以自我为中心，以现世为立足点，关心的是顺应时势，为其政治追求建功立业。"内在超越"的修身、养性不可能彻底放下"自我"，而其社会抱负是政治上的有所作为，从而不惜"克己"来"复礼"，在维护"正统""正道"秩序上来成其"仁政"。显然，儒家的"内在超越"精神对于社会的发展、前进有着积极意义和推动作用，有着贵生、重人的精神人文主义情怀。但这种"超越"也有其相对性和局限性。一是其"忠君"思想在"克己"

之际会形成"愚忠",依附其相关的政治、权力并为之所"御用";而一旦所忠之"君"并非"贤君",则其"内在超越"或是会白白"牺牲自我",或是可能用之不妥。与儒家不同,道家的"超越"有可能"看破红尘"而回归自然,达其自然主义的返璞归真。其有别于儒家"超越自我"、为完成政治大业而忍辱负重之处,则是道家的逍遥之态,"不敢为天下先",于是干脆"超越心性",不为这种"作为"的思念、谋略所累而达"无为"之境,追求一种外向性的"道法自然",即以体悟、体证"道",实现对"道"的回归和与"道"的合一而达其"超越"。在对这种"道"的追求上,有人亦认为道家已有了"外在超越"的境界。不过,道家的这种"超越"仍不彻底,因为"它是通过各种方术来彰显道,即以术合道",但"这种方术的基本原理是建立在'天人同构',即人体小宇宙的思维模式基础上的",而"在人体小宇宙中逆行回溯天地大宇宙的演化程序"仍是一种"自然论"的"回归",由此构造的"重实用、重证验的文化传统"① 却有着与儒家"重现世""重实践"的传统异曲同工、殊途同归之效。儒道与佛学超出三界、以有无双遣之真空和呈现真如之"超越"境界而共构中国传统文化的"超越观"。这种超越观对中国社会以及中国人的人生境界有很大的影响,成为中国精神的重要组成部分。不过,这种"超越观"虽有其重要贡献,却并非尽善尽美。因此,基督教的"超越观"之引入,就与之对比而形成另一种参照,对中国精神文化体系颇有借鉴和充实的意义。

基督教的超越观是比较典型和彻底的"外在超越观",其独特性乃在于以一种"彼岸性""超然性"来对照、衡量"此岸性"和"自然性"。基督教的外在超越乃以"绝对本体"之维来说明"人世""现实"的本质局限性和相对性,从而对人世社会及其政治持一种宗教"批评"和"扬弃"的审视,打破其仍很"短视"的发展观和满足于

---

① 张广保编:《超越心性——20世纪中国道教文化学术论集》,中国广播电视出版社1999年版,"代序"第6页。

有限成就的成功感。因此，不能囿于"内在"的自我完善和超越，而必须以"外在"之维来评价社会人生。这种"外在超越"之维看似虚无缥缈，却能在现实存在中引导人类走出自我、自强不息。质言之，"外在超越"要求在"人世"政治之外形成具有"超然"性的独立精神文化价值体系，即以"神性"之维来监督、鞭策人的有限作为和成就。当基督教成为西方文化的重要构建后，这种"外在超越观"实际上与其现实革新和进步有着密切关联。"这些思想内容曾为近现代西方社会政治、经济和文化的发展铺平过道路，给其普遍存有的民主意识、社会监督责任感和自然保护态度提供了思想前提，并且对现代西方世界人们认清社会、国家、政治思想观念和文化现象的相对性与多元性起过关键作用。与其信仰的超越性神圣存在相对比较，人世间的一切都是相对的、有限的、变化的和不完善的。基督教超越观在文化潜意识上促成了近现代西方社会关系的相对化、分权化和多元化局面，并为其存在和运作制订了规范、确立了秩序。只有以这种超越观为基准，才可能弄清西方政治、社会领域中自由、人权、容忍、公平、正义、民主、法治、世界主义以及自然保护和生态平衡等观念的真实意义。"① 在这一意义上，余英时曾深刻提出，在西方发展中，基督教"外在超越的价值系统不仅没有因现代化而崩溃，而且正是现代化的一个极重要的精神源泉。"②当西方近代思想革新以这种"外在超越"观念否定了"替神代言""替天行道"的人之僭越后，其主体意识得以彰显之人并非"无神"之人，而其作为也绝不是"随性"而为。恰恰相反，"'上帝'和'理性'这两个最高的价值观念都通过新的理解而发展出新的方向，开辟了新的天地。把人世的勤奋创业理解为上帝的'召唤'，曾有助于资本主义精神的兴起，把学术工作理解为基督教的'天职'也促进了西方近代人文教育与人文学术的发展。'上帝'创造的宇宙是有法则、有秩序的，而人的职责则是运用'理性'去发现宇宙的秩序与法则。这

---

① 卓新平：《基督宗教论》，社会科学文献出版社2000年版，第213页。
② 《文化：中国与世界》第一辑，生活·读书·新知三联书店1987年版，第89页。

是近代许多大科学家所接受的一条基本信念……在政治、社会领域内，自由、人权、容忍、公平等价值也不能脱离'上帝'与'理性'的观念而具有真实的意义。"①由此可见，基督教"外在超越"的精神在中国社会文化中可以起到重要的警示和升华作用。

中国当代社会因改革开放的不断深化、拓展而成绩卓著，发展迅速。人们几乎相信靠人的"自力"而能解决所有问题。在这种"成功感"和"喜悦感"油然而生时，基督教的超越观可以使人清醒、冷静。从其超越观念来审视，任何人类社会政治的改革都有其相对性和不彻底性，靠人的"自力"很难达到"至善"之境。因此，过于"自信"和"迷信"有限之人所达到的成就，实际上已反映出人的有限性和精神悲哀。基督教"外在超越"的视野有助于当代社会改革者克服其自满自足，从而使其改革不断深化、发展不断推进。因此，"外在超越观"应是改革者"自强不息""与时俱进"的重要灵性资源。比较西方近代发展的过程以及中外改革的经验教训，我们有必要清醒地看到这种似乎超越人世、与现实"无关"的基督教超越观所起到的潜在的、深层次的精神推动和思想指导作用，可以借鉴、参照基督教所推崇的超然性和神圣性来不断调整我们现实处境之人的文化定位和历史意识。尽管这种超越观并不一定会让当代社会的多数中国人信奉基督教，却显然会帮助其开拓视域、提升境界，使之"在一个有限、相对的世界中，在其存有缺陷、不足的社会人生中减少迷信和盲从，根据这一超越性审视，人们对其成就和失败会有一种冷静而客观的评估"，呼应中国文化"不以物喜，不以己悲"的精神，"由此造成一种张力，使之在投身于社会变革和发展之际，始终保持头脑清醒，既不为挫折而气馁，也不因胜利而张狂；既不迷信社会权势而忘掉自我、也不自比神明而目空一切。"② 可以说，基督教的超越观应该也能够成为中国当代"民主"意识、"民主"发展达其持续性、持久性的一种精神动力和支撑。

---

① 《文化：中国与世界》第一辑，生活·读书·新知三联书店1987年版，第89页。
② 卓新平：《基督宗教论》，社会科学文献出版社2000年版，第214页。

第二，基督教的人性观与当代中国社会的关联。

与基督教的超越观相对应，基督教的人性观则强调人的相对性、有限性。中国传统文化对人的本性或本质基本上持乐观和充分肯定的态度，突出人的"性善""良知""有为"和"人定胜天"，充满"自信"，相信人通过自己的努力就能达到"道德完善"，成为"圣贤"。因此，对基督教的"原罪观"不以为然，很难接受。中国文化的乐观主义长期以来对民众有深入的影响，但在其近代发展的过程中被"夷"所治、被"外"击败的惨痛教训也促成其自我反省，从而对"人性"及其"能力"重新认识。尤其在当代中国社会变革中，与经济发展的巨大成就相对应，却也出现了个人主义泛滥、物欲横流、拜金主义至上、实用主义和功利主义成为主导等现象，以往曾有过的理想主义隳沉、崇高境界消退，人们失去方向和目标，找不到"自我"。"在社会腐败、人性堕落、道德沦丧、丑陋及丑恶现象和沉渣泛起、人们追求享乐和实利、沉溺于低俗之举、价值观念混乱和多元化这一严酷现实面前，许多现代中国人对基督教古老而传统的原罪观有了深刻的醒悟和体认。"[①]"原罪观"是基督教人性观对人之"有限性"、本质不足的形象表述，极为生动且十分深刻。如果不深刻认识到人性中"一半天使、一半野兽"的潜质，以神性之光来超拔、升华，则有可能成为"禽兽""罪恶"难赦。看到"原罪"对人的影响及由此而产生的"失乐园"经历，才能对人性有真正的涤荡、激励；只有对人之"罪"与"过"加以深刻反省、反思，有着"忏悔"意识和"悔罪"之变，人才会领悟"神性"的"救度"，获得"复乐园"的希望。

在中国大陆实行改革开放的初期，人们曾对"文化大革命"加以反思。起初许多人抱怨"他人"之"过"，认为自己"委屈""冤枉"，如同《圣经》"创世记"所描述的，亚当总想将"罪"推给夏娃，夏娃则推给蛇那样。但经过冷静、深刻的反省，人们认识到自己的"责任"，形成"担当"的意识。在一定程度上，这种意识的出现乃受到基

---

① 卓新平：《基督宗教论》，社会科学文献出版社2000年版，第209页。

督教有关"原罪"的人性观影响。这样，首先在学术界、文艺界出现了"忏悔"思潮、"忏悔文学"，不少知识分子对"自我"有了新的认识，其"心路历程"亦增添了一些"忏悔意识"。当然，中国当代知识分子并不一定直接对基督教"原罪观"的神话解读加以认同或接受，但对这种表明人之"有限""不足""缺陷"的基督教人性观却有了同感和共鸣。"也就是说，自我并不能靠自力而达到'人性完美''成德成圣'。从存在论和实践论意义上而言，人之罪性或人的致恶倾向乃客观存在。人只有体察到这种人性'幽暗'的存在、意识到由'人世'文化所依存之本质关系的失衡、或破裂而构成的'罪恶'状况或缺乏'完美'，才可能以一种高度的自省精神彻底否定自我，从而达到获取真正自由和人性新生的起始。"①

在多元思想、多种文化汇聚、碰撞的当代中国社会，其"世俗性"的主流文化并没有真正认识或可能接受这种"负罪""忏悔"层面的基督教人性观。但在其社会、思想转型的过程中，当代中国社会显然已注意到并且反映出上述基督教人性观，并在一定程度上承认了其价值和意义。其带来的冲击和震撼是非常深刻的，由此激发了当代中国人的自我审视和社会审视上的反省意识、自我批评意识，以一种"神性"之鉴而使其达到真正的"自知之明"。

第三，基督教的团契观与当代中国社会的关联。

基督教以"教会"的形式和宗教"节日"的方式体现了其"团契"观念，鼓励其成员以共同的信仰来达到"神圣联盟"和"合一共融"。在中国传统文化中，这种团契形式亦长期存在，但在很多情况下处于"政治联盟"含义有余而"社会联谊"因素不足的状况。例如，在中国社会生活中有丰富的节日，但归纳起来其大体可分为两类，一类即"国"之意义上的节日，如各种政治事件的纪念庆典等，另一类则为"家"之意义上的节日，最为典型地体现在"春节""中秋节"等思念亲人、怀念故乡的情感上。二者一为"政治"责任的体现，一为

---

① 卓新平《基督宗教论》，社会科学文献出版社2000年版，第209页。

"亲情"的自然表露。而在这二者之间，却好似缺少了某种中间环节。

随着中国当代社会改革和经济大潮的涌动，人们的社会生活近些年来明显地增加了一种节日内容，即"圣诞节"文化现象。在"圣诞节"来临之前，各大宾馆、各种商场都开始呈现"圣诞"的节日气氛，如"圣诞树"的装饰、"圣诞老人"的问候、"圣诞"景观的展示等；尤其在"圣诞前夜"，各宾馆、大学中的"圣诞庆典"会达到高潮，吸收众多的人群，给大家带来祝福和喜悦。为什么会出现这种现象，而且经久不衰？人们自然会将之与"政治"和"家庭"节日相比较，特别是对一年一度中国人特别重视的"春节"。"国"的节日彰显的是整个国家的统一、民族的团结，带来的是"义不容辞"的政治意识；"家"的节日则是让人回到"小家"，与亲人（亲戚）们在一起团聚。这种大与小虽都重要，却不能完全满足朋友、同事、同学之间的"社会关系"和"社会团聚"。而在宾馆、高校等公共场所过"圣诞节"实际上就对上述大、小之间的缺失有着弥补，人们感到"社会共在"的意义和"社会团契"的作用。与教会庆祝的"圣诞礼拜"或"弥撒"不同，中国当代社会的"圣诞节"现象已超越教会这种"宗教团契"的意蕴，扩大到社会各个方面。但这种社会团契的本质意义，仍是来自基督教团契观念，溯源于其"神圣联盟"。为此，圣诞节的热闹也导致了社会对之的必然警醒和警惕。除此之外，基督教的团契观在当代中国公民社会的构建中，在其"小政府"与"大社会"之间中间环节、中间机构的发展中，都有着潜移默化的影响和作用。而且，基督教"团契"所体现的"爱"的奉献与服务，也使人与人之间激烈竞争的市场社会多了许多"人情味"和"同情感"。这种团契以其神圣信仰为支撑，显然在当代社会中会送来许多"人世"正在缺失的"温暖""关爱"。

三　基督教对当代中国社会的实践意义

从当代中国社会对基督教的承认和肯定来看，其突破是一为基督教伦理观对中国社会当代伦理的补充和对中国传统伦理美德的唤醒，二为其社会服务、甘为仆人的积极实践对当代中国社会的启迪和影响。一般而言,基督教的社会功能主要可分为其"先知"作用和"仆人"作用。以往传教士在中国传教的失败和中西文化在宗教层面的冲突,主要在于太多的传教士和"西方人"愿意在中国当"先知",由此演变为"替神代言",颐指气使,让中国人敬而远之,甚至十分反感。尽管有一部分传教人深入内地、深入基层、深入贫穷地区开展社会服务,但这样的"仆人"如凤毛麟角,实在太少。在今天,中西关系虽然在解除冰冻,却仍处"早春二月"的寒意之中,不少基督教人士来到或回到中国的姿态却仍是"先知"做派;其结果,"中西文明冲突"的警钟再次被敲响,基督教的再次来华则被视为种种"渗透"。从当前中西关系和中国社会形势的分析出发,笔者早就而且仍坚持认为,如果基督教要想在华真正立足,其第一形象必须是"仆人",即只有通过其"仆人"的服务,才有可能创造条件,在今后扮演中国人能够承认和接受的、持有"善意的""先知"角色。

在中国当代社会转型时期,变幻莫测的商品市场像"大海"一般。在这种大海中,教会不应该"下海",而应是能够帮助在"海"中挣扎、沉浮的人们获得救度之"船"。基督的精神在社会中最典型的体现就是"非以役人,乃役于人",因此,教会的社会服务实践就是基督教"爱"的精神"道成肉身"、进入社会,在社会需求中"作盐作光"。正如耶稣基督在"登山宝训"中所言:"你们是世上的盐,盐若失了味,怎能叫他再咸呢。以后无用,不过丢在外面,被人践踏了。你们是世上的光,城造在山上,是不能隐藏的。人点灯、不放在斗底下,是放在灯台上,就照亮一家的人。你们的光也是当这样照在人前,叫他们看见你们的好行为,便将荣耀归给你们在天上的父。"[①] 很明显,从基督教信仰出发,基督徒在世界为盐为光,体现其爱心善行,这正是教会的神圣使命。如果说,在信仰精神沟通上基督教会在当代中国社会尚存有障碍、困难的话,那么教会则应以实践先行,用行动说话,以积极参加

---

① 《圣经·新约·马太福音》第 5 章第 13—16 节。

社会服务活动、组织社会慈善事业来展示其信仰价值和团契存在的意义。尤其在当前，中国的社会救济、保障制度尚未真正建立或健全，社会服务和帮助上还存有许多缺口和空白，政府机构有时鞭长莫及，个人的自发救助又往往不成气候。在这一关键时刻，在社会急需的当下，基督教的社会服务工作显然能成为中国新兴社会关系、新的社会发展中一道亮丽的风景线。

从历史上来看，基督教会在社会服务工作方面卓有成就，积累了许多经验，而且形成了系统、有序的社会救助网络和体系。这种工作及其经验的引进，在当代中国社会是急需的，自然也会受到欢迎和好评。基督教会在这一方面已有开拓，但尚需更加努力。在目前的机遇来看，这是基督教消解与中国社会矛盾、冲突的最好办法，做一些实实在在的社会服务工作，带来基督教的人间关爱和温暖，要比一些人空谈"人权""宗教自由"更有意义得多，而且也能真正起到积极作用。基督教价值体系和教会机构形式，与中国社会文化之间的差距、分歧仍很大，我们不指望一夜之间或靠对方的妥协来解决问题。在当前中国倡导的"和谐社会""和谐世界"建设中，中国传统的"和合文化"可以与基督教的"彩虹神学"（七彩共在、和谐生辉）进行深层次的对话。"和谐"的核心就在于"和而不同""多元共存"、各种因素有机地结合在一起，构成富有生命力、涵括各种潜能的整体或共同体。当代中国社会已意识到其多元社会的存在和必然，正以一种"开放"心态和开放精神拥抱各种精神文化，展开对话、争取"共融"。这里，基督教的积极参与既是为中国社会文化增光，也是为其信仰本身添彩。《诗篇》（第133篇第1节）曾赞美说，"看哪，弟兄和睦同居，是何等的善，何等的美"。当基督教以其积极的社会服务实践重返中国社会转型的舞台，而且被中国人所承认和赞颂时，我们的大地、我们的心灵都会有"平安"。

（原载卓新平等主编《基督宗教社会学说及社会责任》，宗教文化出版社2009年版。）

第二十八章

基督教在当代中国社会转型中的作用及意义

引　论

当代中国自 20 世纪 70 年代末以来进入其社会转型和文化重建的历史阶段，宗教发展亦进入其近代以来最好的时期，被称为"中国宗教的黄金时期"。正如著名社会学家马克斯·韦伯所言，社会转型需要"潜在的精神力量"的促动和支持。同样，中国文化的当代重建也不是自我封闭的修修补补，而应为"海纳百川"的生动构建。在这一形势下，基督教在当代中国的存在与发展颇引人注目。面对多元文化涌入之"百家争鸣"和"五大"宗教并存之"百花齐放"，基督教在中国社会转型中能够发挥什么作用、具有何种意义？这是基于对其历史学探讨之上的社会学和文化学问题。而对这一问题的思索和解答，则会触及基督教在中国的命运和使命，也会去猜想中国文化的精神走向和中国社会的可能前景。基督教是当前世界上最大的宗教，却也是当代中国社会中最敏感的宗教。这种"敏感"意味着基督教在中国社会仍然"定位不清"，给大多数中国人一种迷惑、神秘甚至"危险"之感。因此，在中国社会的当代转型过程中，长期陷于僵局而几乎沉睡的基督教与中国文化关系被重新唤醒，人们期待其双向互动，积极有为，以能给基督教在华发展带来"奇迹"，给中国社会的重要转型带来"惊喜"。

第二十八章 基督教在当代中国社会转型中的作用及意义

中国当代历史是一段社会发展跌宕起伏、政治经济变化复杂的历史，其宗教的存在与发展亦极富戏剧性。自20世纪70年代末以来，宗教在中国社会的"复苏"或"新生"本是中国政治发展上"拨乱反正"的产物，然而其蓬勃兴盛的态势不仅突破了过去五十多年来中国宗教的基本存在状况，而且成为自中国近代历史以来的一种社会文化奇观。各种宗教在过去不足三十年的时间内从其"休眠""蛰居"状态突然苏醒，给人一种灵性复兴、积久而勃发的惊讶。这种宗教发展无疑给整个中国社会带来影响，甚至产生了震撼。人们开始重新思考中国人的灵性需求或"宗教性"的问题，而这种审视亦势必触及宗教与当代中国社会的关联及双向互动。在此，对宗教的"政治学"考量重新受到重视，对宗教之"哲学""神学"思索则触及其价值及意义的问题和相应评价，而对宗教在中国社会及文化中的存在也必然会让人们对其有"社会学""文化学"的认知。在此，宗教在当代中国社会转型中的作用与意义已成为人们所关注的一个重要话题。

在当代中国社会的诸种宗教中，基督教则有其独特的存在处境和地位，显然已形成了与其他中国宗教不同的生存之态，从而凸显其个殊性和特异之处。在其近现代发展中，基督教乃处于中西文化相遇与冲突的风口浪尖上，其在华的文化适应和社会生存问题并没有获得彻底解决，因而其发展亦受到制约或被边缘化。究其原因，仍涉及基督教的自我身份认同和对中国社会及文化的认可程度诸问题。例如，佛、道教的当代发展被视为中国传统文化的延伸和复苏，而基督教在当代中国的发展却仍给人"外来""渗透"的"另""异"之感，显得颇为别扭或不太和谐。目前，中国社会已达其空前的开放，中国对国际事务的参与和卷入亦前所未有。这一形势应该说给基督教与中国社会文化全方位和深层次的对话提供了一个极为难得的独特机会，也是中国舆论重新认识、评价基督教的一个颇佳时机。对二者关系的发展虽不应持过于乐观的奢望，却可有比较现实的审视。出于这一目的，我们可以对基督教在当代中国社会转型中的作用及意义从政治、社会、思想、文化等方面加以一种动态式的巡礼和展望。

一 基督教在当代中国社会转型中的政治作用及意义

由于基督教自近代以来在中国主要被视为一种"政治"性宗教,而且被定位为中西近代政治冲突、对立的重要参与者,因此就没有必要回避其在当代中国发展中的"政治"意义及作用,并可将之作为我们相关分析的出发点和突破口。很清楚,"政治"问题是其关键所在,这一问题的解决势必能为基督教未来在华顺利发展铺平道路。而即使不能解决,我们亦可由此而知问题的症结何在、难度多大。

基督新教自马礼逊(Robert Morrison,1782—1834)1807年进入中国内地,就开始了对中国政治领域的卷入。马礼逊于1809年受聘于对华输入鸦片的英国东印度公司,此后于1816年作为英国特使阿美士德(William Pitt Amherst)的秘书兼翻译到北京参加谈判,又于1834年被任命为英国驻华商务监督律劳卑(William John Napier)的秘书和翻译,为副领事职。这样,进入中国内地的基督新教第一人就开了传教士担任西方国家驻华外交官的先河,从而拉开了基督教卷入中国近代政治、被视为代表西方政治势力来华的序幕。此乃目前讨论、评价马礼逊来中国大陆传教200周年之意义的政治敏感性之所在。

德国新教传教士郭士立(Karl Friedrich August Gützlaff,1803—1851)曾任英驻华商务监督的翻译,直接卷入了鸦片推销活动,并在鸦片战争期间担任英在舟山的行政长官,与马儒翰(John Robert Morrison,1814—1843,马礼逊之子)等人直接参与了《南京条约》的谈判和起草。而英国传教士麦都思(Walter Henry Medhurst,1796—1857)和雒魏林(William Lockhart,1811—1896)等因违反《中英五口通商章程》越界到青浦传教曾引发"青浦教案"。

此外,第一个来华的美国新教传教士裨治文(Elijah Coleman Bridgman,1801—1861)也担任过美国专使顾盛(Caleb Cushing)的译员兼秘书,参与订立《望厦条约》和《天津条约》。而1834年来华的美国传教士伯驾(Peter Parker,1804—1888)更是先后担任了美国驻华代办、公使即美国驻华全权委员，从而成为传教士担任美国驻华高级外交官的第一人，他同样参与了《望厦条约》的订立。其他美国传教士如卫三畏（Samuel Wells Williams，1812—1884）曾任美国驻华公使馆参赞和代办，参与策划《天津条约》的订立；丁韪良（William Alexander Parsons Martin，1827—1916）亦曾担任美国公使列威廉（William Bradford Reed）的翻译，参与起草《天津条约》；而司徒雷登（John Leighton Stuart，1876—1962）更是因担任美国驻华大使而深深陷入了中美政治之中，成为在冲突焦点的人物。1949年毛泽东发表《别了，司徒雷登》一文，实际上也宣告了西方传教士在华"使命"的终结。当1979年邓小平访美时，当时的美国总统吉米·卡特（Jimmy Carter）曾提出允许传教士回到中国的要求，邓小平则以"不能允许"（No!）而明确对之拒绝。

在罗冠宗主编的《前事不忘，后事之师——帝国主义利用基督教侵略中国史实述评》①一书中，还列举了雅裨理（David Abeel）、文惠廉（William Boone）、李佳白（Gilbert Reid）、李提摩太（Timothy Richard）、慕维廉（William Muirhead）、博亨利（Henry D. Porter）、明恩溥（Arthur Henderson Smith）、宝复礼（Frederick Brown）等参与帝国主义侵华活动的传教士，并明确指出，"事实上，从西方列强侵略中国开始，就利用传教士为其侵略效劳，不少外国传教士直接或间接参与贩卖鸦片、搜集情报、鼓动对中国发动战争，有的甚至直接参加侵略军、参与策划和胁迫清政府签订不平等条约，差不多所有差会和传教士都为侵略战争的胜利和取得新的政治、经济利益而欢呼。"②这就意味着对近代基督教入华在政治层面上基本持否定态度，认为在中国近代史上，帝国主义、殖民主义利用基督教对中国进行了侵略，而基督教也是借助于不

---

① 参见罗冠宗主编《前事不忘，后事之师——帝国主义利用基督教侵略中国史实述评》，宗教文化出版社2003年版。

② 罗冠宗：《前事不忘，后事之师——帝国主义利用基督教侵略中国史实述评》，宗教文化出版社2003年版，"前言"第9页。

平等条约获得了治外法权和传教特权,得以在中国大规模传播。按照这一见解和判断,"在这种大背景下,外国来华的传教士,不论有意还是无意,都与帝国主义对中国的侵略相联系"。上述评价之中的"都"乃厘定了对所有来华传教士"天网恢恢,疏而不漏"的框架或范围。尽管其承认有些"传教士个人的奉献,而且有的事迹感人至深",因此对之"是不会忘记的",却更强调"传教士又不能脱离差会和政府政策的联系。许多传教士在传福音的同时,还要进行别的活动,其中包括不同程度地、自觉或不自觉地参与政治活动。"①这样,近代以来传教士在华的所有活动包括其文化交流和社会慈善服务,都被罩在这片阴影之中,被归入"帝国主义文化侵略"的范围。

另外,在中国现代政治史上的国共两党及其代表的政治力量之较量和抗争中,基督教从总体来看则基本上站在了国民党一边,并对后者产生了强大的吸引。例如,国民党和中华民国的创始人孙中山曾由美国传教士喜嘉理(Charles Robert Hager)施洗入教,国民政府的首任外交部部长(南京临时政府外交总长)王宠惠亦出身于基督教世家,其祖父王元深为礼贤会的奠基人。此外,蒋介石亦于1930年受洗入教,其推行的"新生活"就受到基督教的启迪,并为此而咨询过基督教相关教义及实践;国民党将领冯玉祥被称为"基督徒将军",在其部队中曾配有随军牧师;而"西安事变"的发动者之一张学良后来也皈依了基督教。国民党众多重要人物对基督教的信奉与传教士对华政治倾向相呼应,使基督教在国共两党斗争中大多站在了国民党一边,其"亲共"的传教士和由基督徒加入共产党的人士则如"凤毛麟角"。这样,随着共产党在中国大陆的胜利,传教士的离去和基督教在中国政治中的失势乃必然结果。

这种基督教在华传播"政治"意义上的"结束",自然也为其政治性质的"重新开始"埋下了伏笔。1972年,当时的美国总统尼克松访

---

① 参见罗冠宗主编《前事不忘,后事之师——帝国主义利用基督教侵略中国史实述评》,宗教文化出版社2003年版,"前言"第7、8页。

华，中美关系开始解冻，这亦意味着中西之间开始一种不同于"对抗"的"对话"发展。自美国前总统老布什担任美国驻中国联络办主任以来，西方政治家再次接触到中国教会，而中国基督教也再次以一种"政治身份"在国际舞台上亮相。不过，中美关系正常化后，双方虽在政治、经济、文化、教育领域开展了合作，但意识形态的张势仍存，"文明冲突"的阴影不散，因而彼此在宗教、民族、人权方面的不同与冲突得以凸显。美国政府、国会和一些民间团体以"人权保障""宗教自由"为口实来攻击、指责中国，强调要对华形成一种外在的"压力"，而美国教会中亦有人将这些批评视为"先知"的声音和作用。而与之形成鲜明对比的是，中国方面则针锋相对，既坚决回击美国及相关西方国家的对华攻击和指责，又强调在国内宗教等领域注意抵制"境外渗透"。所谓"宗教渗透"主要就是指来自西方的基督教"渗透"。这样，由于政治的影响，在改革开放后的中国，基督教在各种宗教的复兴中却仍有"异类"之疑。

当然，在政治交往中也会出现"悖论"，这进而影响到与之关联的政治立场或态度，以及对相应宗教的看法。按照常理，宗教保守派、右派会与政治右翼及保守势力联手，对持政治"左派"的国家及政党采取敌视、攻击态度。这在以往中西关系中颇为明显。然而值得注意的是，美国基督教福音派、宗教右翼等近年来对华态度出现了积极进展，从而为促进中美关系、改善相互之间的政治态度提供了有利因素和良好氛围。此乃政治对话上由基督教实行的"破冰之旅"。例如，美国福音派领袖、著名全球布道家葛培理（Billy Graham）及其儿子、美国基督教组织"东门国际"总裁葛内顺主动与中国政府和教会接触，为改善中美关系而积极努力。为此，江泽民于1997年访美时曾专门会见葛培理父子，希望他们继续多做有助于中美人民友好的工作。在中美文化交流中，他们还积极支持了中国教会圣经事工展在美国的活动。尤其是近些年来，不少欧美教会领袖和重要人士频频访华，在国际交往中也与中国政府要员多有接触，展开对话。仅美国而言，就包括葛培理、罗伯逊（Pat Robertson）、克劳奇（Paul Crouch）、帕罗（Luis Palau）等人，他们与中国时任外宣办主任赵启正、国家宗教局局长叶小文等展开了多次广泛而深入的交谈，并以电视采访、出版对话录的方式广为传播这些对话，如《把中国宗教的真实情况告诉美国人民——叶小文答问实录》①《化对抗为对话——叶小文与美国"国际宗教自由委员会"代表团会谈实录》②《江边对话——一位无神论者和一位基督徒的友好交流》③等。这些对话与交流在一定程度上消除了中美双方存在的一些误解，缓和了彼此的矛盾和对抗情绪。而在其政治关系改善的同时，中国人对美国基督教会，尤其是对福音派的看法亦发生了变化，开始对之有肯定和积极的评价。由此而论，海外基督教会对华不只是仅有宗教"渗透"的功能，同样也有促进"政治对话""思想沟通"的功能。而这后一种参与在当代中国社会转型中所发挥的政治作用乃有着积极意义，它起到了化解中西冲突和对抗，有利于中国顺利融入国际社会的效果。从某种意义上来讲，基督教在当代中国社会中政治作用的发挥，主要在于海外教会尤其是西方教会对华的政治态度及其在本国沟通、协调对华关系上所起的作用、扮演的角色。④这种作用及影响会在中国产生回应，达成一种双向互动。实际上，积极、友好的"对话"不仅能带来双方在政治层面上的"双赢"，而且还会有利于基督教在华重塑其"政治形象"，使之被中国人民友好对待、准确理解。而如果仍以政治"冷战"思维来"对抗"则会两败俱伤，基督教在华也难以在短期内走出其"负面"印象的阴影。

二 基督教在当代中国社会转型中的社会作用及意义

基督教不仅是其信仰者的灵性追求汇聚之处，而且也是其社会

---

① 叶小文：《把中国宗教的真实情况告诉美国人民——叶小文答问实录》，宗教文化出版社1999年版。
② 肖勇朋编：《化对抗为对话——叶小文与美国"国际宗教自由委员会"代表团会谈实录》，宗教文化出版社2005年版。
③ 赵启正、[美]路易·帕罗：《江边对话——一位无神论者和一位基督徒的友好交流》，新世界出版社2006年版。
④ 如葛培理2018年初去世之后，美国福音派的对华态度亦有明显的波动。

"团契"，有着社会的存在与发展。这种社会之"在"势必会反映其社会功能、作用及意义。由于在上述意义上基督教的政治"敏感性"，而这种政治态势且尚未发生根本性改变，因此基督教在当代中国的发展中积极"脱敏"的一个直接举措，就是应该及时从"政治领域"中淡出，以更多的精力、更正面的形象投身于"社会领域"，在公共社会中发挥其"非政府组织"的"中间机构"作用，在社会工作、社会服务上发挥其潜力，做出其贡献。事实上，这一空间仍然很大，教会在此可大有作为，并能在当代中国社会转型中起到重要的社会作用，产生积极的社会意义。

在当代社会体制中，尤其是在中国社会主义社会体制中，"宗教"通常被视为一个"私人"领域。根据列宁的说法，"应当宣布宗教是私人的事情。……国家不应当同宗教发生关系，宗教团体不应当同国家政权发生关系。……这些团体应当是完全自由的、与政权无关的志同道合的公民联合会。"① 不过，列宁在论述这种政教关系时，无产阶级苏维埃政权尚未建立，故其所论乃是针对当时的社会处境及其政教关系。这种"政教分离"的定调对基督教虽有不利之处，却也有便利的方面。基督教作为一种"信仰团契"认为自己虽存在于社会、国家的现实处境之中，但其理想、追求却会超越这种现实，有着神圣之维，故乃以"出世"之心为"入世"之事。因此，基督教作为宗教虽然有着"私人"之内在、灵性隐秘之层面，却也不全为"私人"领域，而显然有其"公共"层面。但这种"公共"层面并不能由此而让教会"随俗""流俗""媚俗"和"迷俗"，却必须使之"入俗"而"脱俗"、"形凡"而"超凡"、"处世"而"越世"，保持一种"出淤泥而不染"的超然维度。就教会本身而言，从其信仰的审视上亦主张"政教分离"，即要求基督教能在社会"显现"，却不"操纵"政治或被政治所"控制"。其对"政治"的考虑乃基于其"社会"之维，因而"政治"不是其

---

① 列宁：《社会主义和宗教》，《列宁全集》第十卷，人民出版社1958年版，第62—64页；《列宁专题文集 论辩证唯物主义和历史唯物主义》，人民出版社2009年版，第220页。

"全部"而仅为其"局部",这样遂与全力投入"政治"的"政党"形成鲜明区别。主编《宗教不是私人的事情》一书的蒂斯（Wolfgang Thierse）曾指出："在所有政党中都有基督徒,但能否就有一个'基督教政党'呢?然而一个政党——正如此术语已经表述的——始终只是整体中的一部分,但基督教的要求却是追寻普世整体,把握整个真实和整全之人。基督徒应该展示其公共使命,具有政治责任感,以便使其信仰在世界上确定下来。不过,所有政治行为都局限于非终极之举,而不是以救赎为旨归,这却是基督教信仰的目的。因此,意欲促成一个'基督教政党'的要求在我看来乃一种过高的估计。"① 政党乃与"政治"有关,旨在社会上建立政权或巩固政权。所以,基督教会若以"政党"为自己在社会上的结社标准,把其兴趣放在"政府""政权"等政治层面上,则已是"流俗"或"迷俗"之举了。作为基督教信仰整体,其在社会中必须持守超越之维,标显一种神圣的参照。否则,其社会意义就会消失,在众多政党的纷争、复杂的政治较量中失去自己的超脱身份和独立立场,甚至沦落为政治的附庸或帮办。在西方社会中,基督教持一种关注政治却不卷入政治的态度,不过其社会政治的复杂性却也使基督教很难"洁身自好"、超然度外。

不可否认,基督徒作为个人乃一种双重存在,既是其信仰上的追求者,又是其社会中的践行者。这样,基督徒可能在宗教和政治上都有卷入,难达非此即彼之境。不过,正如基督教信仰所要求的,真正的基督徒虽"生活在这个世界",却"不属于这个世界",其作为"寄寓世界的漂泊者"和"朝圣天国的香客"乃是以"出世"的精神来行"入世"之旅程。所以,基督徒按其信仰真谛应在此岸现实中体现永恒超越之神圣。此即其"面世""入世"和"处世"的宗旨及标准。对于社会政治,基督徒只能持一种社会层面的把握,从而区别开"宗教信念"与"政治理念"。这种区分可以让基督徒参加政党,即以其"政治

---

① Wolfgang Thierse（Hg.）, *Religionist Keine Privatsache*, Patmos Verlag, Düsseldorf, 2000, p. 10.

理念"来关注社会、参与社会建设和发展。但这种"政治理念"乃"属世"的,不能与其具有神圣之维的"宗教信仰"相混,在此没有前者与后者的等同,而只可能有后者对前者的指引、警示。因此,基督徒的"政治理念"在严格意义上与宗教维度之外的"政治信仰"截然不同,由此才不至于发生二者的矛盾抵牾。从这一社会层面上来衡量,基督徒在西方社会可以以个人的"公民"身份,即其现实的社会存在来"参政""入党",而基督教本身作为其信仰的体现者或代表者却不能混同于政治结社,更不能把自己变成某种"政党"或"政治机构",因此其神职需与政治区分,不可以神职人员的身份来参加政党或参政议政。其信仰的审视使基督教虽立于社会却仍要保持住其与社会的张力和对社会的超越。而恰恰是以这种神圣之维来度量,基督教就可在今世发挥其独特的社会作用。

按照基督教的认识,"信教"使人步入神圣领域、走向超越,其带来的是"大彻大悟"的超脱和心灵意义上的拯救,表达了一种"神智";而"入党"则意味着进入现实领域,履行世人的义务和承担社会的责任,体现出一种"理智"及由之而来的理想。有时,二者相矛盾、相冲突;但有时二者亦会共存且能和谐及和平共处。但其存在论上的"同""共"仍有着价值观上的"异""分",从而不能在二者相遇或相融时"失去自我""忘却分殊"。只有这样,才能真正做到"凯撒的归凯撒,上帝的归上帝"①。根据基督教的这一本质,其在中国当代社会以任何形式的"政教合一"或"政教共构"来"参政""议政"都没有前途,而且这种尝试乃是远离其本真的南辕北辙。因此,基督教的社会观应与其信仰观相吻合,其政治审视则不能违背或超出其独特的社会定位和信仰指导。

基于上述考虑,基督教在当代中国社会转型中真正能顺利发挥其作用的是社会领域而不是政治领域。也就是说,目前基督教在华发挥社会作用的空间要远比其政治空间为大。当然,这种"淡出"政治能使基

---

① 《马太福音》第 22 章第 21 节。

督教在当代中国更好地走社会"建构"而不是"解构"的发展。如果中国教会不再仅从以往政治的层面来分析、评价其历史上的社会服务事业，那么其在今天的社会服务、社会建设中就能"解放思想"、大有作为。可以说，基督教重新确立其在中国存在之意义的真正机会乃在其社会领域，因此其有必要从"政治"领域往"社会"领域进行其战略转移，少说"政治话语"，多行"社会服务"之实事，使其在中国人的眼中从"政治组织"而转型为"社会服务机构"。不过，这种"脱离"或"转移"绝非就意味着基督教与政治无关；相反，教会在中国社会不可能摆脱政治，而必须有其政治表态和鲜明的政治立场。只是当其被社会主流价值体系否决时，才可能从政治事务中悄然退出，而其政治态度及立场虽不再过于彰显，却仍有其必要的存在。

如果基督教在政治层面多突出其"先知"精神和"先知"角色，那么其在社会层面则可以多突出其"仆人"精神和"服务"角色，体现其"非以役人，乃役于人"的基本宗旨。在西方社会的近现代转型中，教会的政治参与被不断弱化，以往的"政教合一"之格局经历了从"政教协约"而到"政教分离"的巨变，在政治上陷入了"先知在故乡无人尊敬"[①]的窘境，因而其在中国政治中要想发挥"先知"的功能和作用则更是难上加难。然而，尽管对教会而言"政教协约的历史即痛苦的历史"，这种从"政治"领域的淡出却仍是一种意义非凡的"解脱"和"超脱"，使教会在社会中得以重新审视自我、恰当定位，反思自己在社会中可以干什么、应该做什么。其实，当下中国社会对基督教的"政治性"亦是非常敏感和警醒的，其"讲政治"势必会代表或至少反映出其在社会中的相关政治定位。在今天中国的社会转型中，社会阶层出现了分化，人的精神世界和社会生活出现了危机，社会问题得以凸显。当一些宗教利用这一机会寻求政治权力和经济利益时，则会沦落为"政教"或"商教"，失去其信仰本真，最终导致其宗教意义的"解构"。因此，面对"商海"的喧闹、沸腾，基督教会不能"下海"，

---

① 《马太福音》第13章第57节。

而必须返璞归真，发挥其作为信仰之"船"的作用，对在"宦海""商海"之中弄潮的"江湖之人"提出警醒，并对这些"落海"之人加以救度。这种救度一方面是在精神上对社会及人生的启迪、引导和服务，另一方面则是在实践上走服务社会、帮助群众的道路，发展其社会慈善、服务事业，显明其"仆人"的形象和魅力。

中国当前虽在表层上展示出其繁荣、兴盛、充满生机，却在深层上仍陷在"人口"问题、"社会"问题、"三农"（农村、农业、农民）问题等危机或危险之中。尤其对于社会贫穷和救济、社会就业和稳定，尚有大量工作要做，尚有很远的路要走。而在这一社会层面，基督教在西方乃至全球的经验已表明其可以成为社会救援和服务的生力军。所以，基督教能在当代中国社会转型中有着积极的参与，能在帮助群众、救济社会、化解矛盾和冲突上发挥其所特有的功能、提供其积累的丰富经验。当然，这些社会工作必须在地方政府的策划及推进中来相向而行，成为其社会工作一盘大棋中的重要棋子，放下身段、埋头去干，而不必过于彰显和张扬。在构建现代公民积极参与的和谐社会中，基督教作为"非政府组织""非政治组织"和"非营利组织"在意识清楚自己的社会定位之后则可起上下沟通、协调的作用，从而成为支持社会、帮助社会的有效益、有作为、有成就的"中间机构"，以其社会贡献来构筑世人从现实通往神圣的金桥。而按其谦卑精神，基督教在社会服务工作中即令取得重大成功，也不允许"贪功自傲"，最多就是只保留其在"丛中"之笑的低调而已。

三 基督教在当代中国社会转型中的思想文化作用及意义

如果能消除或淡化基督教在中国"政治"历史上的负面印象和影响，能使基督教在当代中国社会发展中显示其积极参与和贡献，基督教的思想文化作用及意义则能得以顺利彰显。这一转型极为不易，有着重重困难需要克服。当然，自中国大陆改革开放以来，通过近四十年的双向努力，已经为基督教在中国社会这一积极的走向和努力打下了良好基础。

在中国思想文化发展上，曾与基督教有过多次相遇，而这种相遇今天仍未结束。本来，在中国"海纳百川""圆融和合"的文化传统中，具有借鉴、吸收外来思想文化的风度和气魄，主张"求同存异""和而不同""多元共存"。文化的魅力就在于其五彩缤纷、百花齐放、各有特色。但在近代交流中，因为基督教与中国文化对话中出现的强求其"同"而导致不"和"，特别是因"礼仪之争"而由"对话"转为"对抗"，中国此后发展出"文化保守主义"，采取对外抵制、排斥的态度，而西方基督教则参与了"文化帝国主义"，采取对华强迫、威逼的态度；加之现代中西双方在政治和意识形态领域的对抗与冲突，这种思想文化交流遂变得别扭、敏感，至今仍不爽快、不便捷。

当然，今天全球化的发展已使中国重新融入国际社会，这应该是基督教与中国在思想文化深层次上再次对话的一个"良机"。但因政治情结和历史阴影之作用，这种"对话"还不够畅通，甚至已失去了一些机会和切入点，留下新的遗憾。因此，双方均应对之重视和努力，避免在彼此认知、解读上失之毫厘，谬以千里，又出现"相遇"却不"相通"、"相逢"却不"相知"的悲剧。在当今中国政治理念中，正提倡以一种开放性视域来构建和谐社会，希望发挥宗教在促进社会和谐方面的积极作用，而且表示要以"和风西送"来促进"和谐世界"之建设。这种姿态、这一气氛，是我们今天谈论基督教在当代中国社会转型中之思想文化作用及意义的重要基础。

在基督教与中国思想文化的对话及沟通上，双方既有"认同""求同"，也有"存异""立异"。应该承认，"同"乃对话的基点和出发点，但其目的并不一定就是彼此认同、相混，从而忘却自我、失去其文化之本有身份。其实，"求同"仅是为了营造大家对话的和谐气氛，使大家共在、共聚能有一个基本平台。如果完全相同、等同或混同，则没有对话的必要，也失去了交流的意义，即所谓"同则不继"。而显示、表明或强调其"异"才能使双方真正能够"标新""纳新"和"更新"，从而使其文化发展、提高、进步、升华。但这种"异"是为了百花齐放、美美与共,而不是要带来"异化"、产生"异类"。针对中国当代社会转型及其发展而言,基督教一方面要继承和发扬其"求同"的传统及其经验,体会"利玛窦的智慧"和"灵巧",另一方面则应在此基础上以恰当、合适的方式来表述其"异"、贡献其"异",以避免"利玛窦的遗憾"和"缺漏"。这种"异"大体上应该涵盖两个意义层面:一是展示基督教自我本真中最核心、最关键、最根本的内容,从而以其独特的精神气质来使人感到耳目一新,甚至为之震撼和折服;二是向中国思想文化传递、输送其所缺乏或未得彰显的精神内容,以有助于中国思想文化的重建、革新和发展。其所能达到双向互动的条件一是中国思想文化能对之欣赏、接受,二是中国思想文化所急需、所要求。在此,既需要基督教文化传播的艺术,也要有中国思想文化重建的智慧。

基督教在中国社会场景中的"标新立异"不再应采取咄咄逼人、居高临下的单向之"传"的姿势,而应是"谦卑""虚己"之精神的示范。基督教的"传播"不是扩张性的、"侵略性"的,而是在虚怀若谷、谦卑豁达的气质中的一种潜移默化、润物无声。正如耶稣所言"虚心的人有福了",其所要求的是"谁愿为首,就必做你们的仆人"。基督救主的形象是"为仆""为小""为后"的"人子",而不是君临天下、颐指气使的"王者"。这亦应成为基督教"传教士"的典范和榜样。因此,基督教在当今中国社会中的形象不是"传教士""福音使者"——这在中国现实中既不受欢迎,亦不可能,而是"仆人""服务者"——这在中国现状中既非常需要,又不被非议或误解。在颇有"实用""功利"之传统的中国,乃是"观其行"才"信其言"。这种姿态、形象本身就是对中国社会之思想文化发展的积极影响和独特作用。

虽然基督教在很大程度上能满足不少中国人灵性上的"需求"或"救度",给社会上的弱者带来"援助"或"慰藉",从而得以形成其群众基础和信徒人数的较大比例,但笔者个人认为其最根本意义仍是能否真正且积极地参加当今中国思想文化的重建与发展,给当代中国的"新文化"带来一些"新"的因素。对于影响世界绝大多数人口、有着悠久传统的基督教，其所蕴含的人类精神财富和知识宝库乃不言而喻的，而中国文化虚怀若谷的禀赋使之不可能排斥或拒绝吸纳人类优秀文化精神及其知识财富。所以，这种交流在政治层面的艰难并不会影响到其文化层面的沟通。其重要之处，就在于基督教是否真有能够拨动人们心弦的精神宝藏。在此，基督教与众不同的最关键之点仍是其"绝对之爱"的精神，其对"神""俗"之间张力的审视，以及其"超越"追求和"终极关切"。

"绝对之爱"所表述的乃"上帝之爱"为"爱到底的爱"，既有体现现实社会之"社交关系""人际关系"的"仁爱""友爱"，更有超越人寰及其人际关系底线的"神爱""至爱"。这种"绝对之爱"正在感动、浸润中国思想文化中"己所不欲，勿施于人"的"中庸之道"及其底线伦理，因为它已超出自爱、互爱之界，没有人际之间时常关注的自我考虑、算计，亦不求回报、对等。中国社会转型中的竞争、分化在一定程度上造成了人际关系的"冷漠""猜忌""防范"，因囿于"工具理性""实践理性"的考量而往往缺少了一些"诚信""博爱"。因此，"绝对之爱"可以其超然之维来引导人世之爱，形成人际关系中的"信任""信誉""信靠"和"信德"，使中国社会得以重建"诚的哲学"，激起"爱的浪花"，达成"信的联盟"，以鼓励人们超越自我、走向神圣。早期基督教思想家奥古斯丁等人就曾提出了一种"爱的神学"，而中国基督教领袖丁光训也一直在全力推动"爱的神学"之实施。这种"爱的神学"突出一种"善待""宽容""大度"和"忍让"，而且将这种无条件的"无限大爱"付诸实践，由此使其从超越性神学降临为实践性神学，凸显其伦理之维。此外，这种"普遍之爱"也能使中国基督教关爱当代中国社会各界，承认并肯定教会之外真善美的存在，并放弃任何挑剔、指责、排他性的态度，理解、尊重并支持中国当今社会对基督教的积极认知和善意评价，以"爱心"来向社会开放、与外界对话。

"神""俗"二维虽有张力，却构成了信仰的意义，这是基督教作为"绝对一神的宗教"对中国思想文化的重要启迪。在圆融、整合的一元世界观中,很容易失去一种神圣的维度,缺乏超然的对照。纯对现实的关注,也易在现实中失落。这种"神""俗"对照在中国当代社会转型中的重要意义,就是唤醒了不少中国人的"自我意识"和"自我认知",看到了俗世之人的"相对性""有限性",乃至"罪性",从而萌生一种"罪感"意识和"悔罪"精神。正视人及其社会的"相对性""历史性"和"易变性",并不是让人放任自流,因为人在此时此际则能更好认识"神"性之维的存在及意义。于是,"神"性的临在及其指导意义就使世人得以"生活在此世"却又能"超越此世",即以不受地域、民族、国家、政治之限制的超越性洞观来评估人世及其作为,形成人们的社会责任心和对社会体制及其实践的监督、调控。从"神"的绝对性来看"人"的相对性,可以为中国文化生成一种制约机制、警示体系,从而真正丰富、完善对"人"的认识及其意义之探。以往中国人往往以一种具体形象来理解基督教的"神",殊不知其更为一种超然境界的表达。这种境界就能使人的现实作为得以升华,使其社会活动获得一种"神圣"的维度。这样,基督教亦可对社会转型中出现的危机、造成的混乱加以剖析、评议,对其需要者提供帮助、救度。

这种以"神圣"为对照而立乎其"外"的审视,乃体现了基督教的超越追求和终极关怀。其"超越""终极"之维可以救世人于"流俗""媚俗"和"迷俗"之中,让人们对"历史的意义"和"世人的成就"有较清楚和清醒的认识,由此在其社会参与和历史进程中既能头脑冷静,又有睿智的对应,以能真正实现人在精神境界、思想升华上的"根本性转变"。这种超越、超然和终极的观念给在社会转型过程中迷茫、挣扎着的人们带来了勇气和信心,使之得以缓解或化解其精神负担和心理压力,进而能用一种"平常""乐观""坦然"的心境来笑迎人生、面对挑战、突破生死。这里,基督教一方面能够帮助中国思想文化形成一种超越人世社会政治和现实存在之局限性和束缚性的独立精神文化价值体系,有其望穿时空、超越历史的永恒之维;另一方面则能洞透自我及历史的戏剧,使人以"超越"精神来"入世""有为",完成终极关怀与人间关怀的结合,让人们在尘世的"喧闹"中保持"宁静"，在商品竞争之物欲横流中超凡脱俗，在时风污染中有一方净土，在各种诱惑欲求面前不为心动，在虚假造作的世风中返璞归真，在文化修养、精神修炼上达到提高、升华、止于尽善。这种精神因素的参与不仅可以使中国民众尽为"尧舜"而"成圣"，而且亦能为当代中国思想文化的重建增添一种"神性"、实现一种"超越"。

综上所述，基督教在中国众多宗教中既与中国社会政治及思想文化最为相"异"，又对之有着最大的"挑战"和"吸引"。转型时期的当代中国社会正处于变动、演化之中，有着多种机遇和选择，亦充满希望和危险。其当代和谐社会的构建，既要靠政治发挥其功能、文化提供其底蕴，也需宗教启迪其智慧、信仰带来其动力。如果基督教能适当调整其政治、社会关系，积极适应并促进中国社会及其思想文化的更新与发展，那么在其给中国当代社会重要转型带来"惊喜"的同时，亦可能走出其在中国历史中的低谷，出现自身在华发展的"奇迹"及"化成"。

（本文为2006年12月6日在香港中文大学崇基学院研讨会上的发言）

第二十九章

中国当代社会与宗教转型之际的基督教

最近几年来，宗教与社会的关系在人们的理解上出现了明显的变化和认知上的尖锐分歧，而其中对于基督教的理解与评价更是首要的。而人们对"基督教中国化"最近更是有着各种解说，反映出不同的认识，讨论热烈、争议颇多，甚至批评激增，很快使之成为一个热门话题。当中国大陆学界率先重提基督教"中国化"这一问题时，海内外并不十分关注和在意，但当中国政府出面支持这一说法和做法之后，却情势急变，马上开始出现了对这一主张的批评和指责，在中国教会内部也不时听到了一些比较反感的回应。有人认为这是强迫性的，有人指责这是运动式的，有人把某些地方对教堂及十字架的拆毁说成是推行"中国化"的后果，甚至还有人批评我们学术界讨论基督教"中国化"问题的实质是给政府站台、为政府服务，因而完全把这一思潮发展的先后、主次弄颠倒了。自从香港"占中"得到一些基督徒的参与和支持以后，耳闻香港基督教界也有人批评我们大陆基督教研究学者的态度，感觉我们和政府靠得太近。这种认知的分化和矛盾的加剧，对"分殊"的强调和肯定，好像给人暗示出了一种精神及社会层面的"危机"之来临。因此，这一问题的讨论和正确解决，将在很大程度上影响到中国基督教的发展进程和未来前景，以及中国社会与教会的关系，所以非常值得我们花大气力来认真探究，以便能从"和而不同"走向"求同存异"，并力争以"聚同化异"来走向共构，实现基督教在华和谐共融的理想发展。

坦率而言，这种分化的出现与中国大陆最近关于中国宗教处境及社会与宗教关系的评价紧密关联。自中国改革开放以来，这种关于宗教的意见分歧达到了前所未有的高峰，学术界、理论界的观点不同和学术交锋亦呈现尖锐对立、阵营分明之态，双方的亮相及表态都已经公开化、透明化，讨论的激烈程度远远超过自中华人民共和国成立以来的前两次关于宗教的争论（20世纪60年代关于宗教与迷信的争论、20世纪80年代末至90年代初关于宗教是否为"鸦片"的争论），几近白热化。而这两种截然不同的看法自然会影响到国内外的反应，宗教界的反应则以基督教最为强烈，相关的评论、批评遂应运而生。就中国当前的形势而论，显然出现了比以往更为复杂、严峻的局面。中国的改革已经进入深水区，近年来经济发展速度的下降，贫富、城乡差距的增大，就业和医疗、养老难度的加大，以及国际形势出现的变数如美国对华、对日态度的明确化，南海局势的突变，境外宗教极端势力对中国内地尤其是边疆地区的负面影响，以及台湾和香港当下发展的复杂化等，都增加了中国当代社会发展的戏剧性和与宗教关系的微妙性。国际不安宁、社会不平等、心态不平衡，使转型之际的中国社会充满变数，也使其社会与宗教的关系再度引人注目和众说纷纭。所以说，我们讨论基督教在当代中国的社会作用及其影响正是在这一处境中的分析、评价。为此，我们理应认清形势，为之找到今后正确发展之途。

一 当前中国社会对宗教评说的两种对立

当前中国"民族""宗教"问题及其对中国社会之政治与文化认同问题得以凸显。在民族矛盾尚未减少，甚至在局部出现激化的情况下，不尊重少数民族文化及其权益，将其传统宗教信仰及习俗看作负面因素的观点明显抬头。这种见解从根本上是对少数民族、对宗教持否定、消极态度的。一些人主张的基本举措就是想对民族加以拔苗助长般的"同化"，非常着急、不切实际地要迅速达"同"化"异"；而与此同时则有人对宗教却是尽力地往外"推",极为武断、不顾事实地搞分"殊"排"异"。其基本思路是在歪曲强调"先进文化"时从骨子里否定少数民族文化,无形中将之视为所谓"落后文化";而在主张"进步思想"时则从本质上反对宗教信仰精神,将之视为"落后思潮"。这些偏激看法直接或间接、或多或少旁敲侧击地质疑我国民族区域自治制度、宗教信仰自由制度,结果引起许多争议、造成不少混乱。

2015年5月中央统战工作会议召开之后,进一步明确了对宗教积极引导的指导思想。但其真正的贯彻落实仍需花大气力来抓。因为社会上根本否定宗教、排斥宗教的观念在舆论上仍有很大影响。其基本思路就是要把宗教往外推出去,由此而被强调的观点包括不承认宗教会有积极的社会作用,让宗教从发挥社会作用的角色回归其个人信仰本位,即让宗教从社会领域退出,回到"纯私人"的个我领域;这种思潮所突出的不是去积极引导、发挥宗教的积极作用,而是觉得宗教界自己愿意在社会主义社会发挥积极作用也自然可以,但宗教做到属灵清净、满足部分人的精神追求就算已经尽了本分了;在此他们更多凸显、强调了宗教的负面作用,认为如果忽视宗教的消极作用、利用宗教来发展经济、维护统治,则会助长迷信之风、让敌对势力打着宗教旗号而造成天下动乱。他们进而觉得中国历史中本来就没有宗教、中华民族乃"非宗教的民族",真正的宗教都是外来的。一百年前梁启超等人所论中国文化没有且不需要宗教的观点现在仍然存在,并且进而得以强调;此外,还有人指责"好社会产生好宗教"的逻辑是错误思想,其潜台词即认为宗教在任何社会都是不好的。他们对立即消除宗教现实根源更有兴趣,认为这对于宗教消失或消亡甚至更加直接和有效;觉得宗教有神论正严重影响到党的意识形态安全和国家的长治久安。这里隐含的基本思路仍然是把宗教作为异己、对立的力量,坚持宗教与中国当前主流意识形态、世界观、价值观的截然不同和本质对抗,故而仍以阶级斗争和敌对的观念来审视、界定宗教,实质上将宗教看作了我国社会中的敌我矛盾。

但与上述见解明显不同的观点,则是坚持民族区域自治制度是中国共产党民族工作和政策的重要举措，其意义巨大、不可取消，坚持应冷静对待民族差异仍然存在这一客观事实。现在的问题是应真正贯彻落实民族区域自治制度，使之具有发展优势而不是导致劣势。应真正尊重和依靠少数民族精英，公平对待少数民族干部，而不是虚晃一枪、光说不做或做得不够到位。在宗教问题上则不能把本是我们自己培养的宗教领袖、我们必须团结的宗教信众在思想意识上推到对立面，否定他们的核心信仰，因此主张应像培养我们自己的骨干力量那样培养宗教领袖，在宗教上尊重其信仰，在政治上则要争取他们从内心爱国、拥护社会主义。必须正视宗教文化的历史悠久、源远流长，故而不可简单、轻易地将之否定；必须承认宗教在人类文明发展进程中的重要作用及其自我的不断革新和积极扬弃。对宗教的过错和问题应客观分析，冷静梳理其历史或现实原因，找到其社会症结之所在。如果对今天中国的宗教全面否定和全盘否定，实质上则是在挖我们自己政权的群众根基，搞坏我们社会和谐共融的气氛，这势必会对我党和社会主义中国带来巨大的损失。对此，我们应有高度警惕，应保持清醒的头脑。

在中国和谐社会的共建及人类命运共同体的创立中，我们需要的是多元通和、美美与共，如果将社会主义、共产主义之剥离为纯而又纯的"独唱"，则很难起到在人类共同体社会大合唱的领唱作用，以及在文化交响乐演奏中的指挥功能，一旦和者甚寡，则很可能成为"绝唱"！因此，我们作为先进思想及先进力量，所需要做的应该是在人类命运共同体大合唱中起指挥及领唱作用，而不可变为万马齐喑的"孤鸣""独唱"，终成"绝音"。

在对宗教的社会认知上，我们则主张坚持经典马克思主义强调存在决定意识、经济基础决定上层建筑的基本观点，认识到今天中国的宗教存在已是一种我们自己的社会存在，中国宗教徒的绝大多数乃"生在红旗下"，在"社会主义制度"的"新中国"中成长，因而不能简单地以"旧社会的残留""旧制度"的印痕来对延续至今的宗教加以评价。

在对中国历史的回溯上，我们则强调去除历史虚无主义的态度，而看到中国古代确有宗教的普遍存在，中国文化不可能从根本上离开宗教，中华民族在整个人类发展中绝非"无宗教"的另类。中国人对其宗教的认识也是中国人的文化自知和自觉。儒、释、道的宗教形式及其宗教精神是很难否定的，无论其建构性还是弥散性，都实实在在地表达了宗教的底蕴，持守着其"敬天法祖"的主调，存在于中国传统文化之中。儒释道"三教"统称之"教"，既是"教化"，也是"宗教"，而且这种宗教性在今天中国依然如故，使中华文化的精神记忆和信仰传统得以保留和延续。除了佛教最初是从印度文化范围传入之外，儒、道及许多相关的中国民间宗教或信仰都是在中国土生土长的，是典型的"中国制造"，而佛教"化"为中国宗教后也为中华文化的发展做出了重要贡献。宗教在中国传统文化中曾起到核心作用，给中国民众及传统社会提供过不可忽略的精神支撑。伊斯兰教、基督教等外来宗教在很早传入中国后就进入了其"中国化"的过程，有了中国特色，与中国文化发展结下不解之缘。

随着今天中国社会改革开放的深入发展和人们对世界各民族的加深认识，已有越来越多的当代中国人承认中国历史上确有宗教的普遍存在，因而今天社会存有宗教现象也理应正常。人们越来越靠近这一共识，即中国文化不可能从根本上离开宗教，意识到中国人在整个人类发展中也绝非"无宗教"的另类。而且，不少人还认识到，中国人对其宗教的自我意识实际上也关涉到中国人的文化自知和自觉，是一种真真切切的中华文化意识、精神家园眷念。因此，这种观点主张对宗教的正面肯定和积极引导，发掘宗教的积极因素和正能量，使之作为中国古代乃至人类优秀文化的重要组成而可以为今天中国的社会主义核心价值观、主流意识形态提供历史积淀和精神资源。虽然这种认知在公开讨论中发声不多，却代表着中国当今社会理解宗教的主流。

二 当前中国宗教对社会的复杂回应

由于中国执政党及政府对宗教的积极引导和社会上否定宗教的舆论同时存在，中国宗教对当今中国社会及其政治也有着颇为复杂的回应。

宗教界中有人对否定宗教之论存在着逆反心理，由此出现的离心倾向和分裂意识也是不争的事实。这种意向认为宗教与马克思主义、共产主义、社会主义、无神论、唯物主义是格格不入的，二者之间很难有真正的对话及和平共处；既然如此，因而只能是公开或隐蔽的对抗。所以，这种消极观点认为宗教与当前中国的适应也不过仅仅是"社会"表层的适应而已，仅为一种生存需求而不可深究。从宗教层面上，当今中国谈论较多的是基督教代表西方精神对中国社会及其文化精神的挑战。中国基督教界也有人不同意笔者关于基督徒在华先做"仆人"后为"先知"之说，而主张自我为义，要以"先知"的身份和精神来展开社会批判，向这个社会展开挑战。加上现在已有一些社会精英和高知加入其内，形成社会"公共知识分子"批判社会、批评政府中的"宗教声音"。这样，宗教也出现与当今社会主体、主流抗争、较量、交锋的态势，有着非此即彼的不同选择。这就类似香港出现的"激烈反对派"中也有宗教如基督教的参与那种情况。早在十多年前，美国驻华记者大卫·艾克曼在《耶稣在北京》中就宣称，一旦中国人口中有25%以上的人信仰基督教，那么中国就会"西化"，就可能改变颜色，其关于"基督的羔羊"终将战胜"中国龙"之说，就像警钟长鸣那样在当代中国人的脑际回荡，使社会主流对基督教非常警惕和放心不下。而英国《每日电讯报》2014年4月25日报道，有人宣称到2025年时中国的基督教新教信众有可能达到1.6亿人左右，到2030年时中国基督教徒的总数将超过2.47亿人，届时中国将超过美国、巴西和墨西哥成为世界上基督徒最多的国家。这种耸人听闻的说法更使误解或敌意宗教的人感到了震惊和威胁，亦会加大对基督教的防范和排拒。因此，在这种民众心境和社会舆论的影响下，宗教则不可能得到当今中国社会可靠的信任，外来宗教如此，甚至本土宗教亦然；当海外华人以其在国外作为社区文化而被认可的传统民间信仰回到中国来认祖寻根时，却在其发源地、其眷念的故土被视为迷信势力及境外渗透而遭到防范或打压。这种做法也在逐渐把宗教推向中国社会的对立面，让信仰中国传统宗教的海外华人寒心、失望。一些地区对不合法宗教场所及其建筑的拆毁，更使宗教界内部出现了分化，让一部分宗教徒因感到失望而与我们的主流社会渐行渐远，逐步转为我们社会的异己及敌对力量。宗教界对当代中国社会否认宗教之态度的偏激反应，也使社会和谐、国家统一、民族团结的努力陷入潜在的危机之中。对此，我们政府中从事宗教工作的人士早有警告：如果硬要把宗教当敌人，那么将会有一天宗教真的就成为敌人！而这种结局对我们而言则乃灾祸和灾难。我们对之需防微杜渐，决不允许这种兆头的萌生和发端。

但另一方面，中国社会的宗教主流仍然对改革开放以来的发展充满信心和希望，大家在自觉地积极与社会主义社会相适应，甚至也在意识形态、核心价值观层面展开主动、积极的对话，寻求一种共识和共鸣。近年来对中国传统优秀文化的肯定，使相关传统宗教有着积极的呼应，如佛教对"和谐社会、从心开始"的号召，以及对社会、文化建设的积极参与和作为；道教对中国传统宗教文化的发掘与弘扬，对中国宗教精神"道"之意蕴的积极阐释；而儒家的复兴也不否认其也包括宗教灵性层面，最近中华孔圣堂的建立、全国3000多所文化书院对传统文化包括宗教精神的自发研习、传播和宣扬，都是中国宗教对当代中国社会对宗教这种积极引导的回应和鼓励。儒教到底具不具备宗教性、是不是一种宗教，这在认识中国人的宗教及宗教性上极为关键。而儒教的精神已经深深融化在中国人的气质及性格中，成为"士文化"的核心及精髓，迄今在中国社会文化中也仍起着润物无声、潜移默化的作用。如果肯定儒教的宗教性，那么可以说大多数中国人都至少具有宗教气质、受到宗教影响，这与世界上的普遍认知相吻合；但如果认为儒教根本就不是宗教，那么或许很多中国人就与宗教无缘，但这也需要对儒教加以合理说明，并与相关宗教在其性质上进行深刻比较，由此而对儒教及其是否具有宗教本质做出中肯且令人信服的解读。

在当代中国社会，甚至基督教、伊斯兰教等世界宗教也表现出这种积极意向，如不少基督徒指出马克思主义、共产主义对犹太教、基督教精神遗产的继承和消化重构，论述马克思、恩格斯早期的基督徒身份，以及他们对早期基督教和中世纪以基督徒为主的宗教改革、德国农民战争的中肯评价。这对于否定宗教的人看来，宗教界对中国社会政治及主流的积极态度似乎是一种无望的单相思或"苦恋"，或许会成为毫无结果的徒劳。在中国神学的当前建设中，神学界甚至也在讨论究竟是要推进一种"成功神学"，还是只会留有"希望神学"，个别人还表示会有"苦难神学"的垫底。这其实说明了我国宗教界担心、害怕中国社会在宗教理解上的猝变和反复，希望能够保持当前宗教理论及策略的稳定及恒长。其令人深深担忧的也还有另一种可能，即这种"苦恋"的无果而转为更加可怕的"不恋"，失望者与我们的体制采取逐步脱离、渐行渐远的选择，则更不利于我们社会的稳定及发展，中国社会和宗教也都将进入"多事之秋"。所以说，今天中国宗教现状和对社会的态度也非常多元、复杂。这种状况是与整个当前中国社会的发展及国际形势的变化相吻合的，因而也非常正常，但我们的确应该对之有所反思，从长计议。

三　两种分歧对峙之中基督教的选择

基督教在当前中国社会就处于社会及宗教界这两种观点的博弈之中。作为一种主张宽容、提倡对话、传播大爱的世界宗教，基督教也必须有所担当，有其责任及使命。对于绝大多数人信仰宗教的现实世界，中国宗教状况虽然特殊却不例外。美国皮尤研究中心估计中国当前有约6亿名宗教信仰者，其中基督徒有6000万名之多；我们的研究估计中国当前有约2亿名宗教信仰者，其中基督徒约3800多万人。无论哪种估计或统计，都说明基督徒在中国当代社会已经是一个巨大的群体，在社会的稳定和发展中已经举足轻重。无论从世界与中国的关系，还是海峡两岸关系、内地与港澳的关系以及大陆自身的社会关系及其协调来看，基督教都是可以发挥其独特作用的重要社会力量，基督徒亦成为中国民众的重要构建。从中国共产党及政府来看，宗教工作的核心及实质是群众工作，其对待多元社会的基本方略是大统战、和谐对话的选择。因此，基督教在我们社会中如何回应就极为关键和极为重要。以一种辩证视域来看待基督教对于社会的反应及反作用,那么其既可促进改善,也能恶化中外关系,包括中美关系、中欧关系、中俄关系等;既可推动也能阻碍海峡两岸关系的良性发展;既可协助也能拖延"一国两制"的实施;既可帮助中国内地的繁荣发展,也能恶化社会氛围。这些矛盾的共在使世界及中国社会,以及基督教本身的未来发展及可能都充满变数,很难确定。应该看到,中国当代社会所主张的是合力共建人类命运共同体,促进中国社会和谐发展,希望的是国家的统一、民族的团结、社会的安定。所以,上述选择中的前一种积极选择乃代表着希望、光明和平安,会带来双赢,而后一种消极选择则会导致绝望、黑暗和动乱,招致两败。因此,我们应该看到所谓"危机"就是危险与机遇的共存,我们于此必须争取克服危险、抓住机遇,从而化解危机,走向积极的可持续发展。

所以说,基督教在当代社会与宗教转型之际乃面对着重大选择。我们从最近发展的积极态势上应该体悟到中国共产党及政府关于宗教的顶层设计是积极引导,充分肯定,鼓励其革新发展。而作为世界性第一大宗教的基督教则理应会审时度势,抓住中国当今发展的绝好机遇。回顾中外历史,当前的状况对改善及理顺基督教与中国社会的关系乃千载难逢,机不可失、时再难来。我们已经步入关键时期,走到十字路口。如果双方不积极努力、克服阻挠而错失良机,则会留下千古遗憾,因为我们已经失去过许多机会。从基督教的方面来看,不能因仍有困难阻碍而自我放弃,基督教忍辱负重、以德报怨、以柔克刚的信仰境界及其道德传统在此仍可发挥巨大作用。在前不久刚结束的"基督教中国化之路"国际学术研讨会上,人们提到具有普世性精神的基督教在华的正常态度应该是:四海为家基督教,乐以中华为故乡。中国基督教应有这种乡意、乡情、乡恋,由此彰显中国基督教的文化自觉、自信和自强,以形成对"自治、自养、自传"之"三自"精神的现代呼应;真正的基督徒在此不可有自以为义、自我称义的傲慢,不能搞居高临下的颐指气使,而要体现虚己的淳朴、谦卑的崇高、仆人的服务,具有爱心的劝说和善意的批评,要用"作盐作光"的方式来彰显其信仰真谛,以大爱大美来投入中国当代社会文化建设，以大真大善来体现基督徒的本真，从而促进中国社会让人性向善的"天使之旅"，防范人心恶化的"野兽之堕"；我们中国社会需要通过人格升华、社会关爱而达到神圣，中国民众的旨归也应该是止于至善。为此，在危机边缘、在转型关键之际，基督教所启示、所争取的应该是拯救、是完善，而不是破坏、毁灭。所以，笔者相信，基督教会体现出先知的呼召和仆人的服务。而这一构想亦反映出对"积极引导宗教"思想理论的学习、宣传及贯彻、落实。

第三十章

适应与奉献
——中国社会处境中的基督教

关于基督教在华的生存与发展，反映出其在中国社会处境中的状况，学界和教界已有很多讨论，政界对之亦十分关注。基督教在中国社会处境中究竟应该如何适应和发展，这是在理论和实践中仍然存有分歧的问题。基督教在华应不应该"中国化"，以及如何实现其"中国化"，这一议题看似容易实则不易。基督教的"中国形象"反映出其在中国社会处境中的状况，这也是一个非常复杂的历史过程之生动写照。基督教在中国处境的复杂性既有政治原因，也有文化因素，由此使之在中西政治对话和文化沟通上负有特殊使命。基督教是应该适应中国社会还是来促使中国成为基督教的国度，即其"中国化"还是"化中国"，为此曾出现过对话与对抗、交流与互渗，和谐与冲突，而且这一状况尚未根本改变，其发展进程也还没有结束。故而不少西方学者称基督教来华乃"尚未结束的相遇"，前途难卜、命运未定。在20世纪初基督教在中国全面发展时，西方传教士就曾有过"中华归主"的冲动，幻想过"基督教占领中国"。但他们遇到了中国信徒要基督教"中国化""本土化""在地化"的强烈反抗。在过往历史中，基督教会顺应西方政治势力的东扩而在中国留下了种种阴影和遗憾，但这种整体氛围中的缺陷也并没有完全掩盖相关地域或地方教会及其宣教人员努力践行的服务和奉献。因此，这种双重图景使基督教在中国改革开放的形势下获得了新的机遇，可以去弥补过去的不足，开创未来的业绩。在当前仍旧延续的中西政治纷争和文化隔膜中，基督教若以"超越东西方"的境界在中国社会处境中积极适应和忘我奉献，则有可能重新构建真正沟通中西的桥梁。面对这一复杂局面，我们研究中国基督教的历史与现状，则不能只是停留在表层印象上，而必须进入相关的局部区域，了解各种细节，通过田野调查、人员访谈来找出基督教在华生存的个殊性特点，看到其在局部社区的存在与适应、矛盾或冲突，对之有着深度和生动的把握。这样才能比较深入、准确地了解基督教，体现中国社会对待基督教应有的客观和正确态度，有着现实意义和学术意义。

基督教与中国社会的互动，这是一个非常复杂而漫长的历史演变进程。对于基督教与中国的关联，是否应该发展成为特点突出的"中国基督教"，人们一直在探讨、争议和尝试做出解答。基督教如何去适应中国社会、使自己得以真正地融入，其局面复杂多样，而且有着不同的时代或地域特点，因而不能一概而论。人们对基督教在中国社会的意义与作用亦众说纷纭，有着不同的评价或态度。如果从总体来看，似乎基督教在华处境并不十分乐观，甚至对之批评的声音显得更大一些。不过，若对之加以具体分析，基督教的在华形象似乎又不那么负面，至少还能够获得不少积极的评价。为此，我们不能仅仅满足于整体俯瞰和宏观把握，其个案、微观研究也极为重要。

可以说，基督教与中国社会文化的相遇及相处乃"蜜月"少，"痛苦"多。二者真正深层次的交往始于明末，终于清盛。以利玛窦为代表的西方耶稣会传教士以一种在中国入乡随俗、文化适应的姿态而在平等交往的基础上取得了成功，使基督教一度成为中国朝野所关注的信仰，民众、文人、官吏和帝王都曾对之问津并解读，甚至赞不绝口，其中不少人因此而有了身份上或精神上的皈依。然而，当时的基督教会对其"普世信仰"的传播在思想上和策略上都准备不足，对其信仰认知内在的强调使之不能超越其"西方"自我，其结果是以对内批评"利玛窦策略"、对外扩大"中国礼仪之争"而告终。从此，基督教在华长时期地失去了其本有的"跨文化性"优势而卷入"政治性"纠缠，这种对中国社会处境的不适也使之不能真正深入中国社会处境。与佛教适应中国社会处境的历史相比，基督教更多了一些游移，显然少了本应有的融通及融合。这种历史遗留下的"不良资产"，迄今仍从整体上影响着基督教的对话态度和适应选择。

一　历史的阴影

在近代中国社会政治历史上，基督教传入中国及在华发展是其在华传播史上的一个"黑暗时代"，带来了历史的悲剧和社会的遗憾。对此，西方基督教仍欠有历史之账，理应向中国人道歉。其原因主要是"鸦片战争"后"不平等条约"的签署使一种平等沟通、和谐对话的氛围不复存在，基督教主动或被动地乘着西方列强咄咄逼人的强势而来，有意识或无意识地参与或卷入了西方帝国主义、殖民主义的对华侵略和欺凌，使中国人从整体而言有一种源于政治因素的社会压迫感和精神压抑感。从气势上来看，当时的基督教随着西方列强在国土上占领中国而亦曾有在信仰上"占领中国"的企图，希望能让整个中华民族尽快"归主"。这种宗教上的意欲是与西方列强的政治意欲完全吻合的。这样，中国近代有识之士在进行对西方列强政治反抗的同时，也有着对基督教的社会政治及思想文化抵制态度和行动。从近代中国社会政治的全方位发展来看，基督教得以全面传入中国乃赶上了中华古老帝国的衰败期，当时中国面临着前所未有的严峻时刻，守旧的制度在西方"船坚炮利"的武力下不堪一击，迅即瓦解，中国古老封建王朝数千年来的自尊甚至某种"自傲"被无情打破，"天朝"的威严不复存在，"天子"成了"外夷"蔑视的对象；原以为非常强大的军队且配置有世界最先进的炮舰，竟然会被人数甚少且远道而来的外国军队迅速打败，这使整个中国感到震惊，也令中国人深感失望和沮丧。败者接受的"不平等条约"给了基督教乘虚而入的天赐良机，其"政治保护"下的传播使中国人很难承受，这在20世纪初的"非基督教运动"中极为典型地表现出来。近代中国"反帝反封建"的情结，由此非常不幸地与"非基督教""打倒孔家店"联系起来，其中虽为文化因素使然，却不可否认其反映出的明显政治原因，有着政治背景。而其留下的长长历史阴影在今天仍然没有完全消失，同样也折射出其政治、文化要素的存在。因此，反思基督教近代在华传教的历史，我们不应该也不可能回避这一特殊的历史处境。

当然，在国门被强迫打开之后，中国人客观上也有了"开眼看世界"的更多机会，一些有识之士意识到向西方学习的必要，希望能用"夷人"之长来补国人之短。在其政治意义上的"洋务运动""戊戌变法"中，也有一定程度上与西方传教士的合作。不过，此时的来华传教士已自认为是强势文化的代表，多以"先知"自居而对中国人颐指气使，至少也保持着居高临下的气势。而在精神信仰层面，对话的谦卑已让位于传教的狂热，在传教士中普遍流行的基督教乃"普世宗教""绝对宗教""至高宗教"，而其作为真理化身的"泛基督教论"在华则具体化为"基督教救中国"的说法。这种单向性的传教旨归使来华传教士习惯于告诫倾向西学的那些中国人不能"浸源而不问水源"，结果"徒得西学之皮毛"，而必须"真心求耶稣之理"。"在传教士看来，基督教救中国说不过是泛基督教论的自然延伸。既然西政、西学和西方的富强皆源于基督教，那么也只有基督教才能救中国，这就是传教士为中国现代化设计的道路。"① 由于这种自语而无倾听、高傲而不谦卑的态度，尽管传教士把其宗教传播看作"对他者的慷慨"和对弱者的拯救，而处于"新文化运动"和民主革命运动之际的中国先进人士却将之视为"去中国化"的"奴化"现代化，感受到一种会消解中华文化的威胁。这样，基督教的在华传播总体来看乃陷入僵局，微弱的对话在对峙、对抗面前基本消失。

正如人们所指出的，20世纪初的中国乃"救亡"压倒了"启蒙"，大多数中国人意识到"国家兴亡，匹夫有责"，因此，当时为中国社会主流所接受的不是与西方列强关系密切的信仰意义上的基督教，而是政

---

① 王立新：《美国传教士与晚清中国现代化》，天津人民出版社1997年版，第496—497页。

治意义上的社会主义、共产主义思想。国家的危机、民族的危险、文化的危难，使中国人被迫奋起反抗。而最后汇聚的社会强音是"只有社会主义才能救中国"，中国共产主义运动的成功在20世纪中叶自然带来了"基督教在中国的失败"。由于西方传教士大多站在了抵制中国社会主义革命的一边，以及为西方所支持的国民党又战败而退守台湾，"中国共产党认定基督教是帝国主义侵华的工具"，[①] 在中国解放战争的后期，一些传教士已经意识到这一问题的严峻性，如深深卷入中国政治的美国新教传教士司徒雷登曾试图与中国共产党接触，以改变这种局面，但是为时已晚，中国新的政局最终还是"别了司徒雷登"，使之成为这段历史中的悲剧人物。几乎"与此同时，传教士在撤离中国后，却展开针对来华传教运动的全面反思与检讨。他们的反思与中共的控诉，恰好奏出一首震撼时代的哀歌。"[②]

因此，反思基督教近代在华传教的历史，我们不应该也不可能回避这一特殊的历史处境。我们必须看到，中国社会这种抵触基督教的情结仍在一定程度上存在，并直接影响到基督教当前在中国的存在与发展。中国社会政界及社会舆论最近对基督教过快发展的反映及其戒心和担心，若从这一背景来考察也就不言而喻了，社会并不希望这种发展过快过大，对其限制亦习以为常。如对前不久在山东孔子家乡曲阜建基督教堂的过度反应和强烈反对，使我们不得不意识到这种"敏感"的存在。我们最近谈到宗教的"脱敏"问题，也遭到一些人的强烈反感和批判。所以，中国社会对于基督教的态度仍然充满变数，如果不认识到这种对基督教的抵触乃至敌视的存在，我们也很难讲清其在华真实处境。为此，中国基督教的历史研究，不得不面对这一复杂的认知局面。

[①] 邢福增：《基督教在中国的失败？——中国共产运动与基督教史论》，道风书社（香港）2008年版，第21页。

[②] 同上书，第18页。

二 困境中的希望

尽管有这种时代背景，基督教在近现代中国的传播也不完全是负面的或否定的。如果说基督教在那一时代正好赶上并参与了西方列强对中国的政治及文化侵略，也不能说所有传教士就都是参与侵华的帝国主义分子，因为当时的确有一部分传教士坚决反对"鸦片贸易"、反对西方列强对中国的强权和欺凌。正是认识到这一点，不少中国改良派和革命派主动、积极地接触传教士，甚至有不少人接受并皈依了基督教，其中最为典型的就是孙中山在其准备推翻中国封建王朝过程中成为基督徒这一事实。这类个案充分说明，即使在20世纪前后中国社会发生巨变的过程中，基督教在华形象也不是完全负面的、否定的，仍然有不少中国进步分子走上了信仰、皈依基督教之途。在这种情况下，基督教在中国的传教也极为复杂。从整体来看，基督教传教的确成为西方文化侵略的一个组成部分，但各教会及其差会的状况则颇为多元，尤其是传教士的处境各自不同，其对华态度亦有明显区别。他们中有人同情中国人的处境，也对自身有着反省和批评；有的人热爱中国文化，在读经译经中流连忘返；甚至还有人理解并支持中国民主、革命运动。如柏格理深入云贵边界山区将传教与地方发展相结合，尉礼贤集中精力德译"四书""五经"、弘扬中华优秀文化，据传没有给任何一个中国人传教施洗，而文幼章则尽其力量和可能帮助共产党，被周总理称为中国人民的好朋友。正是认识到基督教入华之负面背景这一点，一些传教士表达了对中国人的关爱、对中华文化的敬重，以及对中国革命的同情，以其所能来帮助中国人和革命党。与之相对应，尽管当时中国社会蔓延着对基督教的偏见及误解，也有一些中国人因为各种动因皈依了基督教信仰。

不可否认，中国社会在历史上曾以开放、拿来的吸纳之态并通过基督教的媒介而引进了西方社会的不少积极、先进和具有启发意义的文化、生活等因素。这些引入也在一定程度上促进了中国的社会转型及时代发展。从近代中国的社会文化、教育发展来看，中国社会对基督教的文化、教育事业基本上持肯定态度。当时中国进步分子开展"保教权"运动，要求把教会学校的权力收归国有，但并没有根本否定基督教现代教育的模式和内容本身。不可否认，基督教的文化教育事业为现代中国的发展也培养了不少宝贵人才。从根本上来看，中国人当时对基督教的排拒仍然主要是政治层面的，而不完全是文化精神层面的。看到这两个方面的交织和区分，是我们正确认识当时基督教在华处境的重要前提。在中国社会民主革命的进程中，基督教保持了其正常发展，社会各界都有人皈依基督教，而教会之外的中国人既有对宗教批评者，也有主张与宗教对话者，基督教所处境遇颇为多元，其受到的冲击不少，而其与教外人士或其他宗教也有很多接触和对话，并出现过政治、文化、教育等方面的合作。过去我们大多回避这一层面的史实，从而主要突出基督教在政治层面与西方侵华势力的一致，结果明显有着对基督教在华存在与发展的反感、恐慌和担忧。

至于基督教在不同地区、不同人群、不同场景中的发展，同样也十分复杂和多样，需要具体问题具体分析。20 世纪上半叶的中国社会处境乃多元不同，基督教的生存与发展亦多种多样。因此，中国民众对待基督教并没有笼统而言的那种"要么接受，要么抗拒"的非此即彼之选择。一些中国人皈依基督教其实可能有着各不相同的原因，或因为政治选择，或因为环境影响，或因为生活所迫，或因为文化求同，或因为社区发展，或因为情感回应，等等。这只能通过艰苦细致的文献考证和田野调查才有可能得出相对准确的结论。一方面，基督宗教有着在中国相关地区"本地化"的适应或选择，在相当程度上成为适合中国民众接受的宗教，这些普通老百姓并没有所谓"多一个基督徒，少一个中国人"的感觉。另一方面，一些区域的民众或某些少数民族在传教士的影响或感染下为其本地社会或文化建设发展的需要而也会主动选择接受基督教作为其精神信仰或生活方式。

在某些基层地区或边缘少数民族地区，这种基督教甚至乃作为其生活传统及精神文化而保留至今，在今天中国改革开放的形势下又得以更大的复兴发展。我们至少可以在一些云、贵边远或少数民族地区见证这种历史的变迁及延续，在其所保留的传统文化中觅见这种印痕、踪迹。中外学者讨论得较多的，就有云贵接壤的"石门坎"地区在20世纪上半叶所受到的基督教影响，从其实际效果来看是得到了当地民众的肯定的，柏格理等基督教传教士在当地的社会服务和文化教育建设就留下了很好的口碑。他深入开展在少数民族中的文化教育活动，并为当地苗族创制了苗文，这被视为"柏格理为部落人的最了不起的贡献之一，仅此就足以使他永远不被忘记。"① 对此，甚至改革开放以来的当地中共党政干部都有过肯定的评价，并与其今天的群众工作有过比较。不过，"石门坎教会是在西南民族地区借教育为手段传播基督教并获得成功的特例。"②这种现象并不普遍，因而在基督教的在华传播史中不具典型意义。近年来，中国学术界加强了对滇黔川边地区基督教的传播及影响研究，推出了不少研究成果。或许，在潮汕基层社会的研究中，人们会获得类似的收获，对基督教的社会印痕也会有着某种感触或感悟。少数基督教会及传教士在相关地区社会文化中所曾起到的积极作用，毕竟也使人们意识到基督教不应该完全与西方列强势力相等同，基督教的这种相对成功，给其在中国社会处境中的正确选择和积极适应留下了重要启迪与经验。

三　复杂处境中的适应

大致而言，基督教在中国社会所面对或需要适应的处境包括政治处境、社会处境、政党处境、地域处境、民族处境、宗教处境、社群处境、社团处境、阶层处境、经济处境、文化处境、语言处境、民俗处境、城乡处境等。在不同的地区及不同的时期，基督教会面临不同的处

---

① 甘铎理：《在云的那一边——柏格理传记》，《在未知的中国》，东人达译，云南民族出版社2002年版，第574页。

② 秦和平：《基督宗教在西南民族地区的传播史》，四川民族出版社2003年版，第176页。

境，而不同的教派或其传教意向也会使之去主动进入、适应或介入不同的处境，如有些传教士会主动走社会政治上层路线，从而更为贴近中国的政治处境，也会冒更多的政治风险；有些传教士则会选择走社会底层路线，远离社会主流政治而在基层民众、草根社会中扎根、沉潜；有些传教士会选择城市等文化教育比较发达地区及其上流社会和各界精英人士，有些传教士却愿意到边远地区和穷乡僻壤与普通百姓及被压在社会底层的人群接触，乐于访贫问苦并试图改变其生存处境及精神面貌；有些传教士只会在汉族人群中适应，有些传教士则把重点放在对少数民族的关注。如颇为典型的"李提摩太式"或"戴德生式"等不同传教模式在传教意向、人群及方式上的不同之比，使基督教的处境适应既有客观性，亦有主动性。所以说，所谓"处境"恰为现象学所言的"客体中的主体，主体中的客体"，彼此交织、境遇互换。不同人群在皈依基督教的动机中显然也会出现"弘教"还是"吃教"的不同选择。由于上述差异和区别，基督教会自然也会有"教派""教众"之别。在田野调查的基础上，我们应该重新冷静分析今天中国社会多元发展中的基督教，正确对待其重新出现的"多元"发展，并引导其健康发展。

综合来看，基督教对中国社会政治处境和文化处境的适应是最为重要的。这种适应对一些基督徒来说有着失去内在自我的担心，但基督信仰本来就应有对自我的超越，其外化实际上也是信仰指导下的为他者服务和忘我奉献。囿于有限的内在自我反而会失去其信仰本真，从而也失去信仰者的真正自我。其实，《圣经》中早已明示，政治上要服从在上有权柄者[1]，文化上要处境化，入乡随俗，在什么人中就成为什么人[2]。保罗的宣教理论早已是一种处境化、本土化的神学。所谓基督教的"中国化"，正是从这两个层面而言。从基督信仰意义上，这本来是没有障碍的。只是当基督教会及其人员卷入世俗利益、有着现实政治诉求时，这种处境化的适应才会出现嬗变与异化。

---

[1] 《新约·罗马人书》第13章第1节："在上有权柄的，人人当顺服他。"
[2] 《新约·哥林多前书》第9章第22节："向什么样的人，我就作什么样的人。"

基督教在华存在的多元处境，在中国当代社会改革开放的时代中正重新呈现。在一些地区基督教的存在和发展乃非常敏感，会遇到不少质疑或冲击，而其他某些区域或许就没有这种敏感性，人们对于基督教的存在感到非常自然，基督徒也没有任何遭歧视、被边缘化的感觉。面对"全球化"带来的多元共在的复杂局面和多样性教会模式的出现，基督教的内外处境势必会再现多元，出现新的分化，在社会多样性生存中呈现教会的多元发展，突破其平面一体模式曾有的一统格局，逐渐朝多元、多样的方向发展。从当前中国社会发展的大趋势来看，基督教应该设法适应，甚至改善其在华的政治处境、思想处境、精神处境、意识形态处境，把基督教的"政治敏感性"化解，对其在当今中国的政治定位重加审视，使之成为中国当今社会的自然存在，由此领会并参与中国社会对其传统的反思及重构、对外在世界的开放及防范，从而在其对中国社会的积极"融变"中不会出现某种"异化"性"流变"。在基督教已经出现的新汇聚或分化中，我们应该对之有相关的"处境之探"，在积极适应外在处境之"大气候"时也要改变或改进自身内在的"小气氛"。只有承认差距、差异，关注、体认对方，才能求同、求通。我们在观察基督教的"本土化"努力时要改变以往的平面认识，达到一种立体把握。

四　适应中的奉献

作为一种精神信仰体系，基督教应该克服当前宗教中越来越明显的"流俗""重金"嬗变，达到返璞归真，并对当前的宗教发展有更积极的"超越""升华"推动。由于历史的包袱，基督教绝不可自认在中国社会处境中已达"尽善尽美"，而应有"止于至善"的境界和气魄。基督教在近代中国历史发展中所积淀的恩怨和遗憾，使之在华定位首先应是"仆人"，"非以役人，乃役于人"，保持一种谦卑、忍让的低调，从而扭转过去百年来在华教会以西方"先知"自居而颐指气使、居高临下的负面形象。基督教对中国社会的适应不能止于一种消极的适应，而应该是积极的适应,这也就是要以"仆人"的精神来为中国社会做奉献。在梳理以往历史的经验教训时,基督教应给其社会带来爱而不是怨,应把其奉献作为弥补而不是资本。这样才能体现一种信仰的正义、真诚和仁慈。只有当基督教在中国社会践行这种"仆人"之职时,才会得到人们发自内心的承认、肯定和吸纳,才会有真正的福报。可以说,基督教适应中国社会处境的有效之途就是在"仆人"精神的实践中为中国社会发展建设做出奉献,也只有这种"仆人"意义上的奉献才可能让人窥其"先知"的真容。

当然,我们对于当今基督教的评价、认知,理应实事求是,根据具体实际来界说。对于这种方兴未艾、深入不同地区、不同处境中的基督教研究,我们则应有开阔的视域,应对这种信教现象多做田野调查和社会学研究,同时注意其历史根基和政治、经济、文化等因素。其实,基督教所依存的中国社会处境乃一种开放性处境,已经与"全球化"的世界处境密切交织、不可分割。这一时代应是中国走向世界、世界体认中国的最佳时机,基督教作为一种"普世宗教"在这种积极的双向走向和汇合中可以发挥重要的媒介及推动作用,并在这种推动中也获得基督教自我完善的极好机会。

从整体来看,基督教与中国主流社会的相互了解、沟通仍然很不够,彼此保持着以防范对怀疑的隔膜状态。面对这种僵局,政界应扩大其积极引导的力度,而教界人士则应该主动走向社会,与中国各界人士广交朋友、共协事宜,逐渐形成其正面影响。在构建今天中国和谐社会的和谐文化时,我们需要积极地双向互动。如果当今中国社会仍以一种历史的情绪化来对待基督教的价值及意义,对之仍不能采取积极引导的政策,那么则有可能使本来简单、清楚的问题复杂化、模糊化。人类思想文化是互补而共进的,在今天中国及整个世界的开放处境中,我们应以一种积极的意识来发掘、认识基督教对世界文化的贡献和对我们社会及文化建设也具有的"补偏救弊"之作用。或许,我们有必要积极呼吁、大声唤醒这种有可能促使世界良性发展的意识。面对这一全新形势,我们的中国问题研究也应从大处着眼、从小处着手,在具体分析中找出基督教在华发展的正确途径，克服其存在的弊端和不足。人们过去已对基督教有太多的抽象评述，包括许多空洞、负面的评述，现在则正需要我们以实证研究来弥补其缺陷，用事实说话，以理服人。因此，区域基督教发展的科学研究，会有利于我们对中国社会处境中基督教整体状况的分析、把握。

综上所述，中国社会处境中的基督教如何生存及发展，关涉到今天我们的社会文化建设、影响到我们的国际交往和联系，触及我们深层次的精神沟通和信仰理解，考验着我们的政治智慧和文化气魄。我们必须看到这种双向互动及适应的必要性和紧迫感，认识到"全球化"处境中宗教与政治、宗教与文化关系的发展变迁，以此来回首历史的存在及影响，思考中国基督教的现状与未来发展。当代中国正确处理好与基督教的关系问题，应该立足于在国际环境中走"双赢"之路。对此，我们仍需要充分的理论准备和长期的社会实践。基督教在华存在的多元处境，在中国当代社会改革开放的时代中正重新呈现。当前中外关系已有了巨大改变，社会政治处境也与以往不同，这自然已带来基督教在适应中国社会上的明显变化；我们积极引导基督教融入中国社会文化、实现其"中国化"转型也有了更大可能性。我们注意到，在一些地区基督教的存在和发展乃非常敏感，会遇到不少质疑或冲击，而有些区域或许就没有这种敏感性，人们对于基督教的存在感到非常自然，基督徒也没有任何遭歧视、被边缘化的感觉。对于这种不同地区、不同处境中的基督教研究，我们则应有开阔的视域，应对这种信教现象多做田野调查和社会学研究，同时注意其历史根基和政治、经济、文化等因素，以及当前其正经历的时代发展和社会变迁，这样才能有利于我们对中国社会处境中基督教整体状况的分析、把握，为中国社会和谐、可持续发展做好预案。

（原载《汕头大学学报》2013 年第 1 期）

第三十一章

对当前中国基督教社会治理的观察与思考

自中国改革开放四十年来，基督教在华发展迅速，成为国内发展速度最快的宗教之一。据1949年的统计，全国基督教徒约70万人，天主教徒近300万人；根据中国社会科学院世界宗教研究所课题组2008年至2009年的调研统计，中国基督教徒人数已增至2305万人，约占全国人口总数的1.8%；其中已受洗者1556万人，占其信徒总数的67.5%，未受洗者749万人，占32.5%。从全国范围看，1993年以来信教的基督徒占其信徒总数的73.4%。此次调研统计因种种原因限制，所得数据相对保守。2011年之前，中国社会科学院世界宗教研究所课题组与国家宗教局和国家统计局联合开展了更大范围的调研和匿名抽样问卷分析，统计所得出的基督徒人数达3800万人，天主教徒人数450万人。由此比较，基督教发展明显要远远快于天主教。当然，中国天主教因受中梵关系未达正常化的影响，有一部分天主教徒处于"地下"状态，故相关统计仍有待进一步深入分析研究。目前中国政府关于中国宗教信众总人数的权威发布为近2亿人，其中基督徒人数和天主教徒人数与之吻合，而佛教、民间信仰等并无精确数据。尽管如此，根据上述非正式的统计数据，与中国当前佛教人数约1.9亿和民间信仰人数约1.1亿相比较，基督教并非中国最大宗教，在中国信仰版图上亦不占显著位置。但基督教的快速发展，仍给人留下深刻印象。

一 基督教在华快速发展的国内原因

第一，中国改革开放后，宗教信仰自由的政策得到真正落实，党和政府积极引导基督教与社会主义社会相适应，帮助其落实宗教政策和教产、资金、神学院建设和人才培养等，正常的基督教会活动得以恢复，而在"文化大革命"前和"文化大革命"期间处于"地下"状况的基督教可以在"地上"显露，从而好似一夜之间增加了许多基督徒。其实这种突发乃与"文化大革命"期间的蛰伏相关。

第二，中国的主流价值观念在"文化大革命"期间受到严重冲击，改革开放后在部分人群中出现"信仰危机"或"信仰空白"，其对信仰的需求使之走向宗教，其中一部分因为与西方或西方文化的接触而信奉了基督教。

第三，中国现代社会转型使社会结构发生变化，原来的"单位人"与"单位"脱钩，失去了这种传统的人际关联，人们对"单位"的依属减弱，在寻求新的社会共在中一些人走向教会团体，需求一种社会"团契"的安稳感和宗教信仰上的心灵慰藉。

第四，在现代社会发展的跌宕起伏中，人们的观念形成多元发展趋势，其生老病死等生活、就业、家庭、心理上的问题使一些人转向基督教，使之成为其生死关怀或临终关怀的重要途径，而基督教会能够以其信仰的方式部分满足其生活和心理需求，调适其人生过渡之关键时刻的心态。

第五，原来的社会组织体系被打破，许多地方尤其是社会基层出现社会组织的"真空"地带，或者处于名存实亡的瘫痪状况之中，基督教会组织在基层的发展在一定程度上填补了这一真空，满足了相关人群的结社需求。我们在一些基层调研时听到的一种反映即教会替代地方政府组织"访贫问苦"，从而吸引了群众。

第六，原来历史上大多信仰基督教的地区逐渐恢复了其信教传统，这种家庭传统的延续，加之其人口的自然增长，基督徒人数在这些地区得到明显的增多，并形成了其传统上不同教派的分布特色。

第七，社会环境比较宽松，人们在城乡或公私企业，尤其是外企中出现了自由结社现象，出现了各种同人联盟、民间俱乐部、非政府组织、图书馆、书院，或是社区文化和企业文化组织，其中亦为基督教在这些群体中的发展提供了方便，特别是比较有利于所谓"家庭教会"的发展。

第八，相关政治运动对人们的信仰取向产生影响，特别是"文化大革命"之后，一些人对于政治运动敬而远之，其中有一部分人群皈依基督教，采取以宗教信仰的方式来躲避政治，对政治运动持淡漠之态。

第九，基督教会的信仰宣传和社团管理得到加强，以各种灵活、切实的方式吸引了不少群众，如在 2010 年之前，仅基督教全国"两会"印刷发行的中文圣经就已超过 5000 万册，远远超出了教会信徒的需求而在社会广为流传，并使中国成为世界上最大的中文圣经输出国，现在印刷的圣经已经过亿册。这也间接说明社会舆论、理论学术研究对基督教亦不再歧视，有着正面的评价和积极引导，改善了基督教生存的社会环境。

第十，面对新形势的挑战，我们的党政群众工作出现了不足或短板，对全面发展的基督教管理显得力不从心或鞭长莫及，有些地区的管理没能抓住关键、做到掌握其核心，尤其是对"家庭教会"或弥散性基督教发展采取了"推出去"不管的态度，从而在一定程度上出现了其社会乱象。此外，我们的思想教育、无神论宣传没能很好地接地气，缺乏说服力和吸引力，影响甚微，故而也很难阻挡基督教的这种传教方式及发展态势。

二 基督教在华快速发展的境外原因

第一，中国改革开放以来，政治、经济等方面主要是与西方国家交往，尤其是以美欧大国为对象，而这些国家的信仰背景主要是基督教。

因此，中国人势必在政治、经济之外的思想、文化等领域直接或间接受到基督教的影响。只要我们保持对外开放的态势，这种影响不可避免。而且西方大国也会想方设法不断加强这种影响。

第二，基督教是比较成熟的信仰文化体系，有两千多年的历史文化传统和传播经验，以及高深的思想文化传承，并已成为世界文明中的重要构成因素之一；而其在社会慈善、公益、医疗、教育等方面也都已形成较为完备的条件和相关工作体系，这在中外多层面交往中会充分反映出来。此即"文化软实力"的作用，值得我们高度重视和深入研究。

第三，西方社会各种非政府组织和基金会都有着明显的基督教背景，其工作人员在外援他国时对传播基督教也颇有"敬业"精神和"献身"精神，对一些中国人产生强大的物质支持和"人格魅力"上的感染，这在我们国内相关机构、教学单位、民政慈善等社会工作领域，以及边远和少数民族地区，都会发现这些背景的境外人员。他们的宗教行为或是公开，或是隐蔽，而他们个人的服务往往有着较好的"口碑"，成为社会"模范"或"公众"人物，其言行都能形成"弥散性"影响。

第四，历史上与中国教会有交往或有宗教关系的境外基督教会加强了与中国教会的联系和交流，并将其传统上的"教派"意识重新带回中国。本来基督教会就是多数派存在和松散的联盟，中国基督教会因20世纪50年代发展衰微而进入"联合礼拜"的"后教派"发展时期。中国对外开放以来，这种"后教派"形式已经受到严重挑战，目前实际上已经出现了多教派的分化，形成"教内有派、教外有教"的多元格局。这些境外教派影响大致包括基督教传统主流教派，20世纪下半叶异军突起的"福音派""灵恩派"，在主流教派之外的各种小群、少数教派，基督教会的边缘教派和"摩门教"等，以及可能已异化为"邪教"的新兴教派和耶和华见证人等。这些不同背景的教派都对中国基督教会产生了不同程度的影响，如中国"家庭教会"的发展就深受境外"灵恩派"等的影响，从而形成与中国主流"三自爱国"教会截然不同的另类选择。这种态势在城乡，尤其是边缘、偏远地区还会蔓延。其多元分化本乃基督教自马丁·路德改教以来的传统及特色，因而构成对中国"大一统"基督教联合教会及其"后教派"特色的威胁。

第五，不少中国人走出国门后因学业、工作、生活等各种原因受到基督教影响，其中一部分人皈依基督教。这些皈依基督教者大部分留居国外，但也有少部分回到中国工作。留居国外的这些中国基督徒因工作、商务、学术、家庭等原因而频频来往于国内外之间，形成基督教在中国社会潜移默化的影响。他们或是参加了当地居民的教会，或是参加了当地海外华人教会，或是组建了大陆中国人自己的海外教会，或是参加了在华的外国人国际教会，甚至自己成立了国内教会，情况颇为复杂。此外，这些中国大陆出去的基督徒中有一批乃社会精英和优秀人士，如著名作家、诗人、演员、媒体人士、学者等，甚至有少数人在其所在国度进入政界参政。这些基督徒对其家人、朋友、同事等都能形成辐射性影响。在海外探亲访友或定居者有不少人信了基督教，其中包括一些我们离退休的党政干部及其亲属。他们与国内联系密切，信息灵通，而且活动能量、影响力也较大。自中国改革开放以来，因各种原因而移居海外的中国人已达几千万人，其中不少人已海外信教，并有相当比重的人群选择了信仰基督教。这批人境内外来往自如，其传教活动亦很难掌控。

第六，境外一些政治敌对势力，教会内保守、反华人员利用基督教对中国展开政治渗透。原来一些搞政治活动的人员先后加入基督教会，使个别境外华人教会成为对国内政治渗透的力量；境外一些仇视中国社会主义制度和共产党领导的敌对势力者关注中国教会动态，向美国政府、国会提供大量关于中国基督教的负面报道，造成对我不利影响。他们以"干涉宗教信仰自由"、破坏"人权"、制造"教难"等借口来指责中国政府，推动海外反华浪潮的高涨，并千方百计想把境外基督教会推到反华的一边。对于这种阴谋，我们也应当高度警惕，坚决制止。

第七，从中国出境后定居海外的少数大陆人士在加入基督教后出于各种原因而站在与中国政府对立的立场，利用其社会影响对华说长道短，干涉中国内部事务，对一些中国基督教事态也朝着对我不利发展方向推波助澜,且已在境内外都形成了相当的影响力。如一些人用耸人听闻之说来吸引世界媒体的眼球,想用混淆视听之举来引人注意、挑起事端,让境内外对中国基督教问题重新兴奋起来。为此,我们必须冷静对待基督教问题,有着依法、公正的处理,防止其被炒作成为国际热点话题。

第八,中国港澳台地区的基督教对内地也会产生复杂影响。因为"一国两制"和中华同胞"血浓于水"的关系,这些地区的基督教更容易也更方便与我境内民众交往。此外,港澳台基督教在境外、境内的联系中还可以起到重要而独特的"中介"作用。但有些人因不接受"一国两制"而频生事端,挑起矛盾,推动"港独""台独"等手段来企图破坏中国统一大业,从而一方面导致各种破坏、暴力活动的频发,另一方面则想千方百计地影响大陆、搞乱中国。

综上所述,基督教在华快速发展有多种原因,我们要实施对国内基督教的积极引导,必须既做好国内工作,又要加强在境外的相关工作,以扭转不利局势,形成对中国可持续发展的良好国际环境。

三 对积极引导基督教的思考与建议

基督教是世界上第一大宗教,据最新统计约有近 24 亿信徒,欧美等国为以基督教信仰为主的国家,俄罗斯等东欧国家的主流宗教亦是基督教的一大分支东正教。因此,基督教在华发展肯定会涉及对我国社会安全稳定影响的问题。

基督教在华发展是作为"向心"还是"离心"力量,是成为我国社会"稳定"还是"动乱"的因素,是使其被我们"中国化"还是让其将中国"西化"的博弈,这关涉我们的文化战略和国家安全战略。

从其"负面"发展来看,如果基督教是作为一种"异己"力量在当代中国存在与发展,它可能会成为西方敌对分子对我们"西化""分化"的一种重要因素,而且会形成广泛的群众基础,在基督教的形式下集合起西方敌对力量的最大支持,汇拢国内各种对我们党和政府、对社会主义制度不满的势力，从而导致与我国当前发展分道扬镳的另一种选择。在这种情况下，基督教有可能提供信仰的力量、宗教的神圣感和殉教精神，以及其已经相对成熟的各种体制机制，从而对我们的国家安全、社会稳定造成极大的威胁，使我国进入"多事之秋"。如果让其负面发展，其破坏力会巨大且很难收拾。西方近代社会革命与基督教的宗教改革运动直接相关，苏东解体的重要原因之一就是没有处理好与基督教各大教派的关系问题，如俄罗斯的东正教问题、波兰及乌克兰的天主教问题，以及原东德、罗马尼亚的基督教问题等。因为政策的失误和相关举措的不慎，给这些原来的社会主义国家带来了灭顶之灾。历史的经验教训值得我们高度注意和特别重视。

在处理基督教相关教派与社会主义国家的关系问题上，我们可以从社会安全稳定的角度研究古巴、越南、老挝甚至俄罗斯共产党的一些认识及做法。古巴处在拉美天主教社会文化氛围之中，传统上信奉天主教的人数占其总人口的90%以上，迄今至少还有70%以上的人群持守天主教信仰。为此，古巴共产党采取了承认天主教的政策，在政治上和思想上实施了对天主教的包容。越南共产党亦保持着对越南传统宗教信仰的开放态度，从而赢得受其传统文化熏陶的广大群众的支持；最近据传其亦对外来的天主教、基督教等持开放之态，同时也实质性地掌握了这些本为"洋教"的领导权。老挝的执政党也对有着深厚文化基础和群众基础的佛教网开一面，实施包容之策。而苏东解体后重组的俄罗斯共产党对东正教的开放态度也极为明确。这些国家的共产党对其宗教的新策略带来其政教关系的新变化，而且大多是针对基督教相关教派来实施的，其经验教训至少值得我们密切观察和认真研究。

在中国保持改革开放的形势下，我们一定要做到对国内基督教的掌握和积极引导，这个"领导权"千万不能丢，而从我们党的执政能力来看也不可能会丢失。相反，如果我们在社团及其关键人士上对之有着实质性的领导和把握，使基督教能在我国内部形成"正面"发展，有着积极作为，发挥出正能量、正功能，则会有利于我们的国家安全和社会稳定。这一思考的理由可以包括如下一些方面。

第一，基督教在我们的文化战略和安全战略中可以作为重要桥梁来帮助改善或至少维持与西方大国的正常关系。中国作为大国的崛起仍在进程之中，要想扫除障碍，改善外部环境，基督教是可以为我所用的一大因素。其理由基于基督教乃北美及欧洲大国中最大的宗教，对其国内政治和外交政策都有着巨大的影响，是西方大国执政的主要民意基础。以我为主来改善与基督教的关系既有利于理顺我们国内的社民关系，也有助于促进我们对外关系的协调。这种良性关系一方面可以堵住或减少西方官方对我渗透或指责的口实，另一方面还可赢得西方社会广大基督徒对我国和平发展的同情、理解和支持。

第二，一个有利于我国发展和对外形象的中国基督教现状，还可以稳定或改善与俄罗斯及东欧一些信奉东正教国家的关系。在普京强力支持下，俄罗斯东正教大牧首基里尔最近的来华访问，可以使我们注意到俄罗斯及普京对基督教的基本态度，这在中俄两国战略伙伴关系的建立和维护中至少可以增加一些宗教情感方面的因素。而东正教在俄罗斯及东欧地区的影响举足轻重，也是我们维系或改善与这些国家关系时一个应该考虑的重要因素。

第三，基督教在华的正面发展及与我国社会积极适应的见证，可以向全世界宣示中国的宗教信仰自由和宗教平等政策，赢得世界上许多信奉基督教国家的好感，以及信仰其他宗教的国家的同情，营造良好的国际环境，为我们的国际形象加分。我们在国际形象上得以加分及获得赞誉的两大举措，一是倡导"一带一路"国际合作，一是提出"人类命运共同体"的合力共建，这都需要我们在宗教问题特别是基督教问题的处理上有良好意愿的宣示，有深得人心的政策。我们坚持我国宗教发展的"中国化"方向，是要充分地展示基督教在中国社会可以积极、良性地发展，而并不意味着要人为地"削减"或压制基督教的生存。

第四，正确处理好基督教在华发展问题，有利于我们国家统一，民族团结，社会稳定，朝向一种和平、和睦、和谐的局面推进。基督教在华的发展及其形象，应是中国社会的正能量和对外带来积极关注和肯定的正面品牌。因此，我们对基督教一定要采取扬长避短的举措，发挥其社会服务、社会关爱、社会安慰的长处为我所用，避免其绝对一神论传统的排他性、宣教强势或唯我独尊，防范这些负面因素给我们的政治、政体带来不利或被动的印象及影响，在我国多宗教并存的国度中，我们应该积极推动其多元共存、对话沟通的良性发展。

总之，基督教在华发展对我社会安全稳定会产生什么影响，关键在于我们党和政府对之是有效掌握还是完全失控，是积极引导还是消极防范。我们一定要防止、杜绝这种失控，而对基督教实施有效且巧妙的掌握，而这种掌握主要是将之作为"自己"的肌体和力量来对待，而不可将之视为"异己"的存在来防范和排拒。综观全局，我们应对基督教加以积极引导，使这一世界第一大宗教能在当今中国社会发展中彰显正面形象，释放积极能量。

四 对开展基督教管理工作的具体建议

基督教工作的正确处理与否，事关国家的稳定、社会和谐和我国对外的国际形象，因此一定要三思而后行，对之有着慎之又慎的审视和处理。

从目前形势来看，对基督教采取全面"禁教"的打压举措是下策，而当下的情况也完全没有必要去这样做；我们对基督教当然应该加强管理，但不应该盲目行动，防止由此造成难以收拾的不利后果。历史的经验值得注意，基督教的历史就揭示出一个事实，其发展和壮大往往是通过被"打压"而实现的，为此基督教有着"殉教"的传统，认为正是殉教者的生命与鲜血铺平了基督教发展的道路。回顾这段历史亦不难看到，基督教在其早期形成时乃一个弱小的"地下""非法"宗教，是既不被其母体犹太教所承认的"私生子"，也不被罗马帝国政权所认可的"另类"。故此，罗马帝国当局在基督教最初生存的三百多年中对之实施了"十次大迫害"。这种打压不仅没有达其原初想"消灭"基督教的目标，其结果反而是这一被打压的宗教最终成为罗马帝国的国教。在"文化大革命"前及"文化大革命"期间，国内有些地方对基督教信仰比较集中的乡村曾搞了一些"无宗教村""无神论村"的试点，现在不少这样的村落却是基督教发展非常活跃的地方。有些"地下教会"其实在"文化大革命"期间就早已形成，只是采取了比较隐秘的方式而已，故此才会有"文化大革命"后大范围的突然冒现。所以说，靠疾风骤雨、重锤响锣的运动方式很难彻底解决好基督教的问题，其表面的平静和收缩实则可能是转入地下，其眼下的解决或许已给未来留下隐患。如果我们去古罗马城看看约两千年前早期基督徒为躲避、逃脱罗马帝国迫害而形成的绵延数十公里的"地下墓穴"，再看看今天基督教遍布世界的发展，对其韧性、毅力和持久性发展可能会带来鲜明对比和深刻印象。此外，对基督教的"禁教"打压会恶化我们与世界许多国家的关系，特别是与欧美、俄罗斯等大国的关系，结果为不利于我们的国际形象和对外交往，甚至可能使我们在外交上孤立、独语、失分。虽然我们不怕与西方大国"交恶"，但在当前我国改革开放的关键时期没有必要，也不值得，这与中美贸易战的情况颇为类似。而且，对基督教的"禁教"打压面对一个开放性的国际氛围，在国内也不可能完全奏效，最多只是会使之走向"地下"，难以被我们所察觉、掌管而已，同时这却会让其加大与境外的联系，获得国内外更多人的同情和支持。据史料记载，清代天主教就是在清廷"礼仪之争"全面"禁教"之后才由上层转向基层发展起来的，由此使天主教徒人数从社会各界的微乎其微迅即扩大到30多万信徒，而且以基层民众为多。而我们也观察到，最近在一些地方处理了教堂违建事件之后，公开的教会的确被削弱，但不与政府合作的"地下教会"却在迅速发展，并且实际上已经形成其全国联盟及网络联系，出现一批有神学修养和学术涵养的精英骨干，而且还有着广泛的国际关联和境外支持。过去我们在处理宗教问题时留下的经验教训，也确实值得引起我们在今天处理基督教问题时的警醒，提醒我们一定要谨慎对待。

对于如何依法管理基督教的问题，我们还是应该"攻心为上"，坚持耐心持久的思想工作和行之有效的群众路线，以此而立足于"积极引导""加强管理"和"独立自办"等创新举措。这里，有如下一些具有针对性和可操作性的工作意见及建议可供参考。

其一，以加强"内涵式"管理来补充当前"外延式"管理之不足。通过我们党的统战系统、政府民宗委系统和政法系统管理宗教，在我们"大一统"的社会传统和当今政治体制下很有必要。但这只是一种"外延式"的管理，治标而不治本，因此应该有"内涵式"管理来补充。所谓"内涵式"管理，就是将基督教"拉进来"管、"拉过来"用，即纳入我们的管理系统体制内来管，为我所用；并应该尝试恢复以往"钻进去"管的效果及经验，即进入基督教内部来实施有效管理，或是派入我们的相关管理干部，或是培养出我们完全信得过的爱党爱国、关键时能起作用的宗教领袖。对基督教不该"生分"而应"贴近"，因为这已是我们自己肌体内的有机构成，是我们自己的群众和骨干。而在我党过去的"统战"理论和实践中，也已经提供了丰富的经验及可行的办法来让我们积极发掘。

其二，积极引导基督教与中国社会主义社会相适应，使之成为我们社会的有机构成。宗教团体并非纯为信仰团体，其本质乃一种社会结社，故在其社会氛围中不可能没有其政治立场或诉求。这就需要我们把基督教会作为社会基层组织来管理，作为非政府组织、非营利组织来对待，看到其社会属性，引导其政治取向；在民宗委管理系统之外，负责基层社区的党政机构也应有相应的管理举措跟进，尤其是对教会社会工作的各个方面依法加强管理。对于基层政府专业人员不够的问题，则需我们思考现代社会"大社会、小政府"的管理思路，把基层宗教问题纳入基层社会管理来通盘考虑和规划。在一个法治社会中，这还需要我们考虑完善宗教立法的问题，如宗教社团、宗教场所管理法、宗教法人法，宗教财产法等，对之至少应该有所思考、谋划和准备。

其三，加强基督教的神学建设，使基督教的教义思想朝着适应我们社会主义核心价值观的方向发展。我党已经肯定了宗教中具有"积极因素"，提出"宗教界人士要努力挖掘和发扬宗教中的积极因素""努力对宗教教义作出符合社会进步要求的阐释""积极弘扬宗教教义中扬善抑恶、平等宽容、扶贫济困等与社会主义社会道德要求贴近的积极内容"。这实际上已经明确表示我们党和政府在理论认识上对宗教思想、教义及神学也是持"一分为二"的态度,并没有全盘否定。而对于基督教来说,关键是抓好其神学建设,因为神学是基督教思想之"纲",纲举目张。为了使基督教思想积极适应中国社会主义社会及其主流价值,丁光训主教生前倡导要在基督教内推动"中国神学建设",主张"爱的神学"。这一思路非常重要,但这一任务尚未完成,故而应该加强,特别是由各级统战部和民宗局来积极推进。具体举措可包括加强民宗委系统对神学院校的领导和指导,精心编好高质量的神学教材,应该联合政府部门和学术界对神学院师生进行宗教知识和社会文化通识教育培训,使之熟悉我们国家的主流话语及思想原则,从而使基督教界内的极端思想、保守思想、分裂思想失去话语空间和思想阵地。在此基础上,应逐渐形成适应并有利于我国社会的中国特色神学体系,从根本上解决基督教的思想认知问题。至于马克思主义经典著作、党和国家领导人的著述及相关指示精神能否进宗教场所的问题,其实本身就不是问题,因为我们党和政府乃实施着对全体中国人民的领导,其中当然包括宗教界的广大信教群众,其思想及指示精神理所当然应该为中国宗教界所知晓。而早在20世纪50年代初新中国刚成立之际,基督教界的领袖如吴耀宗等人就曾系统学习过马克思主义经典文献,并展开过与历史唯物主义和辩证唯物主义的积极对话。所以,这种学习和领会对于中国基督教而言已属延续而非新创。

其四,以基督教"中国化"来主动出击,积极抵制、抵消其"西化""分化""异化""外化"的意向和影响。因此,应该由统战部和民宗局系统出面在中国基督教界组织全面开展基督教"中国化"实践,因为这一实践作为对20世纪50年代中国基督教"三自爱国"运动在新时代、新形势下的延续和发扬,实质上是有其政治意涵及背景的。"基督教中国化"首先就是其政治层面的"中国化",这在20世纪50年代的始创中就有周总理等党和国家领导人的明确参与及支持。只有在其政治层面"中国化"的基础上,基督教才可能真正实施其社会、文化等方面的"中国化",形成这一实践的可持续发展。我们旗帜鲜明地提基督教"中国化"、让基督教"中国化",就是使之彻底摆脱"洋教"的影响,去掉"西方"的色彩,发展出体现中国当代社会主义社会特色的"中国基督教"。这种"中国化"举措可以包括政治体系层面、思想意识层面、社会管理层面、教会建构层面以及弘扬优秀中国传统文化等层面。这种"中国化"是对"西化""分化"等外化企图的有效反制。

其五,强调法律的尊严和政府的权威性,通过依法管理宗教的实践,明示宗教场所、宗教聚会等社会行动必须得到政府的批准、符合法律法规的要求,突出没有"法外"之教的意识及意志。以此为契机,则应以"三自爱国"教会领袖为骨干,形成党和政府坚决支持并真正放心的基督教爱国爱教的管理队伍、人才队伍,建立起一批遵纪守法、积极奉献社会的模范教堂,健全相关的规章制度。对这些举措应严格遵守、长抓不懈,让"依法管理宗教"如警钟长鸣。

其六,有效、有理、有利地进行对所谓"家庭教会"的治理,其方式是团结大多数信教群众,孤立并打击以宗教为幌子搞政治活动或境外渗透的少数人与事。具体举措是以政府权威为主、以"三自爱国"教会为辅,实施对"家庭教会"的登记管理工作,教会不能游离在政府管理视野之外来自由活动,任何教会都必须向政府登记,但这种登记的门槛要高,不符合条件不予登记,但可以用"备案"的方式使之得以临时登记,给予这类教会整改、合并或提高的过渡期,在这个期限内使之得到合法登记或合理取消。应让原来"家庭教会"的成员参加合法的基督教联合协会,这一协会可以采取相对松散的联盟形式,相关教会派代表参加,以此形成全国基督教联系、管理的网络系统,并提高这一协会的素质、使之不断革新、改进。但联合会的领导人必须是由爱国爱教的教会骨干成员担任,自觉服从党和政府的领导,起到在党和政府与广大信教群众之间的"桥梁"和"纽带"作用,不能出现"断桥"或"飘带"的现象。此后,教会内则应推进改革机制、择优上岗、优胜劣汰,促使教会进入良性发展。

其七,教会教牧人员必须要有相应的资质和训练,凭证上岗,完善国内神学院的教育和毕业分配制度，鼓励爱国爱教的青年教职人员下基层教会任职，为其提供必要的生活及工作条件。当然，境外获得的教牧及神学文凭也可以得到承认，但必须经过中国政府及爱国教会权威机构的认证、认可，对其资质加以考核和判定。在神学院之外，国家认可的公立大学在有关党政部门的组织或认可下也可以系统对教会成员进行相关学历教育或知识培训，使之对我们的公共教育和社会文化有相应的了解、熟悉其神学之外的社会人文知识结构和体系。

其八，坚持独立自主、自办教会，不给境外渗透任何可乘之机。境外教会与国内教会的合作、交流应履行相应的程序和得到主管部门的审批，支持中国教会的国际交流和友好往来。一切教会活动都应该在"阳光"下进行，增加透明度，做到胸怀开阔、正大光明、坦坦荡荡。由此以"积极开放"之势来防止"地下"活动、暗箱操作。而对以基督教之名来搞政治渗透活动的，则应坚决取缔和打击。

其九，加强党政系统对基督教管理部门的人员建设，对之应开展系统、经常性的政治培训和业务学习，掌握必要的基督教知识，熟悉相关工作程序，密切联系群众，"管"教应该"懂"教，"依法"必须"懂法"。相关管理干部必须要有与基督教界进行交往、开展工作的资质和能力。在处理相关事务时，一定做到宗教的归宗教，政治的归政治，把握好正确处理人民内部矛盾的分寸，对不同性质的问题采取不同的处理办法，对宗教中涉及社会政治及治安方面的问题，则要"拉出来"打，不要伤其无辜信众。

总之，应在肯定基督教在我国合法且会长期存在的基础上，加强对基督教的管理工作，必须"拉进来"管，而不可"推出去"乱，应对之进行有效把握，发挥其内部的主观能动性和积极作为，由此形成疏而不漏的多层次、整体性社会管理结构。

第三十二章

积极引导基督教参与和谐社会建设

基督教是世界上第一大宗教，全世界有多达23亿的基督徒，占世界总人口的约1/3，有着悠久的历史和广泛的国际影响。中国的改革开放面向世界，与各国人民展开广泛的交往，因而势必要与这一巨大的基督徒人群有接触、相关联。自中国改革开放以来，基督教也是当前发展最快的宗教之一。为了促进中国当代发展具有良好的国际环境和内部环境，让世界正确认识中国，使中国积极走向世界，目前与基督教的沟通、了解、对话就显得非常重要。这种沟通、对话的意向及努力也是对促进世界和平、形成和谐发展的特别贡献。因此，我们要看到积极引导基督教参与我国和谐社会建设、促进世界和平发展，具有非常现实的、积极的政治、社会和文化意义。综观世界历史与现状，基督教对于国际社会在对话还是对抗、和好还是冲突、和谐还是混乱、和平还是战争之发展选择上可以发挥巨大作用，有着非常广泛的影响。所以，我们必须积极呼吁、全力争取基督教发挥其正能量、体现其正功能，使之能主动推动世界和谐发展、人类和平共处。而在今天中国以改革开放的姿态走向世界、与国际社会密切交往之际，对基督教的积极引导、使之发挥其正面作用，则是我们宗教工作理应努力的方向。

基督教自唐朝时首次传入中国，前后共有四次传入的复杂经历，其时间跨度长达1300多年。其中，在"鸦片战争"之后的基督教传入则卷入了复杂的中外冲突，注入了各种政治成分，使基督教尤其是近代新教在华发展包含了多种因素，有着不同回响。由此，基督教在中国一直面对如何适应中国文化、融入中国社会的问题，也不可避免地存在着政治选择与定位的问题。这些问题因为复杂的社会历史原因而并没有得到彻底解决，今天仍让人颇为纠结。中外有识之士也不断在思考、反省基督教在传入中国这一漫长历史中的经验教训，寻找一种积极的突破与发展。在这一历史过程中，人们也逐渐认识到，基督教只有积极适应中国社会文化，才可能在中国正常生存与发展，而中国文化"海纳百川"的开放性、包容性也理应吸纳基督教，使之成为中华文化复兴及重建中的有机构成、积极因素。可以说，基督教完全可以以一种全新的、积极主动的姿态参与中华民族实现其伟大复兴的中国梦之崇高事业。

在当代"全球化"的时代背景中，中国提出了构建和谐社会、推动世界和谐发展的责任与使命，而要真正实现这一和谐愿景，则应该处理好与基督教的关系。应重视基督教思想文化的历史积淀和信仰特色，积极引导基督教与中国当代社会相适应，使之积极、主动地参与和谐社会的建设。所以，我们很有必要探讨基督教对世界和平、社会和谐的理解和表达，了解其对"和平""和好""和谐"的基本思想表述和当前社会实践，梳理其相应的精神资源和理论发展。我们不能仅是消极被动地应对境外敌对势力利用基督教对我国的政治渗透，而应该主动出击，使基督教成为我们社会本身健体强身、抵制渗透的重要力量。

显而易见，基督教在中国社会的发展存在着如何实现及体现其"本土化""本色化"的问题，即应使基督教在中国达成其"中国化"。这种"入乡随俗""在什么地方就成为什么人"的适应本是基督教的一个基本信仰传统，而这一传统在中国处境中应该怎样得以传承和发扬光大，正是我们所特别关注的。历史上的基督教本来就是不断发展演变的，有其地域和时代的多样性，并由此展示其信仰的真实性。因此，本来就没有纯而又纯、脱离时空处境的基督教存在。有人认为当今世界并不存在一个涵括一切、统摄一切的"大一统"的基督教，而只是有众多反映地方、区域及民族特色的"基督诸教"（Christian Religions）。基督教的"中国化"即反映出基督教在中国的社会、政治、思想、文化的适应和表达。如何体现基督教的"中国特色",则应该从其经典、教义、思想、伦理、文化、社会实践等方面展开综合性探究。特别是在今天,我们应该认真思考如何看待基督教在中国的发展,如何总结基督教在其中的成功经验,意识到其存在的问题,由此使基督教在当前能有意识地走中国道路,并让中国思想文化获得世界范围的理解和尊重。这些思考应该纳入我们今天有效的话语体系中来展开建设性的讨论。

如何客观、正确地认识在当代中国社会氛围中基督教的存在与发展,其与中国主流社会究竟是什么关系,如何促成其对社会的积极适应,并使之在经济社会建设中发挥积极作用、做出有意义的贡献,这在当下的现实处境中,都是值得我们认真思考的。应该说,基督教在中国已经有了许多中国元素、体现出明显的中国特色;但其"中国化"的任务并没有彻底完成,在基督教的世界关联中,我们仍然意识到在基督教身上有着中外文化"没有结束的相遇",而复杂的文明冲突、政治纷争亦在其中依稀可辨。之所以要推进基督教的"中国化",就是要使基督教成为我们社会的有机构成,不要让其成为某种对抗中国社会、否定中华文化的"另类""异类"的存在。我们抵制境外敌对势力利用基督教来进行政治渗透,意在揭露其"利用"手段,揭穿其"政治"目的,而并不是简单地反对基督教本身。这是我们在处理所谓"宗教渗透"时必须警惕的。在基督教的信仰原则中,一个重要的表述就是其宗教信仰乃"超越政治"、不受政治的任何约束。这在抽象意义上可以理解,不过却无法回避基督教在各国历史发展中都多少卷入政治这一事实,其本身就已经与其信仰原则相悖。例如,在境外基督教对待中国问题尤其是中国政治问题时,并没有体现出其"超越""超脱"和"公允",而是有着明显的"选边站队",其政治倾向极为明显,相关政治表态也颇为露骨。既然有其对政治的深深卷入,那么也就应该有其不偏不倚走出其卷入政治的选择,但这个过程本身并非"非政治"的,其间势必会有其对相关政治问题的处理、澄清及说明。当然,这里基督教可以对其属政治或非政治的事宜加以区分,区别对待。在此,也理应"宗教的归宗教、政治的归政治"。

必须看到，基督教在其历史发展中已经积累了丰富的社会建设经验，这些都是我们应该借鉴和引进的。基督教与中国和谐社会建设的关系，基督教在中国和谐社会建设中的积极参与和贡献，如其社会慈善服务事业的开展，其"仆人"精神的发扬，在今天中国社会转型期所进行的社会建设中都是非常需要的。如何鼓励基督教人士在当前多做贡献、多发挥其在社会文化建设中的积极作用，也是我们理应考虑的。也就是说，在中国改革开放的现代形势下，对基督教不能只是消极地"抵制渗透"，而必须主动地"积极引导"。

我们还应该鼓励和支持中国基督教当前的"神学建设"，看到其社会文化意义和思想理论创见。这样，我们可以与基督教在思想、教义、基本道德伦理和社会实践上展开更深层面的积极对话，可以使我们在思想观念、价值意义上推进的对话有较大的提升和更多的收获。在中国当前社会文化氛围中，我们要以"与时俱进"的精神探究中国当今社会对基督教的态度与认知，寻找改进或促进基督教与中国社会适应的可能。因为只有在基督教的积极参与、社会对之正面引导和包容的双向互动中，基督教在当今中国社会才能真正发挥其正能量、展示其正功能，成为我们和谐社会建设中的重要力量和积极因素。

总之，在对待基督教的态度上，没有必要在我们社会主义社会中过度强调基督教的负面或消极因素，因为这直接关涉到对我们自身社会制度及其社会存在的评价问题。我们要立足于"最大限度增加和谐因素"，积极引导基督教参与我们和谐社会建设。我们对基督教的社会引导应该是以一种积极的、建设性的姿态来展开。搞好积极引导基督教的工作，会为我们在和谐社会建设中卓有成效地团结广大信教群众、与其积极合作、和谐共在提供更大的空间、更多的可能，也理应是我们当前宗教工作的重中之重。世界基督教界正在重新认识中国，并探索其与中国的交往、对中国的态度；中国基督教在坚持其"爱国爱教"基本立场的同时亦在争取世界基督教界对中国的理解和支持。这应是我们认识中国基督教现状的基本共识和客观评估。因此，在当前我国和谐社会建设中，我们对于基督教不该是消极防范，而应是积极引导。

（本文为 2013 年 11 月 22 日在"基督教与和谐社会建设"国际论坛上的发言，参见《中国民族报》2013 年 11 月 26 日。）

第三十三章

关于基督教在当代中国社会
发展前景的分析

自2004年11月30日《宗教事务条例》发布，中国宗教事务管理进入一个新的发展阶段。这一条例自2005年3月1日起施行，"标志着我国宗教事务管理方面的法制建设取得了重要进展"。对这一条例的颁布实施，中国政界评价很高。例如，国家宗教事务局政策法规司编的《〈宗教事务条例〉相关的法律法规及政策手册》在其"前言"中有如下评述："《条例》的颁布实施，是我国宗教界和宗教工作的一件大事，标志着我国宗教事务管理方面的法制建设取得了重要进展，是新形势下加强和改进对宗教工作领导的重要举措，是贯彻落实新世纪新阶段的宗教工作基本方针的重要保障，是贯彻依法治国方略、全面推进依法行政的必然要求。认真贯彻实施《条例》，对于保障公民的宗教信仰自由权利，维护宗教领域的团结和睦，保持社会的安定和谐，规范宗教事务的管理，具有十分重要的意义。"[①] 条例使中国的宗教事务管理开始进入"法制"时期，对中国宗教的有序发展无疑有着积极的意义和重要帮助。从这一条例的颁布实施来回顾中国宗教总体政策的发展路途与过程，则可看到一条颇为清晰的发展轨

---

① 《〈宗教事务条例〉相关的法律法规及政策手册》，宗教文化出版社2005年版，"前言"第1页。

迹；也就是说，中国宗教事务管理乃从政治上的意识形态划界，经由"行政命令""行政管理"而逐步进入"依法管理"、实施法制的时期。

当然，《宗教事务条例》虽然属于中国社会主义法律体系的组成部分，其本身尚不是国家的"宗教法"，因此其内容及其实施仍要与中国相应的法律、法规相衔接，有所参照和对比。这样，在理解和实施过程中就会出现一些"模糊"领域，或者对之出现认知上的分歧。这些问题需要制定一部缜密的"宗教法"来解决。不过，在中国制定这样的一部"宗教法"为时尚早，其根本原因是对"宗教"的认识及理解尚未达成共识。如果对于"宗教"的定义本身尚不清楚明了，那么就谈不上"宗教法"的制定。因为谈到"法"，人们马上就会联想到是用"法律"来"保护"还是"限制"宗教发展。中国现在的现实情况，显然与美国、俄罗斯这样的国家颇为不同。美国在其宪法中规定"不得制订设立宗教或者限制其自由实践的法律"，明确了"政教分离"和"宗教自由"这两条基本原则。不过，美国在对内宗教事务管理上是用其繁多的、详尽的一般法律法规来处理宗教问题，其宗教的"自由"发展亦是相对而言；而美国在对外的态度上则采取了一种干涉主义，其1998年通过的《国际宗教自由法》及其相应机构乃是以美国国内法律来想"管理""制约"他国的宗教事务，这样在对外关系上就形成了种种张力，最近一些年出现的不少国家抗议美国干涉这些国家宗教事务就是由此引起的后果，其中也包括近年来在这一问题上中美产生的对抗。俄罗斯历史上有着悠久的东正教传统，苏联时期曾于1990年颁布了《苏联信仰自由和宗教组织法》和《俄罗斯联邦宗教信仰自由法》。苏联于1991年底解体后，俄罗斯联邦议会于1997年通过了《良心自由和宗教协会联邦法》。这一法律虽然"认定俄罗斯联邦是世俗国家"，表示"尊重基督教、伊斯兰教、佛教、犹太教和成为俄罗斯人民历史文化遗产不可分割的一部分的其他宗教"，却明显突出东正教的地位，"承认东正教在俄罗斯历史上，在她的精神和文明的形成和发展中的特殊作用"。① 这样，俄罗斯实际上是以法律的形式确定了东正教在诸宗教中的首要地位，从而形成对东正教的法律保障和特殊护持。而如何处理政教关系，在当代中国并非十分明朗的问题；这种关系仍然被从政治角度来审视，因而充满了变数。既然关于宗教立法的理念尚不清晰，其立法原则就无法确定，故在全国人大常委会并没有拟定专题来专门讨论宗教立法问题。目前全国政协设立有民族宗教事务委员会，宗教问题成为"议政"的内容；而作为立法机构的全国人大则尚未有相应的机构，"宗教法"的问题还没被列入其议事日程，可见宗教"立法"的敏感和复杂性。由此而论，中国"依法"管理宗教，"依靠"什么样的"法"，如何去"管理"，还需要进一步健全，其法治建设仍然有一段很长的路要走。

从现有的中国宗教政策与条例来看，中国宗教的发展主要是要看其与中国政治的关系。虽然"宗教"强调其"超越性""超脱性"和"非政治性"，但宗教本身在社会中的真实存在作为一种"思想意识"和一种"社会组织"，则势必和政治发生关系；而且不少宗教都具有相应的政治倾向或选择，也是不争的事实。中国传统宗教在数千年的发展磨合中，相对而言已经比较好地解决了与中国历代政治的关系，确定了"不依国主，则法事难立"的顺世适应方式，表明了宗教对政权的服从态度。而中国基督教在处理政教关系、社教磨合上仍有许多难题和疑问。特别是1949年以后，不少海外基督教组织对当代中国大陆政治采取了强强对立的态度，并对中国国内基督教的本色化和政治适应选择多有批评和指责。这样就形成了中国大陆与海外基督教之间的隔膜和逆反。因此，基督教在中国的发展主要是看它如何对待这些疑问、怎样解决这些难题。以往历史上的问题迄今并没有得到根本解决和相互沟通，基督教在中国大陆的定位和身份故而不是特别清楚，其焦点则在于基督教在中国社会、政治以及文化中仍被视为有着"洋""异""外"的印

---

① 中译文引自国家宗教事务局宗教研究中心编《国外宗教法规汇编》，宗教文化出版社2002年版，第98页。

痕，基督教在中国尚未完成其成为"中国基督教"的转变，从而未达与中国现实的"融合"之境。

随着中国大陆改革开放的深入发展，整个中国的大社会环境呈现出有利于基督教发展的态势。人们现已获得的共识是，基督教是过去近四十年来在中国大陆发展最快的宗教之一，其影响亦扩展到中国社会的各个方面。基督教在中国大陆的这种发展有着多种原因，其中最根本的则是中国大陆目前对其的开放认知和开明、包容态度。在全球化的氛围中，当代中国已步入世界整体发展，与各国文化、各种文明有了更深入的接触、更透彻的理解。这样，对西方文化也表示出空前的开放、吸纳之态；而对作为西方文明核心价值观念的基督教信仰思想体系，亦有着非常客观、积极的评价。这是我们对中国基督教发展颇为乐观的观察。当然，基督教在中国的迅速发展也出现了一些问题，使人们对其前景产生出一定的担忧。这些问题主要表现在两个方面：一是其发展态势出现了"无序"迹象，在一定程度上超出了目前中国大陆法律法规所允许、规定的范围；这种"越轨"虽然在当前社会的宽容情况下尚未出现大的问题，但在一个法制越来越健全的国度中迟早会造成冲突和矛盾，面对其被"规范"的命运。二是其认识和价值取向在"超政治""超现实"的表述中呈现出一种在中国当前社会、政治、文化中"求异"的"另一种选择"，从而在思想意识上表现出与中国主流意识的抗衡、与中国主流文化的脱离，实际上则说明其并没能"超政治"，而是又回到了相关政治的"怪圈"。这种"标新立异"在中国社会究竟有多大市场、对中国发展会带来什么结果，当然会引起人们的猜忌、怀疑和警觉，从而可能会破坏目前"求同存异""和而不同""多元通和"的理想气氛。

应该承认，基督教作为一种历史悠久的信仰价值体系和思想文化传统有其"独特性"和"超越性"，其"普世诉求"在全球化的景观中亦很容易理解。然而，基督教有着其丰富的思想文化内涵，除了这种追求"另一个世界"的"跨文化""跨时代"的超越境界之外，还有其"进入这个世界""服务这个世界"的涉世智慧。作为现实社会中的有机构成和重要成员，基督教同样肯定其"处境化""本土化""文化化"的处世之维和真实考量。因此，基督教在中国的健康发展和中国宗教政策的积极贯彻乃是一种双向呼应、双向互动的关系。从中国政界来看，对宗教乃持有"政治上团结合作""信仰上相互尊重"的开明态度，并没有舆论一律、排斥异己的"唯我独尊"。而从基督教来看，其倡导的谦卑精神亦让其"进入中国文化"、达成其"中国化"。保罗在其宣教中曾号召说，"向什么样的人，我就作什么样的人"，① 就清楚表明了这种"开明"和"虚己"态度。其实，在中国文化氛围和社会传统中，基督教只有"求同"才能更好"存异"，只有先做"仆人"才能真正体现"先知"精神。基督教的福传在人间真实中乃是"赠予"和"吸纳"的共构。有些基督徒可能出于信仰的原因而坚持基督教的"唯一性""绝对排他性"和"至高无上性"，不希望有其他价值体系的存在。其实这忘记了耶稣基督精神所本质存有的"自我谦卑"和对外开明、开放和包容。如果我们听听保罗对基督教信众的如下劝言，是否能得到一种震撼和启迪："假如有人来，另传一个耶稣，不是我们所传过的；或者你们另受一个灵，不是你们所受过的；或者另得一个福音，不是你们所得过的；你们容让他也就罢了。"②这种宽厚和容让足以使"排他论"者和"唯我独尊"者汗颜。在多元文化和多种信仰共处的今天，不能以自我的信仰划线，而需用爱来求共存。在基督教最核心的观念中，不是"教会之外无拯救""信仰之外无朋友"，相反，在其"信望爱"三原则中，"其中最大的是爱""信望皆不如爱"。③

这种宽容和包容无论是在基督教内还是对基督教外，都是非常重要的。由于基督教本身的"不同政见"，中国大陆基督教实际上已出现"建制教会""家庭教会"和"第三种教会"（城市知识分子教会）等不同发展，这中间就有一个内部协调、相互尊重的问题。在这种分歧

---

① 《新约·哥林多前书》第 9 章第 22 节。
② 《新约·哥林多后书》第 11 章第 11 节。
③ 《新约·哥林多前书》第 13 章第 13 节。

中，人们看到了基督教的某些"嬗变"和"异化"，如对"建制教会"所谓"官方"色彩的猜测，对教职人员所谓另一种"谋职"或变相"仕途"的批评，对农村"家庭教会"随"俗"变"邪"、坠入"迷信"或"迷狂"的担心，以及对"第三种教会"所谓"另一种声音""另一种政见"之选择的困惑，都使基督教在中国的前景变得不十分明朗。在教会之外，"政教关系"仍是影响中国基督教未来发展的首要因素。与西方历史传统中的"政教合一"或"政教分离"诸关系不同，中国文化体系乃形成了一种独特的"政主教从"的关系，且千年以来变化不大。这样，如何认识政权、政治的"权威"，遂成为基督教对外关系的焦点之处。在中国历史上虽然没有典型的宗教战争，政教之争却不时浮现，其结果一般都是政权对在政治、社会、经济影响上做大的宗教或某一教派加以"束缚""制约"，这类"禁教""灭佛"的记载颇多。而天主教和基督教新教在中国历史上更是有过直接的政教冲突，如明清天主教因"中国礼仪之争"而引发的康熙皇帝与罗马教宗的政治权威对抗，康熙一扫其对天主教的好感而全面禁教；"鸦片战争"后基督教各派在西方列强"船坚炮利"的开道下大举进入中国，这种"强行闯入"难结善果，从此留下"洋教"的鄙称和"帝国主义文化侵略"的骂名，甚至在近两百年后的今天仍存有其余音！中国现代基督教思想家吴雷川因此曾感叹说，"宣传宗教而夹带着国际间的势力，就不啻抹煞宗教本身的意义。……基督教来到中国竟是利用外国的武力，在订立不平等的条约中，强迫着中国用政治的势力来保护传教，开千古未有之创局"，这种方式的传教"确乎是铸成大错了"。① 这种宗教与政治的关系，迄今仍是中国基督教究竟应如何发展的心结。必须承认，世界范围尤其是西方社会的基督教与当代中国政治的对峙和对抗并没有完全消失，以往的"冷战"意识和思维在宗教与政治的关系问题上仍不断浮现。总体来看，虽然这种对峙或对抗不再像以往那样尖锐，而真正的、真诚的对话和沟通尚未正式开始。最近中国政界人士赵启正等人与美国

---

① 吴雷川：《基督教与中国文化》，上海古籍出版社2008年版，第76—77页。

宗教领袖帕罗的"江边对话",可以说是双方找寻对话理想之途的尝试,获得海内外很大、很好的反响。在此,海内外基督教有识之士应大力推动、促进这种对话,尽量避免其对抗。"对话"会从彼此相遇、相识到理解、知心,迎来中西政治相和解、基督教与中国社会相融洽的黎明曙光;"对抗"则会让双方两败俱伤、心存芥蒂,在隔膜、危险的长夜中还要继续走下去。无论是中国智慧,还是基督教智慧,都应引导大家走向光明,而不是让人久在黑暗中摸索、碰壁、绝望。

在处理基督教与中国当代政治的关系中,中美关系如何发展举足轻重。自从尼克松总统1972年访华的破冰之旅以来,中美关系有了良好的发展,中美政治、经济、文化的交流已蔚为大观。美国是世界政治、经济、军事、文化大国,在西方社会中亦处于领军地位。"冷战"结束后,世界的和谐、和平发展出现了新的生机,美国在引领这一发展上可以大有作为。然而,"冷战"思维的残存和"文明冲突"的再现,正在使这一美好前景变得遥遥无期。美国政界一部分人包括少数宗教界的人士以"宗教""人权"问题指责中国,自然会勾起中国人对包括美国在内的"帝国主义侵华"和"不平等条约"保护下的对华传教这一痛苦回忆。从这一历史延续来讲,美国并没有资格以"宗教"自由来指责中国。相反,美国等西方国家应以历史之镜来反省自己的"话语霸权",检讨其以宗教干涉、渗透而给中国"主权""尊严"所造成的新伤害。在中美关系上,可以说在宗教问题上亦是"退一步海阔天空";如果不再咄咄逼人地以宗教人权、宗教自由来找碴,那么则会出现中美之间广泛而深层次的政治、文化对话之全新景观。对此,中国基督教可以发挥其桥梁作用,而海外基督教人士亦可以对西方政治家加以劝诫、说服和教诲,让其以谦卑精神、仆人精神和服务精神来弥补历史之过,放下其颐指气使的架势。五十多年前周恩来总理向美国伸出的友好之手遭到了冷遇,今天应是美方主动伸来友好之手,而不是打来指责的大棒。既然以前的干涉都没有效果,今天的指责也不会奏效。可以预言,中美关系的根本改善可以带来基督教在中国形象、地位和作用的重大改观。仅此一步,为何不迈?!而前些年美国基督教福音派领袖葛培理对华友好态度，也直接缓解了中美之间针对宗教问题上的张力。

除了在政治上化解矛盾和冲突之外，文化上的沟通和和解也是非常重要的。应该说，社会政治关系的改善起着关键作用，而思想文化关系的改善则起着根本作用。中国在其近代发展中因遭西方列强的侵略、欺侮而有"仇西""恐西""排西"的情结，反对"全盘西化"，自然也反对基督教这一由"西方"传入的"洋教"。其实，在中国近代发展中，这一"禁忌"实际上也早已被中国自己所打破。例如，马克思主义在中国的传播和发扬光大就是一个很好的事例，因为中国"接受和运用马克思主义已经是在推行一种'西化'；而如果在中国当代文化体系中只推崇马克思主义，其实质也是一种'全盘西化'；但这种'西化'对中国并无不利，却大有好处。因此，抵制西方文化从历史逻辑本身上就行不通"。中国因接受这一"西方"思想理论体系而获得好处，迎来了今天的全面发展和繁荣景象。值得提醒的是，"西方文化体系不仅提供了马克思主义，还提供了不少其他精神文化遗产；我们不能断言产生了马克思主义的西方文化体系之其他内容就是消极的、负面的，中国不应学习、接受和吸纳。因此，马克思主义传入中国并不就此关闭西方文化大门，而是为中国开辟了研习、借鉴和吸收西方文化优秀因素的康庄大道"。中国正是在向西方学习的过程中，才得以奋起直追，达到自立自强。"从这一意义上，'西学中用'前景美好，马克思主义的中国化为我们学习西方文化提供了智慧和楷模。而在学习西方文化的本质精神上，基督宗教则是不可缺少的重要内容。"① 从历史哲学的意义来看，当西方列强应为这一段历史忏悔、道歉时，中国亦应有对自己这段脆弱、不堪一击之历史的深层反省和自我批评。"其实，封建中国的'封闭'被西方列强所'打破'，固然给中国人民带来了苦难和屈辱，留下了对帝国主义和殖民主义的愤恨和批判，但这种'物极必反'也迫使中国人民穷则思变、压则反抗，使这段近代历史不仅是帝

---

① 以上引文见卓新平《基督教与中国文化的相遇、求同与存异》，香港中文大学崇基学院 2007 年版，第 152 页。

国主义侵华史,而且也是中国人民奋力走向现代化的历史。"在这一历史中,对基督教则"不仅看到它被帝国主义'利用'而参与了'文化侵略',也要承认它同样参与了中国现代化的进程,在此之中亦有其意义和贡献。"①基督教作为西方文化的"普世价值",亦曾对作为中国人所公认的"普世价值"之马克思主义有过复杂影响。同理,中国人在接受来自西方的这一"普世价值"的同时,并没有充分理由要彻底排斥同样在西方发展成熟的另一种"普世价值"。在构建中国今天的核心价值观时,也应对这两种"普世价值"加以参考、借鉴和积极吸纳。

　　基督教在今日中国应怎样走,世界基督教对当代中国发展应如何看,其实都是很简单的事情。对中国基督教而言,"路"就在脚下。只要认清形势、看清历史小心谨行,而不是昂首观天不顾中国国情的"横行",基督教在中国就大有希望,能够稳健迈进。而世界基督教只要不戴着有色眼镜以挑剔的眼神在中国找碴挑短,兴师问罪,也有可能成为中国人的真朋挚友。其间"一念之差"则会"失之毫厘,谬以千里"。历史发展往往与偶然事件相关,不同的选择自然会有不同的历史后果,历史的必然是处在机遇中的世人所创造。我们正处于抛弃前嫌、彼此修好的历史关键时期,千万不要因傲慢与偏见而坐失这一难得的历史机遇。既然基督教在近代史上对中国有着亏欠,既然基督教是一种提倡谦卑、救赎和自我牺牲的宗教,那么在这一人们仍在僵持、彷徨的时刻就应率先、主动地低下其高昂的头,伸出其温暖的手,走进中国社会、化入中国文化,从而以其"道成肉身"在中国社会及其灵魂精神中得到复活、新生。这样,世界大家庭不仅在"天国"有希望,而且在"人间"亦会有平安。

　　(本文参考了拙著《"全球化"的宗教与当代中国》,社会科学文献出版社 2008 年版。)

---

① 以上引文见卓新平《基督教与中国文化的相遇、求同与存异》,香港中文大学崇基学院 2007 年版,第 157 页。

第三十四章

当代社会变迁之中的基督教

　　基督教在当代发展中正面对"全球化""世俗化"和"多元化"的种种挑战,其古典形态已留存不多,甚至因其本土嬗变而几乎面目全非。虽然自 20 世纪初开始的基督教信仰整合没有根本完成,其作为世界第一大宗教却必须以其信仰宣称来对上述挑战作出表态和应对。特别是在当下中国社会处境中生存与发展的基督教,更需回答关涉其目前定位和未来走向的"全球化""中国化"诸问题,在中国倡导的"一带一路"国际合作和"人类命运共同体"建设中体现出其意向和努力。对此,基督教"普世"发展的经历和经验,可能会对"全球化""人类命运共同体"这种走向提供启迪和借鉴。也正是在这种思考和应对中,基督教则会给中国与世界以及其信仰本身带来新的机遇和未来希望。

　　当今世界的人际关系是前所未有的密切,而形成共聚之人的思想文化却是前所未有的多元复杂。社会共在使矛盾对抗加剧,也使对话了解机遇增多。基督教作为"大一统"的信仰体系,经历了约两千年的整合共融,但在"全球化"面前却发现国际社会的信仰文化乃如此多元,其沟通、对话的任务是如此巨大、艰辛。在基督教视野下的中国与世界都如同万花筒那般绚丽多彩,已经目不暇接,而中国与世界视域中的基督教表面看似清晰却有着深层次上的模糊,很难根本看透、说清。这里,现代社会与基督教都有着自我反思和彼此认知的当务之急,其关系的妥善处理和积极调适,将影响到世界的走向、人类的未来。概言之,基督教在当代社会变迁中必须理顺一些重要关系，其中涉及世界发展变化的包括"全球化"问题和"人类命运共同体"的建设，而直接与中国当代发展相关联的则有其本身的"中国化"以及对"一带一路"发展合作的参与问题。

一　基督教与"全球化"

直到步入 20 世纪下半叶以来，自以为早就进入"全球性"发展的基督教才真正领悟到什么是"全球化"景观。它由此经历了从其地域性、局部性关注到对人类全球性存在及其相关问题之注重的重大转型。美国学者史密斯（Wilfred Cantwell Smith）和斯马特（Ninian Smart）曾论及一种"全球化宗教探究"[①]，由此提醒人们要认真注意到其普遍关联。基督教在其跨国度、跨民族发展上曾经引领了这一全球化潮流，故而曾憧憬某种"基督化时代"的到来。不过，现实景观却给这种乐观情绪泼了一瓢冷水，今天的"全球化"并非基督教的全球化，甚至过去乐于将美国梦与全球化相结合的基督教美国在今天也有了犹豫和动摇，开始尝试与之不同的退出国际合作之"逆全球化"选择。现实世界的多元混杂使基督教作为"全球化宗教"的身影开始显得模糊，多种宗教的竞相发展引发了新的张力，而思考着究竟什么是全球化的宗教特征之斯马特已经感觉到"一种即将来临的全球性文明"[②] 与以往不同，人们在失去对未来的把握及信心。

与基督教的全球发展极为相似，当代世界的各种宗教都已经不再是分块的、隔断的单独存在，而是有着这种全球性普遍关联，任何宗教都可能牵一发而动全身，形成世界级震荡。以往所谓世界宗教与民族宗教

[①] Mark Juergensmeyer (ed.), *The Oxford Handbook of Global Religions*, "Acknowledgments", Oxford University Press, Oxford, New York, 2006.

[②] Mark Juergensmeyer (ed.), *Global Religions, An Introduction*, Oxford University Press, 2003, p. 13.

的划分已经落伍，不少原属局部性的民族宗教都实质上有了世界宗教传播的规模和速度。正是这些宗教的世界性、全球性扩散，形成了新的竞争、冲突和较量。尽管有着自 19 世纪末以来世界宗教和平运动的努力，宗教之间的张力并没有根本消减，其全球化对话的需求越来越紧迫。与全球化发展相对应的，则是继政治、军事的冲突之后，"文明的冲突"紧接着登台，其根源性的经济问题、社会不公却被掩盖。这样，人们在全球化的时代有了更多的犹豫、彷徨和惆怅。"全球化"走向何方，这对于作为世界第一大宗教的基督教既是问题，更是责任。在这种"全球性"紧张之中，基督教不能加剧这种张力，而应该以其能力和影响来消减、缓释世界的紧张局势，但基督教的这一责任意识似乎并不强烈，甚至很不明显。实际上，对话的声音在弱化，以往大国对世界的"责任"和"担当"在出现嬗变，"全球化"的发展趋势以及逆全球化或反全球化的对流使国际关系趋于复杂，世界正向着越来越危险的方向滑动。如果基督教不能在这种危机之中选择正确之途，不能引导世界走向缓和与共处，其世界第一大宗教的使命则会终结，而其信仰的"大一统"共在也会分化瓦解，成为回返局部利益、狭隘民族主义或地方保护主义的精神代言，其结果恐怕则是"基督化时代"的真正结束。

回想 20 世纪 60 年代，基督教曾经引领了当时世界范围的对话，不同宗教之间、不同政治利益之间以及不同思想意识形态之间的矛盾冲突得以部分消解，其中基督教的作用非常明显，人们对基督教的"普世合一"运动也有着足够的信心。那是"全球化"开始萌芽的时期，特别是以科技发展为引擎、以信息网络为特征的全球化会将人类引向何方，人类并没有充分的思想准备或较为清晰的预案。本来，伴随着全球化到来的"冷战"结束给人们带来了和平对话的希望，宗教的重新活跃使人有着"第二轴心时代"（the Second Axial Age）的期望，但仅从当今宗教发展的实际来看，其相互排斥对立似乎在加剧，文明冲突意义上的对抗也在逐渐升级；以前政治对立的战场明确、阵营清楚，两大政治集团的双峰对峙使国际关系反而简单明朗，但现在却出现到处是战场、人人会自危的局面；暴恐活动给人带来了冤家窄路相逢的绝望，不知何为净土、何处安全，不得不担心随时随地都可能祸从天降；而其冲突、对抗之精神背景中的宗教因素更是让人震惊、沮丧。在这种新形势下，各宗教寻求和平的努力没有形成合力，各自零散的声音也不具备和声的规模，基督教亦尚未起到 20 世纪 60 年代那种呼唤、引领的作用。如果找不到和合共生之道，政治、民族的分歧就可能失控，最终导致偏激者借助高科技大规模杀伤性武器毁灭这个星球。因此，"全球化"是对基督教生存及其作用的巨大挑战，也是其如何面对危机并化解危机的重要机遇。

　　天主教神学家孔汉思（Hans Küng）在论及基督教的全球发展时曾提到其"范式的转变"，为此，他认为面对世界的全球化发展不仅需要基督教自身的"普世信仰"，而更为迫切的则是要尽快创立一种"全球伦理"（Weltethos），因为"这种伦理为一种更好的个人秩序和世界秩序提供了可能，这种伦理引导着个人摆脱绝望，引导着社会摆脱混乱。"① 孔汉思意识到，基督教在全球化的世界已不可能唯我独尊、包打天下，也不可能建立一种以基督教为主导的"统一宗教"，因而只能以一种普世宗教神学的眼光来"不断督促各宗教在未来着重强调共同的东西，少提造成分裂的东西"，由此"将现存的共同性提高到普遍的意识上来"。② 既然作为根本价值体系的宗教在建制上不可能整合，那么首要任务则应该是找寻一种在各宗教教义中可能存在的"共同的核心价值"，在社会共有道德层面作为一种"世界伦理"来达成共识、实现联合。这里，孔汉思找到了基督教应对及适应全球化的基本思路，即不能做自命不凡的先知或颐指气使的教主，而是通过"革新"和"自我改革"来达到"和睦"，通过"自我批评"来实现"宽容"。③ 找到国际社会全球化关联中共同生存的社会底线和价值共识，此乃当务之急，基督教理应意识到这一点，必须马上采取积极的行动。

---

① 参见《世界伦理宣言·导言》，1993 年 9 月 4 日芝加哥世界宗教议会通过。
② ［瑞士］汉斯·昆：《世界伦理构想》，周艺译，香港三联书店 1996 年版，第 IX 页。
③ 同上书，第 196 页。

随着全球化时代的到来，人类的精神思想也出现了巨大转变，局部思维必然会被整体思维所取代，单一的思考也势必让位于综合考量。为了迎接并适应这个全球化时代，基督教需要一场思维革命，也有必要推动其新的范式转变。在全球化思维上，基督教思想好像不太活跃，在20世纪神学群雄相继退出历史舞台之后，神学界几乎陷入"万马齐喑"的窘境，人们在期盼着出现登高一呼的当代智者，渴望能看到巨星闪耀。所以，基督教不可被动适应或应对全球化的挑战，对之表示沉默或抵触，而应该有其主动、积极的全球化意识表达，以便能在方兴未艾的全球化意识、生态保护意识、宗教多元意识和全球对话意识中获得自己的凸显地位和强有力的发声。

二 基督教与"人类命运共同体"

所谓"全球化"实际上基于人类存在的整体意识和人类社会的共同体化这种全新发展。人类作为集体之在，其最大特点就是其共同体的存在方式。但共同体的意识乃经历了漫长的嬗变和调适，这种以利益共同体为基准的发展经历了氏族部落共同体、社会政治共同体、经济合作共同体、宗教信仰共同体、民族国家共同体、跨国集团共同体、国际联盟共同体等发展，大小变更、分合重组屡屡不绝。与全球化相伴随的，则是相关共同体的不断扩大并获得全球性影响。这种共同体反映出人类不同的经济文化圈文明，而这种文化圈认识恰好就是亨廷顿（Samuel P. Huntington）"文明冲突论"的社会及时代背景，他认为正是在不同文化圈的交接之处容易产生碰撞、造成文明冲突。显然，由文化圈所折射的共同体乃局部利益共同体，即以其相同的经济、政治、民族、宗教信仰及文化利益诉求而形成联盟、构成共同体存在，以便与其他共同体博弈、竞争。这种共同体所达成的统一、共构，既有和平整合、协商联合之结果，也会通过战争、征服来取得，而全球化时代的利益共同体则更多是经济需求并通过磨合使然。以欧洲为例，"长期以来，欧洲人一直在寻求着欧洲统一的途径——宗教、文化、军事、政治——就在多少政治家、军事家试图统一欧洲的宏图大业相继失败之后，市场经济的发展却在悄悄地逐步地将欧洲各国的经济融合在一起"，这种欧洲联合的结果就是其经济一体化，并以其经济联盟为基础而奠立其军事、政治等联盟。① 在欧洲历史上，基督教曾试图建立其宗教信仰共同体，中世纪天主教信仰的整合成功曾使欧洲人缅怀过去、浮想联翩。但这种信仰共同体在宗教改革、民族独立、工业发展的大潮中已被冲得四分五裂，荡然无存。而今天方兴未艾的人类共同体发展进程却基本与基督教的存在无关，其信仰共同体只可能是多元宗教共在的共同体，以反映人类命运共同体在艰难险阻中的诞生及其披荆斩棘的发展。虽然，当今人类命运共同体的构建已经基本上与宗教无直接关联，但宗教尤其是基督教却可以为这一当代人类共同体的构建建言献策、提供启迪和智慧。基督教所保存的原始社团共同体、教会共同体及修会共同体存在，可以为今天的共同体建设提供经验教训，给出警醒和启发。共同体得以存在的一大原则就是求同存异、包容他者，形成各宗教派别及其信众之间对话宽容、多元通和、和而不同、和合共生的良好局面。基督教作为迄今仍然最大的基督信仰共同体，在化解宗教冲突、构建共同社会上可以充分发挥其作用。

事实上，共同体的发展乃是寻求人类不同群体的共存，这就需要各自不同的人与人、社团与社团、社会与社会、宗教与宗教、民族与民族、国家与国家之间的相互接触、彼此沟通和共同合作。这对于宗教而言，只能是宗教对话、宗教共存，故此必须告别以往的宗教冲突和宗教战争。欧洲近代以来，基督教各教派之间、各势力范围之间曾发生过剧烈冲突和流血战争，只是在 19 世纪末 20 世纪以来才出现了寻求共同存在与发展的"基督教合一运动"即"普世教会运动"，在此，基督教的所谓"普世"诉求实际上就是基督教会的共同体努力。其经验教训当然也可以给今天人类命运共同体的建设提供借鉴和警醒。基督教在这一运动中的名言"同一个世界或没有世界""教义造成分裂，工作有利合

---

① 王鹤：《欧洲经济货币联盟》，社会科学文献出版社 2002 年版，第 1 页。

一",为当代共同体意识的形成及成熟亦营造了积极的氛围,并在一定程度上缓减了其宗教中的矛盾冲突。基督教的现代合一意识,促进了其宗教之内、各宗教之间,以及宗教与教外的主动对话,20世纪的"教会作为共融"之处,曾为多元对话提供了重要平台。也正是在这一语境中,孔汉思在争取达成"全球伦理"时才喊出了"没有宗教和平就没有世界和平,没有宗教对话就没有宗教和平"这一振聋发聩的口号。今天我们要合力共建人类命运共同体,其基本前提就是要从对抗走向对话,从对立走向并立,从争议走向共识。

在全球化的时代,以往的社会共同体显然仅有局部意义,只是一种较小范围利益集团的共存,从而很难避免在更大范围中的争夺和冲突。因此,今天的世界共存之唯一出路,只能是人类命运共同体的共建,除此之外别无选择。对此,有着普世教会之合一运动的基督教,实质上在全球规模之小范围内曾起过先锋探路作用,其经验教训都弥足珍贵,值得今天认真开发和借鉴。而今人类共生存、同命运的时代已经真正到来,曾具有先知般远见及努力的基督教不应后劲不足,而需发掘、调动其潜力来积极应对。

必须看到,现代社会的世俗化已给基督教造成了直接的冲击,其社会作用和世界影响已经明显在减退,如果基督教会在当下人类命运共同体的共建中不挺身而出反而急流勇退,其颓势将不可避免,其处境也会每况愈下。从世界全局来审视,基督教好像仍然处在十字路口,有其犹豫不决或动摇彷徨。对于这种麻木或茫然,需要及时呼唤和叫醒。在基督教的精神资源中,其对人类命运共同体的肯定及支持,可以表现在多个方面,如其信仰观念中"与神共在"这一神与人的共同体世界,会使其视野开阔、境界超越,有助于克服局部自我的局限性,而有观照他者的全局综观;其教会作为"神圣联盟"的意识可以帮助其超越自我、扬弃传统观念而寻找更为广泛、更大涵括的神圣意义及神圣价值;而其遍及全球的教会存在也可跨出自身教会的藩篱而争取文明对话、文化沟通上的更多合作与联合,为人类命运共同体的真正实现奠立坚实基础、创造有利条件。因此,基督教对共建人类命运共同体的参与乃时不我待，势在必行。

三 基督教与"中国化"

对比国际发展，与基督教视野相关联的中国当代发展，其关键词当然是"中国化"。作为世界性第一大宗教的基督教，在其中国发展中有没有必要"中国化"，为什么要"中国化"，以及究竟如何"中国化"，都是需要认真思考的重大问题，关系到基督教在当代中国的生存处境及发展前景。如果能够审时度势地冷静分析，则不难看到中国当今发展给基督教理顺其与中国社会及文化的关系提供了绝好机会，如果不及时完成其"中国化"的华丽转身，则会错失良机，留下难以弥补的遗憾。

基督教虽然自我宣称为"普世宗教"，却仍有其"在地化""处境化"的义务和使命。其世界传播的历史，也是自身不断处境化、地域化适应、变化的过程。特别是基督教在华传播的历史轨迹，亦提醒其中国化的重要和必要。其理由至少包括如下几点。

第一，从基督教中国化的社会政治原因来看，基督教与中国政治的深层面心结未解，留有不少可能发生纠缠、导致碰撞的疙疙瘩瘩，当代中国社会对基督教至少仍存在潜意识的政治警惕和相应排拒。究其原因，在于基督教作为信仰社团本来就是重要的社会组织和政治力量，它并不存在于政治真空之中，而摆不脱其复杂、多变的政治处境。特别是自"鸦片战争"以来，基督教传华被认为与西方政治反华脱不掉干系，这种关联被不断肯定，并且直至今日仍在一定程度上延续。在政治及文化这两大层面，基督教在中国都仍未获得如佛教那样的信任，虽然中国基督教三自爱国运动基本上摆脱了这种对西方的依附，但在中国社会，教内外这种彼此不信任感和距离感仍旧是心照不宣，双方在猜忌、试探中共进，相互之间会客客气气，但也小心翼翼，不会也不敢深交，其长期以来所造成的心灵撕裂在眼下仍很难弥合。所以，基督教在面对中国社会对其在政治层面上的隔膜时还需要足够的耐心和必要的冷静，如何使自己达到其政治层面的中国化乃是首选，这一了断可以起到快刀斩乱麻、四两拨千斤的神奇作用。但对这种适应及其真正"中国化",基督教会中似乎仍有抵触和对抗,不合作的选择仍很强烈,尤其是海外教会的抱怨和反感暴露出其对之政治智慧及敏锐感的严重缺失。基督教如果在政治上仍要选择反中国化或非中国化之路,将会面临多蹇命运,很难善终。

第二,基督教在思想文化上中国化的任务尚未完成,历史上其输入传送的意识要远远强于其接受吸纳的意愿。佛教在中国的传播的确也传入、输进许多印度思想文化理念及语言逻辑表达,然其对中国思想文化也持完全敞开之态,融入了大量中国元素,以致通过漫长的磨合而使中国人不再觉得佛教是外来宗教,佛教本身也形成强烈而自觉的中国意识、中国感觉,不再有外来宗教之虞。来中国的基督教自耶稣会开始有着自觉、主动对话中国思想文化的意向,但这一过程刚刚开始就因"礼仪之争"而夭折,导致历史的遗憾和今天必要的补课。虽然今天仍有人认为耶稣会适应中国文化乃另有所图、暗藏取代中国思想文化的谋划,但这种意欲仅在开端,若文化对话交流真正深化,其走向和结局则很难预料,并不必然是"吃掉"中国文化的结果。既然历史是这样走来,那么基督教今日就仍然需要接着走下去,有必要完成其融入中华思想文化传统这一历史任务。其实,这种在思想文化上的对话与沟通,完全可以带来双赢,并不会有谁真正彻底"吃掉"谁的后果,而只可能是交融互渗,彼此包容,有机合一。因此,基督教在思想文化深层面走入中国,是其在华发展的必由之路,也是其真正可持续发展之路。

第三,基督教的中国化还需有其民族意识上的转型,中华民族意识源远流长、博大精深,特别因其近代的弱势挨打这一挫折经历而使之有着更强的民族自尊、自强、自立的心境。其心灵的触动关涉与基督教的交往,所以对这种强烈的民族感情、民族自尊更要有特别的注意和尊重。西方列强侵华史客观上导致基督教曾染指其"文化侵略",西方教会历史上曾在华取居高临下之势,那种包办代替、颐指气使给中国人留下了心理阴影,至今记忆犹新。而当前国际上民族意识加强、民族之间的纷争加剧,因而对中国基督徒之中国民族意识的提醒或唤醒乃是一种大势。过去中国半殖民地半封建时期那种"多一个基督徒,少一个中国人"的现象切不可因为今天的海外移民而重演,海外华人基督徒及其华人教会在这种敏感时刻,以其敏感身份更需要一种"海外赤子"的见证。在基督信仰问题上,远走他乡之华人的洒脱,却不要成为持守乡土之士的负担,中国人走到天涯海角,都需保留一份乡情、乡愁和乡思;一个好的中国基督徒,理应是精神气质上和文化修养上的中国人。中国人跨境而不忘祖,仍留有其民族情结和气节也是久远中国优秀传统的有机部分。在今天有上千万华人分布世界各地,其中不少成为基督徒的情况下,这种心灵沟通和相互关照,在正确认识基督教中国化的民族意义上已经具有迫在眉睫的需求。

第四,基督教的中国化关涉到中国教会的健康而可持续发展。中国教会的多元走向已是不争的事实,其间就涉及这些教会究竟走向何方的问题。中国教会在其近代史上曾尝试创办各种本土教会,本色教会和自立教会,道路艰险、沉浮各异,自 20 世纪 50 年代以来的三自爱国教会才确定了中国当代教会的底色。无论其成功与否,这都是中国教会建设发展的积极实践,其旨归就是基督教会要在中国社会扎根成长。其实,中国化的教会在今天也仍然是多姿多彩的教会,在中华民族、中国社会的大范围内保留着浓郁的地方特色、民族气质。甚至海外华人教会在其本土适应之际,亦可尝试如何推进其中国本色教会的创建。

第五,基督教的中国化还必须与时俱进,跟上时代的发展变迁。中国社会自 20 世纪 70 年代的改革开放以来变化巨大,人们的思想空前活跃和多元,而中国教会正是乘改革开放的东风才得以重新崛起,经历了全新发展,并以这种新的面貌步入了 21 世纪。改革后的中国社会充满了活力与动感,人们的思想见识开阔开放,这种时代发展促使中国教会必须及时调整自己的心态和前进步伐,不能停留在改革前的思想认识,也不能仅仅满足于教会内涵式发展的自娱自乐、自我满足。这种随中国社会发展的改进一方面包括中国教会的自我改革,理顺教会内部教义神学思想、礼仪规和教务管理的关系,具有现代教会的发展意识,另一方面则要积极适应中国当代社会的迅猛发展,跟上随之而来的问题意识和任务要求,见证并推动社会的积极发展,服务于快节奏发展中人们的精神需求和灵性修养，帮助解决这一发展中经济及精神上弱势群体的社会问题和心理问题，奉献教会及时、清新的灵性关怀、精神安慰、信仰渴求。基督教的中国化应该是充满现代活力的中国化，使其深厚的历史积淀转换为当代特色鲜明的勃勃生机。

第六，基督教的中国化是充满思想内涵的中国化，在其神学上必须有体现中国精神、中国意识的创意。当今"中国神学"建设内容丰赡，范围极大，已不再是过去对西方神学的翻译、诠释、借鉴和采纳。以往中国教会吸收、借鉴、采用的多是西方神学，自我意识和自我创见不强，民族色彩不浓，因而需要补充中国智慧、彰显中国精神、体现中国思想特色。20世纪下半叶的世界神学曾见证了由西方神学到亚非拉美神学的迁移，"第三世界神学"曾一度活跃，神学的地方色彩鲜明、清新。这一发展也曾影响到中国的神学创建，但因"文化大革命"而一度夭折，即使在中国改革开放的初期也未见再现高潮。对中国神学建设具有筚路蓝缕之功的吴耀宗、王治心、赵紫宸、丁光训等人先后辞世，新中国新时代神学的构建仍未完成，新的一代教会思想家神学建设使命依在，任重道远。如果在中国社会发展空前活跃的今天却没有反映这一特点的中国神学出现，则会愧对这一历史时机。

总之，基督教的中国化是对当今中国积极引导宗教与社会主义社会相适应的积极应对，是对建设中华民族命运共同体、建设中华民族精神共同体的积极参与。"千里之行，始于足下"，要积极有效地在全球化时代参加并引导人类命运共同体的建设，首先则需要搞好中国自身的建设，包括经济、政治、法律、社会、思想、文化等各方面的建设，只有打好我们自己的基础，以中华民族自身的团结、富强为资本，才可能有实力走向世界，成为全球化时代的弄潮儿、引领者。在此，中国基督教乃义不容辞，是其见证、有为的大好时机。中国化并不要消解从外而传入的基督教，而是使之有更好的适应，做出融入社会、与中国共同发展前进的积极贡献。在一个需要现实根基的真实世界，基督教的"普世情怀"在华则须基于其"中国心"的基本定位，而"人类拯救"之梦也需要以追求实现中国梦而得以圆梦。

在研讨基督教与中国化的关系及关联时，我们有必要认真思考基督教与中华民族命运共同体的建设究竟应该如何联系起来，基督教应该怎样去参与中华民族命运共同体的建设等问题。面对世俗化的挑战和冲击，世界基督教衰弱之势颇为明显，而中国的基督教却呈现出一种奇特的兴盛，由此而给整个基督教世界带来启迪和期望。中国社会的转型亦出现了新的问题，其贫富不均、金钱至上、实用倾向、功利主义、社会冷淡、世态炎凉等发展趋势的抬头已给中华民族命运共同体的共建带来了障碍和阻力，对此，基督教的社会关爱、慈善事业和对底层弱势群体的帮助并没有过时，反而更加需要，且更应该加强。在此，基督教对参与中国化发展的态度和选择，实质上就是其对待中华民族命运共同体建设的态度和取向，迫切需要的不是其麻木而乃其热情。这已成为检验基督教与中国究竟有什么关联、能否融为中华一体的试金石。

四 基督教与"一带一路"

"一带一路"国际合作的提出，是当代中国积极理顺其与世界关系的一种建设性尝试。实际上，参与这一国际合作的国家和地区远远超过海陆丝绸之路沿线的60多个国家，体现出一种海纳百川、开放包容的中华文化精神。习近平主席在"一带一路"国际合作高峰论坛的主旨演讲中指出："古丝绸之路跨越尼罗河流域、底格里斯河和幼发拉底河流域、印度河和恒河流域、黄河和长江流域，跨越埃及文明、巴比伦文明、印度文明、中华文明的发祥地，跨越佛教、基督教、伊斯兰教信众的汇集地，跨越不同国度和肤色人民的聚居地。不同文明、宗教、种族求同存异、开放包容，并肩书写相互尊重的壮丽诗篇，携手绘就共同发展的美好画卷。"① 其实，历史悠久的丝绸之路更多体现出的是精神传播、文化交流之路，在这一古老之路上曾经最为活跃的行者就是各种宗

---

① 习近平：《携手推进"一带一路"建设》，《学习活页文选》2017年第21期，第8页。

教的传播者。除了佛教、基督教和伊斯兰教这世界三大宗教经由丝绸之路的传播之外，历史上还留下了许多其他宗教传播者的身影。在这条沟通中外的路上，基督教的传播者也曾属于最为繁忙的旅行家。

追溯到景教最初的来华之旅，基督教从此就与丝绸之路结下了不解之缘，其传播之途也是与不同文化比较、相互交流和吸纳之旅。"景教"本是典型的中国术语，其历史之用乃反映出中国古人对基督宗教受古代波斯宗教信仰熏陶后东来的体认及理解。这里已经留有多元文化交融互摄的痕迹。天主教自元朝传入中国，其传教士也是经历了陆海丝绸之路的艰苦跋涉，沿途接触到更多的民族及其文化，由此而展开了中西文化的深层面交流，并扩展到对更多民族文化及其精神生活的接触和了解。《马可·波罗游记》及前后来华传教士的手记，对丝绸之路风土人情有着生动精彩的描述，传为古代丝绸之路的佳话。明末清初以耶稣会为代表的天主教东传，使以丝绸之路为媒介的中外文化交流达到高潮。天主教传教士所推动的"西学东渐、东学西传"，使欧洲人真正了解到代表中华信仰传统的儒教、道教等宗教精神，开始在多方面受到中国思想、文化的影响。中国人亦大开眼界，形成新的世界观、宇宙观，开始对西方学问的全面探究。这一时期的东西交流奠定了中国与西方系统了解的基础。在巩固陆地丝绸之路作用的同时，海上丝绸之路的意义也得以凸显。而在天主教经海上丝绸之路来华的历史上，澳门曾有过举足轻重的作用。在当时所处的"大航海"时代，澳门成为连接海上丝绸之路与陆上丝绸之路的重要枢纽，而且在文化史上亦乃西方汉学之肇端，其实施这种研究的天主教学院实质上也是中国近代高等教育之始。基督教与海陆丝绸之路的这段渊源，为今天中外文化交流的可持续发展提供了重要积淀，是一笔宝贵精神财富和文化遗产。

当中国现今推动"一带一路"倡议展开国际合作时，基督教的这一关联史仍在延续。从陆上丝绸之路沿途国家和地区来看，大多信奉基督教（尤其是东正教或天主教）的包括爱沙尼亚、白俄罗斯、保加利亚、波兰、俄罗斯、格鲁吉亚、捷克、克罗地亚、拉脱维亚、立陶宛、罗马尼亚、马其顿、摩尔多瓦、黑山、塞尔维亚、斯洛伐克、斯洛文尼亚、乌克兰、匈牙利、亚美尼亚等20个国家或地区，其中波斯尼亚和黑塞哥维那有着伊斯兰教、东正教和天主教等信仰并存交织的复杂局面。而从与海上丝绸之路相关联的国家或地区来看，大多信奉基督教各派的则包括埃塞俄比亚（其中人口的45%信奉东正教，40%以上为穆斯林）、澳大利亚、比利时、德国、东帝汶、法国、菲律宾、荷兰、瑞士、西班牙、新西兰、意大利、英国等13个国家或地区。这些国家及地区的基督教信仰使"一带一路"有了与整个基督教世界的复杂关系，而其对待"一带一路"发展的态度则也会直接影响到中国与世界的这一合作。

"一带一路"的提出并非缅怀过去的"思古之幽情"，而是有着重要的现实考量。不少国家积极参与，也有一些国家在犹豫、观望和彷徨。虽然"一带一路"主要基于经济、政治上的合作，但若无文化上的理解、宗教层面的关注，则很难持续发展、长期坚持。所以，丝绸之路沿途及相关地区的宗教形势分析评估，是今天在推动"一带一路"国际合作时必须认真考虑和特别关注的。"一带一路"沿线国家和地区的宗教现状及其宗教文化传统，会影响到这种政治经济合作，其中虽然伊斯兰教所涉及的范围较大，而基督教信仰的作用亦不可小觑。实际上，这也是世界基督教重新调整与华关系的一个重要机遇，应该主动抓住这一契机而有所作为。同理，中国的基督教会在这种大规模的"走出去"之探中完全可以续写基督教促进中外友好交流的史话，缓解世界紧张局势，赢来新的和平发展，共同改变世界经济、政治所处的僵局。虽然基督教的全球性影响已不如过去，却仍然有着积极发声、影响舆论、推动社会变革发展的能力。世界的话语不该一直聚焦于各地各种暴恐活动及其背后的宗教势力或宗教影响，给世界对宗教的现代审视带来误导和偏见。为此，包括基督教信众的"沉默的大多数"应该行动起来，积极发声，以寻求、维护和平、稳定、安宁的正义之力来压倒暴恐势力的猖獗，改变宗教在民众中的形象和印象，推动并保障国际社会的良性发展，使我们生存的地球能够确保平安。对此，"一带一路"国际合作是摆脱世界窘境的创举，可以带来"柳暗花明"、充满希望的未来愿景。世界范围的基督教若能参与其中并积极发挥作用，则可重新推动基督教与伊斯兰教、佛教等世界宗教的对话，使世界整体重返"对话"时代，缓解国际紧张局势，并由此而重塑基督教自身的形象、再现其国际影响。如若在这些关键发展及其消纵即逝之时机上仍然熟视无睹、无动于衷、无所作为，相关的信仰传统、价值体系则可能脱离时代潮流和社会主流，难免其颓废、隳沉之势。百舸争流、大浪淘沙，古老的信仰有必要焕发青春、跟上时代，才能"苟日新、日日新、又日新"。在扬帆"一带一路"航程时，基督教乃面对着新的潮起潮落，其新的生机也理应乘潮涨而高扬。

综而述之，基督教在当代社会变迁中有着新的机遇，可做新的选择。这在世界如此，在中国亦然。从整体来看，基督教面对世界的发展、中国的巨变，反应较为平淡，其社会的参与和作用也不如以往那样明显，给人一种在当今世界舞台上退隐的印象。与之相关联，世界与中国对基督教的关注及关心也大大减少，形成对其认知的边缘化，持一种淡然之态。这促使人们重新反思21世纪究竟是"世俗化"时代的延续，还是所谓"第二轴心时代"的宗教"复魅"？这种评估充满着困惑及不定因素，有待进一步观察审视。至于基督教在当代中国的发展，尚未步入其正常轨道。由于对其"中国化"的茫然或不确定，基督教与中国社会发展上的巨变明显拉开了距离，需要奋起直追。至于其底层、草根范围的迅猛发展，却呈现出一种无序、失控的走向，故而只给中国社会带来了担忧、猜忌和疑虑，甚至促使其基层政府组织加强对其"境外渗透"的防范，而相应的积极评价似乎微乎其微，也难显其正能量之所在。因此，基督教在当代国际发展中并没有止住其向社会边缘滑动之步，对其误解并未减少，对其淡忘却在增大。应该说，当代发展机遇仍然很多，中国对基督教的认知评价也还充满变数。对此，无论是世界范围的基督教，还是中国境内的基督教，不知是否真正认识到，也不知真正准备好了没有？

（原载《澳门理工学报》2017年第4期）

第三十五章

中国天主教会及其社会管理

一　1949年以来的中国天主教发展

天主教在中国于20世纪50年代走上了自立革新、爱国爱教的发展道路；此后又因当时罗马教廷干涉中国内政，反对中国社会的政治变革，中国天主教遂割断了与罗马教廷的联系，在教务上亦推行了"自选自圣"、民主办教的举措，由此形成与天主教圣统制的张力。这种僵持局面持续很久，最近因中梵相关临时协议的商定而出现了一些意味深长，仍需仔细观察的重要改变。回顾这一历史演变，可以清晰地看到，随着20世纪60年代罗马天主教梵蒂冈第二届大公会议以来"跟上时代"的革新发展，罗马教廷对华政策已趋于灵活多变，而中国的改革开放也提供了中梵接触的机会。这种中梵关系可能改善的迹象和信息时代罗马教廷可以设法与中国天主教相关人员的直接联系，使中国天主教会也出现了一些微妙变化，出现了越来越多、越来越直接与外界天主教会联系的复杂发展。此间即有所谓"地下教会"的出现等问题，也揭示出一些天主教教会人员在"爱国"与"爱教"关系上有了"动摇"和"滑坡"。对于天主教信徒而言，在其"国家忠诚"与"宗教忠诚"之间一直存有认知差异，面对着两难选择，天主教会性质所决定的"跨文化""跨国度"的"认同感和效忠感"使之在如何妥善处理好国、教关系上极为纠结、颇受心理煎熬。这种政教关系，尤其是天主教在欧洲历史上的"主教叙任权"问题本为其历史上的政教难题之一，现在则演化为罗马教廷与中国政府在中国天主教主教任命上的权力宣示及博弈，即关于"国家主权"和"宗教权力"的不同理解，其分歧和争议正在中梵接触和探讨中凸显。中国天主教所面临的根本问题及其应有的正常发展，有待于中梵关系的积极解决，依赖于双方的政治智慧和创造性突破，否则很难走出彼此试探、互不相让、意见分歧、持续对峙的僵局。2008年5月，中国爱乐乐团、上海歌剧院合唱团奇迹般地在梵蒂冈保禄六世大厅上演莫扎特《安魂曲》和中国乐曲《茉莉花》，前任教宗本笃十六世在这一场合与来自北京、香港的中方人士，甚至中国驻意大利大使馆相关人士（包括中国外交部相关人士）公开直接接触和对话，一时引起中梵关系亦出现"乒乓外交"那样的戏剧性事件，有了"破冰之旅"的舆论，使人们对其未来发展走向有了意味深长的猜想。随着耶稣会背景的新教宗方济各的当选，中梵关系的发展出现了新的契机。

必须承认，正确处理好"中梵关系"是中国天主教正常发展的关键所在，也是当今社会的重大问题。对此，中梵双方必须对彼此的历史与现状有着深入细致和客观冷静的分析，认清其中政治因素与宗教因素的交织、纠结。罗马天主教的历史及其形成的教宗制和梵蒂冈罗马教廷的独特地位，使这种关系与一般国家关系有着明显的不同。在其长达两千多年的发展中，这种宗教性质的圣座地位和圣统制已对全世界12亿天主教徒形成制度性和心理性影响，也可以说，已经形成一种独特的世界范围的宗教文化现象。中国天主教的发展要想完全摆脱这种影响、脱离这种宗教文化基本上不可能。如果中国天主教内出现一个能够一呼百应、信众积极追随的"马丁·路德"，那么中国天主教则早已实现了宗教改革，也早就不存在所谓天主教及"中梵关系"问题了；但这样的改革家可能很难产生，即使有这样的改革家出现也恐怕很难带动其信教群众实现这种改革。如果中国政治高层引领并推动这种类似英国国教会（圣公会）自上而下的强行改革，却又与中国执政者的无神论性质不符，故而不可能有这种发展。于是，中国方面必须面对"中梵关系"

这一现实，有更为睿智的思考和更加科学的决策。当前中国天主教会的"一会"（爱国会）、"一团"（主教团）体制在世界天主教中是独一无二的特殊存在，故存有宗教的张力和政治的博弈。同样，梵蒂冈方面也必须注意到中国国情的独特及其一以贯之的"大一统"文化，自古以来就没有任何宗教能够在中国脱离政治的掌控，天主教会照样没有例外。在"中国礼仪之争"之前，清朝康熙皇帝本来已对天主教十分好感，从其"森森万象眼轮中，须识由来是化工。体一何终而何始，位三非寂亦非空。地堂久为初人闭，天路新凭圣子通。除却异端无忌惮，真儒若个不钦崇"。"功求十字血成溪，百丈恩流分自西。身列四衙半夜路，徒方三背两番鸡；五千鞭打寸肤裂，六尺悬垂二盗齐。惨动八埃惊九品，七言一毕万灵啼"的诗文，以及从其"无始无终，先作形声真主宰；宣仁宣义，聿昭拯济大权衡"的"万有真原"匾额就可清楚看出他对天主教信仰及其教义的认可和欣赏，他曾多次为天主教堂书写"敬天"匾额，支持建造天主教堂，对天主教传教士也是关心备至，甚至有传说他曾去信给教宗，提出要与教宗的侄女成婚，以便加强中国与罗马教廷的联系。但是，当罗马教廷裁决要中国天主教徒放弃中国礼仪时，康熙则毫不犹豫地放弃了他以往对天主教的好感及体认，马上在中国实行全面禁教，使天主教失去在中国正常发展的可能。这说明中国文化对政治威权、国家主权的突出强调和坚决捍卫，这种立场、态度也成为中国政治文化中的重要内容。所以，"中梵关系"之解就在于如何化解梵蒂冈宗教文化与中国政治文化之间的张力，认清天主教久远的圣统制传统和中国政治自古至今的整合性权威，由此找出双方共同能够接受的出路。

二 中国的宗教管理

当代中国社会对宗教的管理思想和方式相对统一，其基本思路受到人们对宗教本质及其社会存在之定位的指导及制约。基于20世纪50年代新中国成立之初被西方各国及其教会所封锁和敌视，中国社会对宗教加强了思想、政治、社会等方面的管理，这对于天主教尤其如此。随着这一格局的形成，故有了中国天主教的独立自办，有了与罗马教廷实质上的关系断裂，以及有了此后中梵关系的诸多敏感问题。

中国的宗教管理是中国政府有关部门根据宪法、法律和相关行政法规来规范、掌控宗教的社会存在及其行为方式，强调"保护合法，打击非法"，不使宗教有超越法规之界而无序发展、影响社会的安定团结。在这种情况下，当时天主教在中国全面割断了与罗马教廷及整个世界天主教的任何联系，形成世界天主教历史极为独特的"孤岛"现象。因此，天主教在华发展不快，1949年之前的近300万天主教徒人数处于止步不前之状，甚至在中国改革开放以来，天主教亦处于相对发展缓慢的态势，与基督新教的飞速发展形成天壤之别。然而在这种张力下，中国天主教内部出现了分裂，即有一部分天主教徒强调"忠于"教宗和罗马教廷，因而转入地下，故称所谓"天主教地下教会"，相应地也产生了地下主教、地下神父等地下神职人员。但新中国只允许有"五大宗教"合法存在之现状，故不允许"教外有教、教内有派"的现象存在。所以，对于地下教会则属于打击非法的范围。而中国管理宗教的特点乃体现为"顶层设计"加"属地管理"，注重政府基层组织建设，主要由地方机构对宗教加以具体管理，因此，宗教组织机构设在哪里，宗教社会活动在哪里开展，则由那里的政府机构相应管理。这样，对地下教会的治理也基本上由地方政府机构来承担。正是在这种具体、实在的地方、基层管理上，中央政府的理论与政策、国家法律的精神及尊严，得以实实在在地体现。

但根据对中国文化特性的理解，我们也必须正视并保持中国"政主教从"的管理传统，把宗教严格地纳入国家政府实际且严格的管理之中，形成中国所独有的"以政主教""以教辅政"（有人将之视为"准政教合一"，但因当代中国执政者的性质而与"政教合一"有着本质区别）的特色。于是，合法宗教也是政府体制内的存在，对所有宗教的这种管理都体现出"天网恢恢，疏而不漏"的特征。这样，中国宗教不离这种大一统的基本框架，所强调的是宗教在思想、政治上对政府的完全服从，保持社会层面政教程度较高的一致。这种政教关系在世界范围也是比较独特的。为此，政府会具体负责宗教人事安排，指导宗教教义思想的诠释，督查宗教组织的构建，并为宗教提供社会、政治、经济等方面的援助和保障，甚至派员进驻宗教社团机构及其活动场所。这样，合法宗教则会形成严格意义上的"官方宗教"或指国家承认的宗教，在此之外的宗教则为"另类"，即处于"非法"之状。不过，这种管理模式的基本前提，则是承认宗教属于我们社会的整体建构，而非"社会飞地"的另类存在或边缘存在；而宗教则必须与我们的政治之间要有积极的互动、协调，并达成高度的共识，有着思想、政治、社会形态上的一致。显然，所谓天主教的"地下教会"，则根本不可能有这种一致，而中国天主教的"爱国"组织则表现出这一意向及努力。当"地下教会"因为其非法性而受到政府的限制及禁止时，"爱国教会"却因其宗教性的归属而不被罗马教廷所认可。这无疑就出现了宗教与政治的张力及抗衡。但其问题的原因显然在外而不在内，只有外部环境的改善，才有可能从根本上理顺这种关系。过去多年的所谓中梵关系问题，就是因为这种复杂状况的交织。说中国天主教独立自办，应该与罗马教廷没有任何关系，而实际上问题并没有那么简单，中国天主教的确与梵蒂冈罗马教廷有着复杂的关系，这已成为公开秘密。随着近年来中梵关系的实质性改善，特别是"临时协议"这一共识的达成，使中国天主教的处境柳暗花明，对解决地下教会的问题亦带来契机，如一些地方的地下教会负责人就在这种环境下表达了与天主教爱国教会"合一共融"的意愿。其实，宗教信仰按其本质应表现在精神、思想层面，而其社团在社会、政治层面则必须服从国家的利益。为此，中国政府有着对宗教领袖的各种政治、政策、学养，甚至灵性上的"培养""集训"。但因政教关系没有理顺、理论与实践之间尚存张力，故而就可能会出现宗教方面名不正、言不顺的尴尬局面，人们并没去细究。在中国天主教面对"政"与"教"之不顺甚至对抗这种尴尬局面时，其"两种忠诚"的博弈要么会使之失去政治忠诚而走向中国政府的对立面，要么则可能失去宗教忠贞、不被罗马教廷认可而不再享有宗教权威、失去信教群众的拥戴。在中国天主教现实中，这种现象如不能及时调整则可能会积重难返。故此，当下机会乃至关重要、机不可失。

　　从总体来看，严格限制、打压宗教的管理模式在当代中国已不复存在，而且也很难行之有效。20世纪50年代对当时天主教会的严格治理，此后亦明显放松。从历史传统及学理分析上来体认中国社会的政教关系，关键在于对"政教分离"这一西方传统和"政主教从"这一中国特色之根本原则的透彻了解，同时在实质性上则必须促进我们加强"属地管理"。做好"属地管理"工作还会有助于我们引导宗教从政治领域转向社会、文化和宗教自身领域，形成各宗教之间、宗教内部各派之间的相互制约、相互监督、相互促进，出现宗教生态发展在多元中的优胜劣汰及平衡、和谐，也有助于宗教的本土化或在地化发展。这种管理模式的实施则要求从制度上、程序上使宗教领袖在政治、宗教两方面得到系统训练和教育，成为政治上可靠、宗教学识渊博和宗教修行高深的实力性宗教领袖，而其任命、罢免也显然会在政府的掌控之中，主要由政府出面来协调处理好在神职人员任命问题上与梵蒂冈方面的纠结、博弈，达成必要协商。实际上，这种管理模式已经被部分地运用在当今中国宗教的管理之中，但因为一些理论、认知上的根本问题没有解决，所以其管理上也出现了种种纰漏和问题，有一些很难解决的根本性矛盾。在其如何突破上，改革开放、经济发展的实践完全可以为我们提供新的启迪和思路。目前宗教管理模式尚在磨合之中，并未形成定式。我们关于中国宗教管理模式上的研讨正是具有商榷性、前瞻性、开放性和探索性之举。中国天主教的生存与发展则与这种管理模式的变革、改进息息相关。

　　总之，中国宗教管理有其政治传统和文化特色，这在管理中国的天主教时势必会与天主教会的自身传统发生关系。当面对政治权威与宗教权威没有共识及合作时，当中国政府政治的"大一统"与罗马教廷宗教的"大一统"仍不相互包容而处于对抗时，中国天主教的管理问题不可能获得理想解决。为此，我们要促进中梵关系的理想解决，而在其根本解决尚未实现时，政教双方则有必要加强彼此的历史理解及文化沟通，设法使宗教的存在"合法化"，即以一种公开、正常的方式来展开宗教生活，获得一种地上的、在阳光下的信仰。

第五编　宗教积极社会作用的发挥

第三十六章

宗教在当代中国社会的定位与发展

宗教是当今中国和世界所关注的重大问题之一。随着世界范围"冷战"的结束,局部地区却因民族、宗教、社会、文化等问题而出现了"热战",从而使国际政治更为复杂,世界局势亦更加扑朔迷离。塞缪尔·亨廷顿(Samuel P. Huntington)在其1993年的文章中提出了"文明的冲突"一说,引起了世界范围的轩然大波。在他看来,"随着冷战的结束,意识形态不再重要,各国开始发展新的对抗和协调模式。为此,人们需要一个新的框架来理解世界政治,而'文明的冲突'模式似乎满足了这一需要。这一模式强调文化在塑造全球政治中的主要作用,它唤起了人们对文化因素的注意……在全世界,人们正在根据文化来重新界定自己的认同。文明的分析框架因此提供了一个对正在呈现的现实的洞见。它也提出了一个全世界许多人们认为似乎可能和合意的论点,即在未来的岁月里,世界上将不会出现一个单一的普世文化,而是将有许多不同的文化和文明相互并存。……在人类历史上,全球政治首次成了多极的和多文化的。"① 亨廷顿在其中的一个重要观点,就是认为各种不同的宗教文明在这一"文明的冲突"中会起到巨大作用,而其引起中国人不满和愤慨的,则是他将儒教文明与伊斯兰教文明归为一

---

① [美]塞缪尔·亨廷顿:《文明的冲突与世界秩序的重建》,周琪等译,新华出版社1998年版,"中文版序言"第1—2页。

类,并担心两者的可能联合会构成对西方基督教文明最严重的挑战。亨廷顿的"宗教冲突论"受到"宗教对话论"的正面回应和反驳。而且,不少学者提出"亚伯拉罕传统宗教"之说,表明基督教与伊斯兰教在历史渊源和信仰传统上有着更为密切的关联,从而以基于"文化史论"和"文化交流论"的"文明对话"来驳斥亨廷顿基于社会地理学及政治地理学之"板块理论"的"文明冲突"。

不过,亨廷顿之观点的重要意义,则是引起人们对宗教问题的高度重视,他从现代社会可能出现文明冲突的角度论及宗教在这种冲突中会扮演的角色,并且由此引发人们对宗教意义的深入探讨。而且,这种"宗教"认知和探究乃是基于一种全球视域,有着世界范围的普遍关联。因此,我们也必须从这一审视及构思上来具体分析、评价宗教在当代中国社会的定位与发展。

一 当代中国所处的时空背景

当代中国处于20世纪与21世纪的交接时代,中国自20世纪70年代末开始实行改革开放,表明参与世界事务、融入国际社会的积极意向。这样,当代中国的时空存在已深受"全球化"发展的影响,其政治上回到联合国、经济上加入世界贸易组织、法律上参加各种国际公约,说明中国作为"地球村"的重要一员不仅不可能回避,而且还必须积极参与全球发展,在国际社会中发挥其重要作用。这样,世界的发展会影响中国,而中国的作用也会影响世界,两者作为整体与局部、普遍与个殊而有着前所未有的密切关联,并且使中国已不再可能回返其在20世纪70年代之前所处的状态。相反,中国会越来越走近世界舞台的中心地带。

由于当代世界交通便捷、信息同步,中国在政治、经济、社会、文化上与世界各国、各地区已有密切而复杂的交织,因此其"内"与"外"的界限已不再像以往"封闭"时期那样清楚、明确。"全球化"使地球在"变小",而中国的内外关联则越来越贴近。

例如,中国从"内部"来讲有"一国两制",从而构成不同政治、经济制度和社会、文化心态的交织；而中国从"外部"而言则已为一个"开放的社会"：一方面，数以百万计的"外国人"在中国定居、工作、学习、生活，而更多的"外国人"则因旅游、商务等缘由而频频来往中国、出入"国门"。他们以人员的流动而带来了思想、文化、政治、经济、宗教、信仰、民族、社会观念等方面的流动与交往，形成一种全方位的"渗透"或"涌入"，对之进行任何"堵""防"都效果甚微、形同虚设。

另一方面，中国在海外亦有数以千万计的华侨和定居或暂居者，他们或已成为"外国公民"，或已持有当地永久居留"绿卡"，但在文化、习俗上仍保留有"中国心"和强烈的中国情感及传统。这种文化影响亦是双向的，既有"输出"，也有"引进"，人们在谈论"文化中国"的"衍化""扩散"时，同样会注意到不少"中国人"之"身份"的"嬗变""外化"。部分热爱中国的西方人成为"鸡蛋人"（白皮黄心），而部分媚外西化的华人则也可能成为"香蕉人"（黄皮白心）。所以说，这种"你中有我""我中有你"的复杂格局已使"民族"的"身份""国家"的"界限"变得模糊、复杂，我们认识、处理问题必须从这种"开放性"社会出发，必须具有"全球"眼光。

此外，当代中国所处的时代已是网络时代、信息时代，各种交流比以往任何时代都更加便利、更为快捷。在"全球化"的冲击和影响下，相关体制、技术上的"接轨"亦极为频繁、容易。在各种信息无孔不入、迅速传播的情况下，政治、思想和文化等意识形态的多元和各种信仰、宗教的共在勾勒出人生复杂、变动的意义图景，任何声音都会设法加入这一时代的"合唱"之中。因此，我们必须在这一难度加大的场景中唱好，并充分体现此"时代合唱"中的"主旋律"，从而得以引领其"共鸣"及"和声"。

二 当代中国的宗教状况

必须承认，当代中国宗教在"全球化"的氛围中迎来了其历史上又一个重要的繁荣期。有些宗教的发展甚至已远远超过了其1949年以前的状况，形成其新的"高潮"。因受国际影响，且恰处中国当代社会转型时期，人类思想文化发展又正如某些学者所言的那样进入了"第二轴心时代"。这样，人们的宗教需求增长，各种信仰表现频仍，生活虚实、真假相混，给人一种又处于一个"新宗派、新宗教、新先知数以百计地出现的时代"①之感觉。其宗教现状大体正展示出如下一些特点：

第一，中国当代宗教增强了其"全球意识"。以科技发展、信息革命为前提的全球经济和网络世界已使许多国家自觉或不自觉、有意识或无意识、主动或被动地"开放边界""打开国门"。目前"国际即国内、国内即国际"的经济市场"无疆界"之状况已经影响到我国宗教的最新发展，并正在形成同一宗教之间"一种跨地区意义上的个人和社会认同"②之局面。

在我国五大宗教中，本来就有佛教、伊斯兰教、基督教和天主教这四大宗教属于世界宗教，在国内外有着普遍联系。例如，2006年在中国召开的"世界佛教论坛"，就是世界佛教界一次空前的聚会，而中国佛教则在此扮演了重要角色。此外，中国伊斯兰教与阿拉伯等"伊斯兰世界"的亲密关系和友好交往已得以加强，中国基督教协会于1991年恢复了其在世界基督教联合会中的成员身份，而中国天主教也在重申其"保持圣而公教会精神"，与世界天主教会乃为一体共在的教会。甚至在我国土生土长的道教亦已有世界性发展，其在筹备"《道德经》论坛"时，更是提出了"和谐世界，以道相通"的主题思想。这样，审视当前中国的五大宗教，也必须具有"全球眼光"。

第二，中国当代宗教已进入了多元发展的新时期。不仅各种宗教自

---

① 恩格斯：《启示录》，《马克思恩格斯全集》第21卷，人民出版社1965年版，第11—12页。
② [英]戴维·赫尔德等：《全球大变革——全球化时代的政治、经济与文化》，杨雪冬等译，社会科学文献出版社2001年版，第463—464页。

身在关注自己的"身份认同"和"本真特色",而且同一宗教中的"教派"意识也在萌生,开始出现趋于分化、更为多样的"自我意识"。除了宗教之间的不同,其分布和发展形式亦呈现出多元之状,有着与相关民族、地域、社会阶层的复杂共构。而且,宗教的信仰形成、活动方式、组织体制以及其在中国社会中的存在状态也出现了多元分化,有着种种嬗变。

在市场经济的形势下,宗教以其不同的信仰"资源""资本"而形成了广阔、复杂的"信仰市场""宗教市场",如有些学者曾将世界宗教划分为各种"市场",认为各宗教之间会有"市场竞争",以其琳琅满目的宗教产品来形成优胜劣汰的局面;有的学者还指出世界各地因移民、求职等迁徙而导致各宗教混杂、交织的复杂性和演化、流移的变动性。而这些"宗教市场"的形成和多元走向,已对我国五大宗教并存的格局构成挑战。在这一当代宗教"超市"中,民间宗教和民间信仰、新兴宗教或某些"准宗教"形式的存在,亦已成为我们不可盲目否认的事实和现实。

第三,中国当代宗教正在走向、融入当代中国社会,展示出其与中国社会主流意识形态、价值体系和政治体制积极对话的姿态。各种宗教都正在积极、主动地适应中国当代社会,协调其与"社会主义"理念及实践的关系,争取参加当前中国文化的重建,并力图在当代中国的民心、民意中留下其身影。这样,中国当代宗教的社会功能已有新的发展,宗教融入社会包括"合法"或"地下"等多种途径,其价值意义也正引起人们的关注和重新评价。

三 宗教在当代中国社会的定位

当代中国社会的社会主义国情及其指导思想上所坚持的马克思主义即辩证唯物主义和历史唯物主义的世界观与方法论,形成了与宗教的意识形态和价值体系上的截然不同甚至对立。这一基本国情使宗教世界观及价值观仍然不能成为当代中国的主流意识和主导价值。宗教思想理论的现代构建则面临着艰难的选择。

因此，中国主流政治和社会构建所强调的是对宗教在"社会"层面上的"积极引导"，所要求的是宗教与"社会主义社会"相"适应"。所以，在现代社会意识和制度发展中，已不可能靠搞任何形式的"政教合一"或"政教共构"来改变这种状态，宗教按其本质亦与"政治"分属两种不同的领域，但其社会存在的复杂性却使之很难不讲政治或摆脱政治，而其政治选择则势必导致其思想理论上的对话或碰撞。

在社会主义社会体制中，宗教通常被视为一个"私人"领域。根据列宁的说法，"应当宣布宗教是私人的事情。……国家不应当同宗教发生关系，宗教团体不应当同国家政权发生关系。……这些团体应当是完全自由的、与政权无关的志同道合的公民联合体。"[①] 从这一视角来考虑，有必要"淡化"宗教在当代中国的"政治"定位，坚持"政教分离"的原则，从而可以避免出现因凸显其价值及政治"差异"而不得不作出取舍之"表态"，防范"宗教政治"的"双刃剑"作用。不过，列宁所论乃剥削阶级统治时期的政教关系状况，当代中国由共产党执政，这种政教关系已经出现巨大改变，因此宗教团体已不纯为"私人"性质的公民联合体。

当然，宗教徒个人作为社会"公民"乃一种双重存在，既是其信仰中的追求者，又是其社会中的践行者。其作为"公民"个人，有权利、有义务"参政议政"。但这种"参政"乃代表其公民"个人"，而不是代表其"宗教组织"，"宗教组织"应是"非政府组织""非政治组织"，而不应出现"宗教政党"或类似"宗教政党"即"准宗教政党"的"参政"现象。宗教徒对于"政治"的把握只应是一种"社会"层面的把握，从而区别开其"宗教信念"与"政治理念"。尽管宗教徒会以其"终极关切"和"终极追求"来指导、影响其"现实关

---

① 引自列宁《社会主义和宗教》，《列宁全集》第十卷，人民出版社1987年版，第62—64页。

切"和"现实追求",但这种宗教的"终极观"与其社会政治的"现实观"并不能相混淆,亦不能相等同。在此,宗教徒在价值观相抵触时不可能也不应该持守两种"信仰",即既有"宗教信仰"又有"政治信仰"。在社会层面,宗教徒所持守的应是"政治理念",从而与教外人士的"政治信仰"形成区别。宗教徒的这种"政治理念"乃"属世"的,从而不与其"超世"的、具有"神圣之维"的"宗教信仰"相混同。这样,宗教徒个人按其"政治理念"可以关注社会、参与社会建设和发展,因而也可以个人公民身份来"参政议政",甚至在条件成熟时有可能参加社会"政党"。但宗教组织本身却不可混同于政治结社,更不能把自己的宗教机构变成"政党"或"政治机构"。宗教信仰作为一种精神体系,其组织作为这一精神追求的群体,则应保持其"超越"之维,不应混同或等同于政治组织。这里,政教关系在信仰层面极为复杂,有时很难明确区分,为此亦有政治、宗教等不同层面的信仰分层,以解决其在社会领域的矛盾冲突。

不可否认,任何宗教活动都是在社会中进行的,任何宗教组织同时亦是在社会中存在的组织,即也是一种独特的"社会组织"。宗教作为这种特殊的"社会组织",势必会涉及相关的社会公共利益和国家利益,故与政治和法律都直接相关。因此"依法""守法"也就是其社会义务和使命。在此,宗教作为"非政府组织"则可以深入社会,积极开展社会慈善、福利和援助等工作,发挥其社会"中介机构"的特长和积极作用。这里,宗教可以积极与社会主义社会相适应、相协调、相和谐,凸显其"社会"定位及其相关功能和作用。

宗教作为一种文化资源和精神力量,亦有其"文化"定位。宗教"淡出"政治领域,则可"深入"文化领域,充分利用其"文化""精神"遗产及资源,弘扬传统文化中的精华部分,为现代文化发展服务。所以,应该明确并支持宗教在当代中国社会建设和文化建设上的定位,从"求同存异""和而不同""和合共生"以及"和为贵"的共识来争取宗教为社会主义社会的平安、稳定、和谐做出其贡献。

四 宗教在当代中国社会的发展

由于宗教在当代社会政治、经济、文化和人们精神世界中的复杂存在和深深卷入，必须通过尊重和依靠宗教的灵性资源来促进宗教与社会的和谐，使宗教走社会"建构"而不是"解构"的发展。宗教在当代中国的发展至少应包括如下四个方面。

其一，应在政治层面上促进宗教走爱国、维护社会稳定的发展，通过宗教教义、教理和其伦理道德来加强宗教界广大信众的公民意识、法律意识和国家意识，避免因信仰价值层面的分歧而导致其在政治上的离心离德。从这一意义上来看，宗教在其价值和政治层面可以与社会主义"对话"，从而也可以发挥宗教教义中的积极因素为社会主义建设及发展服务。这样，宗教与社会主义体系仍能在政治上团结合作，在信仰上相互尊重，由此认识到信教群众与不信教群众在根本利益上的一致性，达成在构建和谐社会上的共识。

其二，应在文化层面上发挥宗教弘扬优秀传统文化、建设现代新文化的积极作用，从而能使宗教在当代中国社会主义文化建设中有着更多的参与和贡献。宗教文化是中国文化的重要组成部分，体现出中国思想精神传统的博大精深、源远流长。现代文化发展不是凭空而起，乃有着历史的积淀、延续和扬弃。因此，宗教在当代中国文化重建上大有用武之地，可有其积极参与和贡献。

其三，在社会层面上应该鼓励宗教走服务社会、帮助群众的道路，支持宗教发展其社会慈善、服务事业，在当代中国社会转型中有着积极的参与，能在帮助民众、稳定社会、化解矛盾上发挥宗教所特有的功能，从而使宗教在现代公民社会的构建中成为支持"小政府"、帮助"大社会"的有效益、有作为的"中间机构"。中国宗教在这一社会服务、社会工作的领域潜力很大、前景光明，因此对此应有更多的关注和引导。只要把宗教社会慈善、服务工作纳入党和政府领导的社会工作的整体之内，那种担心宗教自己会独立做大做强、与我们"争夺群众"

的忧虑则可以打消。

其四，宗教在精神追求层面应回归"宗教"，真正体现宗教的本真特色和对社会及人生的启迪、引导及服务，即以其"超越""超脱"之维来缓解或化解人们在这复杂、迷茫、多元之大千世界中的精神负担和心理压力，满足其精神需求和灵性追求。宗教在此可以进入"人间"、深入"人生"，但不能于此而"迷俗""媚俗"和"流俗"，而应该入尘世而不染、以"超世"的精神为"入世"的事情，从而使人们能在当代社会的"喧闹"中达其"宁静"，在商品竞争之物欲横流中超凡脱俗，在各种诱惑欲求面前不为心动，在虚假造作世风中返璞归真，在文化修养、精神修炼上达到提高、升华，由此为中国乃至全人类的精神文明建设做出贡献。

宗教在当代世界与中国社会发生深刻变化的形势下也正处于复杂的变动、演进之中，我们"要全面认识宗教问题同政治、经济、文化、民族等方面因素相交织的复杂状况"①，促进宗教关系的和谐，积极引导宗教与中国社会主义社会相适应、参与构建现代和谐社会及和谐文化，发挥其在促进社会和谐、世界和平方面的正功能和积极作用。宗教关系已成为当前我国社会至关重要的五大关系（政党关系、民族关系、宗教关系、阶层关系、海内外同胞关系）之一，社会的稳定、中国的持续发展都需要积极引导宗教，发挥其积极因素来为构建和谐社会服务。宗教在中国是体现一种弘扬传统民族文化、吸纳世界优秀文化的关系，反映出宗教主动向中国当今核心价值体系的适应，以及在构建大众和谐文化中的积极作用，此即宗教的"中国化""本色化"和"现代化"，由此反映宗教是作为社会主义社会初级阶段的一种意识形态和文化形态来存在的。宗教在当代中国社会主要应体现其社会服务功能、社区建设功能、精神关怀功能和大众文化发展功能，由此为我们的和谐文化建设服务，为促成和谐世界服务。所以，宗教在中国社会的存在和发

---

① 引自叶小文《正确认识和处理社会主义社会的宗教关系——学习胡锦涛同志在全国统战工作会议上的重要讲话》，《中国宗教》2006年第8期，第11页。

展一定要适应中国国情,服从中国国家利益,积极融入中国社会与文化。当然,这应该是一种双向互动,彼此对话,因此必须发挥两方面的积极性,其成功与否乃是对我们的政治智慧和宗教智慧的考验。

(原载中国统一战线理论研究会民族宗教理论甘肃研究基地秘书处编《当代中国民族宗教问题研究》第2集,甘肃民族出版社2007年版。)

第三十七章

论宗教在中国社会的积极作用

——以中国基督教为例

当代中国社会发展已经进入社会转型的关键时期,社会需求扩大,社会矛盾增多,社会变化复杂,中国社会建设需要全民族的积极参与,当然也需要宗教在中国社会发挥其积极作用。如宗教界在社会服务和社会公益慈善方面有着悠久的历史和丰富的经验,其宗教教义、思想理论对之也有着独到的见解和精辟的阐述。在中国政府的鼓励和支持下,当今中国已经出现宗教界参与社会建设、服务社会大众的新面貌、新气象。其社会关怀的传统积淀为新时代的发展做出了积极贡献,我们当然应该支持宗教界弘扬这一优良传统,使之在中国社会建设和社会服务上有更积极的作用,并有效改善中国社会的宗教理解。在宗教的社会作用上,基督教的社会参与和社会工作举足轻重,其社会慈善事业也曾有着先行的引领;而且,中国思想界对基督教已有了更为积极的评价,如当代中国著名哲学家贺麟对之曾有充分肯定,以此而宣称"宗教有精诚信仰、坚贞不二的精神;宗教有博爱慈悲、服务人类的精神;宗教有襟怀广大、超脱尘世的精神。"① 因此,这里以中国基督教为例来讨论宗教在中国社会的积极作用。

---

① 贺麟:《文化与人生》,商务印书馆1999年版,第8页。

一　中国基督教的社会服务和公益慈善事业

慈善作为人类社会的一种美德，自古以来就已在宗教中非常典型地得以凸显和保留，这反映出宗教的博爱、关怀和互助精神，体现出真、善、美、圣等超越价值。而基督教自创建以来就有的"仆人精神"和"服务意识"特别引人注目，其强调的"非以役人，乃役于人"非常鲜明地表达了这种谦卑和爱人情怀，是其社会服务、关爱民众的信仰支撑。虽然基督教会在其近代入华传教进程中有着复杂的政治卷入，由此受到种种批评，但其社会服务和公益事业的价值及意义却不应全盘否定。其包括社会救济、社会服务和社会教育等的社会慈善救济工作在中国近现代发展过程中的作用应该得到充分肯定。回溯历史，教会医院在中国的创办始于1834年，教会孤儿院、育婴堂的建立可以追溯到1855年，教会的特殊教育早在1874年就已开展，而教会曾倡导的"灵真、心真、体真、天真"和"自爱、爱人、爱家、爱国、爱和平"的"四真五爱"运动等对中国社会也有着明显的积极意义。[①] 不少传教士和中国教会人士为了改善中国民众生存状况及社会慈善发展甚至奉献了自己及其家人的生命，对此我们不应该彻底忘记，而理应有一种感恩之心、感激之情。这种记忆是我们今天中国社会与世界基督教会对话互动、积极沟通的一个重要平台。

新中国成立以来，中国基督教独立自办，其爱国爱教同样也体现在社会服务及慈善等领域。特别是自中国改革开放以来，随着中国共产党宗教工作方针的贯彻和中国社会宗教信仰自由政策的落实，基督教在社会服务和公益慈善事业上重新崛起，而且特色鲜明，其成就可圈可点。如基督教背景的"爱德基金会"和天主教背景的"北方进德"等社会慈善机构和社会服务基金会的建立，在社会救助上影响很大。基督教的社会服务所强调的是"雪中送炭"之作用，坚持深入基层、访贫问苦，

---

① 卓新平：《基督教犹太教志》，上海人民出版社1998年版，第274—278页。

故而在今天出现贫富分化的态势中给人一种"穷人的宗教"之印象。这也是基督教在当代中国社会基层得以迅速发展的重要原因之一。

特别是在2008年中国汶川等地特大地震发生后，中国天主教界于2008年5月13日举行专门的弥撒大祭为灾区人民祈祷，并呼吁信众捐款捐物、奉献爱心，至6月11日，全国天主教界捐款已超过3200万元，进德公益还向灾区派出救援队提供物质和精神方面的帮助。而中国基督教界亦成立了"抗震救灾工作组"，至2008年5月29日，全国基督徒的捐款已超过1.17亿元，各地神学院学生还举行"在爱中彼此相连"烛光祈祷会，让人们深感"大爱无疆"。① 在汶川大地震及宗教界开展及时救援之后，中国媒体开始公开、正面地报道宗教在中国当代社会的救助、救援活动情况，使其"笃行仁爱，见证信仰"的义举逐渐被中国大众知晓并获得积极的评价。

在中国宗教界对社会服务和公益事业的参与中，可以说，基督教的经验最为成熟，但对其社会参与的争议也最大。其实，我们应该把基督教的社会服务视为当前中国社会建设的有机构成，而不能仍将之作为一种异己的社会政治力量来对待，应该让基督教界自然地继承其社会慈善服务的传统，在新的社会氛围中对之发扬光大，利于民众、造福社会。这种对基督教为社会贡献积极作用的鼓励，实际上还可以向世界表明中国对基督教这一世界最大宗教的客观肯定和认可，从而为中国提倡同建人类命运共同体做出实质性推动。

二 "爱的神学"与"和谐社会"的观念交织

丁光训主教生前曾提出以"爱的神学"为宗旨的中国基督教会"神学建设"，引起了世界范围基督教界的广泛讨论。其实，这种努力高瞻远瞩、寓意深刻。如果说社会慈善服务事业是基督教在中国社会层

---

① 参见《大爱深慈——海内外宗教界援助5·12汶川大地震灾区纪实》，《中国宗教》2008年第6期，第37—44页。

面的积极参与，那么"爱的神学"则是在中国思想、精神层面的积极对话。基督教的教义、神学、伦理、思想究竟能否与中国当代社会相适应，这是一个迄今仍颇有争议的问题。而丁主教等中国教会人士主张"爱的神学"，正是要在这一敏感且重要问题上破题。

　　基督教实践层面的"社会关怀"，所要表达的本真乃是其价值层面的"终极关切"，社会服务是"入世"的善举，其依存和支撑则是"博爱"这种"超然"的精神。对于基督教而言，慈善可以"感动中国"，但其信仰价值并不指望任何具有功利色彩的"感动"，而是自然流露出"圣爱"的超拔境界，这种无私奉献、忘我服务乃发自本性、纯属应该。因此，"绝对之爱"并不因为中国社会对基督教曾有怀疑、犹豫、误解、排拒而不体现。所以说，丁主教推动"爱的神学"既是与中国社会的积极对话，也是教会自我对其历史的深刻反思。基督教希望中国之"感动"，努力以其善举义行使中国社会可能对之包容或接纳；但其"爱"的信仰原则更坚持其自然、本真，强调其精神真髓不被功利所染。"爱的神学"旨归在返璞归真，体现其信仰内在、内涵，在这一意义上"爱"是超历史发展、超现实社会的亘古不变。当然，基督信仰的这种真爱虽超越却不脱离历史现实，其真实真理乃普遍存在。而对这种"爱"的中国神学建设则正是要在中国处境中体悟、见证其存在。中国当今倡导的"和谐社会"建设，其实质就离不开"爱"，就必须体现"爱"。而基督精神中之"爱"完全可以在中国"和谐社会"的核心理念中寻见。这种寻见正是基督教精神"中国化"的体悟和见证，是对其超然进入现实、普世结合本土的慧识和明鉴。"爱的神学"使基督教信仰成为中华文化的有机构成，使教会组织成为中国社会中正常、有机的结构和子系统不再存疑。这一中国处境中的普世召唤与呼应具有独特意义，值得深入发掘。

　　中国社会自进入改革开放的时代以来，"和谐""和合"已成为中国社会主张的核心所在。中国在向世界开放中提出中国和谐社会与人类命运共同体的共建，在这种"和而不同"、命运共系之中，"爱"重新被人关注和重视。中国基督教在全面展示其"爱的宗教"的形象，在思想理论上亦有"爱的神学"这一表述和努力。其实,这种"爱"乃打通古今、融贯中西,其在中国的贡献就体现在"爱"既是基督教的思想资源,也是中国文化传统美德的精神珍藏。基督教的"爱人"与儒家传统的"仁爱"在此珠联璧合、相得益彰。"爱"的精神既要让中国和谐社会真正得以实现,也要致力于消除纷争与冲突而"让世界充满爱"。

除了形而上、超越层面的理解之外,中国基督教"爱的神学"并不是传统西方的思辨神学进路,而是旨在一种适合中国基督徒、适应当代中国社会文化处境的"实践神学""社会神学""道德神学";对于教会之外的中国社会群众则是要彰显"爱"的价值和真实存在,为中国"和谐社会"的早日建成干在实处、增砖添瓦。在拜物主义、金钱至上等世俗思潮的影响下,侧重经济利益的社会出现了种种冷漠、麻木,人与人之间缺乏信任和信心,对信仰的理解亦很茫然或矛盾,"爱的神学"就是从基督教的信仰资源来弥补这种信仰的缺失,提倡以"爱心"来相互沟通、彼此温暖、重建信心、共构信任。这是对丁主教倡导、发展、弘扬"爱的神学"的理解,"爱"在此乃"博爱""绝对之爱""无条件的爱",既蕴含在基督教信仰之内,又打破了宗教界限,恰如菲利普·魏克利(Philip Wickeri)所言:"丁主教坚持中国神学需要更多强调道德伦理,以便能重新发现圣经的教诲,并使之通达他人。强调伦理并不会削弱基督宗教的独特性,因为基督宗教对爱的理解与人类爱的观念并不矛盾。这一观点与他此前关于长江洪水的辩论有着关联,丁主教赞扬了人民解放军抗洪救灾的行动,认为在其中可以看到上帝之爱为世界而存在的一个范例:这一爱乃是上帝在世界上一切行动的动因,而不论是在教会之内还是在教会之外。"① 其精神层面对中国社会的贡献就包括以基督教之"爱"的信念来联合教会内外,服务社会人生。由"爱心"带来"信心",则有可能化解基督教自近代以来与中

---

① Philip Wickeri, *Reconstructing Christianity in China*, *K. H. Ting and the Chinese Church*, Orbis Books, Maryknoll, New York, 2007, p. 351.

国社会留存的恩怨、隔膜。

三　基督教在中外文化交流中的积极作用

基督教作为世界第一大宗教，在中外文化交流上有着独特意义和不可取代的作用。从中外交流史来看，自唐朝景教传入，基督教就起到了与众不同的连接中外的桥梁作用。虽然19—20世纪的基督教深受中外政治关系的影响，但其在新中国的存在和发展本身就在复杂的处境中有效保持了中外联系；如20世纪50年代中美关系、中欧关系在政治层面恶化后，中国基督教通过"三自爱国"运动获得新的生存，而且还以其世界宗教形态仍在一定程度上保持了中国与西方社会的联系和交往。20世纪70年代，基督教曾为中美恢复交往及随后的中美建交起到某种作用；自中国改革开放以来，基督教成为中美、中欧沟通的重要情感纽带和理解基础。中国与欧洲的历史交流尤其离不开基督教的独特贡献，这在我们今天回顾海陆丝绸之路开拓、展望"一带一路"发展时极为醒目。今天的耶儒对话、国际汉学等都反映出基督教会的重要参与和历史积淀。这种历史渊源使中西政治关系及文化关联有着抹不去的基督教印痕，而对西方思想文化的重新关注和肯定也是当今基督教成为在中国发展最快的宗教之一的重要原因。反而言之，也可以说中西关系的好坏会直接影响到中国对基督教的理解及印象，而中国教会则可以在改善、促进中西关系正常发展、积极互动上发挥其独到作用。

坚持"中国化"发展的当代中国基督教会在国际舞台上亦有着不凡表现。中国基督教以其开放性而主动"走出去"，开始积极参与世界基督教事务，并于1991年恢复了其在世界基督教联合会的成员地位，对"普世教会运动"有着重要参与。与此同时，中国基督教在坚持独立自办的原则之际也广交朋友，以一种"请进来"的开放心态及开明举措来吸纳现代外来文化的精华和成就，积极推动中国教会自身的神学思想建设，为教会与时俱进奠定基础。在这种"走出去""请进来"之中，中国基督教充分显示出了其"天容万物""海纳百川"的气度。

在当今"全球化"的发展中，国际冲突加剧，国际关系紧张，中西关系处于极为关键的转折点，并出现了交流减少、误解加深的不好迹象。但正是在这种复杂局势中，中国基督教在缓解矛盾、消除误解、恢复友好、携手共进上是可以积极作为、发挥作用的。总结基督教在中外文化交流中曾有过"双刃剑"作用的历史经验教训，中国教会在新时期的中外文化交流中正努力发挥人民外交的奇特功能，促进各国人民之间的沟通、理解，推动不同民族之间的和谐、合作，加强其文化纽带、信仰纽带的作用。我们必须看到，目前面对的当务之急，是要努力找出基督教参与克服中西之间"文明冲突"、意识形态"冷战"的有效途径，积极引导中外基督教在这种矛盾张力中主动起到缓解、减压的作用，促使各方加强对话、寻求沟通、共构和谐关系。

本来，在一个"全球化"和"全球通"的时代，世界有条件走向整合、同构，但这种在生态文明中世界及人类所需的整体性，却因政治、经济、社会、思想、信仰、文化等方面的矛盾、冲突而被破坏，世界正走向碎片性的存在，不断分裂似乎在形成气候。中国基督教在中国整体观文化的熏陶下深知二元分割、彼此对立的存在模式潜藏危机，不容乐观，故而在当下的国际交流中正向世界积极引荐、推广中华文化和谐共在的精神、整体统一的智慧。国际关系的整体统一乃基于多元共存、和而不同、求同存异、美美与共。这一努力乃任重道远，但必须及时抓住其时代机遇期，中国基督教与其他宗教一道促进对话、沟通以求共在、共同，这种意向及行动才刚刚开始，我们希望能持续发展、持之以恒，从而使世界免予隳沉、更加美好。

（本文为2016年在"宗教在可持续发展中的作用：价值与伦理"研讨会上的发言）

第三十八章

中国当代社会仍然需要信仰

一 讨论信仰问题恰逢其时

我们社会上曾长期留存着一种说法,就是认为中国社会是没有信仰也不需要信仰的,这种观点坚持认为:信仰即宗教信仰,是外传而入的,并非中国本土的文化传统。在一些人看来,中国在佛教传入之前本无宗教,甚至佛教也不是典型的宗教代表。这种观点还坚持,在这种制度性宗教之前,中国远古的敬拜神明是难登大雅之堂的,还谈不上是真正的宗教信仰。其实,这种对宗教信仰的界定标准是以印度佛教或西方基督教等制度性、建构性宗教为模本,由此而引起了有关中国有无宗教信仰或中国的弥散性信仰的定性问题,尤其在讨论中国涉及其弥漫性和人文性信仰的宗教性时,人们有着不同看法和激烈争论。当然,中国社会对宗教信仰的普遍反对乃基于对其的负面评价,这使人们对宗教,甚至对信仰避而远之、噤若寒蝉。在"人民有信仰"的公开、正面表述之前,不少人对信仰也是明确否定的,其理由就是将信仰与宗教绑在一起,认为信仰按其本质就只能是宗教信仰而已,因而对之加以反对。虽然现在不再对信仰表述有公开的抵触,其思想的疙瘩却并没有真正解开。其实,如果以一种中立、客观的眼光来审视宗教信仰,如果不按某一种宗教标准来对照、套用中国的宗教信仰,应该说中国人当然是有信仰的,而且其宗教信仰传统还极为悠久。对此,需要有一种科学、冷静、客观、认真的历史回顾和文化反思。基于这一认知惯性，当今中国社会一方面在某种程度上保持了传统信仰，但另一方面，在社会大众中间也显然存在着信仰缺失问题。如果大家更多地关注现实社会生活中的一些现象，就可以明显感觉到社会道德的缺失，而这种道德应该是一个实践层面的表现，归根结底反映了一种人的精神状况，也就是人的价值体系存在状况。这说明道德上的问题不仅仅是现实社会实践的问题，也反映出我们的价值层面出了问题。而这个价值层面的问题关键就在于信仰。

信仰属于价值理念的范畴，其在思想深层面上支配着我们的社会行为，同样支配着我们的道德表现，没有价值支撑的社会道德是很难维系的，也难以持之以恒。信仰把形而上之"道"与形而下之"德"有机关联起来，信仰的价值观应该是一种超越的审视，而其道德则表现为其理念的践行，是一种接地气的"实践理性"之实施。从这个意义上来讲，我们对今天中国社会的信仰状况确实需要好好地反思。没有一种信仰的号召力、没有一种道德的约束感，我们的当下社会很散、人心不齐，甚至出现乱象，人们找不到方向，精神认知亦极为迷茫。因此，以文化论坛的方式来讨论我们中国人的信仰理解问题，在当下很有必要，这可以帮助厘清中国思想、中国精神的本质及其传承，找回中华民族的文化自我，认清我们自己的精、气、神，是对"民族魂，归来兮"的呼召，因而应该是恰逢其时的。

二 什么是信仰？中国人的信仰特性是什么？

在谈到信仰缺失问题时，首先需要在概念上为国人厘清究竟什么是信仰的问题。当代中国人对宗教的淡薄，其实是间接反映出其对信仰的一种怀疑。说到信仰问题，首先我们要了解信仰这两个字表达的是什么？实际上就是信什么？怎么信？中国人的信仰和世界各民族的信仰有共同之处，但也有其明显不同，有中国人自己的信仰特性。

按照马克思的理解，信仰是人类精神生活中"人们把握世界的方式"之一,有其存在的独特性。在中国文化传统中,"信"字从"人",涉及人的"言"论表达,由此反映其心之所想、其精神方向或归宿所在。"信"以"人""言"而由此关涉人际交流、沟通,是人与人之间的真诚相待,是一种社会诚信原则的持守。此外,"信"还是前瞻性的,是对未来的把握、期盼,故而表达为一种"仰"视,是对光明前途、未来希望的仰慕。所以说,信仰乃基于当下,仰望未来,是理想与现实的有机结合。于此,信仰至少应该包括如下几个方面的考量。

第一,信仰是对未来的一种希望,不管是今生还是来世,人们都保持着对未来的憧憬、理想,这在我们生活中是非常普遍的。我们生活在当下,但其境界不能囿于当下,所以需要一种超越的审视,对于人生起着站得高、看得远的作用。

第二,信仰要表达的是对崇高的敬仰,这种崇高是有超越感的,但并非抽象的,也可能是现实境界的升华,有着鲜活的内容。我们从中国人对关公的崇拜来讲,就是非常现实的,其实对关公的崇拜本来是基于对其诚信、义气的崇拜,是其人格魅力使然。但是,也必须看到,人们在历史的发展中把关公变成了财神,这是我们中国人实用性格在信仰崇拜方面发生的嬗变。现在对许多信仰现象都需要一种返璞归真的回溯,回到其朴实、真诚的原点,起到去伪存真之效。

第三,信仰是对自我的超越。人之所以有信仰,就是认识到了自己的有限性,看到自己的不足,要超越自己的不足就希望有一种信仰的超越,这种"信"显然是对"他者"之信,而非自我之信,由此就有了信仰的对象、信仰之彼岸的问题,这一点是非常重要的。人们往往在此对这一"对象"以其"神明"表述的虚幻性而加以批判,其实,对信仰的"对象""彼岸"问题不可做简单的理解或武断的推判,其中包含了人类丰富的思想史、文化史、社会史等内容。"自信""自爱"不是信仰,信仰之"他者"乃信仰的目标,而对其理解则丰富多样。

第四,信仰是对人世的责任。信仰不只是一种"心念",而需付诸行动,这种对未来的信仰给人赋予一种现世的责任,驱使其怀着信仰去践行、去奋斗，甚至准备付出牺牲自我的代价。所以说，在信仰中，超越感和责任感是有机结合的。这样，信仰就给社会提供一种社会公德，提出大家应该遵守的公共原则。而信仰的不同则可能在这种公共原则上引起纷争、矛盾，故而需要信仰之间的对话、沟通，以形成大家都能接受的"共识"或公共社会的"底线原则"。在这一意义上，信仰当然是社会性的、实践性的。

综合而论，信仰在其追求方面也有明确的表达。一是从形而上的角度来表达，信仰追求的"神明"或其他精神表述，就是一种超越的、脱俗的精神表达方式，一般而言都比较抽象、玄奥，可能会心明志坚却语焉不详。比如中国文化中讲究对"道"的信仰追求，对"道统"的传承。科学家讲究对世界规律秩序的探索认识，实际上也都是信仰追求的不同表达。这些追求都有其神圣感，但远离现实。二是从务实、实用的形而下视角的表达，这其中既有对现实未来的神圣化及其憧憬，也有追求实用目的，甚至物欲的信仰瞋沉，如对金钱的信仰，或称拜物教或拜金主义。社会发展虽离不开对金钱的使用，但一旦沦为拜金的奴隶则很成问题。美元上有一句话："我们信任神。"其在使用金钱时祈愿神的保佑，有着宗教经济的意欲。而中国当代社会在经济大潮中却把这种关系弄颠倒了，变成"我们信任金钱，但我们利用的是神"。这就可以解释为什么会有很多地方搞宗教搭台、经济唱戏，这实际上是把宗教信仰沦为一种在世俗社会追求财富的道具了。因此，对之拨乱反正很有必要，经济的归经济，宗教的归宗教，各归其位，不可互混。宗教信仰必须脱俗，而不可流俗。

三　中国式信仰缺失的三个层面

当前中国社会的信仰缺失，对宗教信仰来讲大致包括三个层面，这三个层面的表现都非常明显。

一是制度层面。宗教本身的制度和体系，会跟政治发生密切的关联。中国宗教在制度层面与上千年中国社会的封建体制有着密切的关联。1911年辛亥革命以后，这种制度层面被打破。有人认为此前儒教作为一种国家推崇的宗教提供了其制度层面的保障，此后儒教被废，中国宗教在制度层面基本上是缺失的，现在很难说清中国的政教关系在制度层面的关联。人们经常询问的就是，中国社会中的宗教在制度层面是不是有错位？是不是有矛盾？是不是有一种缺失？或者说，是不是还没有归位或不到位？因为对于当前中国社会中的宗教而言，就有一种缺失或失落，现在五大宗教存在状况相对保持得比较好，但其归位并不清晰。一方面，中国所有宗教都归政府管理，应该属于这一体制、制度之内的存在；但另一方面，政府主导的意识形态、核心价值层面却被人认为与宗教意识格格不入，纯属两类根本不同的范畴。这里，自然就出现了矛盾和张力，这一缺漏若无法弥补，则解决不了其制度层面的缺失问题。

二是儒家"士"文化的缺失。中国古代知识分子普遍有儒家信仰，后来佛教、道教信仰亦参与进来，以后有儒佛道三教共立之说，中国的知识阶层传承儒家的"入世"精神、"人文"精神而主张积极参与"治国平天下"，把这种信仰作为一种责任和担当。在中国知识分子历史上，儒家的这种士文化、士的精神是非常典型的，但现在已经出现了断裂。当代中国宗教中没有了儒教的身影，其宗教团体中的精英人士是不是缺失了这种精神？这都需要反躬自问，看是不是问心无愧！笔者长期研究基督教，但在国外很多人问起笔者的信仰时，则往往会强调中国知识分子从骨子里面讲是有儒家信仰的，因为这是一种潜意识的中华民族的责任感和使命感，但可惜这种情怀"壮志未酬"，并担心"难酬"。目前知识人文化精神的缺失，是我们信仰缺失在文化层面的典型表现。当代人的精神面貌反映出中国人的信仰现状，我们的文化是不是博大精深，是不是可持续发展，就会在这种现实中得以反映和检验。基督教中世纪有一种骑士文化，到现在演变发展成为绅士文化。同样，我们知道中世纪对经院哲学、对思辨的追求，在现代文化中也形成了像德国、法国等精神传统中所谓的辩证精神、实证精神、优雅精神、浪漫精神等，这种精神都是靠人来存在并反映的。我们学术界有一种说法，认为中国在过去的五六十年来没有出现过大思想家,同样我们也要反省,宗教中是不是也缺失这样的精神领军人物？文化的发展不能坐等,不可以靠吃老本来维系；尤其是解决中国的社会问题不能靠自我埋怨,而要靠知识阶层中的精英带头、引领,知识分子应该弘扬"士"文化的精髓,而不是埋头抱怨怀才不遇、生不逢时。这种信仰在文化层面的缺失值得我们今天好好反省。

三是社会民间、民俗层面的信仰缺失。我们当前社会的信仰缺失乃有目共睹,人们陶醉于享乐主义、娱乐主义,在物欲中流连忘返,很少再有涉及"崇高""理想""境界"的话语。为了弥补这一缺失,民间自发有很多书院、读经活动兴起,但一般都在民间开展,乃自发、自然,也是自觉之举,这让人颇感欣慰。实际上,民间、民俗层面的信仰是最具有生命力、最接地气和最活跃的。这表达了一种民族精神在民间、在社会基层的复兴,但这种复兴并没有被社会真正地承认和认可,缺乏有力的支持和热情的呵护,甚至缺乏一种善意的理解,这是另外一种意义上的信仰缺失。目前刚刚兴起的民间书院在走向衰落,民间读经活动被质疑,使本来就不很强的民间积极性受到压抑。如果在民俗层面中华民族的信仰,无论儒释道还是民间信仰、民间宗教,在整个世界文化中能够形成一个重要的气场,让海外华人走到哪里都能把中国的宗教信仰带到哪儿,他们再把这些在海外得以复兴的民间信仰情怀带回中国寻根问祖,那该是怎样一种文化气象啊！但现实状况与之相距太远,时有让人伤心、寒心之事发生,这都触及海内外华人的精神家园及其眷念、乡愁、乡思的问题。要实现中国文化伟大复兴的中国梦,使全世界的华人有一个向心的追求点,就必须允许、保护这种民间的中华信仰情怀。因此,我们相关部门应高度关注对民俗方面的信仰问题,为之找出一条理想发展之途。

不必讳言,宗教信仰的缺失在以上三个层面都有存在。而要弥补这三个层面的缺失,则不能一味指责和埋怨,"国家兴亡,匹夫有责",我们不同层面的人要有不同的自我反省和责任定位。

四 信仰缺失的相关弥补

这种信仰缺失对当代中国是非常重要的考验。我们的社会需要信仰的凝聚，因此必须及时采取适当措施来对之加以弥补。

对于治理信仰缺失首先需要在制度层面上发力。我们国家有一种令人振奋的提法，就是"积极引导宗教与社会主义社会相适应"。这一方面需要强调宗教应在我们的社会中脱敏，成为民众的正常精神生活；另一方面则要呼吁我们的政府和社会对宗教真正加以积极引导，允许宗教回归、融入我们的社会体制、制度之内，成为其正常存在和有机建构。

其次，则是中国宗教团体里面的知识精英应加强修养和精神境界的提升，要达到一种自我超越和自我升华，好好修炼而成一代名师，多有高僧大德和高道大德出现。而中国社会的文化人也应该积极与宗教界沟通对话，相互了解并达理解。这种高尚的"文人"之风，可以增加中国当代社会所迫切需要的"文气""灵气"。

最后，在民间及民俗层面，社会的基层建设则非常重要，基层文化建设要跟当地的具体历史传承状况相结合，因势利导、积极发展。现在我们听到很多关于对地方非物质文化传承、地方文化遗产的不同声音，且多有抱怨或排斥，如果我们换个思路，结合基层实际来考虑，是不是会使基层文化能够更和谐一些？

应该看到，中国社会传统文化根深蒂固，博大精深，源远流长。据有关机构统计，2012年全世界大约有4亿人有民间信仰，其中约2.9亿的民间信仰人群来自中国。虽然这种统计可能明显夸大，但也应看到这些信仰在较广层面、较大范围内保持了中华文化特别是草根文化对真善美的追求。由于这些方面缺少相应的指导和规范，或者说由于所谓的敏感问题，大家对之望而却步，结果可能出现了一些异化的现象。对此，我们也需要积极引导，这对于中国社会的基层文化建设是一个非常重要的考验。如果我们把这些传统信仰加以一种合理的处理，进行一种积极的引导和文化意义的深化，则可能消解社会上所出现的对金钱的崇拜和对社会的冷漠，回到一种纯朴、和谐的社会人际关系。从这个意义上来讲，我们要把民间信仰看成老百姓的一种基本生活状态，意识到信仰实际上是人类文化的一个有机构成，是老百姓精神生活中一个必要的组成部分，故此不必对之敏感或反感。

社会上宗教信仰的重要性没有被透彻认识，现在很多人说中国人没有宗教，但是若仔细观察，则会发现至少大部分中国人是具有精神性的，其中就包含这种宗教性或信仰的情怀。我们这个社会如果对宗教、对信仰不再那么特别敏感，社会则可能会出现一种信仰方面的深化，社会正气也许就能上升，社会风气则会更好一些。这种信仰精神，就是让更多的人自觉践行对真善美的追求，让社会组织对社会不良现象敢于挺身而出、加以制止。现在社会中人与人之间之所以冷漠，跟我们缺失信仰的关怀、关爱是有一定关联的。总之，信仰问题是对中国文化复兴的重要考验，而宗教脱敏也迫在眉睫，这应引起有关部门的高度重视。

（本文基于2016年4月17日在由凤凰佛教和终南山文化研究院联合主办的"终南山论道：中国式信仰缺了什么？"新媒体论坛上的发言）

第三十九章

关于宗教与慈善的思考

国家六部门在2012年2月联合发布《关于鼓励和规范宗教界从事公益慈善活动的意见》,这对我国宗教界积极参加社会公益慈善活动、以新的姿态投身当代中国社会建设,具有非常重要的意义。社会建设需要社会各界的共同努力,其中宗教界是不可忽视的重要力量。随着当代社会的多元发展及在社会转型过程中出现的复杂局面,宗教界参与社会服务和公益事业应该说是水到渠成、恰逢其时。宗教界在社会服务和公益慈善事业上本来就有着悠久历史和丰富经验,但在过去较长的一段时间内被我们所忽视。这种滞后与人们对宗教的认知误差相关,尤其是宗教公益慈善事业的信仰及教义支撑让人们对宗教的这一参与持怀疑态度,实际上使宗教的这种潜能和特长被压抑,不能积极、主动地参与社会建设和社会服务,这其实也是社会资源的一种损失。在2008年"5·12"四川汶川等地的大地震发生后,宗教界志愿参加社会救援、捐赠和服务的义举逐渐被社会大众和舆论所关注。不过,这种宗教界的赈灾义举仍然只具有临时性、突发性、偶然性、应急性的特征,各种宗教对这种大规模的社会服务及公益慈善事业的参与还没有成为常态,也缺乏相关的管理程序。为此,社会有识之士开始呼吁积极创造条件、制定并完善相关法律法规,以便能让宗教界在社会服务、公益慈善事业上更加积极参与、发挥更大作用,并使其规范化、制度化、常态化。因此,这一意见的发布乃非常及时,并提供了相关的信息和指导。

宗教界参与公益慈善活动本来就是社会工作的重要来源之一。其社会救助和社会福利卓有成效、经验丰富，并培养了许多训练有素的从事社会工作的人员。宗教界出于其信仰和教义理解来参加扶贫济困、赈灾救难、养老托幼、帮残助弱等社会公益慈善活动，少有功利色彩而更多超越之境，通常是以其"社会关怀"来表达其"终极关怀"，是基于其"价值理念"而得以体现的"工具理性"。今天，我们在社会服务和公益事业方面缺口仍然很大、人们的需求也很多，政府各级民政部门虽全力以赴却仍然鞭长莫及、很难"包打天下"。我们发掘并用好宗教在社会服务和公益慈善事业上的资源及经验，既能正面肯定宗教的积极意义和价值，又能为我们的政府在社会工作上减负、分担，使社会建设有更广泛的民间参与，形成更多的社会志愿者队伍和更自觉的社会公民意识。这对于社会良性发展和达成和谐来说是一种"双赢"。其实，在欧洲一些发达国家中，很多类似我们民政部分的功能都被宗教界所承担，社会福利及慈善事业乃其发挥作用的一个非常重要的领域。对此，完全可以积极借鉴。

在我们今天全力展开的社会建设中，宗教界对社会服务和公益慈善事业的参与应该是其重要构成和积极因素。所以，我们已不能如从前那样过多地把宗教作为某种社会政治力量来对待，而应将之视为在构建现代和谐社会中可以积极有为的非政府组织或非营利组织，宗教团体参加社会建设及服务，自然是以社会组织的形式来出现，因此理应被纳入社会管理的范畴。这里，对宗教界的公益慈善性社会参与可以一种平常心来看待，即把宗教界从事社会服务视为社会的"常态"。因此，我们应以更加积极、更为公正的态度来承认宗教在社会中的存在与发展，将之视为人类文化、社会发展的"常态"，科学、公正地分析宗教在社会中的"问题"及其相关"功能"，从积极引导的角度来发挥宗教在社会主义社会的重要作用，使宗教界对我们的社会及其政治指导产生信任及信心，更加深入、广泛地促成我们社会"公信心"的建立。我们应该扩大宗教的"社会空间"，鼓励其"社会参与"。党和政府对宗教的积极"引导"和依法"管理"也应该主要是"社会"层面的，更多地将宗教作为"社会团体""公民社团"来看待,承认并突出宗教团体的"社会"定位,鼓励并支持其在社会中发挥积极作用。应该说,今天宗教对我们社会的维系已经有着积极意义和正面功能,宗教是"自己"而不是"异己",应让其以社会主人翁的姿态、有更充沛的精力投入社会建设及其擅长的公益慈善事业之中。

从目前情况来看,中国宗教界以其专门机构和专业人员来从事公益慈善事业等社会服务活动的条件已经基本成熟,社会在这方面的相关需要也非常明显。因此,政府可以鼓励、支持条件成熟的宗教团体以这种专门机构出面来开展社会援助、赈灾、扶贫、兴办医院和从事一些特殊疾病的治疗康复工作的医疗卫生机构、开展帮助残疾人、进行特殊教育和心理治疗等工作;同时也应该允许新闻媒体公开报道宗教团体这些专门机构的社会服务活动与慈善公益事业,扩大其社会影响力,使之获得全社会的理解与支持。这种发展将有利于中国宗教政策的对外宣传和提高中国的国际影响,有利于理顺国家与宗教团体的关系,有利于培养、鼓励、爱护、保护和支持宗教界人士与信教群众服务社会经济发展的热情,有利于积极引导宗教团体与社会主义社会相适应,推动宗教团体结构、职能与角色的转变,有利于构建和谐社会、和谐社区、和谐家庭与和谐世界,传播中国文化与宗教自由政策,而且还有利于将宗教团体的"教内事务、福传活动"与公益慈善、社会服务活动区别开来。这样,宗教团体内的敬拜和其教外社会中的服务亦可内外有别,使我们国家"政教分离"的基本原则得以体现,宗教界由此可以在社会建设和社会服务上找到自己的正确社会定位,并且可以大有作为。

在社会建设中,推动、加强、完善公益慈善事业的立法工作,制定相关的法律和法规,推出相应的政策举措,已很有必要。为了使宗教团体的慈善公益事业与社会服务活动合法、顺利地进行,就应该协调好在从事这些活动时与相关领域及相关部门的关系,解决一些程序、规章制度方面的问题。由于宗教社团并不能完全等同于其他社会团体,故而在《中华人民共和国公益事业捐赠法》的基础上,我们也应在立法定策上考虑专门为宗教界从事社会公益慈善事业提供法律保障。所以,《关于鼓励和规范宗教界从事公益慈善活动的意见》的发布，就为依法管理作为社会团体存在的"宗教社团"及其作为社会活动事件的宗教慈善活动创造了条件，为今后充分、完整地制定相关法律奠定了基础。在积极鼓励宗教界参与社会公益慈善事业的同时，当然也应该认真考虑宗教界在这种参与时在法律政策上必须履行的责任、义务，使之能依法行事、维系其社会诚信、获得宝贵的民众公信，由此而有效地保障、保护宗教界的合法地位及社会权益。

在宗教界不以营利为目的的社会服务工作及公益慈善活动中，政府有关部门可以发布文件的方式对之提供免税或减税、贷款、用地等方面的方便及优惠条件，这充分表明了政府积极支持、热心鼓励宗教慈善事业的态度。而且，由政府出面来协调、沟通宗教界与相关管理部门的关系和联络，能够实质性地帮助宗教界的这种社会参与和投入。在政府的指导、参与和帮助下，相信我国宗教界的社会服务和公益慈善事业能进入一个全新的阶段，迎来其鼎盛发展的美好春天。

（本文为 2012 年在"关于鼓励和规范宗教界从事公益慈善活动座谈会"上的发言）

第四十章

以宗教慈善扩大社会关爱

在中国改革开放进入深水区以来，社会的需求在扩大，社会的矛盾在增多，而如何有效应对这一局面，满足社会需求、化解社会矛盾，保障我们改革开放的纵深发展得以顺利进行，全社会的积极参与尤其是调动宗教的积极性就显得特别重要。为此，国家六部门在2012年2月联合发布《关于鼓励和规范宗教界从事公益慈善活动的意见》，这实质上给我国宗教界积极参加社会公益慈善活动开了绿灯，提供了制度及政策保障。在社会各方大力支持下，中国宗教界对国家需求和倡导有着积极响应和快速行动，广大信教群众正以新的姿态投身当今中国社会发展和建设，体现出其勇于为社会承担责任、为民众排忧解难的精神境界和信仰使命。这种新的发展在当今中国社会具有非常独特的意义。政府部门正式发布相关文件支持宗教界参与社会公益慈善事业，说明我们的社会主流开始正视并正面肯定宗教在中国社会主义社会完全可以发挥其积极作用，展现其正功能。这一认知乃一种意义非凡的飞跃，也是在理论及实践上对我国宗教在社会主义社会可以正常存在与发展的充分肯定。我们的社会建设需要各界朋友的共同努力，我们中华民族伟大复兴中国梦的实现要靠全民族的积极参与。在社会服务、公益慈善等社会建设工作中，宗教界理应承担重任，甚至应该努力走在前面。宗教界有着悠久的社会服务和公益慈善工作的传统，积累了丰富经验，并有着理论上、宗教教义上的总结及提升。例如，当前佛教界以"人生佛教"或"人间佛教"为旨归而开展的社会公益慈善活动，已带来宗教界参与社会建设的新面貌、新气象。而基督教的社会参与和社会工作也有着先行者的历史意义及丰富经验，此后一些宗教及社会组织的慈善活动及公益行为就曾受到过基督教的启迪，得益于与基督教界的对话和交流。"人间佛教"的首倡者太虚法师在提出"佛陀出世间，不离世间觉"、倡导"人间佛教，走上社会"时，就曾与基督教界有过友好交往和深入沟通，并为此写过相关文章。因此，宗教界推动社会公益慈善活动，其本身也会带来不同宗教之间的相互对话和学习，取得和平联谊之效。今天中国宗教界的公益慈善事业已经全面展开，并取得了巨大成就，在社会上有着广泛影响。因此，我们理应提倡、支持宗教界弘扬这一优良传统，在社会建设和社会服务上有更多、更积极的参与。宗教界的这一举措乃义不容辞，也应该当仁不让。

由于以往对宗教的种种误解，宗教界过去在中国参与社会服务和公益慈善事业很不系统，往往只是临时性参与，主要是在面临突发性事件时才获得相关机会，因而基本上是偶然性或应急性的社会参与活动，并非其经常性、习惯性之为。而且，社会舆论对这种宗教界的社会公益慈善活动参与的报道及评价，也会遮遮掩掩、含糊其辞，宗教界自身对之也不得不羞羞答答，不敢全方位、大规模和理直气壮地投入。因此，过去宗教界的社会服务及公益慈善事业并没有形成常态，也得不到政府公开、有序的管理及支持。今天，这一状况终于得以根本性转变。相关法律法规的制定、颁布和完善，为宗教界高效率地参与社会服务、公益慈善事业扫清了障碍、提供了条件。这样，宗教界的公益慈善事业就可步入规范化、制度化、常态化的发展，在社会上充分展示其积极参与的身影，让人们认识、体会宗教可以为我们当今社会提供的正功能、正能量。当然，由于社会心理上对宗教不利的传统认识障碍因其惯性而仍会存在，对宗教的误解仍积重难返这一现实的不可回避，宗教界在今天参与社会服务和公益慈善事业并不会一帆风顺，全社会对之正确认知也尚未水到渠成，所以宗教界在投身社会服务及公益慈善事业时还必须要有忍辱负重的心理准备，以勇于承担、任劳任怨、超脱成见的信仰精神及责任担当来在社会上"作盐作光",以在被误解中的积极见证来走出困境,迎来光明的前景。

其实,中国知识阶层已在积极调整其对宗教的理解,已经有了对宗教越来越正面和积极的评价。这对当今社会的宗教认知有着拨乱反正的积极意义和正面引导的积极作用。对此,知识阶层同样面临着巨大压力,其内部本身也还有认识不一的纷争。这种认知的改变显然不能操之过急,其积极效果的展现也不会一蹴而就。所以,宗教界本身还需有长期的思想准备,只能以其持之以恒的坚忍和坚毅来潜移默化、一点一点地感化社会,温暖人间,最终迎来其评价眼光的根本好转。这种忍耐对于宗教界而言实际上乃一种常态下的功课,故应不为其忧;因为宗教界参与公益慈善活动本是其分内之事,有其精神信仰的指导和支撑,故可"不以物喜,不以己悲",保持其平常心和恒常心。而且,这种教内信仰的自发、自愿行动在历史上还已惠及社会,并成为此后兴起的社会工作非常重要的来源之一。所以说,这种坚持一方面靠宗教界自身的定力和耐心,另一方面则也希望人间公道自在、社会评价的公平公正。

由于有信仰的坚强支持和源源不断的动力,宗教界在扶贫济困、赈灾救难、养老托幼、帮残助弱等社会服务和公益慈善活动中可能比常人更为得心应手、更加自觉自愿,更少有功利色彩,而更多有超越之境。这就是基督教界常言的,以"出世之境"来为"入世之事",以"社会关怀"来表达"终极关怀",以人的努力来体现"神"的恩典和关爱;故而立意要高,身段要低,即以低调的行为来彰显崇高的境界。其社会实践的"工具理性"因为得到其精神"价值理念"的指引和支持才得以持续发展,长久坚持。这些宗教界的爱心信仰实践及服务大众的无私奉献的确可圈可点、可歌可泣。我们对这种"信仰的力量"当然应持坚决支持态度,当然要对之肯定并叫好。今天,我们在社会服务和公益慈善事业方面需要宗教界更多、更积极地参与,努力扩大其社会奉献的空间,改善其工作及生活条件。我们也呼吁社会对宗教界的这种对我们当今社会的积极适应充分肯定、热心鼓励、完全正面地看待,并使之感受到我们社会大家庭的温暖、民族大团结的温馨。中国当代社会氛围的改善需要温情，因而也要坚决告别冷漠。这是我们善待宗教的一个重要方面，而善待宗教也就是善待我们共在的社会，善待我们自己。在我们的社会彻底扭转对宗教的偏见和误解，就可以从正确对待、积极鼓励宗教的社会公益慈善事业上做起。

对于如何在我们的社会建设中引入宗教界的社会服务和公益慈善事业，使之得以顺畅、愉快地参与，这里仍有许多理论问题和实践问题需要探讨和解决。例如，宗教慈善和社会服务在整个中国社会建设中的作用与定位，其在中国慈善公益事业中的独特意义与作用，依法对宗教公益慈善事业的制度支持和有效管理，宗教慈善的信仰理念及精神动力，宗教慈善活动及社会工作对改善社会宗教理解的影响，宗教慈善所体现的社会关爱价值体系对中国社会主义核心价值观的呼应、响应和体现，宗教慈善活动的内容、制度、体系、框架、方法，以及对宗教慈善事业的学术关注、分析、评价等，都值得我们深入、系统地研究。为此，我们提倡社会各界以爱心来对待宗教慈善公益活动，积极参与目前急需的社会关爱，并与宗教界的广大信教群众团结、合作，共举善事，使我们的社会更加和谐、让我们的祖国更为美好。

（原载《中国宗教》2014 年第 3 期）

第四十一章

宗教慈善是社会慈善的有机组成部分

　　对于"宗教慈善与社会关爱"这样一个主题，人们会普遍关注，亦会尽力找出许多解决问题的途径和答案。为此，在深入讨论其细节之前，则首先有必要思考一些较大的、具有全局性、整体性的问题。也就是说，当我们讨论宗教慈善在我们社会到底有什么样的作用和意义这样的问题时，还需要进一步询问，我们这种讨论的大背景是什么呢？答案其实也很简单，即我们今天的社会发展得非常好，由此中国的改革开放已经进入了其深水区。而正是由于是处在深水区，以往被忽略的现象却越来越近地浮现在眼前。所以，我们在看到成绩的时候，也要看到当前社会还存在的一些问题。比如说，社会实际上已经出现了两极分化、苦乐不均、贫富悬殊的现象，既难否认，又无法回避。此外，在一些方面或局部地区，官民之间的距离在加大，脱离群众的现象频出，以往所言的血肉关联似难找到。这也就是我们党最近要通过强调群众路线教育这一工作来加以改善或改变这种状况的根本原因。这些就是我们讨论宗教慈善与社会关爱时所面对的问题，也是我们进行讨论的这一时代之社会大背景。

　　就浙江的具体情况来看，整体形势较好，既有着江南地区的山清水秀、地灵人杰，也有着发达地区的经济腾飞、事业兴旺。在这种背景下，宗教慈善为什么要做，怎样去做，则很有值得发掘的意义。从事宗教慈善事业，体现社会关爱，一方面是要正面维护宗教的本真，另一方面则是要努力增加社会的正能量。具体来讲，基督教的宗教慈善是要打造我们中国教会的美丽形象、体现中国宗教的人格魅力，同时也是使"美丽中国从我做起"作为宗教信徒的社会践行，这很有必要从每一种宗教开始做起。宗教在这种社会实践里面有它的内涵，有它的境界，有它的胸怀。从这个意义上来讲，我们今天探讨宗教慈善与社会关爱的议题，应该说是我们社会建设、社会发展的一个非常重要而不能缺少的组成部分。总结而言，可以从以下六个方面来加以梳理。

第一，宗教慈善在整个社会服务、社会工作体系中具有独特意义的定位。

有人担心，宗教慈善在我们今天的社会是非主流的，因此，它的作用好像不是很大。那么，我们应该怎样为宗教慈善定位呢？首先，我们认为社会工作、社会慈善按照以往的理解本应该是政府的责任和义务，应该是以政府为主的，这就是我们常说的民政工作，是政府所义不容辞的责任。但是，在今天改革开放这样一个复杂的背景下，我们也要看到地方政府在做工作的时候有时候也鞭长莫及，顾不过来，也有它的能力暂时还达不到要求的一些难处。而在这个时候，我们民间的力量当然就应该脱颖而出，起到补台或补充、完善的作用。实际上，中国社会民间的慈善工作做得非常之多，也做得很好。比如说，中国有许多慈善基金会为社会做出了积极贡献，其在社会上所献爱心，有非常多的事迹可以列举。最近大家比较关注浙江的"顺应自然"利民奉献之举，富裕之乡帮助落后地区脱贫的无偿援助等实例。此外，现在很多地方设立收留救助残疾婴儿的弃婴岛，以减少弃婴的问题。目前种种现象表明，我们所倡导的慈善事业似乎在民间已有很大的发展，而且其中有很大比重是来自宗教界。特别是寺庙腾出宗教活动场所为地震灾区的产妇作为临时产院之用，法师为单亲妈妈和未婚而育的母子提供生存生活之地。我们研究所的同行2014年在藏区搞调研的时候，沿途看到天主教的修女为麻风病人治疗，这种麻风病人村落连医生都不敢进入，害怕传染上身，而那些修女却以其信仰的大爱而长年累月地住在村里，为病人送药治病，默默无闻地做出了常人难为的壮举、以其独特的关爱而给予惊人的奉献，结果就感动了大家,感动了当地的干部,也感动了医生。凡此种种,的确非常感人。但是,另一方面,社会上的这种慈善活动也出现了一些问题。有些单位或个人把慈善变成一种商业行为,变成企业的广告行为;有的地方甚至出现了慈善方面的诈捐、赖账等滥用、损害公信力的问题。前不久关于郭美美的议论,还有对一些冒牌基金会的怀疑,也给这种民间的慈善事业蒙上了一层阴影,给人一种乱象下真假难辨的印象。与之相比较,如果宗教慈善机构以其信仰支撑来排除私心、弘扬正气,那么则会给民间的慈善事业带来一种对照、对比,起到监督和提升的作用。这也就是基督教会所讲的在社会上发挥"光和盐"的作用。仅此而论,虽然宗教慈善并非主流,在中国社会仍影响不大,但这种以信仰为指引的慈善之举显然是一个阳光事业,是一个发展前途无量的社会关爱事业。为此,宗教界不要轻看自己,不要忽视自己所做出的好似微薄的努力,这是一种希望的烛光,有可以发挥的巨大潜力。我们应该看到宗教慈善在整个社会慈善工作中的重要定位,其有来自信仰的力量,可以发挥其独特的作用,因而贵在坚持,以其恒心毅力来打动社会、感染人心。

第二,宗教界可以强调其宗教慈善所独具的这种信仰动力或信仰支撑。

目前人们对慈善的理念、慈善的动机、慈善的作用、效果,以及慈善的意义讨论得非常多,故而需要抓住重点、突出特点。当社会并不理解或并不在意宗教界的慈善事业时,以宗教慈善之举来与社会沟通就显得自然而有效,近些年来台湾慈济功德会在沟通海峡两岸的慈善往来和生命救援时,就达到了极为特殊的效果,获得了人们的承认和肯定。宗教慈善与一般慈善的不同之点,就在于它有信仰的指引,有一种信仰的理念作支撑,对此不必忌讳。正是因为有这种信仰指引,其慈善事工就不会或不强调某种世俗功利的作用,也不强调某种平等的回报。所以,这就是一种无私的奉献,由此则把自己的信仰彰显出来。也就是说,把信仰的精神转化为在现实中的奉献和在社会中的践行,其信仰为慈善的实践提供了源源不断的动力,是其活水源头。所以,这个实践的过程本身是于小处见大爱,一滴水也可以反映出太阳的光辉。宗教慈善是一种信仰支撑的慈善，这是宗教慈善与社会其他慈善活动相比而具有的一个非常独特的意义。这里，可以列举许多宗教信仰在慈善方面的精神支撑，如基督教的爱人如己、大爱无疆；佛教的菩萨心怀、大慈大悲；道教的上善若水、以德显道；伊斯兰教的慈善也体现出敬主爱人、赈济贫民等信仰精神。在我们的儒家思想传统中，也是用一种与宗教关联的情怀体现出仁者爱人、惠济天下的旨趣。可以说，宗教慈善具有一种信仰的动力、信仰的理念和信仰的追求，精神超越，实践入世。这是它的独特性和优杰之处。我们的社会对这种宗教慈善的信仰精神应该客观对待，完全可以对之持一种包容、理解、欣赏之态。美人之美，方可美美与共。这也是我们优秀文化传统和现代文明精神的典型体现。

第三，宗教慈善可以对社会理解宗教产生积极影响。

这对于当代中国似乎具有特殊意义，尤其在一个宗教不太被社会及其民众所理解或者尚被其根本不理解的情况下，宗教慈善恰恰是可以引人注目而积极走入当今中国社会的有效之途。而且，它也是摆脱社会对宗教的偏见，或者说摆脱自身生存窘境的一种有效的方法。至少是因为宗教慈善所产生的事工及其对社会的贡献，可以使其社会不至于完全否定宗教、排拒宗教。很显然，这里面存在一个双向互动：一个是宗教慈善通过在社会上的参与、行出自己的爱；另外一个就是通过这种潜移默化、润物无声的参与，感动中国、影响中国。感染中国的大众，消解中国社会对之存在的误解或偏见。在宗教慈善持之以恒的坚守中，人们就会开始重新审视对宗教的认识，对宗教的理解，这样就会使我们今天还存在的一些不尽如人意之处慢慢会得到改善。所以，宗教界不必过于介意或抱怨社会对之不公，而应以忘我、虚己之心态和境界来埋头行善、默默奉献。宗教慈善以自己大爱的行动来改变社会对宗教的理解，或者改变宗教在社会中不尽如人意的处境，这是久而久之的坚持一定会产生的积极效果。只要这个社会还存在着爱、还在意人间温情，那么就一定会感悟、体会到宗教慈善所唤起的真、善、美，并对之接纳、吸收和欣赏。这对于宗教界来说，也是一种"忍耐到底，必定得救"的功夫和因果。这种唤起社会的同情，达到社会的理解，也是我们探讨宗教慈善作用的一个非常重要的方面。

　　第四，宗教慈善这种社会关爱在当代中国社会可以呼应及体现社会主义核心价值观。

　　这个方面的理解也是非常重要的，甚至极为关键。过去人们习惯或想当然地认为，这两种观念之间只是对抗、对立！其实，这种想法的肤浅之处就在于没有从当今中国宗教所生存的社会基础来看、去想。社会主义核心价值观是针对新中国的全体人民的，为什么就不能涵括宗教界呢？我们党和政府对信教群众的基本定位乃是我们自己的群众，当然可以使之践行社会主义核心价值观。而广大信教群众也是在以他们的信仰方式来理解、接受并实践社会主义核心价值观。笔者认为，这是一种双赢，二者完全可以是一种有机共构，是一种和谐的关系。当然，我们也不得不承认，这个问题在今天还没有完全理顺和根本解决，为此社会才有诸多张力，人们在宗教慈善过程中才会遇到种种窘境。由于非此即彼、二元分殊的观念作祟，有的地方同志就会对宗教界人士说："你们最好不要做慈善了，这样就是对我们最大的支持。"为什么呢？这就是因为社会上有对宗教乃其对立面的误解：如果宗教界把慈善工作做好了，有的人就会说，这是宗教在跟我们党和政府争夺群众。显然，若从这个角度来看宗教慈善，则是把宗教界与党和政府完全对立起来，所以就希望宗教界的慈善工作越做少就越好，最好干脆就别做。但是若转换一下思路，记住当今中国特色社会主义宗教理论乃把中国的宗教团体视为我们党和政府联系广大信教群众的"桥梁"和"纽带"，那么情况就完全不一样了，其结局也会根本不同。也就是说，如果能把宗教慈善看作我们自己社会慈善本身的有机构成，是得到党和政府大力支持的社会服务事业，那么宗教所体现出的这种关爱理念则也是我们社会主义核心价值观的重要构成和表现。于是，这个关系也就理顺了。这样宗教慈善做得越多，就使我们的社会主义核心价值观越能得到弘扬。不过，这种逻辑关系尚未得到普遍承认，还得允许人们有一个琢磨、思考的过程，慢慢转好这个弯子，否则可能欲速则不达。从这个意义上来讲，关于宗教慈善究竟是应该凸显还是要人为遮掩，这里明显有一个很大的定位问题。而如果从宗教界自身来讲，其慈善主旨是要默默地奉献，并不一定要去凸显或旨在回报，但是也没有必要去人为地遮掩，完全可以道法自然。做慈善本应该就是理直气壮的事情，本不应是底气不足的遮掩。从我们这个社会来讲，体现社会关爱本来就是社会公德、人们的共识，当然也就应该凸显这种宗教慈善的贡献。于是，我们可以看到自从汶川大地震之后，中国社会对宗教慈善的作用及意义已经有些反思，观念已有所转变，随之对宗教慈善的参与就有所表彰、有所弘扬。其实，在宗教慈善工作中，信仰的力量是很大的，对自己的要求也是极严的。如果持有一种超越境界来做慈善工作，其带来的贡献是很大的。按照这种宗教精神，善行者会严于律己，淡然面对自己的成绩功劳。例如，早在明清时期，中国天主教就有一批知识分子专门谈到"信者记过不记功"，即每天记日记时只记自己这一天做得不对的事情，以便反思反省、及时改过；而自己做得好的事情则是理所当然，不必挂齿，这是其作为一个信者本分之内的行为，再自然不过了，故并不需要去刻意记录。宗教的这种境界有其独特意义，对我们今天所奉行的社会主义核心价值观的发展是加分而不是减分，对我们的人格修养也是一种激励和鞭策。如果在我们今天的社会能把这种关系理顺的话，那就非常好了。所以，我们提倡宗教界要在社会中践行大爱，争取使全国民众，尤其是对宗教仍持偏见者能够看到这种大爱的慈善义举乃是对我们社会主义核心价值观的一种贡献和参与，从而得以对宗教慈善转而持肯定和支持的积极之态。这一理想目标的达到一靠宗教界持守其真、善、美的践行，二需我们的社会舆论对之进一步去调查研究和理论梳理。

第五，宗教慈善在社会实践中要体现其具体的操作意义。

慈善是一种社会行为，需要有相应的社会组织能力和实际操作方案。为此，人们特别关注慈善活动的一些具体内容，如其创意、理念，其科学、合理方法的运用，其实践效果、社会影响的评估等。人们对之已有很多讨论，其范围涉及宗教社团、宗教基金会、宗教运动、宗教在基层社区的建设、宗教在社会保障机制及完善方面的良性发展，以及如何使之更为规范化、规模化，凡此种种，不一而足。人们也谈到国内外经验的借鉴，还论及一些基金会的具体例子，如基督教的爱德基金会、天主教的北方进德基金会，还有佛教的慈济功德会，等等，这些都是宝贵经验的总结。而这些经验在实践层面使我们看得见、摸得着，有一种典范可以追随，有其经验可以积累。所以，对之加以研究梳理，归纳总结也是非常有意义的。我们这里可以把宗教慈善进行一些归类。比如说，有精神层面的慈善，如在精神上的关爱，对精神健康的一种支撑，对生命意义的彰显，以及使人的心灵得到关怀和关爱，等等。这在疾病治疗、心理疏导、临终关怀、应急处置上都非常需要。另外一个方面，就是宗教慈善在物质层面的体现，如访贫问苦、雪中送炭、抗震救灾、助学就业等方面的物质支援。如何把这种慈善做实，把它做到社会需求的各个方面，起到久渴遇甘露的极佳效果，都需要有科学的规划和设计，有行之有效的推动和操作。对于中国的慈善工作应该怎么做，目前还存在一些争论，宗教慈善根据其历史经验的积累在此也可以做一些有意义的探索。但是，在目前的社会处境及认知处境中，以及相关制度规范的要求中，我们也必须清醒地认识到，哪些事情可以做或暂时还不能做。比如说扶贫、助残、养老、照顾孤弱人群，以及在特殊医疗方面的帮助，这些一般都是可以做的。但有些则暂时还不能做或根本就不可做，比如说在教育理念方面，宗教以前曾有的社会办学、从事教育，可能就与目前我们社会中的某些现行政策相抵触，因为我们"政教分离"的原则中就要求教育与宗教相脱节。回顾历史、面对现实，宗教慈善的实际经验能够体现出来其对社会的责任和关爱，这些汇聚一起的点点滴滴可以光耀照人，所汇合而成的就是爱的汪洋大海。过去我们习惯谈论宗教冲突、宗教战争，其实也不应该忽略有宗教关爱、宗教慈善的存在。如果中国人，以及全世界的人看到这种爱的汪洋大海，则都会折服的，大家自然会投入在其中，共同融为一体，并以此涤除心中的污垢、升华自己的灵魂。这种描述或许太理想、太浪漫，但人总是需要理想追求、持有希望的。从这个意义上讲，我们在实践方面已经有很多的实例可以列举，故而并非纯为虚无。我们应该把这些实例细化，将其精神彰显，使其境界传扬，从而将这种慈善博爱的精神落到实处，在社会实践中使之得以充分体现。

第六，学者应该客观对待、正确评价宗教慈善。

就目前情况而言，主要是学界对宗教慈善的理论和实践有关注、有研究，其所思、所言既有广度，也有深度，且相对客观、公正。既然我们强调宗教慈善研究的理论意义和社会意义，认为应该鼓励这种研究可持续发展，那么我们学界对其研究评价就应该有着积极的参与，对之已有很多学者在建言献策，且提出了很好的建议。我们希望在理论研究方面应更加深化、有创新性阐发。如在研讨中所提到的"心灵的慈善""文化的慈善"等，这表明我们对慈善概念的理解在深化、升华。同时，这也使在宗教界从事慈善工作的朋友们看到自己并不孤立，其奉献得到了社会的认可和肯定，由此而坚韧不拔地做下去。而学界总结研究宗教界人士的慈善理论和实践，实际上还表达了我们整个社会大家庭与宗教界在从事慈善事业上有共识、同感，完全可以同行共舞、携手并进。社会主义社会的慈善事业是大家的共同参与和共同努力，宗教慈善则为其有机共构、与之血肉同体！中国慈善事业如果同行者越众，那么中华民族也就会越兴旺！所以，在我们中华民族大家庭中，宗教慈善是我们和谐社会增进理解、提供知识、感化民众的一个有效途径。

研究宗教慈善必须真正地接地气，在接触基层、联系实际中提炼出社会关爱的经验及意义。浙江特别是温州有着悠久的基督教文化传统，也积累了丰富的宗教慈善经验，因而可为我们今后深入调研，总结、升华这方面的经验打下坚实的基础，提供有利的条件，并为之创立一个具有独特意义的范例。我们应该共同努力，使中国宗教存在的外部环境和内部心态有更好的改善，使我们的社会更为融洽，使我们的信众更能体现宗教慈善的这种大爱，由此使宗教在我们社会主义中国能够有着更为积极、和谐的适应和发展。

（本文为2016年在浙江温州"宗教慈善与社会关爱"研讨会上的发言，原载唐晓峰等主编《宗教慈善与社会关爱》，宗教文化出版社2016年版。）

第四十二章

基督教对公益慈善事业的贡献

党的十八大号召最大限度地调动一切积极因素，团结一切可以团结的力量来共同建设我们的社会主义和谐社会，实现中华民族伟大复兴的中国梦。国家六部门前不久也联合发布了《关于鼓励和规范宗教界从事公益慈善活动的意见》，是对这一号召的积极响应和实践推动，反映出我们相关理论及政策的重大突破。这一文件对我国宗教界积极参加社会公益慈善活动，以放下包袱、全身心投入的崭新姿态参与当代中国社会建设，具有非常重要的历史及现实意义。今天我们的社会建设需要全社会各界的积极参与，而宗教界是不可忽视的重要力量。当前中国社会的多元发展及社会转型，使社会问题及需求更加突出，仅靠政府则仍会留下一些空白和尚难顾及的领域，因此，看到发展中的短板，弥补相关不足，健全社会保障，宗教界参与社会服务和公益事业应该说是非常及时、恰到好处。其实，宗教界在社会服务和公益慈善事业上有着悠久的历史传统和丰富的实践经验，尤其是基督教在这一方面起步较早、经验颇多。因此，我们应该充分肯定基督教对人类公益慈善事业的贡献，并积极促进我国基督教在今天中国特色社会主义社会的建设中将这一优良传统发扬光大，做出新的贡献。

基督教源自亚洲，本来与东方文化相关，但在其后的发展中影响到整个世界，尤其对西方文明的形成起过决定性作用。从西方文化传统来看，基督教对西方公益慈善事业的引导、社会工作的兴起，以及社会服务的开展有着开拓作用，产生了深远影响，因而对其发展处于引领牵头和举足轻重的关键地位。这与基督教的信仰传统和圣经教义有着直接关系，基督教会从一创立起就有着"仆人精神"和"服务意识"，强调圣经所倡导的"非以役人，乃役于人"的奉献精神，由此在西方乃至全世界广泛开展社会服务，以解决广大民众的生存问题，有效回应其疾苦和急需。这种具有实践意义的身体力行最初就表现在耶稣亲自实行的"濯足"行动之上，而且耶稣还明确表示"禁食比祈祷好，但施舍比两样都好"。所以，《圣经》强调"施比受更有福"。在当时社会动荡、民不聊生的生存处境中，按照基督教的理解，可以用一首流行的基督教赞美歌歌词提到的"世界在沉沦，耶稣为此已诞生"来表达，基督意为"拯救"，耶稣在人世就是以从善如流、关爱众生为使命。这一耶稣社会服务的形象就形成了基督教为服务性宗教、爱的宗教之传统。可以说，社会关爱和体恤民众乃基督教信仰的基本特质之一，也是基督教效法耶稣的最本真之一，基督教的侍奉社会、人间博爱已有其社会实践的系统及理论，并已在全球范围形成其相应的传承和影响。

　　在西方近代社会发展中，基督教信仰的关爱精神在基督教会的社会救助、慈善服务上得以具体落实，由此也形成了西方社会工作的雏形，使其在不少公民社会中不再需要类似"民政部"那样的政府专门机构，而由教会直接承担了这种社会服务及其社会责任。因此，其相关教会慈善机构往往也是西方社会工作组织之始。据考证，"现代社会工作起源于英国，1601 年英国颁布实施的'伊丽莎白济贫法'（Elizabeth Poor Law）是现代社会工作的开端。该法提倡由教区主要负责社会的救济工作，由一位被委任的监督负责在牧区内收集及分派捐款，以供养那些不为亲属所供养的贫民。这项法律颁布之前，英国社会的救助事业就一直由教会承担，但是教会只是尽自己的能力，有限地救助贫民，这项法律的颁布使教会的救助事业走向了正规化、法律化的道路。这项法律使教会在参与社会工作的实践中，能进一步发挥积极作用。"① 由此可见，基督教的社会服务也需要得到政府的热情鼓励和积极支持，这样才能使教会救济等社会公益慈善事业得以扩大和普及。随着这一受到基督教影响的《济贫法》作为世界上第一部社会福利性质之法案的诞生，西方的公益慈善、社会救济及社会工作遂逐渐走向了制度化、法律化的发展轨迹。随之，先后有1788年德国《汉堡制》和1852年德国《爱尔伯福制》等救济制度的问世，这些受教会慈善思想影响的社会福利制度为"解决对失业人员、贫苦儿童、病患者、乞讨者、无业游民等人的救济"提供了颇为有效的救济方法，形成了相应的制度保障。此后，源自基督教信仰思想的这类社会救济主张促成了西方社会保险制度的出现，而且也使教会救济扩大到社会应急和保险等领域，使西方社会福利保障、慈善救济更为系统、更有规模。

自19世纪以来，西方资本主义社会矛盾加剧，贫富区别扩大，社会冲突频仍，基督教会在当时尚未有专职社会工作者出现的情况下，敢于承担社会的责任，陆续组织起旨在推动社会服务和救助的各种社会组织，对处于社会底层的劳苦大众有着各种帮助，曾的确发挥了当时社会中的"牧师"职能。例如，英国牧师托马斯·查默尔于1814年率先在其牧区内建立了基于"亲善探访者"活动的社会援助单位，把当时已出现的各种自助模式、家庭援助、他人支持以及富人捐助等济贫救助方法有机结合起来，形成较为系统的社会援助体系及方法。1869年，英国在亨利·索里牧师建议下在伦敦设立了西方的第一个社会慈善组织会社，使教会形式的援助组织扩大为社会性质的公益慈善机构。受基督教会的这种影响，1877年，美国也成立了其慈善组织会社。1884年，英国牧师巴勒特又进而在伦敦创立"汤恩比馆"，以此推动以社会慈善援助为宗旨的"睦邻组织运动"或"社区改良运动"；基于这种宗教意义的启迪，美国亦于1886年在纽约成立了睦邻互助会，推动社会援助。这些教会社会组织的建立，体现了"施比受更为有福""爱人如己，爱

---

① 张可创：《基督宗教的价值取向与社会工作》，载卓新平、南傲伯主编《基督宗教社会学说及社会责任》，宗教文化出版社2009年版，第144—145页。

你的邻舍"等基督教精神，对西方资本主义社会的近现代转型和演进为今天的形态有着积极作用，也为其后公民社会结构的形成有着巨大帮助，同时亦使西方社会工作"向专业化、系统化方向推进"，发展出一整套比较完备的社会公益慈善理论及行之有效的社会慈善、援助实践。

这种基督教会的社会关怀和社会工作，在20世纪亦有新的进展，如当代天主教推出了实践与理论进一步结合的社会学说。最为典型的即1891年罗马教皇利奥十三世发表的《新事》通谕，以及随之在20世纪推出了系统的天主教社会训导文献和社会学说理论体系，形成其社会理论及实践发展的全新亮点。在同一时期，基督新教亦发展出其"社会福音"等社会思想，鼓励教会投身于以社会援助、公益慈善为主的社会实践。这些理论和实践对当代基督教会的社会工作、社会服务等都颇有指导意义，也为之积累了丰富经验。

从基督教在中国的社会慈善事业发展来看，虽然19世纪西方殖民扩张、帝国主义侵略给发展中国家带来了沉重灾难，而西方基督教因其复杂卷入也须承担一定责任，但也应该承认，这种基督教会的社会服务和公益事业在此期间实际上仍然得到某种程度的延续。例如，当我们批评基督教第四次传入中国时对帝国主义的侵华有着某些自觉或不自觉、有意识或无意识的参与之际，在强调对其"文化侵略"的指责有一定道理时，却也应该看到，基督教的社会慈善和社会援助在其近代入华传教进程中仍然也有所体现，而这种社会服务和慈善救济工作就特别包括社会救济、社会服务和社会教育等方面。据史料记载，基督教在中国最早之教会医院的创办可以追溯到1834年，随后较有影响的中华医药传教会于1838年在广州成立。一些来华传教士也有着双重身份，既是传教士，也是医疗工作者或社会援助工作者，其救死扶伤、访贫问苦自然影响到一部分中国人信教，以及加入社会慈善、救助事业。而且其中一些人深入中国内地贫穷、边远地区，实践了最早意义的"支边"，其中较为典型的就包括在云贵之界山区的石门坎从事传教和社会工作的柏格理等人。对于这些关爱、服务中国民众的基督教传教士，我国领导人也有着高度评价和充分肯定。

据 1936 年第 13 期《基督教年鉴》统计，基督新教当时在华所办医院达到了 260 多个。至 1937 年，新教医院及诊所约 271 个，医院病床 18266 张，诊所病床 1034 张，住院治疗病人达 20 多万人，门诊人数约 415 万人之多。天主教方面则有德礼贤在 1933 年的统计，当时其在华已经办有 266 所医院和 744 处药房。而各个教会创办的慈幼机构还包括育婴堂、孤儿院、盲童学校和聋哑学校等，其中天主教于 1855 年在上海始建土山湾孤儿院，形成上海在其世界大都会发展中的独特宗教文化景观。基督新教则于 1860 年在香港始建育婴堂，关注孤儿、弃婴的生存问题。据 1914 年统计，全国基督新教办有孤儿院 37 所，收养孤儿 2500 多人。1928 年，基督教传教士在华组成了中华慈幼协济会，下设儿童保障、儿童教养、儿童卫生、儿童研究、社会教育五个部。据 1935 年统计，上海天主教圣母院育婴堂先后已收容过婴儿 17000 多名。此外，基督新教传教士于 1874 年在北京首创盲人学校，1887 年在山东首创聋哑学校。据 1926 年统计，全国教会盲人学校已达 38 所，收容盲人上千名。这些学校也标志着中国特殊教育事业之始。基督教会的社会救济和社会服务机构还包括各种残疾院、养老院等。基督教会还在各地设立了各种赈灾救灾委员会，以及为帮助人们禁酒、拒毒等而组织的各种济良所、节制会、改良会、禁酒会、拒毒会等。教会人士倡导开展了提倡"灵真、心真、体真、天真"和"自爱、爱人、爱家、爱国、爱和平"的"四真五爱"运动，组成了相应的养真社等机构。① 从基督教会信仰传统的延续和社会慈善实践的推行来看，应该说，基督教会的社会服务和公益事业有其积极意义，在历史上也曾发挥过一定的积极作用，我们对之没有必要简单否认和否定。

在今天中国特色的社会主义条件下，基督教对中国社会的积极适应及其"中国化"特色的发展，就在于基督教在这种新的社会时空中践行其信仰本真，为所在社会做贡献。出于其在社会上"作盐作光"的信仰和教义理解，基督教在中国新时代积极参加扶贫济困、赈灾救难、

---

① 以上内容参见卓新平《田野写真》，中国社会科学出版社 2011 年版，第 4—6 页。

养老托幼、帮残助弱等社会公益慈善活动，有着独特的积极意义。一方面，基督教可以通过其"社会关怀"来表达其"终极关怀"，给人间带来温馨和感动，这种以"超然"的精神来做"人世"的善举，是基于其"价值理念"而得以体现的"工具理性"。因此，对于基督教而言，慈善不是功利的考量，而是无私的奉献、忘我的服务。另一方面，基督教在华仍需要以其"感动中国"的善举义行来使中国社会及民众真正宽容或接纳基督教，使其宗教信仰成为中华文化的有机构成，使教会组织成为中国社会中正常、有机的结构和子系统。今天中国佛教的"人生"或"人间"实践，其实得力于与基督教的对话和对基督教社会实践的借鉴。所以，我们理应发掘并用好基督教在其社会服务和公益慈善事业上的宝贵资源及经验，使其社会关怀及关爱的传统得以弘扬于今世。这既有助于中国当今社会正面肯定宗教特别是基督教的积极意义和价值，又能放开让基督教会的社会慈善事业为我们的政府在社会工作上减负、分担。当今中国社会不应该排拒宗教，更不应该抵制基督教。中国基督教是中国社会及中华文化的有机构成，基督教的社会服侍能为我们的社会公益事业做出贡献，基督教的社会慈善经验和智慧能充实我们的文化内涵和社会经验，这对于我们今天和谐社会的良性发展而言，可以说是一种意味深长的"双赢"。

应该承认，我们的社会转型过程已出现了一些问题，有着相应的风险。在过于追求物质满足和现实利益的当今社会，人们心灵上、精神上的异化亦在凸显。一些人强调回报、补偿、效益、得失，对于见义勇为、社会服务、人世关爱、公益慈善等无私奉献或自我付出望而却步，其社会存在及作为没有一种信仰精神的支撑。人们对社会的不平衡发展或社会不公谈论较多，牢骚颇甚，而主张挺身而出、从自己做起来改变这种不好局面者却较少。一些人比较麻木，一些人害怕吃亏，其结果或仅能勉强保持洁身自好，或干脆随波逐流、以恶对恶，加剧了社会的非正义、不道德现象。显然，对于神圣追求、精神信仰的缺失，使我们的社会环境在恶化、社会问题在增多。针对这一现象或发展态势，中国基督教所理解的"先知"精神则应以积极的社会实践、社会服务来体现，从而参与挽救社会不良、道德隳沉之风，协助并促使人们树立社会的正气。在今天社会中以服务、慈善、博爱来"作盐作光"，就是最好的榜样力量。中国基督徒应以此来"活出基督的形象"，以高尚的信仰精神来感染社会、带动社会、净化社会。这种积极的社会感染力量远胜于以简单"宣教"为目的的功利性服务和寻求回报、收获的付出与奉献。基督教会社会慈善的发展应是"爱的贡献"，无私、忘我，其影响和意义并不在于眼前得失或直接回报，而是以持之以恒、默默奉献来达到"厚德载物""润物无声"之效，起到一种自然的、根本性的、触动灵魂的感染作用。因此，中国基督教今天要推动的社会慈善事业既应成为整个社会服务的有机构成，又应是一种心灵的净化、思想的深化、人格的纯化，自然、自觉地让人体悟其信仰追求所达到的精神境界和人性升华。此即"大爱无疆""大爱无言"之崇高。在当今中国颇为倾向功利诉求的社会氛围中，宗教慈善事业特别是基督教公益慈善事业应体现出更高的存在维度、更为超越和超脱的面世心境。这种具有神圣追求的社会实践可以为中国人理解信仰、追求信仰和保持信仰提供启迪、带来思索，让人们反躬自问、反省反思。要实现中国梦，我们的社会不能消沉，我们的民气一定要振奋，这就需要精神、需要理想、需要信仰。对于影响了人类大约三分之一人口的基督教而言，关注整个人类的未来走向，推动中国社会的积极向上，中国教会理应也要有所担当、有其责任和使命。而在基督徒这种积极奉献的实践进程中，我们相信基督教会也能够更好地融入中国当代社会，会让更多的中国民众感动和敬重。

在积极适应中国社会、参与社会建设中，浙江基督教有着独特的贡献，起着表率作用。这次研讨会和相关的表彰活动，就是其极好的见证。浙江基督教的开放性、开拓性和创新性，特别是在社会公益慈善上的探究及贡献，可以对整个中国基督教积极适应和参与中国社会起到很好的探索作用，提供宝贵的实践经验。我们从事宗教研究的学术界积极鼓励中国宗教界满怀热情地参与中国社会服务和公益慈善事业，也充分相信基督教在这种积极参与中可以发挥其正能量、正功能。为此，我们坚决反对少数人对中国社会主义社会存在的宗教作基本负面的评价，更不同意将基督教视为"另类"、归为西方"渗透"、异化之基本势力的看法和举动。我们强调包括基督教在内的中国宗教是中国社会的有机构成，是广大人民群众中的自然成员，是我们社会的正常肌体和合理存在。所以，鉴于以往的复杂历史纠结，我们在当代中国社会处境中，不希望过多地把基督教作为某种社会政治力量来对待，也反对因为基督教与外界的"普世"关联而对之产生不必要的误解或负面印象。中国构建现代和谐社会需要基督教的积极参与，同样也承认基督教可以成为沟通中国与世界、实现世界和谐的友谊桥梁。所以，我们会积极呼吁并努力促使我们的社会及政治领域对中国基督教产生信任及信心，会致力于促成我们社会"公信心"的建立和与各种宗教的和谐共在、和平共处。中国基督徒是中国人民的天然构成，在中华大地当然有其"社会空间"，自然应让其有"社会参与"。我们党和政府对宗教的积极"引导"和科学"管理"，会让基督教在神州大地享受阳光、在阳光下理直气壮地、健康地生存和发展。在我们今天的社会建设中，我们会积极推动、加强、完善中国社会公益慈善事业的立法工作，促进立法机构和有关部门科学制定相关的法律和法规，推出相应的政策举措和行政保障。一方面，我们会努力在政治理解和文化理解上为宗教"脱敏"，使宗教真正成为正常的中国社会存在现象；另一方面，我们也应在立法定策上进而考虑专门为宗教界从事社会公益慈善事业提供法律保障，让宗教充分发挥其正能量。我们党和国家有关部门《关于鼓励和规范宗教界从事公益慈善活动的意见》的发布，已为依法管理作为社会团体存在的"宗教社团"及其作为社会活动实践的宗教慈善活动创造了较好的社会条件，提供了有利的舆论氛围，从而也为今后更加充分、完整地制定相关法律法规奠定了重要基础。在积极鼓励宗教界参与社会公益慈善事业的同时，我们尤其觉得中国基督教可以在这一领域大展宏图、放开身手，从而获得整个中国社会对之做出积极评价，并重新获得其在历史上一度失去而弥足珍贵的民众公信。在今天"全球化"的开放社会中，冷漠甚至敌视中国的基督教乃是一种政治愚蠢和社会无知，是与中国和谐社会的构建、中国梦的实现背道而驰的。我们呼吁中国社会理解、关爱中国的基督徒,把中国基督徒真正看作我们中华民族大家庭中自己的兄弟姐妹。这样,中国基督徒由此也能够更加有效地保障、保护自己的合法地位及社会权益,在当今中国社会上理直气壮地挺起胸、直起腰,享受中国公民的平等地位。今天中国基督徒在社会建设参与中的成功,及其在社会公益慈善事业上的贡献,已经充分证实了中国的宗教是"自己"而不是"异己",是"你我"关系而不是"他者"隔阂。在这种共在中,我们认为政治信仰与宗教信仰甚至在价值层面也可以对话、互补,可以争取和谐共融,二者绝不是只有排拒、相斥或存异的关系。我们今天应该争取的是求同、求和、求共存。因此,我们今后更应该热情鼓励中国基督徒和所有宗教信仰者以社会主人翁的姿态、有更充沛的精力来投入到当今中国的社会建设之中,并在其擅长的社会公益慈善事业中有更大的作为、做更多的贡献。

(本文为2016年在浙江基督教研讨会上的发言,其中部分内容根据拙著《田野写真》"调研报告一"改写,中国社会科学出版社2011年版。)

第四十三章

宗教心理学的社会实践意义

宗教心理学在整个宗教学研究领域中是最具有挑战性和吸引力的学科之一。其特点在于它所独特的跨越性。其一，宗教心理学是宗教学中最为典型的跨越自然科学和社会科学的专业，它需要致力于打通心理学与宗教学之界的跨学科专家人才进行长期不懈的研究。其二，宗教心理学跨越了实验科学和理论科学之界，既有系统理论，又以实践见长；既有社会调研，又有仪器操作，将广大社会与专业实验室密切结合，立意于实践出真知，实践显证据，以图表、数据来真实勾勒出人的心理现象。其三，宗教心理学跨越了外在自我与内在自我之界，以其深蕴之探而进入人的内心世界，展示出人的内在与外在之张力、灵与肉之纠结、表象与实质之矛盾，并试图使之化解，将之理顺，因而成为一门极为神奇、深奥、隐秘、复杂的学科；其跨越和沟通亦是一种自我超越、解脱和升华，具有不可取代的宗教学专业性质。在此，窥测人心灵性之术亦是一门大学问、一种大智慧。当然，人们也会发问，具有宗教信仰、灵性情怀之人，能否真正被心理学家看透、说清？由此而言，宗教心理学又是一门非常神秘、充满挑战和不确定因素的学科。

宗教心理学触及人的深蕴心理和灵性情感，是宗教学研究中不可或缺的重要一环。此外，宗教心理学亦属于社会心理学的范畴，与社会有着非常密切的关联。为此，我们则可深入探讨宗教心理学的社会实践意义。特别是在当代中国社会转型时期，中国宗教发展及社会精神需求中亦显露出许多宗教心理问题，亟待我们认真研究，这也使宗教心理学之探在社会及学术需求中脱颖而出。近年来受关注的研究领域包括各大宗教的心理问题之探，包括基督教、伊斯兰教、佛教、道教、儒教、新兴宗教等，对禅与道、生与死都有宗教心理学的展示及说明，还涉及宗教心理、灵性意识在老中青、妇幼弱病残等人群中的表现。宗教界在抗灾、治病等救助活动中的心理治疗和心理安慰行为，也属宗教心理学探究的范围。因此，我们应该结合内地和境外的相关案例，探索社会、团体、家庭、个人等所发生的宗教心理问题，描述宗教心理的各种外露的表象与内在结构，并将相关文史资料的整理、科学实验的研究有机结合，形成对比，由次而建立，且不断完善我们中国特色的宗教心理学的学科体系。

从纯学术意义上，宗教心理学在人文层面有其历史的回顾与勾勒，有其经验的描述与总结，还有其学派的分殊与流变等。但在现代社会，宗教心理学越来越多地借助实验仪器、临床治疗等自然科学的手段，从而与现实社会生活越来越贴近，其研究领域也更多地转移到自然科学相关专业之中。不过，宗教心理学的人文、社会层面仍很重要，且亦体现出极大的现实实践意义，运用在社会心理疏导、心理安慰及心理治疗等方面，特别是在临终关怀、处于生老病死、战争灾祸等人生难关之际，宗教心理学往往会得到充分的实践运用。所以，宗教社会领域已与宗教心理学结下了不解之缘。

鉴于对宗教心理学的独特关注，以及现实社会的迫切需要，我们国家自改革开放以来逐渐开展了宗教心理学的研究，也加强了国内外的学术合作，从而亦促进了中国宗教学领域中社会科学与自然科学的关联和结合，使近年来该学科有了一定程度的发展。宗教心理学既与宗教界的教牧心理学、牧灵培训、灵修学、宗教神秘主义等探究有必然关系，也与当代学术界所开展的科学实验探索和社会人文关怀自然相连，这就涉及许多新的领域，亦需要多学科、跨学科的系统研讨和有机协调。所以，我们非常期待从事宗教心理学研究领域的学者在今后能够创新思维，关注该领域的研究进展和学术特色，并与其社会关怀有机结合，重视其社会实践方面的科学运用,不断涌现更多更好的学术成果,以此而共同推动中国宗教心理学的健康发展。

(本文为在宗教心理学 2017 年年会上的发言)

第四十四章

形成民族团结、宗教和顺的社会发展

民族宗教工作经验的关键词应该就是"民族团结、宗教和顺"。"民族团结",强调的是中华民族命运共同体的共建,"宗教和顺"凸显的则是中华民族精神共同体的共构。在实施党和政府民族宗教工作的方针政策上,宁夏有着丰富的经验,取得了重要成果。所以,宁夏民族宗教工作经验的摸索是一个政治、经济、文化的系统工程,非常重要。通过学、看、议、思,笔者个人感觉宁夏经验的总结和归纳,至少可以从这十个方面来展开。

第一,正确理解、积极贯彻党中央关于民族宗教工作的指示精神、大政方针。做到思想正确、目标明确、行动准确。也就是说,其经验凸显的是要在民族宗教工作上明方向、走直路。这种对顶层设计的理解和贯彻执行可以给全国带来启迪。

第二,联系实际,及时制定搞好民族宗教工作的地方法规、政令政策。根据不同时间、地点的具体情况,来有针对性地形成接地气、有时效的辩证思想和积极举措。这在宁夏地方法规及具有可操作性的策略制定上也非常明确清晰。

第三,是基于社会稳定、经济发展的底线来通盘考量,使民族宗教工作成为党和政府整体审视、全局把握这一系统工程的有机构成和重点抓手,从而做到在理论认知和管理工作上的一体化、系统化、长效化、制度化。

第四,既要区别民族与宗教的不同,又要认清其历史文化及社会关联,以信仰宗教的人群,尤其是以信仰伊斯兰教的少数民族群体及其相关地区作为民族宗教工作的基础和核心之点。也就是说,工作布局既要重点突出,又有综合规范。

第五,以改善民生、扶贫帮困、共同富裕作为民族宗教工作的关注点和着力点。应结合精准扶贫、精准脱贫,促进区域发展来使民族宗教问题的社会经济根源得以根本解决,改进其社会生活处境,以此来消除导致其矛盾激化的隐患,所以,要抓根本,抓经济发展,发展是硬道理。而在发展中,又要突出地域特色、民族特色。比如说像当地枸杞的生产,以及其他特色产品的生产,解决好发展不均衡的问题,使企业发展与改善民生有机结合起来。尤其是我们看到不少移民村的安排是非常独到、稳妥的,而且见效快,效果好,取得了投资企业和移居群众达到双赢的结果,这给我们留下了深刻的印象。

第六,把少数民族干部、宗教教职骨干的培养作为做好民族宗教工作的切入点和关键之处。民族宗教工作要体现出以人为本、攻心为上。所以,相关材料中强调要认识到"船的力量在帆上,人的力量在心上",这的确是非常到位的认识。民族宗教工作的诀窍就是要将心比心,以心换心,必须要抓住"关键少数"的"人心",以此争取少数民族及信教群众的"民心"。这种争取"人心"的内涵式管理是民族宗教管理上的巧实力、金钥匙,有着一顺百顺、"四两拨千斤"的绝妙效果。宁夏在这方面做得非常好,我们听了很多的介绍,感到这个特色也非常突出。

第七,形成"认同""求同""共同"的意识及其舆论场,以党和政府的积极引导带来少数民族和广大信教群众的积极认同和积极适应。积极引导必须要有积极适应的回应才能真正起到积极的效用,只有这样的思路和导向才能够弘扬正气,凝聚人心,使民族宗教领域发挥积极作用,释放正能量。由此以我们工作上的主动、积极来有效防范、消除离心力、负能量和消极作用。

第八,加强法治建设、政治教育和文化知识培训,使脱贫与脱愚有机结合。在宗教界要系统开展国法大于教规的教育宣传，在民族领域要加强"谁也不能离开谁"的舆论宣传，让各民族像石榴籽那样紧紧地抱在一起，决不分离。对这一理念要加强宣传推广，特别是要加强对少数民族骨干、宗教教职人员的系统培训学习，使之积极发挥党和政府与人民群众密切联系上的桥梁和纽带作用。

第九，在坚持和推进宗教"中国化"中，正确回答和妥善解决好"为什么化""化什么""谁来化""怎么化"的问题。做到有如下三个层面的突出：一是突出党和政府的积极引导作用，"推动宗教界不断在政治上凝聚共识，在信仰上正信正行"，理直气壮、名正言顺地开展社会主义核心价值观、国旗、党报党刊、文化书屋这"四进"宗教场所的活动；二是突出中华文化"春风化雨、润物无声"的浸润作用，形成文化对话、沟通、融入的良性、有序发展，使我国的宗教自觉实现文化认同，体现中华意识，形成持守、热爱中华文化的自知、自觉、自强、自豪；三是突出信教群众的积极适应当代中国社会、爱国爱教的思想意识及政治立场，使民族宗教领域能够政治立场坚定，自觉抵制渗透和分裂；特别是宗教信仰必须坚守中道，反对极端和保守思潮，在社会行为上要关爱人生，以"两世吉庆"的信念处世，用"和顺包容"的美德为人。

第十，以积极参与"一带一路"的时代使命来使少数民族及信教群众在本土发展、国际合作上做出更大的贡献。也就是说，宁夏可以运用其地方特点来抓住机遇、与时俱进，以其文化、信仰和语言等传统特色及其优势来推动"一带一路"倡议在宁夏的推广，有着相应的发展建设。比如说，我们可以在搞好中阿合作论坛、推动与阿拉伯国家的交往合作、打通"宁夏通道"上发挥宁夏的主观能动性，做出特殊的贡献。这些经济、文化等方面的选项是其他地区无法比拟的，这是我们宁夏的独特优势，应该善于扬长避短。中国主导"一带一路"国际合作，就应该立足于建好中华民族命运共同体来促进世界命运共同体的构建。宁夏应该在开展国际交往、组织穆斯林朝觐等"走出去"活动中提升中国人的正面形象、形成给人深刻印象、体现正能量的"中国风"，从而使世界对中国尤其是我们宁夏地区的改革发展加以认可、做出好评，真正树立起中华民族当今应该具有的示范、引领作用等国际形象。在这方面，我们已经做出了很好的榜样作用，而且其潜力仍然很大。在此，我们一方面要提高我们的警惕性，积极有效地防范境外渗透，防止出现"沙化""阿化"等外化现象，全力反对"双泛"（泛伊斯兰主义、泛突厥主义）思潮；而另一方面则仍要坚定不移地走对外开放之路，促进国际友好往来及多方面合作，发挥地域优势，凸显地方特色。

当然，在宁夏今后的发展中，也还有一些难题仍然需要解决。比如说，对于存有多民族、多宗教的地区，与以某一个民族为主和某一种宗教为主的地区相比较，怎么样才能把它们的特殊性和普遍性稳妥地处理好。民族宗教工作不能一刀切，在不同地区和时段应该有不同的选择或侧重。所以，我们仍要积极应对相应的一些难题，尤其是在民族团结和宗教和顺上，要有思考、有思路、有思想。按照习惯思维来看，在我们这个地区就应该以尊重宗教信仰为抓手，以政治团结合作为目标。这样，就能做到大家在政治上团结合作，在信仰上相互尊重。面对错综复杂的局面和众说纷纭的氛围，大家团结合作、齐心协力共同完成政治任务、目标，这理应是首选，而在信仰上仍需相互尊重，求同存异，和而不同。信仰上的聚同化异是一个长期的过程，我们必须要有足够的耐心。

此外，下述三个方面的问题还需稳妥解决：

第一个方面的难题，就是如何能够达到政治信仰与宗教信仰之间的对话和相互尊重这一状态，其信仰的深层面首先要做到求同存异、和而不同，然后才能向聚同化异、形成共识方面努力。对此，我们可能要有长期的思想准备。

第二个方面的难题，就是如何使依法治国和以德服人的关系达成相得益彰之境。把这些关系协调好已经有着迫在眉睫之需。我们在如何处理好强制与自觉、外延与内涵、治表与治本等方面都有着平衡、调适的任务，虽有很多的潜力可以挖掘，但也还需要做大量的工作。

第三个方面的难题，就是怎样发挥好党和政府的执政智慧，如何在抓民族宗教工作的"关键少数"上得以体现。这个关键少数，是我们少数民族和信教群众中的关键少数，也就是说，如何抓好少数民族干部的培训，抓好宗教领袖的培训，使他们对党和政府有着向心力、在群众中起到引领作用。只有这样方可因势利导、因势而为、事半功倍，逐渐地以"内化"的积极转变而达到民族宗教问题的"根治"。在这方面，我们宁夏虽然有了一些观念更新和实践探索，但是如何把它系统化、深入化，形成具有参考或推广价值的品牌及其有着可操作性的经验举措，则可能还要做大量的工作。

（本文为 2017 年在宁夏调研时的座谈发言）

第四十五章

宗教革新与社会发展

在人类历史发展的长河中，宗教的发展及革新起着非常重要的作用，在许多民族和地区的历史中甚至起过极为核心和关键的作用，有着深远的影响。宗教与社会历史发展有着密切关联，其本身就是这种社会存在及发展的重要组成部分，宗教的发展及其革新反映并影响着人类社会的发展与进步，在社会变革变迁史上留下了明显且深刻的印痕，也给后人带来了思考和启迪。基督教、伊斯兰教和佛教为世界三大宗教，代表着人类绝大多数人的信仰生活及精神思想，是人类文明的宝贵传承，也是不少文化习俗、民族风情、社会积淀的标志，形成不同文化系统及精神形态的典型及品牌。当然，人类社会文化发展是与时俱进的过程，任何社会存在包括各种宗教本身也有着顺应时势、自我扬弃、不断改进、发展完善的必要。而这种宗教的革新也往往代表着人类社会历史上的重大变革或历史发展上的重要转型和转折。佛教的兴起就是代表着古代印度社会的思想变革，是当时"沙门"思潮及社会革新的重要标志和表现。伊斯兰教的发展也代表着古代阿拉伯社会的思想变革和社会进步。而基督教的崛起正是基督宗教上千年发展后重大宗教改革的直接产物。2017年正值马丁·路德宗教改革500周年纪念。这一改革不仅带来了基督教这一新的宗教形态的诞生，而且也标志着欧洲社会所发生的千年巨变，由此使西方社会文化发展得以走出中世纪而进入其近代历程，并使世界历史为之出现重大改观。世界三大宗教形成后，其革新发展不仅推动了其宗教本身的发展完善，而且对相关地区乃至整个世界的变革发展也产生了重大影响，推动了相关地区及相关民族的历史进程，并为人类命运共同体的构建做出了准备、积累了经验、储备了资料。今天人类社会的现状，与这些宗教的革新发展密不可分，有着复杂关联。

　　这三大世界宗教在历史上相继传入中国，其在中国的适应及发展同样需要其不断革新、顺应中国国情和时代潮流。而这三大宗教在中国社会中出现的变革及其对中华文化的卓越贡献也是有目共睹的。佛教在中国的本土适应带来了中国佛教的兴起，成为具有全新中国形态的宗教，其对中国社会政治及文化的积极适应使之华丽转身，以具有众多中国社会文化特点的中国佛教而在世界亮相，影响到亚欧乃至整个世界，在中外文化交流及传播中发挥了巨大作用。伊斯兰教传入中华，本身就是中国与阿拉伯世界及海陆丝绸之路沿途国家及地区的文化交流和民族融合之进程，伊斯兰教在中国通过其革新发展而积极融入中国社会，与许多中国少数民族结下不解之缘，成为其文化及民族习俗的重要象征。特别是在与中国儒家传统文化的接触和融合中，中国伊斯兰教形成其中国社会结构的组织形态，以及有着典型中国精神特质的"中道"思想，如明清之际思想交流的"回儒"就被传为佳话。基督教在近代中国社会发展中也是通过其不断革新而消除所谓"洋教"的负面影响，通过其"本色化""在地化""处境化"努力而逐渐形成了"中国化"的基本格局和发展态势。

　　在当代中国社会发展中，党和政府积极引导宗教与中国社会主义社会相适应，并提出了我国宗教坚持"中国化"方向的明确目标。因此，宗教的革新和积极适应社会发展，也是其当代的使命及责任。可以说，完成"中国化"的历史使命，积极响应中国社会及其当代革新发展的呼召，是中国所有宗教义不容辞的神圣任务，也是其健康、良性发展，有益于社会进步的重要前提。

　　必须看到，今天世界的宗教图景仍然非常复杂，不少社会问题、民族冲突乃至局部战争也与相关宗教有着千丝万缕的关联；宗教问题在世界重大事务及醒目的国际关系中得以凸显，许多宗教本身也面临着如何适应变化中的社会、应对时代危机及其挑战的现实选择。当代宗教的走向及其发展前景，同样与其当下如何革新发展密切关联。历史的经验教训值得注意，对时局的变幻及其带来的现实警醒和告诫也必须高度重视。同样，中国宗教也面临着其积极适应和健康发展的艰巨任务。目前社会出现的不少敏感问题、焦点关注，也多少有着宗教的因素或与之有着牵连，宗教对之回应及相关定位也可能会成为社会走向及转型引人注目的风向标。因而不可忽视，宗教对之如何反应和应对，也可能将会影响到中国社会的未来状况及发展趋向。这一切的正确调适和跟进，都需要相关宗教保持其革新精神，在社会变动中审时度势、顺应历史进步、社会发展的主流。当然，宗教革新仍有其与一般社会变革的不同之处。一方面，宗教革新有其社会处境变迁的外因，体现出相关宗教达其社会适应之处境化的必要；而另一方面，宗教革新也有其内因，反映及说明了其宗教体系内部的变革和升华，是相关宗教思想文化体系的革新与发展，因而并不脱离其精神传统，保持住其信仰特色。对这两个方面，我们都需要仔细观察、认真研究，给出正确的分析评价。

为了我们的社会稳定、民族团结、宗教和顺、时代进步，为了中华民族共同体的和谐发展及人类命运共同体的积极建设，在当前世界尤其是当代中国，宗教的革新精神仍然需要保持，宗教必须积极适应时代发展，并应主动为历史进步、社会改进展示其睿智、做出其应有的贡献。特别是中国基督教界恰逢纪念宗教改革500周年这一契机，正是遇到需要回顾过去、展望未来的重要思考时机。为此，"宗教革新与社会发展"这一主题就值得我们深入探究，全面把握。我们一定要抓住"社会"这一关键词，基于并围绕社会来理解宗教、界说宗教，看到宗教过去的社会表现，鼓励其在当今社会的更新发展，以此促进人类社会走和平、团结、共构的康庄大道，使未来有一个美美与共的美好世界。

[本文为2017年9月6日在"中国社会科学论坛（2017·宗教学）暨'宗教革新与社会发展'国际学术会议"上的致辞]